SOC
공기업
기출변형문제집

P R E F A C E

머리말

SOC 공기업이란?

도로, 항만, 철도 등 생산활동에 직접적으로 사용되지는 않지만 경제활동을 원활하게 하기 위해 꼭 필요한 사회기반시설을 설립 · 유지 및 관리하여 경제성장과 지역발전에 기여하고자 하는 공기업이다.

기출변형을 풀어야 하는 이유!

- 최근 공기업별 시험 경향이 다양해지고 있으며, 심지어 하나의 기업에서도 채용별 시험 유형이 변화되면서 시험 유형을 정의하기가 어려워졌다.
- NCS 및 전공에서의 전문성이 요구되며 기업별 특성을 반영한 문제가 다수 출제된다.
- 기업별 출제 유형을 확인할 수 있는 기출 지문은 가장 정확한 채용 자료이기 때문에 과년도 기출문제를 변형하여 지문을 다양하게 분석 · 확인하면서 출제 경향을 파악해야 한다.

SOC 공기업 필기시험 합격을 위해 SD에듀에서는 기업별 NCS 시리즈 누적 판매량 1위의 출간경험을 토대로 다음과 같은 특징을 가진 도서를 출간하였다.

도서의 특징

첫 째 **이론 및 대표유형으로 영역별 출제 유형 파악!**

- 영역별 이론 및 대표유형으로 최근 출제되는 유형을 익히고 이를 바탕으로 기본기를 갖출 수 있도록 하였다.

둘 째 **기출복원문제를 통한 출제 경향 파악!**

- 2022~2021년 SOC 주요 공기업 NCS 기출복원문제로 최신 시험 경향을 확인할 수 있도록 하였다.

셋 째 **기출변형문제로 지문 활용도 향상!**

- SOC 공기업 기출변형문제로 기출 지문을 다양하게 활용하고, 문제 유형을 충분히 접해 볼 수 있도록 하였다.

넷 째 **최종점검 모의고사로 완벽한 실전 대비!**

- 철저한 분석을 통해 실제 유형과 유사한 최종점검 모의고사 2회를 수록하여 최종 점검할 수 있도록 하였다.

끝으로 본 도서를 통해 SOC 공기업 채용을 준비하는 모든 수험생 여러분이 합격의 기쁨을 누리기를 진심으로 기원한다.

NCS직무능력연구소 씀

NCS(국가직무능력표준)란 무엇인가?

국가직무능력표준(NCS; National Competency Standards)

산업현장에서 직무 수행에 요구되는 능력(지식, 기술, 태도 등)을 국가가 산업 부문별, 수준별로 체계화한 설명서

직무능력

직무능력 = 직업기초능력 + 직무수행능력

- **직업기초능력** : 직업인으로서 기본적으로 갖추어야 할 공통 능력
- **직무수행능력** : 해당 직무를 수행하는 데 필요한 역량(지식, 기술, 태도)

NCS의 필요성

❶ 산업현장과 기업에서 인적자원관리 및 개발의 어려움과 비효율성이 발생하는 대표적 요인으로 산업 전반의 '기준' 부재에 주목함

❷ 직업교육훈련과 자격이 연계되지 않은 상태로 산업현장에서 요구하는 직무수행능력과 괴리되어 실시됨에 따라 인적자원개발과 개인의 경력개발에 비효율적이며 효과성이 부족하다는 비판을 받음

❸ NCS를 통해 인재육성의 핵심 인프라를 구축하고, 산업장면의 HR 전반에서 비효율성을 해소하여 경쟁력을 향상시키는 노력이 필요함

NCS = 직무능력 체계화 + 산업현장에서 HR 개발, 관리의 표준 적용

NCS 분류

- 일터 중심의 체계적인 NCS 개발과 산업현장 전문가의 직종구조 분석결과를 반영하기 위해 산업현장 직무를 한국고용직업분류(KECO)에 부합하게 분류함
- 2021년 기준 : 대분류(24개), 중분류(80개), 소분류(257개), 세분류(1,022개)

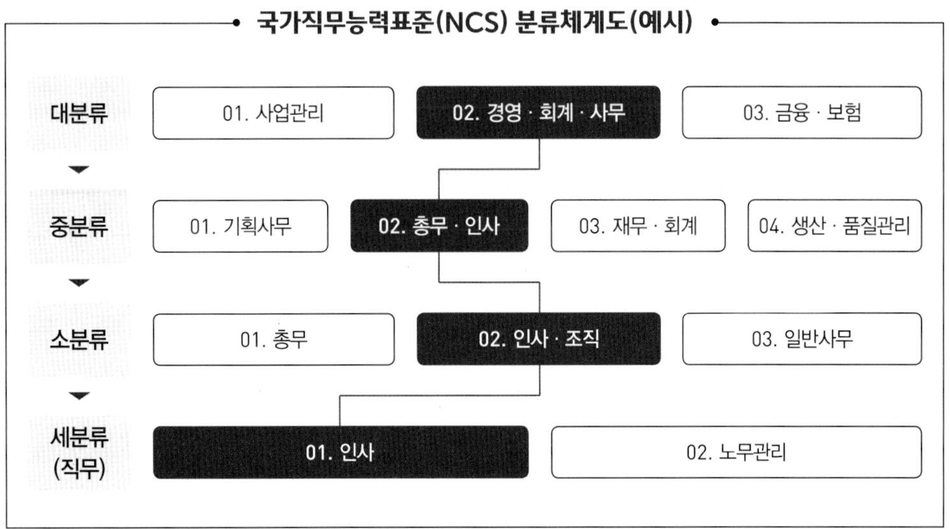

직업기초능력 영역

모든 직업인들에게 공통적으로 요구되는 기본적인 능력 10가지

❶ **의사소통능력** : 타인의 생각을 파악하고, 자신의 생각을 정확하게 쓰거나 말하는 능력
❷ **수리능력** : 사칙연산, 통계, 확률의 의미를 정확하게 이해하는 능력
❸ **문제해결능력** : 문제 상황을 창조적이고 논리적인 사고를 통해 올바르게 인식하고 해결하는 능력
❹ **자기개발능력** : 스스로 관리하고 개발하는 능력
❺ **자원관리능력** : 자원이 얼마나 필요한지 파악하고 계획하여 업무 수행에 할당하는 능력
❻ **대인관계능력** : 사람들과 문제를 일으키지 않고 원만하게 지내는 능력
❼ **정보능력** : 정보를 수집, 분석, 조직, 관리하여 컴퓨터를 사용해 적절히 활용하는 능력
❽ **기술능력** : 도구, 장치를 포함하여 필요한 기술에 대해 이해하고 업무 수행에 적용하는 능력
❾ **조직이해능력** : 국제적인 추세를 포함하여 조직의 체제와 경영에 대해 이해하는 능력
❿ **직업윤리** : 원만한 직업생활을 위해 필요한 태도, 매너, 올바른 직업관

NCS 구성

능력단위

- 직무는 국가직무능력표준 분류의 세분류를 의미하고, 원칙상 세분류 단위에서 표준이 개발됨
- 능력단위는 국가직무능력표준 분류의 하위단위로, 국가직무능력 표준의 기본 구성요소에 해당되며 능력단위 요소(수행준거, 지식 · 기술 · 태도), 적용범위 및 작업상황, 평가지침, 직업기초능력으로 구성됨

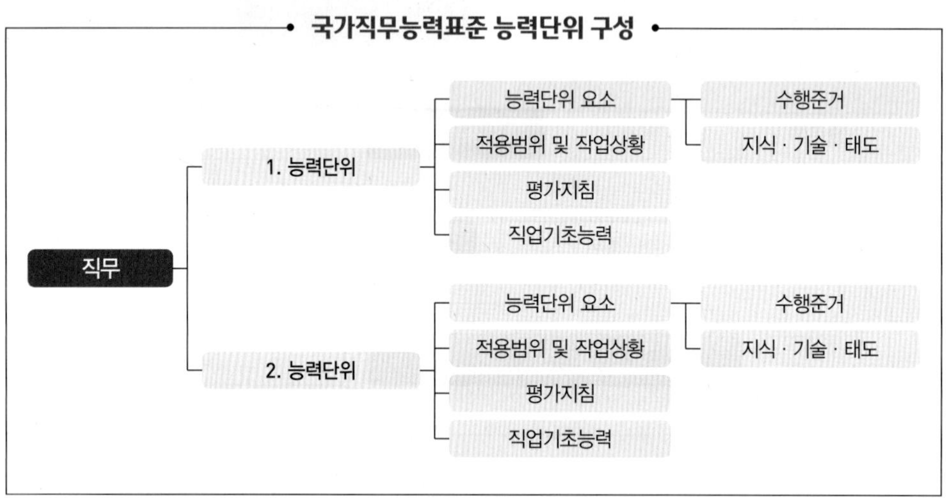

NCS의 활용

활동 유형	활용범위
채용 (블라인드 채용)	채용 단계에 NCS를 활용하여 NCS 매핑 및 직무분석을 통한 공정한 채용 프로세스 구축 및 직무 중심의 블라인드 채용 실현
재직자 훈련 (근로자 능력개발 지원)	NCS 활용 패키지의 '평생경력개발경로' 기반 사내 경력개발경로와 수준별 교육훈련 이수체계도 개발을 통한 현장직무 중심의 재직자 훈련 실시
배치 · 승진	현장직무 중심의 훈련체계와 배치 · 승진 · 체크리스트를 활용한 근로자 배치 · 승진으로 직급별 인재에 관한 회사의 기대와 역량 간 불일치 해소
임금 (직무급 도입)	NCS 기반 직무분석을 바탕으로 기존 관리직 · 연공급 중심의 임금체계를 직무급(직능급) 구조로 전환

시험 전 CHECK LIST

체크	리스트
☐	수험표를 출력하고 자신의 수험번호를 확인하였는가?
☐	수험표나 공지사항에 안내된 입실 시간 및 유의사항을 확인하였는가?
☐	신분증을 준비하였는가?
☐	컴퓨터용 사인펜 · 수정테이프 · 여분의 필기구를 준비하였는가?
☐	시험시간에 늦지 않도록 알람을 설정해 놓았는가?
☐	고사장 위치를 파악하고 교통편을 확인하였는가?
☐	고사장에서 볼 수 있는 자료집을 준비하였는가?
☐	인성검사에 대비하여 지원한 공사 · 공단의 인재상을 확인하였는가?
☐	확인 체크표의 × 표시한 문제를 한 번 더 확인하였는가?
☐	자신이 취약한 영역을 두 번 이상 학습하였는가?
☐	도서의 모의고사를 통해 자신의 실력을 확인하였는가?

시험 유의사항

D-DAY

체크	리스트
☐	시험 전 화장실을 미리 가야 한다.
☐	통신기기(휴대폰, 태플릿PC, 무선호출기, 스마트워치, 스마트밴드, 블루투스 이어폰 등)를 가방에 넣어야 한다.
☐	휴대폰의 전원을 꺼야 한다.
☐	시험 종료 후 시험지와 답안지는 제출해야 한다.

시험 후 CHECK LIST

D+1

체크	리스트
☐	시험 후기를 작성하였는가?
☐	상 · 하의와 구두를 포함한 면접복장이 준비되었는가?
☐	지원한 직무의 분석을 하였는가?
☐	단정한 헤어와 손톱 등 용모관리를 깔끔하게 하였는가?
☐	자신의 자기소개서를 다시 한 번 읽어보았는가?
☐	1분 자기소개를 준비하였는가?
☐	도서 내 면접 기출질문을 확인하였는가?
☐	자신이 지원한 직무의 최신 이슈를 정리하였는가?

주요 공기업 적중 문제

코레일 한국철도공사

공공재 ▸ 키워드

02 다음 글에서 추론할 수 있는 것은?

많은 재화나 서비스는 경합성과 배제성을 지닌 '사유재'이다. 여기서 경합성이란 한 사람이 어떤 재화나 서비스를 소비하면 다른 사람의 소비를 제한하는 특성을 의미하며, 배제성이란 공급자에게 대가를 지불하지 않으면 그 재화를 소비하지 못하는 특성을 의미한다. 반면 '공공재'란 사유재와는 반대로 비경합적이면서도 비배제적인 특성을 가진 재화나 서비스를 말한다.
그러나 우리 주위에서는 이렇듯 순수한 사유재나 공공재와는 또 다른 특성을 지닌 재화나 서비스도 많이 찾아볼 수 있다. 예를 들어 영화 관람이라는 소비 행위는 비경합적이지만 배제가 가능하다. 왜냐하면 영화는 사람들과 동시에 즐길 수 있으나 대가를 지불하지 않고서는 영화관에 입장할 수 없기 때문이다. 마찬가지로 케이블 TV를 즐기기 위해서는 시청료를 지불해야 한다.
비배제적이지만 경합적인 재화들도 찾아낼 수 있다. 예를 들어 출퇴근 시간대의 무료 도로를 생각해 보자. 자가용으로 집을 출발해서 직장에 도달하는 동안 도로에 진입하는 데에 요금을 지불하지 않으므로 도로의 소비는 비배제적이다. 하지만 출퇴근 시간대의 체증이 심한 도로는 내가 그 도로에 존재함으로 인해서 다른 사람의 소비를 제한하게 된다. 따라서 출퇴근 시간대의 도로 사용은 경합적인 성격을 갖는다. 이러한 내용을 표로 정리하면 다음과 같다.

경합성 \ 배제성	배제적	비배제적
경합적	a	b
비경합적	c	d

① 체증이 심한 유료 도로 이용은 a에 해당한다.
② 케이블 TV 시청은 b에 해당한다.
③ 사먹는 아이스크림과 같은 사유재는 b에 해당한다.
④ 국방 서비스와 같은 공공재는 c에 해당한다.

한국전력공사

참, 거짓 논증 ▸ 유형

23 A, B, C, D, E 5명에게 지난 달 핸드폰 통화 요금이 가장 많이 나온 사람을 1위에서 5위까지 그 순위를 추측하라고 하였더니 각자 예상하는 두 사람의 순위를 다음과 같이 대답하였다. 각자 예상한 순위 중 하나는 참이고, 다른 하나는 거짓이다. 이들의 대답으로 판단할 때 실제 핸드폰 통화 요금이 가장 많이 나온 사람은?

A : D가 두 번째이고, 내가 세 번째이다.
B : 내가 가장 많이 나왔고, C가 두 번째로 많이 나왔다.
C : 내가 세 번째이고, B가 제일 적게 나왔다.
D : 내가 두 번째이고, E가 네 번째이다.
E : A가 가장 많이 나왔고, 내가 네 번째이다.

① A ② B
③ C ④ D

국민건강보험공단

환율 적용한 금액 계산 유형

30 A씨는 무역회사에 재직하고 있으며, 해외 출장을 자주 다닌다. 최근 무역계약을 위해 홍콩에 방문할 계획이 잡혔다. A씨는 여러 나라를 다니면서 사용하고 남은 화폐를 모아 홍콩달러로 환전하고자 한다. 다음 자료를 토대로 했을 때 A씨가 받을 수 있는 금액은 얼마인가?(단, 환전에 따른 기타 수수료는 발생하지 않는다)

[은행상담내용]
A씨 : 제가 가지고 있는 외화들을 환전해서 홍콩달러로 받고 싶은데요. 절차가 어떻게 진행되나요?
행원 : A고객님, 외화를 다른 외화로 환전하실 경우에는 먼저 외화를 원화로 환전한 뒤, 다시 원하시는 나라의 외화로 환전해야 합니다. 그렇게 진행할까요?
A씨 : 네, 그렇게 해주세요. 제가 가지고 있는 외화는 미화 $1,000, 유로화 €500, 위안화 ¥10,000, 엔화 ¥5,000입니다. 홍콩달러로 얼마나 될까요?

〈환율 전광판〉

통화명	매매 기준율	현찰		송금	
		살 때	팔 때	보낼 때	받을 때
미국 USD	1,211.60	1,232.80	1,190.40	1,223.40	1,199.80
유럽연합 EUR	1,326.52	1,356.91	1,300.13	1,339.78	1,313.26
중국 CNY	185.15	198.11	175.90	187.00	183.30
홍콩 HKD	155.97	159.07	152.87	157.52	154.42
일본 JPY100	1,065.28	1,083.92	1,046.64	1,075.71	1,054.85

※ 환전 시 소수점 단위 금액은 절사함

서울교통공사 9호선

멤버십 유형별 특징(소외형, 순응형) 키워드

32 다음은 멤버십 유형별 특징을 정리한 자료이다. 다음 자료를 참고하여 각 유형의 멤버십을 가진 사원에 대한 리더의 대처방안으로 가장 적절한 것은?

〈멤버십 유형별 특징〉

소외형	순응형
• 조직에서 자신을 인정해주지 않음 • 적절한 보상이 없음 • 업무 진행에 있어 불공정하고 문제가 있음	• 기존 질서를 따르는 것이 중요하다고 생각함 • 리더의 의견을 거스르는 것은 어려운 일임 • 획일적인 태도와 행동에 익숙함
실무형	**수동형**
• 조직에서 규정준수를 강조함 • 명령과 계획을 빈번하게 변경함	• 조직이 나의 아이디어를 원치 않음 • 노력과 공헌을 해도 아무 소용이 없음 • 리더는 항상 자기 마음대로 함

① 소외형 사원은 팀에 협조하는 경우에 적절한 보상을 주도록 한다.
② 소외형 사원은 팀을 위해 업무에서 배제시킨다.
③ 순응형 사원에 대해서는 조직을 위해 순응적인 모습을 계속 권장한다.
④ 실무형 사원에 대해서는 징계를 통해 규정준수를 강조한다.
⑤ 수동형 사원에 대해서는 의견 존중을 통해 자신감을 가지도록 한다.

건강보험심사평가원

엑셀 문제 ▶ 유형

21 다음은 Y회사의 인사부에서 정리한 사원 목록이다. 〈보기〉 중 옳은 것을 모두 고르면?

	A	B	C	D
1	사원번호	성명	직책	부서
2	869872	조재영	부장	경영팀
3	890531	정대현	대리	경영팀
4	854678	윤나리	사원	경영팀
5	812365	이민지	차장	기획팀
6	877775	송윤희	대리	기획팀
7	800123	김가을	사원	기획팀
8	856123	박슬기	부장	영업팀
9	827695	오종민	차장	영업팀
10	835987	나진원	사원	영업팀
11	854623	최윤희	부장	인사팀
12	847825	이경서	사원	인사팀
13	813456	박소미	대리	총무팀
14	856123	최영수	사원	총무팀

〈보기〉

㉠ 부서를 기준으로 내림차순으로 정렬되었다.
㉡ 직책은 사용자 지정 목록을 이용하여 부장, 차장, 대리, 사원 순으로 정렬되었다.
㉢ 부서를 우선 기준으로, 직책을 다음 기준으로 정렬하였다.
㉣ 성명을 기준으로 내림차순으로 정렬되었다.

근로복지공단

산재 ▶ 키워드

※ 다음은 출퇴근재해의 첫 산재인정에 대한 근로복지공단의 보도자료이다. 글을 읽고 이어지는 질문에 답하시오. **[1~2]**

〈출퇴근재해, 산재인정 첫 사례 나왔다〉

근로복지공단(이사장 심경우)은 출퇴근재해 보호 범위 확대 후 퇴근길에 사고를 당한 노동자 A씨에 대하여 1월 9일 최초로 산재 승인하였다고 밝혔다. 이는 1월 1일부터 '통상적인 경로와 방법으로 출퇴근하는 중 발생한 사고'도 산재로 인정하는 산재보험법을 시행한 후 산재 요양이 승인된 첫 사례이다.

출퇴근재해로 산재 승인된 A씨는 대구시 달성군 소재 직물 제조업체에 다니는 노동자이다. A씨는 1월 4일 오전 8시 5분경 밤새 야간작업을 마치고 퇴근을 위해 평소와 같이 버스를 타러 버스정류장으로 가던 중 돌부리에 걸려 넘어지면서 오른쪽 팔이 골절되는 사고를 당하였고, 이로 인해 우측 요골머리 폐쇄성 골절 등을 진단받아 병원에 입원하였다.

산재요양신청서는 A씨가 입원치료를 받고 있는 의료기관에서 대신 근로복지공단에 제출해 주었다. 이후 근로복지공단의 재해조사 결과 A씨의 사고경위가 통상적인 경로와 방법에 의한 출퇴근재해에 해당하는 것을 확인하고 곧바로 산재 승인한 것이다.

근로복지공단은 노동자 A씨가 요양 중인 의료기관을 방문하여 조속한 쾌유를 기원하면서 산재 요양 중 애로사항 등을 청취하였다. 노동자 A씨는 "퇴근 중 사고로 입원하면서 근로를 할 수 없게 되어 힘든 상황이었으나 출퇴근재해 산재보상 도입으로 산재가 인정됨으로써 치료에 전념할 수 있게 되어 무척 다행이라 생각한다."면서 하루라도 빨리 건강을 회복하여 복직하고 싶다고 말했다.

산재노동자 A씨는 앞으로 치료비 등의 요양급여, 요양으로 일을 하지 못한 기간 동안에 지급되는 휴업급여, 치료 후 신체장해가 남으면 지급되는 장해급여 등을 받게 되는데, 휴업급여는 요양으로 일을 하지 못한 1일당 평균임금의 70%에 상당하는 금액이 지급되고, 1일당 휴업급여액이 1일분 최저임금액(60,240원)보다 적으면 최소 1일당 60,240원이 지급된다. 또한, 원활한 직업복귀를 위해 산재노동자의 욕구에 따라 제공되는 심리상담, 직업능력평가 등의 재활서비스와 같은 다양한 산재보상서비스도 제공된다.

HUG 주택도시보증공사

경우의 수 유형

04 주택도시보증공사 직원 A, B, C, D, E, F, G, H 8명이 농구, 축구, 족구를 하기 위해 운동장에 나왔다. 〈조건〉이 다음과 같을 때, 팀을 배치할 수 있는 경우의 수는 몇 가지인가?

조건

- 각 종목은 적어도 두 사람 이상이 해야 하고, 축구는 짝수의 인원으로만 할 수 있다.
- A는 C와 같은 종목의 운동을 한다.
- G는 농구를 싫어한다.
- B, F가 참가한 종목은 사람 수가 가장 많다.
- D는 축구를 한다.
- E와 B는 같은 종목에 참가하지 않는다.
- D와 G는 같은 종목에 참가하지 않는다.

① 4가지
② 5가지
③ 6가지
④ 7가지
⑤ 8가지

계산 문제 유형

※ 다음은 H씨가 올해 1 ~ 8월간 사용한 지출 내역이다. 자료를 보고 이어지는 질문에 답하시오. **[5~6]**

〈1 ~ 8월 지출 내역〉

종류	내역
신용카드	2,500,000원
체크카드	3,500,000원
현금영수증	-

※ 연봉의 25%를 초과한 금액에 한해 신용카드 15% 및 현금영수증·체크카드 30% 공제
※ 공제는 초과한 금액에 대해 공제율이 높은 종류를 우선 적용

05 H씨의 예상 연봉이 35,000,000원일 때, 다음 중 적절하지 않은 것은?

① 신용카드와 체크카드 사용금액이 연봉의 25%를 넘어야 공제가 가능하다.
② 2,750,000원보다 더 사용해야 소득공제가 가능하다.
③ 만약 체크카드를 5,000,000원 더 사용한다면, 2,250,000원이 소득공제금액에 포함되고, 공제액은 675,000원이다.
④ 만약 신용카드를 5,750,000원 더 사용한다면, 3,000,000원이 소득공제금액에 포함되고, 공제액은 900,000원이다.
⑤ 신용카드 사용금액이 더 적기 때문에 체크카드보다 신용카드를 많이 사용하는 것이 공제에 유리하다.

한국남동발전

에너지 키워드

10 다음 글의 주제로 가장 적절한 것은?

정부는 탈원전·탈석탄 공약에 발맞춰 2030년까지 전체 국가 발전량의 20%를 신재생에너지로 채운다는 정책 목표를 수립하였다. 목표를 달성하기 위해 신재생에너지에 대한 송·변전 계획을 제8차 전력수급기본계획에 처음으로 수립하겠다는 게 정부의 방침이다.
정부는 기존의 수급계획이 수급안정과 경제성을 중점적으로 수립된 것에 반해, 8차 계획은 환경성과 안전성을 중점으로 하였다고 밝히고 있으며, 신규 발전설비는 원전, 석탄화력발전에서 친환경, 분산형 재생에너지와 LNG 발전을 우선시하는 방향으로 수요관리를 통합 합리적 목표수용 결정에 주안점을 두었다고 밝혔다.
그동안 많은 NGO 단체에서 에너지 분산에 관한 다양한 제안을 해왔지만 정부 차원에서 고려하거나 논의가 활발히 진행된 적은 거의 없었으며 명목상으로 포함하는 수준이었다. 그러나 이번 정부에서는 탈원전·탈석탄 공약을 제시하는 등 중앙집중형 에너지 생산시스템에서 분산형 에너지 생산시스템으로 정책의 방향을 전환하고자 한다. 이 기조에 발맞춰 분산형 에너지 생산시스템은 지방선거에서도 해당 지역에 대한 다양한 선거공약으로 제시될 가능성이 높다.
중앙집중형 에너지 생산시스템은 환경오염, 송전선 문제, 지역 에너지 불균형 문제 등 다양한 사회적인 문제를 야기하였다. 하지만 그동안은 값싼 전기인 기저전력을 편리하게 사용할 수 있는 환경을 조성하고자 하는 기존 에너지계획과 전력수급계획에 밀려 중앙집중형 발전원 확대가 꾸준히 진행되었다. 그러나 현재 대통령은 중앙집중형 에너지 정책에서 분산형 에너지정책으로 전환되어야 한다는 것을 대선 공약사항으로 밝혀 왔으며, 현재 분산형 에너지정책으로 전환을 모색하기 위한 다각도의 노력을 하고 있다. 이러한 정부의 정책변화와 아울러 석탄화력발전소가 국내 미세먼지에 주는 영향과 일본 후쿠시마 원자력 발전소 문제, 국내 경주 대지진 및 최근 포항 지진 문제 등으로 인한 원자력에 대한 의구심 또한 커지고 있다.
제8차 전력수급계획(안)에 의하면, 우리나라의 에너지 정책은 격변기를 맞고 있다. 우리나라는 현재 중앙집중형 에너지 생산시스템이 대부분이며, 분산형 전원 시스템은 그 설비용량이 극히 적은 상태이다. 또한, 우리나라의 발전설

회의실 환불 비용 계산 유형

11 S컨벤션에서 회의실 예약업무를 담당하고 있는 K씨는 2주 전 B기업으로부터 오전 10 ~ 12시에 35명, 오후 1 ~ 4시에 10명이 이용할 수 있는 회의실 예약문의를 받았다. K씨는 회의실 예약 설명서를 B기업으로 보냈고 B기업은 자료를 바탕으로 회의실을 선택하여 621,000원을 결제했다. 하지만 이용일 4일 전 B기업이 오후 회의실 사용을 취소했을 때, 〈조건〉에 따라 B기업에 주어야 할 환불금액은?(단, 회의에서는 노트북과 빔프로젝터를 이용하며, 부대장비 대여료도 환불규칙에 포함된다)

〈회의실 사용료(VAT 포함)〉

회의실	수용 인원(명)	면적(m^2)	기본임대료(원)		추가임대료(원)	
			기본시간	임대료	추가시간	임대료
대회의실	90	184	2시간	240,000	시간당	120,000
별실	36	149		400,000		200,000
세미나 1	21	43		136,000		68,000
세미나 2						
세미나 3	10	19		74,000		37,000
세미나 4	16	36		110,000		55,000
세미나 5	8	15		62,000		31,000

〈부대장비 대여료(VAT 포함)〉

장비명	사용료(원)				
	1시간	2시간	3시간	4시간	5시간
노트북	10,000	10,000	20,000	20,000	30,000
빔프로젝터	30,000	30,000	50,000	50,000	70,000

국가철도공단

평균점수를 이용한 계산 유형

20 다음 중 (가)와 (나)에 들어갈 값을 올바르게 나열한 것은?

〈팀별 인원수 및 평균점수〉

(단위 : 명, 점)

구분	A	B	C
인원수	(　)	(　)	(　)
평균 점수	40.0	60.0	90.0

※ 각 참가자는 A, B, C팀 중 하나의 팀에만 속하고, 개인별로 점수를 획득함

※ (팀 평균점수)$=\frac{\text{(해당 팀 참가자 개인별 점수의 합)}}{\text{(해당 팀 참가자 인원수)}}$

〈팀 연합 인원수 및 평균점수〉

(단위 : 명, 점)

구분	A+B	B+C	C+A
인원수	80	120	(가)
평균 점수	52.5	77.5	(나)

※ A+B는 A팀과 B팀, B+C는 B팀과 C팀, C+A는 C팀과 A팀의 인원을 합친 팀 연합임

※ (팀 연합 평균점수)$=\frac{\text{(해당 팀 연합 참가자 개인별 점수의 합)}}{\text{(해당 팀 연합 참가자 인원수)}}$

	(가)	(나)
①	90	72.5
②	90	75.0

장소 선택 유형

28 H공단의 D과장은 우리나라 사람들의 해외취업을 돕기 위해 박람회를 열고자 한다. 제시된 〈조건〉이 다음과 같을 때, D과장이 박람회 장소로 선택할 나라는?

조건

1. H공단의 해외 EPS센터가 있는 나라여야 한다.
   - 해외 EPS센터(15개국) : 필리핀, 태국, 인도네시아, 베트남, 스리랑카, 몽골, 우즈베키스탄, 파키스탄, 캄보디아, 중국, 방글라데시, 키르기스스탄, 네팔, 미얀마, 동티모르
2. 100개 이상의 한국 기업이 진출해 있어야 한다.

〈국가별 상황〉

국가	경쟁력	비고
인도네시아	한국 기업이 100개 이상 진출해 있으며, 안정적인 정치 및 경제 구조를 가지고 있다.	두 번의 박람회를 열었으나 실제 취업까지 연결되는 성과가 미미하였다.
아랍에미리트	UAE 자유무역지역에 다양한 다국적 기업이 진출해 있다.	석유가스산업, 금융산업에는 외국 기업의 진출이 불가하다.
중국	한국 기업이 170개 이상 진출해 있으며, 현지 기업의 80% 이상이 우리나라 사람의 고용을 원한다.	중국 청년의 실업률이 높아 사회문제가 되고 있다.
미얀마	2013년 기준 약 2,500명의 한인이 거주 중이며, 한류 열풍이 거세게 불고 있다.	내전으로 우리나라 사람들의 치안이 보장되지 않는다.

① 인도네시아　　② 아랍에미리트

도서 200% 활용하기

01 이론 및 대표유형으로 출제 유형 파악

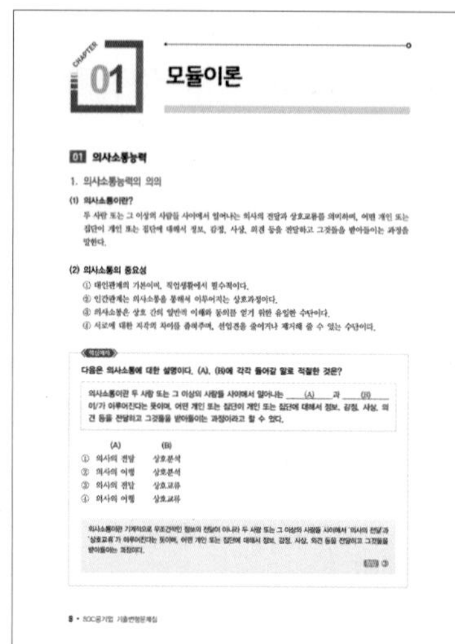

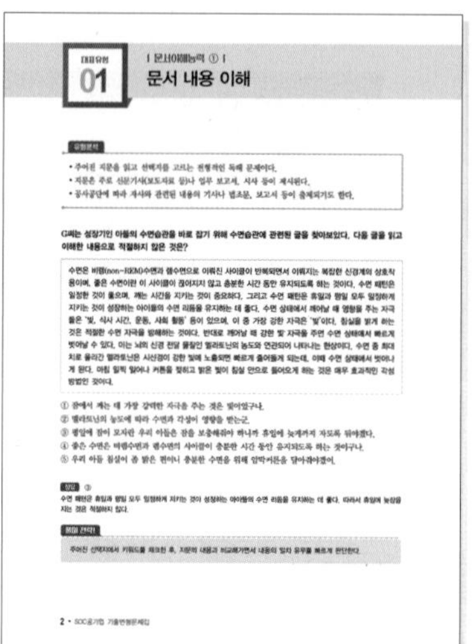

▸ 영역별 이론 및 대표유형으로 최근 출제되는 유형을 익히고, 이를 바탕으로 기본기를 갖출 수 있도록 하였다.

02 기출복원문제를 통한 출제 경향 파악

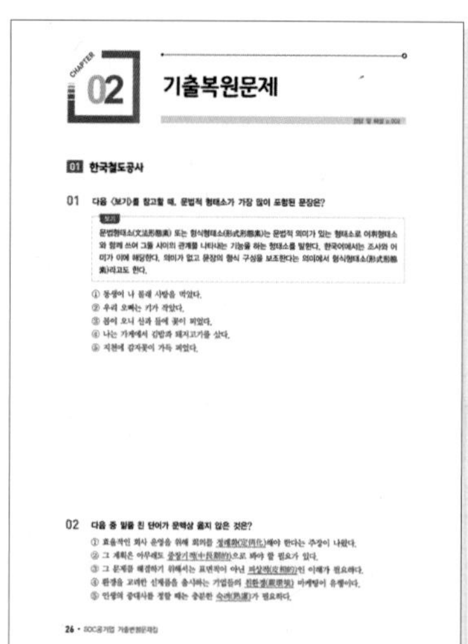

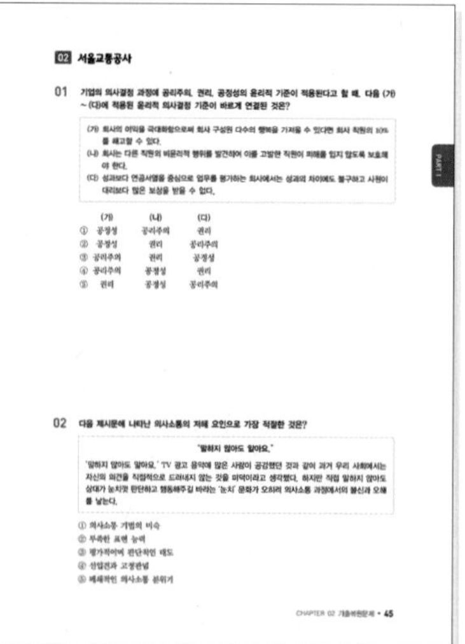

▸ 2022~2021년 SOC 주요 공기업 NCS 기출복원문제로 최신 출제 경향을 확인할 수 있도록 하였다.

03 기출변형문제로 지문 활용도 향상

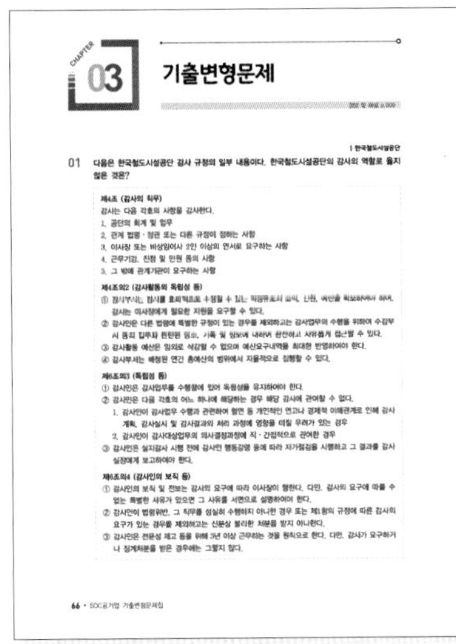
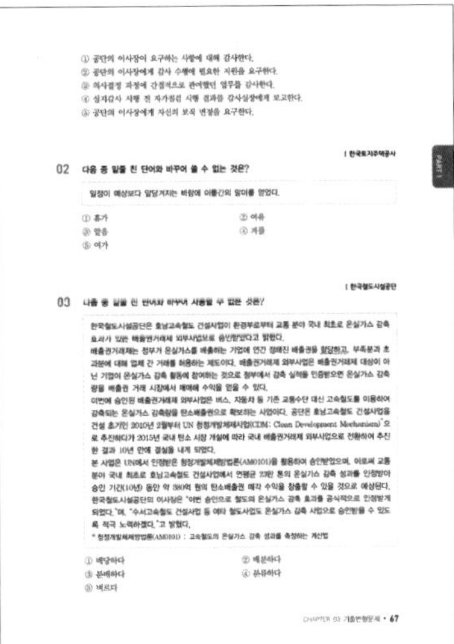

▶ SOC 공기업 기출변형문제로 기출 지문을 다양하게 활용하고, 문제 유형을 충분히 접해볼 수 있도록 하였다.

04 정답 및 해설로 정답과 오답을 완벽하게 이해

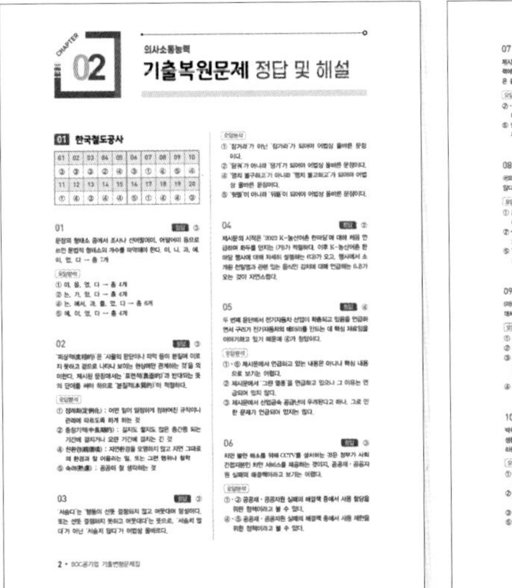
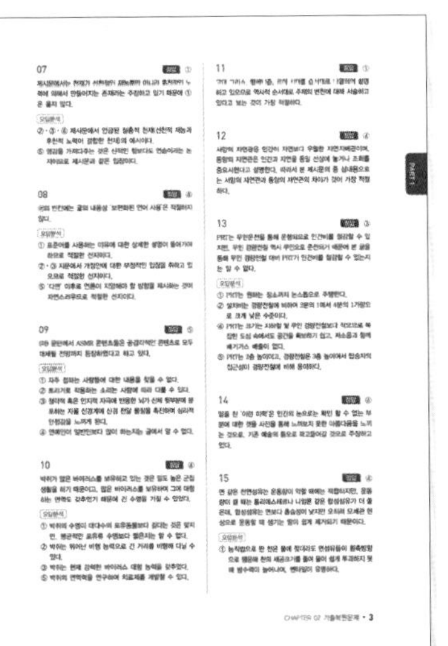

▶ 정답과 오답에 대한 상세한 해설을 통해 혼자서도 학습할 수 있도록 하였다.

이 책의 차례

PART

1

의사소통능력

대표유형 01

| 문서이해능력 ① |

문서 내용 이해

유형분석

- 주어진 지문을 읽고 선택지를 고르는 전형적인 독해 문제이다.
- 지문은 주로 신문기사(보도자료 등)나 업무 보고서, 시사 등이 제시된다.
- 공사공단에 따라 자사와 관련된 내용의 기사나 법조문, 보고서 등이 출제되기도 한다.

G씨는 성장기인 아들의 수면습관을 바로 잡기 위해 수면습관에 관련된 글을 찾아보았다. 다음 글을 읽고 이해한 내용으로 적절하지 않은 것은?

수면은 비렘(Non-REM)수면과 렘수면으로 이뤄진 사이클이 반복되면서 이뤄지는 복잡한 신경계의 상호작용이며, 좋은 수면이란 이 사이클이 끊어지지 않고 충분한 시간 동안 유지되도록 하는 것이다. 수면 패턴은 일정한 것이 좋으며, 깨는 시간을 지키는 것이 중요하다. 그리고 수면 패턴은 휴일과 평일 모두 일정하게 지키는 것이 성장하는 아이들의 수면 리듬을 유지하는 데 좋다. 수면 상태에서 깨어날 때 영향을 주는 자극들은 '빛, 식사 시간, 운동, 사회 활동' 등이 있으며, 이 중 가장 강한 자극은 '빛'이다. 침실을 밝게 하는 것은 적절한 수면 자극을 방해하는 것이다. 반대로 깨어날 때 강한 빛 자극을 주면 수면 상태에서 빠르게 벗어날 수 있다. 이는 뇌의 신경 전달 물질인 멜라토닌의 농도와 연관되어 나타나는 현상이다. 수면 중 최대치로 올라간 멜라토닌은 시신경이 강한 빛에 노출되면 빠르게 줄어들게 되는데, 이때 수면 상태에서 벗어나게 된다. 아침 일찍 일어나 커튼을 젖히고 밝은 빛이 침실 안으로 들어오게 하는 것은 매우 효과적인 각성 방법인 것이다.

① 잠에서 깨는 데 가장 강력한 자극을 주는 것은 빛이었구나.
② 멜라토닌의 농도에 따라 수면과 각성이 영향을 받는군.
③ 평일에 잠이 모자란 우리 아들은 잠을 보충해줘야 하니까 휴일에 늦게까지 자도록 둬야겠다.
④ 좋은 수면은 비렘수면과 렘수면의 사이클이 충분한 시간 동안 유지되도록 하는 것이구나.
⑤ 우리 아들 침실이 좀 밝은 편이니 충분한 수면을 위해 암막커튼을 달아줘야겠어.

정답 ③

수면 패턴은 휴일과 평일 모두 일정하게 지키는 것이 성장하는 아이들의 수면 리듬을 유지하는 데 좋다. 따라서 휴일에 늦잠을 자는 것은 적절하지 않다.

풀이 전략!

주어진 선택지에서 키워드를 체크한 후, 지문의 내용과 비교해가면서 내용의 일치 유무를 빠르게 판단한다.

| 문서이해능력 ② |

주제 찾기

PART 1

유형분석

- 주어진 지문을 파악하여 전달하고자 하는 핵심 주제를 고르는 문제이다.
- 정보를 종합하고 중요한 내용을 구별하는 능력이 필요하다.
- 설명문부터 주장, 반박문까지 다양한 성격의 지문이 제시되므로 글의 성격별 특징을 알아두는 것이 좋다.

다음 글의 주제로 가장 적절한 것은?

표준화된 언어는 의사소통을 효과적으로 하기 위하여 의도적으로 선택해야 할 공용어로서의 가치가 있다. 반면에 방언은 지역이나 계층의 언어와 문화를 보존하고 드러냄으로써 국가 전체의 언어와 문화를 다양하게 발전시키는 토대로서의 가치가 있다. 이러한 의미에서 표준화된 언어와 방언은 상호 보완적인 관계에 있다. 표준화된 언어가 있기에 정확한 의사소통이 가능하며, 방언이 있기에 개인의 언어생활에서나 언어 예술 활동에서 자유롭고 창의적인 표현이 가능하다. 결국 우리는 표준화된 언어와 방언 둘 다의 가치를 인정해야 하며, 발화(發話) 상황(狀況)을 잘 고려해서 표준화된 언어와 방언을 잘 가려서 사용할 줄 아는 능력을 길러야 한다.

① 창의적인 예술 활동에서는 방언의 기능이 중요하다.
② 표준화된 언어와 방언에는 각각 독자적인 가치와 역할이 있다.
③ 정확한 의사소통을 위해서는 표준화된 언어가 꼭 필요하다.
④ 표준화된 언어와 방언을 구분할 줄 아는 능력을 길러야 한다.
⑤ 표준화된 언어는 방언보다 효용가치가 있다.

정답 ②

마지막 문장의 '표준화된 언어와 방언 둘 다의 가치를 인정'하고, '잘 가려서 사용할 줄 아는 능력을 길러야 한다.'는 내용을 바탕으로 ②와 같은 주제를 이끌어낼 수 있다.

풀이 전략!

'결국', '즉', '그런데', '그러나', '그러므로' 등의 접속어 뒤에 주제가 드러나는 경우가 많다는 것에 주의하면서 지문을 읽는다.

대표유형 03

| 문서이해능력 ③ |

문장 배열

유형분석

- 각 문단의 내용을 파악하고 논리적 순서에 맞게 배열하는 복합적인 문제이다.
- 전체적인 글의 흐름을 이해하는 것이 중요하며, 각 문장의 지시어나 접속어에 주의한다.

다음 문장을 논리적 순서대로 바르게 나열한 것은?

(가) 그중에서도 우리나라의 나전칠기는 중국이나 일본보다 단조한 편이지만, 옻칠의 질이 좋고 자개 솜씨가 뛰어나 우리나라 칠공예만의 두드러진 개성을 가진다. 전래 초기에는 주로 백색의 야광패를 사용하였으나, 후대에는 청록 빛깔을 띤 복잡한 색상의 전복껍데기를 많이 사용하였다. 우리나라의 나전칠기는 일반적으로 목제품의 표면에 옻칠을 하고 그것에다 한층 치레 삼아 첨가한다.

(나) 이러한 나전칠기는 특히 통영의 것이 유명하다. 이는 예로부터 통영에서는 나전의 원료가 되는 전복이 많이 생산되었으며, 인근 내륙 및 함안지역의 질 좋은 옻이 나전칠기가 발달하는 데 주요 원인이 되었기 때문이다. 이에 통영시는 지역 명물 나전칠기를 널리 알리기 위해 매년 10월 통영 나전칠기축제를 개최하여 400년을 이어온 통영지방의 우수하고 독창적인 공예법을 소개하고 작품도 전시하고 있다.

(다) 제작방식은 우선 전복껍데기를 얇게 하여 무늬를 만들고 백골에 모시 천을 바른 뒤, 칠과 호분을 섞어 표면을 고른다. 그 후 칠죽 바르기, 삼베 붙이기, 탄회 칠하기, 토회 칠하기를 통해 제조과정을 끝마친다. 문양을 내기 위해 나전을 잘라내는 방법에는 주름질(자개를 문양 형태로 오려낸 것), 이음질(문양구도에 따라 주름대로 문양을 이어가는 것), 끊음질(자개를 실같이 가늘게 썰어서 문양 부분에 모자이크 방법으로 붙이는 것)이 있다.

(라) 나전칠기는 기물에다 무늬를 나타내는 대표적인 칠공예의 장식기법 중 하나로, 얇게 깐 조개껍데기를 여러 가지 형태로 오려내어 기물의 표면에 감입하여 꾸미는 것을 통칭한다. 우리나라는 목기와 더불어 칠기가 발달했는데, 이러한 나전기법은 중국 주대(周代)부터 이미 유행했고 당대(唐代)에 성행하여 한국과 일본에 전해진 것으로 보인다. 나전기법은 여러 나라를 포함한 아시아 일원에 널리 보급되어 있고 지역에 따라 독특한 성격을 가진다.

① (나) – (다) – (가) – (라)
② (나) – (가) – (다) – (라)
③ (다) – (나) – (라) – (가)
④ (라) – (가) – (다) – (나)

정답 ④

제시문은 나전칠기의 개념을 제시하고 우리나라 나전칠기의 특징, 제작방법 그리고 더 나아가 국내의 나전칠기 특산지에 대해 설명하고 있다. 따라서 (라) 나전칠기의 개념 → (가) 우리나라 나전칠기의 특징 → (다) 나전칠기의 제작방법 → (나) 나전칠기 특산지 소개의 순서대로 연결하는 것이 적절하다.

풀이 전략!

상대적으로 시간이 부족하다고 느낄 때는 선택지를 참고하여 문장의 순서를 생각해 본다.

| 문서작성능력 |

문서작성 및 수정

PART 1

유형분석

- 기본적인 어휘력과 어법에 대한 지식을 필요로 하는 문제이다.
- 글의 내용을 파악하고 문맥을 읽을 줄 알아야 한다.

다음 글에서 ㉠ ~ ㉤의 수정 방안으로 적절하지 않은 것은?

학부모들을 상대로 설문조사를 한 결과, 사교육비 절감에 가장 큰 도움을 준 제도는 바로 교과교실제(영어, 수학 교실 등 과목전용교실 운영)였다. 사교육비 중에서도 가장 ㉠ 많은 비용이 차지하는 과목이 영어와 수학이라는 점을 고려해보면 공교육에서 영어, 수학을 집중적으로 가르쳐주는 것이 사교육비 절감에 큰 도움이 되었다는 점을 이해할 수 있다. 한때 사교육비 절감을 기대하며 도입했던 '방과 후 학교'는 사교육비를 절감하지 못했는데, 이는 학생들을 학교에 묶어놓는 것만으로는 사교육을 막을 수 없다는 점을 시사한다. 학생과 학부모가 적지 않은 비용을 지불하면서도 사교육을 찾게 되는 이유는 ㉡ 입시에 도움이 된다. 공교육에서는 정해진 교과 과정에 맞추어 수업을 해야 하고 실력 차이가 나는 학생들을 ㉢ 개별적으로 가르쳐야 하기 때문에 입시에 초점을 맞추기가 쉽지 않다. 따라서 공교육만으로는 입시에 뒤처진다고 생각하는 사람들이 많은 것이다. ㉣ 그래서 교과교실제에 이어 사교육비 절감에 도움이 되었다고 생각하는 요인이 '다양하고 좋은 학교의 확산'이라는 점을 보면 공교육에도 희망이 있다고 할 수 있다. 인문계, 예체능계, 실업계, 특목고 정도로만 학교가 나눠졌던 과거에 비해 지금은 학생의 특기와 적성에 맞는 다양하고 좋은 학교가 많이 생겨났다. 좋은 대학에 입학하려는 이유가 대학의 서열화와 그에 따른 취업경쟁 때문이라는 것을 생각해보면 고등학교 때부터 ㉤ 미래를 위해 공부할 수 있는 학교는 사교육비 절감과 더불어 공교육의 강화, 과도한 입시 경쟁 완화에 도움이 될 것이다.

① ㉠ : 조사가 잘못 쓰였으므로 '많은 비용을 차지하는'으로 수정한다.
② ㉡ : 호응 관계를 고려하여 '입시에 도움이 되기 때문이다.'로 수정한다.
③ ㉢ : 문맥을 고려하여 '집중적으로'로 수정한다.
④ ㉣ : 앞 내용과 상반된 내용이 이어지므로 '하지만'으로 수정한다.
⑤ ㉤ : 앞 내용을 고려하여 '미래를 위해 공부할 수 있는 학교의 확산은'으로 수정한다.

정답 ③

제시문의 내용에 따르면 공교육에서는 학생들의 실력 차이를 모두 고려할 수가 없다. 따라서 '한꺼번에'로 수정하는 것이 적절하다.

풀이 전략!

문장에서 주어와 서술어의 호응 관계가 적절한지 주어와 서술어를 찾아 확인해 보는 연습을 하며, 문서작성의 원칙과 주의사항은 미리 알아두는 것이 좋다.

대표유형 05

| 경청능력 |

경청 태도 및 자세

유형분석

- 주로 특정 상황을 제시한 뒤 올바른 경청 방법을 묻는 형태의 문제이다.
- 경청과 관련한 이론에 대해 묻거나 몇 개의 대화문 중에서 올바른 경청 자세로 이루어진 것을 고르는 유형으로도 출제된다.

다음 중 효과적인 경청 방법으로 옳지 않은 것은?

① 말하는 사람의 모든 것에 집중해서 적극적으로 들어야 한다.
② 상대방의 의견에 동조할 수 없더라도 일단 수용한다.
③ 질문에 대한 답이 즉각적으로 이루어질 때만 질문을 한다.
④ 대화의 내용을 주기적으로 요약한다.
⑤ 상대방이 전달하려는 메시지를 자신의 삶, 목적, 경험과 관련시켜 본다.

정답 ③

질문에 대한 답이 즉각적으로 이루어질 수 없는 상황이라고 하더라도 질문을 하면 경청하는 데 적극적인 자세가 되고 집중력 또한 높아진다.

풀이 전략!

별다른 암기 없이도 풀 수 있는 문제가 대부분이지만, 올바른 경청을 방해하는 요인이나 경청훈련 등에 대한 내용은 미리 숙지하고 있는 것이 좋다.

| 의사표현능력 |

의사표현 방법

유형분석

• 제시된 상황이나 보기에서 적절하거나 적절하지 않은 의사표현 방식을 고르는 문제가 주로 출제된다.

PART 1

의사표현에서는 화자가 말하는 순간 듣는 사람이 바로 알아들을 수 있어야 하므로 어떠한 언어를 사용하는지가 매우 중요하다. 다음 〈보기〉에서 의사표현에 사용되는 언어로 적절하지 않은 것을 모두 고르면?

보기

㉠ 이해하기 쉬운 언어	㉡ 상세하고 구체적인 언어
㉢ 간결하면서 정확한 언어	㉣ 전문적 언어
㉤ 단조로운 언어	㉥ 문법적 언어

① ㉠, ㉡
② ㉡, ㉢
③ ㉢, ㉣
④ ㉣, ㉤
⑤ ㉤, ㉥

정답 ④

상대방이 이해하기 어려운 전문적 언어(㉣)나 단조로운 언어(㉤)는 의사표현에 사용되는 언어로 적절하지 않다.

오답분석

의사표현에 사용되는 적절한 언어로는 이해하기 쉬운 언어(㉠), 상세하고 구체적인 언어(㉡), 간결하면서 정확한 언어(㉢), 문법적 언어(㉥), 감각적 언어 등이 있다.

풀이 전략!

상황에 따른 의사표현법과 원활한 의사표현을 위한 유의사항을 항상 유념한다.

CHAPTER 01

모듈이론

01 의사소통능력

1. 의사소통능력의 의의

(1) 의사소통이란?

두 사람 또는 그 이상의 사람들 사이에서 일어나는 의사의 전달과 상호교류를 의미하며, 어떤 개인 또는 집단이 개인 또는 집단에 대해서 정보, 감정, 사상, 의견 등을 전달하고 그것들을 받아들이는 과정을 말한다.

(2) 의사소통의 중요성

① 대인관계의 기본이며, 직업생활에서 필수적이다.
② 인간관계는 의사소통을 통해서 이루어지는 상호과정이다.
③ 의사소통은 상호 간의 일반적 이해와 동의를 얻기 위한 유일한 수단이다.
④ 서로에 대한 지각의 차이를 좁혀주며, 선입견을 줄이거나 제거해 줄 수 있는 수단이다.

핵심예제

다음은 의사소통에 대한 설명이다. (A), (B)에 각각 들어갈 말로 적절한 것은?

> 의사소통이란 두 사람 또는 그 이상의 사람들 사이에서 일어나는 ___(A)___과 ___(B)___이/가 이루어진다는 뜻이며, 어떤 개인 또는 집단이 개인 또는 집단에 대해서 정보, 감정, 사상, 의견 등을 전달하고 그것들을 받아들이는 과정이라고 할 수 있다.

	(A)	(B)
①	의사의 전달	상호분석
②	의사의 이행	상호분석
③	의사의 전달	상호교류
④	의사의 이행	상호교류

의사소통이란 기계적으로 무조건적인 정보의 전달이 아니라 두 사람 또는 그 이상의 사람들 사이에서 '의사의 전달'과 '상호교류'가 이루어진다는 뜻이며, 어떤 개인 또는 집단에 대해서 정보, 감정, 사상, 의견 등을 전달하고 그것들을 받아들이는 과정이다.

정답 ③

(3) 성공적인 의사소통의 조건

내가 가진 정보를 상대방이 이해하기 쉽게 표현
+
상대방이 어떻게 받아들일 것인가에 대한 고려
‖
일방적인 말하기가 아닌 의사소통의 정확한 목적을 알고, 의견을 나누는 자세

PART 1

2. 의사소통능력의 종류

(1) 문서적인 의사소통능력

문서이해능력	업무와 관련된 다양한 문서를 읽고 핵심을 이해, 정보를 획득하고, 수집·종합하는 능력
문서작성능력	목적과 상황에 적합하도록 정보를 전달할 수 있는 문서를 작성하는 능력

(2) 언어적인 의사소통능력

경청능력	원활한 의사소통을 위해 상대의 이야기를 집중하여 듣는 능력
의사표현능력	자신의 의사를 목적과 상황에 맞게 설득력을 가지고 표현하는 능력

(3) 특징

구분	문서적인 의사소통능력	언어적인 의사소통능력
장점	권위감, 정확성, 전달성, 보존성 높음	유동성 높음
단점	의미의 곡해	정확성 낮음

(4) 기초외국어능력

외국어로 된 간단한 자료를 이해하거나, 외국인과의 전화응대와 간단한 대화 등 외국인의 의사표현을 이해하고, 자신의 의사를 기초외국어로서 표현할 수 있는 능력을 말한다.

3. 의사소통의 저해요인

(1) 의사소통 기법의 미숙, 표현 능력의 부족, 이해 능력의 부족

'일방적으로 말하고', '일방적으로 듣는' 무책임한 태도

(2) 복잡한 메시지, 경쟁적인 메시지

너무 복잡한 표현, 모순되는 메시지 등 잘못된 정보 전달

(3) 의사소통에 대한 잘못된 선입견

'말하지 않아도 아는 문화'에 안주하는 태도

(4) 기타요인

정보의 과다, 메시지의 복잡성, 메시지의 경쟁, 상이한 직위와 과업지향성, 신뢰의 부족, 의사소통을 위한 구조상의 권한, 잘못된 의사소통 매체의 선택, 폐쇄적인 의사소통 분위기

핵심예제

다음 중 의사소통의 저해요인에 해당하지 않는 것은?

① 표현능력의 부족
② 평가적이며 판단적인 태도
③ 상대방을 배려하는 마음가짐
④ 선입견과 고정관념

의사소통 시 '상대방을 배려하는 마음가짐'은 성공적인 대화를 위해 필수적으로 갖춰야 하는 마음가짐이다. 그러므로 의사소통의 저해요인이 될 수 없다.

정답 ③

4. 키슬러의 대인관계 의사소통 유형

유형	특징	제안
지배형	자신감이 있고 지도력이 있으나, 논쟁적이고 독단이 강하여 대인 갈등을 겪을 수 있음	타인의 의견을 경청하고 수용하는 자세 필요
실리형	이해관계에 예민하고 성취지향적으로, 경쟁적이며 자기중심적임	타인의 입장을 배려하고 관심을 갖는 자세 필요
냉담형	이성적인 의지력이 강하고 타인의 감정에 무관심하며 피상적인 대인관계를 유지함	타인의 감정상태에 관심을 가지고 긍정적 감정을 표현하는 것이 필요
고립형	혼자 있는 것을 선호하고 사회적 상황을 회피하며 지나치게 자신의 감정을 억제함	대인관계의 중요성을 인식하고 타인에 대한 비현실적인 두려움의 근원을 성찰하는 것이 필요
복종형	수동적이고 의존적이며 자신감이 없음	적극적인 자기표현과 주장이 필요
순박형	단순하고 솔직하며 자기주관이 부족함	자기주장을 적극적으로 표현하는 것이 필요
친화형	따뜻하고 인정이 많고 자기희생적이나 타인의 요구를 거절하지 못함	타인과의 정서적인 거리를 유지하는 노력이 필요
사교형	외향적이고 인정하는 욕구가 강하며 타인에 대한 관심이 많고 쉽게 흥분함	심리적으로 안정을 취할 필요가 있으며 지나친 인정욕구에 대한 성찰 필요

5. 의사소통능력의 개발

(1) 사후검토와 피드백의 활용

직접 말로 물어보거나 표정, 기타 표시 등을 통해 정확한 반응을 살핀다.

(2) 언어의 단순화

명확하고 쉽게 이해 가능한 단어를 선택하여 이해도를 높인다.

(3) 적극적인 경청

감정을 이입하여 능동적으로 집중하며 경청한다.

(4) 감정의 억제

감정에 치우쳐 메시지를 곡해하지 않도록 침착하게 의사소통한다.

6. 입장에 따른 의사소통전략

화자의 입장	• 의사소통에 앞서 생각을 명확히 할 것 • 문서를 작성할 때는 주된 생각을 앞에 쓸 것 • 평범한 단어를 쓸 것 • 편견 없는 언어를 사용할 것 • 사실 밑에 깔린 감정을 의사소통할 것 • 어조, 표정 등 비언어적인 행동이 미치는 결과를 이해할 것 • 행동을 하면서 말로 표현할 것 • 피드백을 받을 것
청자의 입장	• 세세한 어휘를 모두 들으려고 노력하기보다는 요점, 즉 의미의 파악에 집중할 것 • 말하고 있는 바에 관한 생각과 사전 정보를 동원하여 말하는 바에 몰입할 것 • 모든 이야기를 듣기 전에 결론에 이르지 말고 전체 생각을 청취할 것 • 말하는 사람의 관점에서 진술을 반복하여 피드백할 것 • 들은 내용을 요약할 것

PART 1

02 문서이해능력

1. 문서이해능력의 의의

(1) 문서이해능력이란?

다양한 종류의 문서에서 전달하고자 하는 핵심 내용을 요약 · 정리하여 이해하고, 문서에서 전달하는 정보의 출처를 파악하고 옳고 그름을 판단하는 능력을 말한다.

(2) 문서이해의 목적

문서이해능력이 부족하면 직업생활에서 본인의 업무를 이해하고 수행하는 데 막대한 지장을 끼친다. 따라서 본인의 업무를 제대로 수행하기 위해 문서이해능력은 필수적이다.

2. 문서의 종류

(1) 공문서

- 정부 행정기관에서 대내적 · 대외적 공무를 집행하기 위해 작성하는 문서
- 정부 기관이 일반회사, 단체로부터 접수하는 문서 및 일반회사에서 정부 기관을 상대로 사업을 진행할 때 작성하는 문서 포함
- 엄격한 규격과 양식에 따라 정당한 권리를 가진 사람이 작성
- 최종 결재권자의 결재가 있어야 문서로서의 기능 성립

(2) 보고서

특정 업무에 대한 현황이나 진행 상황 또는 연구 · 검토 결과 등을 보고할 때 작성하는 문서

종류	내용
영업보고서	영업상황을 문장 형식으로 기재해 보고하는 문서
결산보고서	진행됐던 사안의 수입과 지출결과를 보고하는 문서
일일업무보고서	매일의 업무를 보고하는 문서
주간업무보고서	한 주간에 진행된 업무를 보고하는 문서
출장보고서	출장을 다녀와 외부 업무나 그 결과를 보고하는 문서
회의보고서	회의 결과를 정리해 보고하는 문서

(3) 설명서

상품의 특성이나 사물의 성질과 가치, 작동 방법이나 과정을 소비자에게 설명하는 것을 목적으로 작성한 문서

종류	내용
상품소개서	• 일반인들이 친근하게 읽고 내용을 쉽게 이해하도록 하는 문서 • 소비자에게 상품의 특징을 잘 전달해 상품을 구입하도록 유도
제품설명서	• 제품의 특징과 활용도에 대해 세부적으로 언급하는 문서 • 제품의 사용법에 대해 알려주는 것이 주목적

(4) 비즈니스 메모

업무상 필요한 중요한 일이나 앞으로 체크해야 할 일이 있을 때 필요한 내용을 메모형식으로 작성하여 전달하는 글

종류	내용
전화 메모	• 업무적인 내용부터 개인적인 전화의 전달사항들을 간단히 작성하여 당사자에게 전달하는 메모 • 스마트폰의 발달로 현저히 줄어듦
회의 메모	• 회의에 참석하지 못한 구성원에게 회의 내용을 간략하게 적어 전달하거나 참고자료로 남기기 위해 작성한 메모 • 업무 상황 파악 및 업무 추진에 대한 궁금증이 있을 때 핵심적인 역할을 하는 자료
업무 메모	개인이 추진하는 업무나 상대의 업무 추진 상황을 메모로 적는 형태

(5) 비즈니스 레터(E-mail)

- 사업상의 이유로 고객이나 단체에 편지를 쓰는 것
- 직장업무나 개인 간의 연락, 직접 방문하기 어려운 고객관리 등을 위해 사용되는 비공식적 문서
- 제안서나 보고서 등 공식적인 문서를 전달하는 데도 사용

(6) 기획서

하나의 프로젝트를 문서형태로 만들어, 상대방에게 기획의 내용을 전달하여 해당 기획안을 시행하도록 설득하는 문서

(7) 기안서

회사의 업무에 대한 협조를 구하거나 의견을 전달할 때 작성하며 흔히 사내 공문서로 불림

(8) 보도자료

정부 기관이나 기업체, 각종 단체 등이 언론을 상대로 하여 자신들의 정보가 기사로 보도되도록 하기 위해 보내는 자료

(9) 자기소개서

개인의 가정환경과 성장과정, 입사 동기와 근무자세 등을 구체적으로 기술하여 자신을 소개하는 문서

3. 문서의 이해

(1) 문서이해의 절차

1. 문서의 목적을 이해하기

2. 이러한 문서가 작성되게 된 배경과 주제를 파악하기

3. 문서에 쓰인 정보를 밝혀내고, 문서가 제시하고 있는 현안을 파악하기

4. 문서를 통해 상대방의 욕구와 의도 및 내게 요구되는 행동에 관한 내용을 분석하기

5. 문서에서 이해한 목적 달성을 위해 취해야 할 행동을 생각하고 결정하기

6. 상대방의 의도를 도표나 그림 등으로 메모하여 요약·정리해보기

핵심예제

다음 문서이해를 위한 구체적인 절차 중 가장 먼저 행해져야 할 사항은 무엇인가?

① 문서의 목적을 이해하기
② 문서가 작성된 배경과 주제를 파악하기
③ 현안을 파악하기
④ 내용을 요약하고 정리하기

문서를 이해하기 위해 가장 먼저 행해져야 할 것은 문서의 목적을 먼저 이해하는 것이다. 목적을 명확히 해야 문서의 작성 배경과 주제, 현안을 파악할 수 있다. 궁극적으로 문서에서 이해한 목적달성을 위해 취해야 할 행동을 생각하고 결정할 수 있게 된다.

정답 ①

(2) 내용종합능력의 배양

① 주어진 모든 문서를 이해했다 하더라도 그 내용을 모두 기억하기란 불가능하므로 문서내용을 요약하는 문서이해능력에 더해 내용종합능력의 배양이 필요하다.

② 이를 위해서는 다양한 종류의 문서를 읽고, 구체적인 절차에 따라 이해하고, 정리하는 습관을 들여야 한다.

03 문서작성능력

1. 문서작성능력의 의의

(1) 문서작성능력이란?

① 문서의 의미

제안서 · 보고서 · 기획서 · 편지 · 메모 · 공지사항 등 문자로 구성된 것을 지칭하며 일상생활뿐만 아니라 직업생활에서도 다양한 문서를 자주 사용한다.

② 문서작성의 목적

치열한 경쟁상황에서 상대를 설득하거나 조직의 의견을 전달하고자 한다.

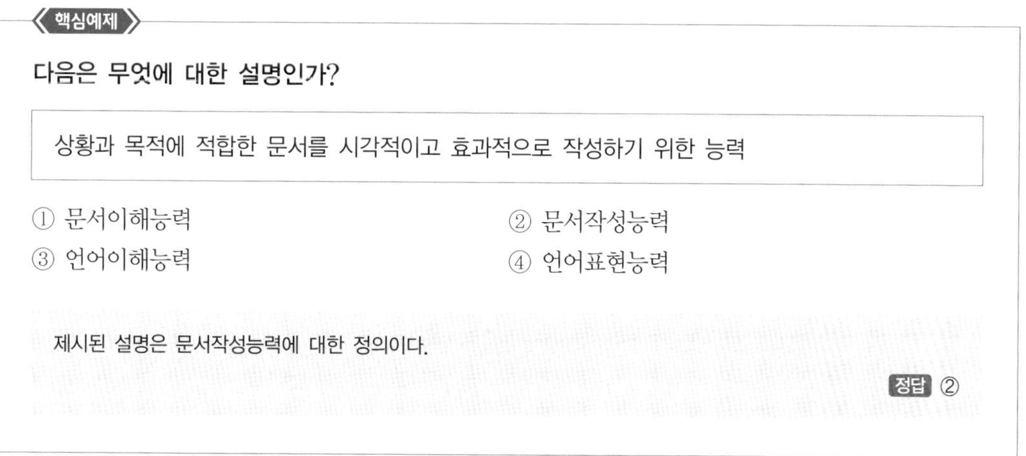

핵심예제

다음은 무엇에 대한 설명인가?

상황과 목적에 적합한 문서를 시각적이고 효과적으로 작성하기 위한 능력

① 문서이해능력　　② 문서작성능력
③ 언어이해능력　　④ 언어표현능력

제시된 설명은 문서작성능력에 대한 정의이다.

정답 ②

(2) 문서작성 시 고려사항

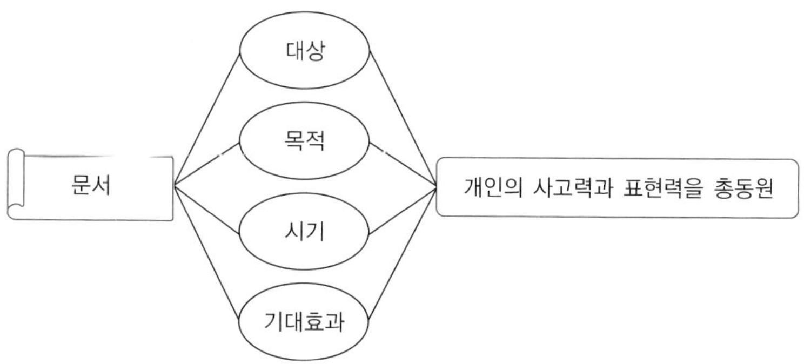

2. 문서작성의 실제

(1) 상황에 따른 문서의 작성

상황	내용
요청이나 확인을 위한 경우	• 공문서 형식 • 일정한 양식과 격식을 갖추어 작성
정보제공을 위한 경우	• 홍보물, 보도자료, 설명서, 안내서 • 시각적인 정보의 활용 • 신속한 정보 제공
명령이나 지시가 필요한 경우	• 업무 지시서 • 명확한 지시사항이 필수적
제안이나 기획을 할 경우	• 제안서, 기획서 • 종합적인 판단과 예견적인 지식이 필요
약속이나 추천을 위한 경우	• 제품의 이용에 대한 정보 • 입사지원, 이직 시 상사가 작성

(2) 문서의 종류에 따른 작성법

① 공문서

- '누가, 언제, 어디서, 무엇을, 어떻게(왜)'가 드러나도록 작성해야 함
- 날짜는 연도와 월일을 반드시 함께 기입해야 함
- 날짜 다음에 괄호를 사용할 때는 마침표를 찍지 않음
- 내용이 복잡할 경우 '-다음-', '-아래-'와 같은 항목을 만들어 구분함
- 한 장에 담아내는 것이 원칙
- 마지막엔 반드시 '끝' 자로 마무리함
- 대외문서이고 장기간 보관되는 문서이므로 정확하게 기술해야 함

② 설명서

- 간결하게 작성함
- 전문용어의 사용은 가급적 삼갈 것
- 복잡한 내용은 도표화
- 명령문보다 평서형으로, 동일한 표현보다는 다양한 표현으로 작성함
- 글의 성격에 맞춰 정확하게 기술해야 함

③ 기획서

- 무엇을 위한 기획서인지 핵심 메시지가 정확히 도출되었는지 확인
- 상대가 요구하는 것이 무엇인지 고려하여 작성
- 글의 내용이 한눈에 파악되도록 목차를 구성
- 분량이 많으므로 핵심 내용의 표현에 유념할 것
- 효과적인 내용전달을 위해 표나 그래프를 활용
- 제출하기 전에 충분히 검토할 것
- 인용한 자료의 출처가 정확한지 확인

④ 보고서

- 핵심내용을 구체적으로 제시
- 간결하고 핵심적인 내용의 도출이 우선이므로 내용의 중복을 피할 것
- 독자가 궁금한 점을 질문할 것에 대비할 것
- 산뜻하고 간결하게 작성
- 도표나 그림은 적절히 활용
- 참고자료는 정확하게 제시
- 개인의 능력을 평가하는 기본 자료이므로 제출하기 전 최종점검을 할 것

핵심예제

다음 중 설명서의 올바른 작성법에 해당하지 않는 것은?

① 정확한 내용 전달을 위해 명령문으로 작성한다.
② 상품이나 제품에 대해 설명하는 글의 성격에 맞춰 정확하게 기술한다.
③ 정확한 내용전달을 위해 간결하게 작성한다.
④ 소비자들이 이해하기 어려운 전문용어는 가급적 사용을 삼간다.

설명서는 명령문이 아닌 평서형으로 작성해야 한다.

정답 ①

3. 문서작성의 원칙

(1) 문장 구성 시 주의사항

- 간단한 표제를 붙일 것
- 결론을 먼저 작성
- 상대방이 이해하기 쉽게
- 중요하지 않은 경우 한자의 사용은 자제
- 문장은 짧고, 간결하게
- 문장은 긍정문의 형식으로

(2) 문서작성 시 주의사항

- 문서의 작성 시기를 기입
- 제출 전 반드시 최종점검
- 반드시 필요한 자료만 첨부
- 금액, 수량, 일자는 정확하게 기재

핵심예제

다음 중 문서작성의 원칙으로 적절하지 않은 것은?

① 문장을 짧고, 간결하게 작성하도록 한다.
② 정확한 의미전달을 위해 한자어를 최대한 많이 사용한다.
③ 간단한 표제를 붙인다.
④ 문서의 주요한 내용을 먼저 쓰도록 한다.

문서의미의 전달에 그다지 중요하지 않을 경우에는 한자 사용은 최대한 자제하도록 하며, 상용한자의 범위 내에서 사용하는 것이 상대방의 문서이해에 도움이 될 것이다.

정답 ②

4. 문서표현의 시각화

(1) 시각화의 구성요소

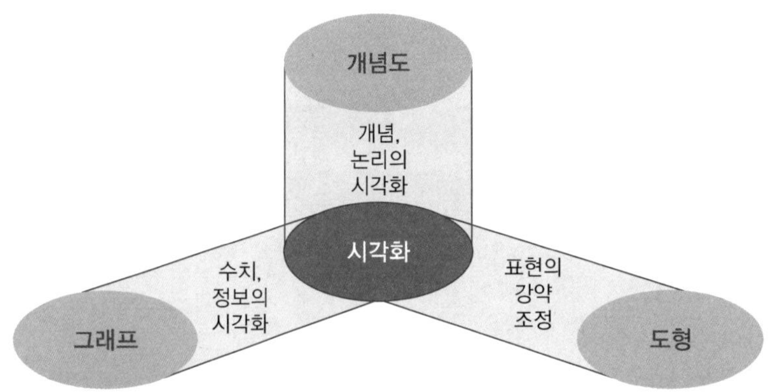

문서의 내용을 시각화하기 위해서는 전하고자 하는 내용의 개념이 명확해야 하고, 수치 등의 정보는 그래프 등을 사용하여 시각화하며, 특히 강조하여 표현하고 싶은 내용은 도형을 이용할 수 있다.

(2) 시각화 방법

① **차트 시각화** : 데이터 정보를 쉽게 이해할 수 있도록 시각적으로 표현하며, 주로 통계 수치 등을 도표나 차트를 통해 명확하고 효과적으로 전달한다.
② **다이어그램 시각화** : 개념이나 주제 등 중요한 정보를 도형, 선, 화살표 등 여러 상징을 사용하여 시각적으로 표현한다.
③ **이미지 시각화** : 전달하고자 하는 내용을 관련 그림이나 사진 등으로 표현한다.

04 경청능력

1. 경청능력의 의의

(1) 경청능력이란?

① 경청의 의미

상대방이 보내는 메시지에 주의를 기울이고 이해를 위해 노력하는 행동으로, 대화의 과정에서 신뢰를 쌓을 수 있는 최고의 방법이다.

② 경청의 효과

대화의 상대방이 본능적으로 안도감을 느끼게 되어 무의식적인 믿음을 갖게 되며, 이 효과로 인해 말과 메시지, 감정이 효과적으로 상대방에게 전달된다.

(2) 경청의 중요성

경청을 통해 + 대화의 상대방을(의) ⇨

- 한 개인으로 존중하게 된다.
- 성실한 마음으로 대하게 된다.
- 입장에 공감하며 이해하게 된다.

2. 효과적인 경청방법

(1) 적극적 경청과 소극적 경청

① 적극적 경청

상대의 말에 집중하고 있음을 행동을 통해 표현하며 듣는 것으로 질문, 확인, 공감 등으로 표현된다.

② 소극적 경청

상대의 말에 특별한 반응 없이 수동적으로 듣는 것을 말한다.

(2) 적극적 경청을 위한 태도

- 비판적・충고적인 태도를 버린다.
- 상대방이 말하고자 하는 의미를 이해한다.
- 단어 이외에 보여지는 표현에 신경쓴다.
- 경청하고 있다는 것을 표현한다.
- 흥분하지 않는다.

(3) 경청의 올바른 자세

- 상대를 정면으로 마주하여 의논할 준비가 되었음을 알린다.
- 손이나 다리를 꼬지 않는 개방적 자세를 취한다.
- 상대를 향해 상체를 기울여 경청하고 있다는 사실을 강조한다.
- 우호적인 눈빛 교환을 한다.
- 편안한 자세를 취한다.

(4) 효과적인 경청을 위한 트레이닝

종류	내용
준비	미리 나누어준 계획서 등을 읽어 강연 등에 등장하는 용어에 친숙해질 필요가 있음
집중	말하는 사람의 속도와 말을 이해하는 속도 사이에 발생하는 간격을 메우는 방법을 학습해야 함
예측	대화를 하는 동안 시간 간격이 있으면, 다음에 무엇을 말할 것인가를 추측하려고 노력해야 함
연관	상대방이 전달하려는 메시지가 무엇인가를 생각해보고 자신의 삶, 목적, 경험과 관련지어 보는 습관이 필요함
질문	질문에 대한 답이 즉각적으로 이루어질 수 없다고 하더라도 질문을 하려고 하면 경청하는 데 적극적이 되고 집중력이 높아지게 됨
요약	대화 도중에 주기적으로 대화의 내용을 요약하면 상대방이 전달하려는 메시지를 이해하고, 사상과 정보를 예측하는 데 도움이 됨
반응	상대방에 대한 자신의 지각이 옳았는지 확인할 수 있으며, 상대방에게 자신이 정확하게 의사소통을 하였는가에 대한 정보를 제공함

핵심예제

다음 중 효과적인 경청방법으로 적절하지 않은 것은?

① 주의를 집중한다.
② 나와 관련지어 생각해 본다.
③ 상대방의 대화에 적절히 반응한다.
④ 상대방의 말을 적당히 걸러내며 듣는다.

경청을 방해하는 요인으로 상대방의 말을 듣기는 하지만 듣는 사람이 임의로 그 내용을 걸러내며 들으면 상대방의 의견을 제대로 이해할 수 없는 경우가 있다. 효과적인 경청자세는 상대방의 말을 전적으로 수용하며 듣는 태도이다.

정답 ④

3. 경청의 방해요인

요인	내용
짐작하기	상대방의 말을 듣고 받아들이기보다 자신의 생각에 들어 맞는 단서들을 찾아 자신의 생각을 확인하는 것
대답할 말 준비하기	자신이 다음에 할 말을 생각하기에 바빠서 상대방이 말하는 것을 잘 듣지 않는 것
걸러내기	상대의 말을 듣기는 하지만 상대방의 메시지를 온전하게 듣지 않는 것
판단하기	상대방에 대한 부정적인 판단 때문에, 또는 상대방을 비판하기 위해 상대방의 말을 듣지 않는 것
다른 생각하기	상대방이 말을 할 때 다른 생각을 하는 것으로, 현실이 불만스럽지만 이러한 상황을 회피하고 있다는 신호임
조언하기	본인이 다른 사람의 문제를 지나치게 해결해 주고자 하는 것을 말하며, 말끝마다 조언하려고 끼어들면 상대방은 제대로 말을 끝맺을 수 없음
언쟁하기	단지 반대하고 논쟁하기 위해서만 상대방의 말에 귀를 기울이는 것
자존심 세우기	자존심이 강한 사람에게서 나타나는 태도로 자신의 부족한 점에 대한 상대방의 말을 듣지 않으려 함
슬쩍 넘어가기	문제를 회피하려 하거나 상대방의 부정적 감정을 회피하기 위해서 유머 등을 사용하는 것으로 이로 인해 상대방의 진정한 고민을 놓치게 됨
비위 맞추기	상대방을 위로하기 위해서 너무 빨리 동의하는 것을 말하며, 상대방에게 자신의 생각이나 감정을 충분히 표현할 시간을 주지 못하게 됨

핵심예제

다음 중 경청을 방해하는 요인에 해당하지 않는 것은?

① 상대방의 말을 짐작하면서 듣기
② 대답할 말을 미리 준비하며 듣기
③ 상대방의 마음상태를 이해하며 듣기
④ 상대방의 말을 판단하며 듣기

상대방의 마음상태를 이해하며 듣는 것은 올바른 경청방법으로, 방해요인에 해당하지 않는다.

정답 ③

PART 1

4. 경청훈련

(1) 대화법을 통한 경청훈련

① 주의 기울이기
바라보기, 듣기, 따라하기가 이에 해당하며, 산만한 행동은 중단하고 비언어적인 것, 즉 상대방의 얼굴과 몸의 움직임뿐만 아니라 호흡하는 자세까지도 주의하여 관찰해야 한다.

② 상대방의 경험을 인정하고 더 많은 정보 요청하기
화자가 인도하는 방향으로 따라가고 있다는 것을 언어적·비언어적인 표현을 통하여 상대방에게 알려주는 것은 상대방이 더 많은 것을 말할 수 있는 수단이 된다.

③ 정확성을 위해 요약하기
상대방에 대한 이해의 정확성을 확인할 수 있게 하며, 자신과 상대방의 메시지를 공유할 수 있도록 한다.

④ 개방적인 질문하기
단답형의 대답이나 반응보다 상대방의 다양한 생각을 이해하고, 상대방으로부터 보다 많은 정보를 얻기 위한 방법이다.

⑤ '왜?'라는 질문 피하기
'왜?'라는 질문은 보통 진술을 가장한 부정적·추궁적·강압적인 표현이므로 사용하지 않는 것이 좋다.

(2) 경청능력을 높이는 공감하는 태도

① 공감적 태도
성숙된 인간관계를 유지하기 위해서는 서로의 의견을 공감하고 존중하며 의견 조율이 필요하다. 이를 위해 깊이 있는 대화가 필요하며 이때 필요한 것이 공감적 태도이다. 즉, 공감이란 상대방이 하는 말을 상대방의 관점에서 이해하고 느끼는 것이다.

② 공감적 반응
㉠ 상대방의 이야기를 자신의 관점이 아닌 그의 관점에서 이해한다.
㉡ 상대방의 말 속에 담겨 있는 감정과 생각에 민감하게 반응한다.

05 의사표현능력

1. 의사표현능력의 의의

(1) 의사표현능력이란?

① 의사표현의 의미

말하는 이가 자신의 생각과 감정을 듣는 이에게 음성언어나 신체언어로 표현하는 행위로서 말하는 이의 목적을 달성하는 데 효과가 있다고 생각하는 말하기를 말한다.

② 의사표현의 종류

종류	내용
공식적 말하기	• 사전에 준비된 내용을 대중을 상대로 하여 말하는 것 • 연설, 토의, 토론 등
의례적 말하기	• 정치적 · 문화적 행사에서와 같이 의례 절차에 따라 말하는 것 • 식사, 주례, 회의 등
친교적 말하기	• 매우 친근한 사람들 사이에서 이루어지는 것으로 자연스러운 상황에서 떠오르는 대로 주고받는 말하기

(2) 의사표현의 중요성

언어에 의해 그려지는 이미지로 인해 자신의 이미지가 형상화될 수 있다. 즉, 자신이 자주 하는 말로써 자신의 이미지가 결정된다는 것이다.

2. 의사표현에 영향을 미치는 비언어적 요소

(1) 연단공포증

청중 앞에서 이야기를 해야 하는 상황일 때 정도의 차이는 있지만 누구나 가슴이 두근거리는 등의 현상을 느끼게 된다. 이러한 연단공포증은 소수가 경험하는 심리상태가 아니라, 90% 이상의 사람들이 호소하는 불안이므로 이를 걱정할 필요는 없으며, 오히려 이러한 심리현상을 잘 통제하면서 표현을 한다면 청자는 그것을 더 인간다운 것으로 생각하게 된다.

(2) 말

① 장단

표기가 같은 말이라도 소리가 길고 짧음에 따라 전혀 다른 뜻이 되는 단어의 경우 긴 소리와 짧은 소리를 구분하여 정확하게 발음해야 한다.

② 발음

발음이 분명하지 못하면 듣는 이에게 정확하게 의사를 전달하기 어렵다. 천천히 복식호흡을 하며 깊은 소리로 침착하게 이야기하는 습관을 가져야 한다.

③ 속도

발표할 때의 속도는 10분에 200자 원고지 15장 정도가 적당하다. 이보다 빠르면 청중이 내용에 대해 생각할 시간이 부족하고 놓친 메시지가 있다고 느끼며, 말하는 사람이 바쁘고 성의 없는 느낌을 주게 된다. 반대로 느리게 말하면, 분위기가 처지게 되어 청중이 내용에 집중을 하지 못한다. 발표에

능숙하게 되면 청중의 반응을 감지하면서 분위기가 처질 경우 좀 더 빠르게, 내용상 중요한 부분을 짚고 넘어가고자 할 경우는 조금 여유 있게 말하는 등의 조절을 할 수 있다.

④ 쉼

의도적으로 쉼을 잘 활용함으로써 논리성, 동질감 등을 확보할 수 있다.

(3) 몸짓

① 몸의 방향

몸의 방향을 통해 대화 상대를 향하는가, 피하는가가 판단된다. 예를 들어 대화 도중에 끼어든 제3자가 있다고 상상했을 때, 말하는 이가 제3자를 불편하게 생각하는 경우 살짝 몸을 돌릴 수 있다. 몸의 방향은 의도적일 수도 있고, 비의도적일 수도 있으나 말하는 이가 그 사람을 '피하고' 있음을 표현하는 방식이 된다.

② 자세

특정 자세를 보고 그 사람의 분노, 슬픔, 행복과 같은 일부 감정들을 맞히는 것은 90% 이상 일치한다는 연구 결과가 있다. 자신뿐 아니라 지금 대화를 나누고 있는 상대방의 자세에 주의를 기울임으로써 우리는 언어적 요소와는 다른 중요한 정보를 얻을 수 있다.

③ 몸짓

몸짓의 가장 흔한 유형은 몸동작으로 화자가 말을 하면서 자연스럽게 동반하는 움직임이다. 누군가 우리에게 길을 물어볼 때 자연스럽게 말과 함께 손가락과 몸짓을 통해 길을 알려준다. 몸동작은 말로 설명하기는 어려운 것들을 설명하는 데 자주 사용되며, 몸동작이 완전히 배제된 의사표현은 때로 어색함을 줄 수 있다. 또 "최고다."라는 긍정적 신호를 보내기 위해 엄지를 들어 올리는 등의 상징적 동작은 말을 동반하지 않아도 의사표현이 가능하게 한다. 상징적 동작은 문화권에 따라 다를 수 있으므로, 다른 문화권의 사람들과 의사소통을 해야 할 경우에는 문화적 차이를 고려해야 한다.

④ 유머

유머는 의사표현을 더욱 풍요롭게 도와준다. 하지만 하루아침에 유머를 포함한 의사표현을 할 수 있는 것은 아니며, 평소 일상생활 속에서 부단히 유머 감각을 훈련하여야만 자연스럽게 상황에 맞는 유머를 즉흥적으로 구사할 수 있다.

3. 효과적인 의사표현법

상황	내용
지적	• 충고나 질책의 형태로 나타난다. • '칭찬 – 질책 – 격려'의 샌드위치 화법을 사용한다. • 충고는 최후의 수단으로 은유적으로 접근한다.
칭찬	• 대화 서두의 분위기 전환용으로 사용한다. • 상대에 어울리는 중요한 내용을 포함한다.
요구	• 부탁 : 상대의 상황을 확인한 후 응하기 쉽도록 구체적으로 부탁하며, 거절을 당해도 싫은 내색을 하지 않는다. • 업무상 지시, 명령 : 강압적 표현보다는 청유식 표현이 효과적이다.
거절	• 거절에 대한 사과와 함께 응할 수 없는 이유를 설명한다. • 요구를 들어주는 것이 불가능할 경우 단호하게 거절하지만, 정색하는 태도는 지양한다.
설득	• 강요는 금물이다. • 문 안에 한 발 들여놓기 기법 • 얼굴 부딪히기 기법

06 기초외국어능력

1. 기초외국어능력의 의의

(1) 기초외국어능력이란?

일 경험에 있어 우리만의 언어가 아닌 세계의 언어로 의사소통을 가능하게 하는 능력을 말하며, 일 경험 중에 필요한 문서이해나 문서작성, 의사표현, 경청 등 기초적인 의사소통을 기초적인 외국어로 가능하게 하는 능력을 말한다.

(2) 기초외국어능력의 중요성

외국인들과의 업무가 잦은 특정 직무뿐만 아니라 컴퓨터 활용 및 공장의 기계사용, 외국산 제품의 사용법을 확인하는 경우 등 기초외국어를 모르면 불편한 경우가 많다.

2. 외국인과의 비언어적 의사소통

(1) 표정으로 알아채기

외국인과 마주하여 대화할 때 그들의 감정이나, 생각을 가장 쉽게 알 수 있는 것이 표정이다. 웃는 표정은 행복과 만족, 친절을 표현하는 데 비해, 눈살을 찌푸리는 표정은 불만족과 불쾌를 나타낸다. 또한 눈을 마주 쳐다보는 것은 흥미와 관심이 있음을, 그리고 그렇게 하지 않음은 무관심을 말해준다.

(2) 음성으로 알아채기

어조가 높으면 적대감이나 대립감을 나타내고, 낮으면 만족이나 안심을 나타낸다. 또한 목소리가 커졌으면 내용을 강조하는 것이거나 흥분, 불만족 등의 감정 상태를 표현하는 것이다. 또한 말의 속도와 리듬이 매우 빠르거나 짧게 얘기하면 공포나 노여움을 나타내는 것이며, 너무 자주 말을 멈추면 결정적인 의견이 없음을 의미하거나 긴장 또는 저항을 의미한다.

(3) 외국인과의 의사소통에서 피해야 할 행동

- 상대를 볼 때 흘겨보거나, 아예 보지 않는 것
- 팔이나 다리를 꼬는 것
- 표정이 없는 것
- 다리를 흔들거나 펜을 돌리는 것
- 맞장구를 치지 않거나, 고개를 끄덕이지 않는 것
- 생각 없이 메모하는 것
- 자료만 들여다보는 것
- 바르지 못한 자세로 앉는 것
- 한숨, 하품, 신음을 내는 것
- 다른 일을 하며 듣는 것
- 상대방에게 이름이나 호칭을 어떻게 부를지 묻지 않고 마음대로 부르는 것

다음 중 기초외국어능력을 대하는 마음가짐으로 적절하지 않은 것은?

① 상대방과 목적을 공유하라.
② 외국어를 너무 어렵게만 생각하지 마라.
③ 자신을 극복하라.
④ 자신의 부족한 외국어 실력을 의식하여, 실수하지 않도록 한다.

외국어에 대한 자신감이 부족한 사람들이 가지는 특징은 외국어를 잘 못한다는 지나친 의식, 불명확한 의사표현, 의견정리의 어려움, 표현력의 저하 등이다. 그러므로 이러한 마음상태를 극복하고, 자신만의 기초외국어로의 의사소통 방법을 만들어나가는 것도 기초외국어능력을 높이는 좋은 방법이라 할 수 있다.

정답 ④

기출복원문제

정답 및 해설 p.002

01 한국철도공사

01 다음 〈보기〉를 참고할 때, 문법적 형태소가 가장 많이 포함된 문장은?

> 보기
>
> 문법형태소(文法形態素) 또는 형식형태소(形式形態素)는 문법적 의미가 있는 형태소로 어휘형태소와 함께 쓰여 그들 사이의 관계를 나타내는 기능을 하는 형태소를 말한다. 한국어에서는 조사와 어미가 이에 해당한다. 의미가 없고 문장의 형식 구성을 보조한다는 의미에서 형식형태소(形式形態素)라고도 한다.

① 동생이 나 몰래 사탕을 먹었다.
② 우리 오빠는 키가 작았다.
③ 봄이 오니 산과 들에 꽃이 피었다.
④ 나는 가게에서 김밥과 돼지고기를 샀다.
⑤ 지천에 감자꽃이 가득 피었다.

02 다음 중 밑줄 친 단어가 문맥상 옳지 않은 것은?

① 효율적인 회사 운영을 위해 회의를 정례화(定例化)해야 한다는 주장이 나왔다.
② 그 계획은 아무래도 중장기적(中長期的)으로 봐야 할 필요가 있다.
③ 그 문제를 해결하기 위해서는 표면적이 아닌 피상적(皮相的)인 이해가 필요하다.
④ 환경을 고려한 신제품을 출시하는 기업들의 친환경(親環境) 마케팅이 유행이다.
⑤ 인생의 중대사를 정할 때는 충분한 숙려(熟慮)가 필요하다.

03 다음 문장 중 어법상 옳은 것은?

① 오늘은 날씨가 추우니 옷의 지퍼를 잘 잠거라.
② 우리 집은 매년 김치를 직접 담궈 먹는다.
③ 그는 다른 사람의 만류에도 서슴지 않고 악행을 저질렀다.
④ 염치 불구하고 이렇게 부탁드리겠습니다.
⑤ 우리집 뒷뜰에 개나리가 예쁘게 피었다.

PART 1

04 다음 제시된 문단을 논리적 순서대로 바르게 나열한 것은?

(가) 천일염 안전성 증대 방안 5가지가 '2022 K-농산어촌 한마당'에서 소개됐다. 첫째, 함수(농축한 바닷물)의 청결도를 높이기 위해 필터링(여과)을 철저히 하고, 둘째, 천일염전에 생긴 이끼 제거를 위해 염전의 증발지를 목제 도구로 완전히 뒤집는 것이다. 그리고 셋째, 염전의 밀대·운반 도구 등을 식품 용기에 사용할 수 있는 소재로 만들고, 넷째, 염전 수로 재료로 녹 방지 기능이 있는 천연 목재를 사용하는 것이다. 마지막으로 다섯째, 염전 결정지의 바닥재로 장판 대신 타일(타일염)이나 친환경 바닥재를 쓰는 것이다.

(나) 한편, 천일염과 찰떡궁합인 김치도 주목을 받았다. 김치를 담글 때 천일염을 사용하면 김치의 싱싱한 맛이 오래 가고 식감이 아삭아삭해지는 등 음식궁합이 좋다. 세계김치연구소는 '발효과학의 중심, 김치'를 주제로 관람객을 맞았다. 세계김치연구소 이창현 박사는 "김치는 중국·일본 등 다른 나라의 채소 절임 식품과 채소를 절이는 단계 외엔 유사성이 전혀 없는 매우 독특한 식품이자 음식 문화"라고 설명했다.

(다) K-농산어촌 한마당은 헬스경향·한국농수산식품유통공사에서 공동 주최한 박람회이다. 해양수산부 소속 국립수산물품질관리원은 천일염 부스를 운영했다. 대회장을 맡은 국회 농림축산식품해양수산위원회 소속 서삼석 의원은 "갯벌 명품 천일염 생산지인 전남 신안을 비롯해 우리나라의 천일염 경쟁력은 세계 최고 수준"이라며 "이번 한마당을 통해 국산 천일염의 우수성이 더 많이 알려지기를 기대한다."라고 말했다.

① (가) – (나) – (다)
② (가) – (다) – (나)
③ (나) – (다) – (가)
④ (다) – (가) – (나)
⑤ (다) – (나) – (가)

05 다음 글의 핵심 내용으로 옳은 것은?

BMO 금속 및 광업 관련 리서치 보고서에 따르면 최근 가격 강세를 지속해 온 알루미늄, 구리, 니켈 등 산업금속들이 4분기 중 공급부족 심화와 가격 상승세가 전망된다. 산업금속이란, 산업에 필수적으로 사용되는 금속들을 말하는데, 앞서 제시한 알루미늄, 구리, 니켈뿐만 아니라 비교적 단단한 금속에 속하는 은이나 금 등도 모두 산업에 많이 사용될 수 있는 금속이므로 산업금속의 카테고리에 속한다고 할 수 있다. 이러한 산업금속은 물품을 생산하는 기계의 부품으로서 필요하기도 하고, 전자제품 등의 소재로 쓰이기도 하기 때문에 특정 분야의 산업이 활성화되면 특정 금속의 가격이 뛰거나 심각한 공급난을 겪기도 한다.

지난 4일 금융투자업계에 따르면 최근 전세계적인 경제 회복 조짐과 함께 탈 탄소 트렌드, 즉 '그린 열풍'에 따른 수요 증가로 산업금속 가격이 초강세이다. 런던금속거래소에서 발표한 자료에 따르면 올해 들어 지난달까지 알루미늄은 20.7%, 구리가 47.8%, 니켈은 15.9% 각각 가격이 상승했다. 자료에서도 알 수 있듯이 구리 수요를 필두로 알루미늄, 니켈 등 전반적인 산업금속 섹터의 수요량이 증가하였다. 이는 전기자동차 산업의 확충과 관련이 있다. 전기자동차의 핵심적인 부품인 배터리를 만드는 데에 구리와 니켈이 사용되기 때문이다. 이때, 배터리 소재 중 니켈의 비중을 높이면 배터리의 용량을 키울 수 있으나 배터리의 안정성이 저하된다. 기존의 전기자동차 배터리는 니켈의 사용량이 높았기 때문에 더욱 안정성 문제가 제기되어 왔다. 그래서 연구 끝에 적정량의 구리를 배합하는 것이 배터리 성능과 안정성을 모두 향상시키기 위해서 중요하다는 것을 밝혀내었다. 구리가 전기자동차 산업의 핵심 금속인 셈이다.

이처럼 전기자동차와 배터리 등 친환경 산업에 필수적인 금속들의 수요는 증가하는 반면 세계 각국의 환경 규제 강화로 인해 금속의 생산은 오히려 감소하고 있기 때문에 산업금속에 대한 공급난과 가격 인상이 우려되고 있다.

① 전기자동차의 배터리 성능을 향상하는 기술
② 세계적인 '그린 열풍' 현상 발생의 원인
③ 필수적인 산업금속 공급난으로 인한 문제
④ 전기자동차 확충에 따른 구리 수요 증가 상황
⑤ 탈 탄소 산업의 대표 주자인 전기자동차산업

06 다음 글을 봤을 때, 공공재 · 공공자원의 실패에 대한 해결책으로 옳지 않은 것은?

재화와 서비스는 소비를 막을 수 있는지에 따라 배제성이 있는 재화와 배제성이 없는 재화로 분류한다. 또 어떤 사람이 소비하면 다른 사람이 소비할 기회가 줄어드는지에 따라 경합성이 있는 재화와 경합성이 없는 재화로 구분한다. 공공재는 배제성과 경합성이 없는 재화이며, 공공자원은 배제성이 없으면서 경합성이 있는 재화이다.
공공재는 수많은 사람에게 일정한 혜택을 주는 것으로 사회적으로 반드시 생산돼야 하는 재화이다. 하지만 공공재는 '무임 승차자' 문제를 낳는다. 무임 승차자 문제란 사람들이 어떤 재화와 서비스의 소비로 일정한 혜택을 보지만, 어떤 비용도 지불하지 않는 것을 말한다. 이런 공공재가 가진 무임 승차자 문제 때문에 공공재는 사회 전체가 필요로 하는 수준보다 부족하게 생산되거나 아예 생산되지 않을 수 있다. 어떤 사람이 막대한 비용을 들여 누구나 공짜로 소비할 수 있는 국방 서비스, 치안 서비스 같은 공공재를 제공하려고 하겠는가.
공공재와 마찬가지로 공공자원 역시 원하는 사람이면 누구나 공짜로 사용할 수 있다. 그러나 어떤 사람이 공공자원을 사용하면 다른 사람은 사용에 제한을 받는다. 배제성은 없으나 재화의 경합성만이 존재하는 이러한 특성 때문에 공공자원은 '공공자원의 비극'이라는 새로운 형태의 문제가 생겨난다. 공공자원의 비극이란 모두가 함께 사용할 수 있는 공공자원은 아무도 아껴 쓰려고 노력하지 않기 때문에 머지않아 황폐해지고 마는 현상이다.
바닷속의 물고기는 어느 특정한 사람의 소유가 아니기 때문에 누구나 잡을 수 있다. 먼저 잡는 사람이 임자인 셈이다. 하지만 물고기의 수량이 한정돼 있다면 나중에 잡는 사람은 잡을 물고기가 없을 수도 있다. 이런 생각에 너도 나도 앞 다투어 물고기를 잡게 되면 얼마 가지 않아 물고기는 사라지고 말 것이다. 이른바 공공자원의 비극이 발생한다. 결과적으로 공공자원은 사회 전체가 필요로 하는 수준보다 지나치게 많이 자원을 낭비하는 결과를 초래한다.
이와 같은 공공재와 공공자원이 가지는 문제를 해결하는 방안은 무엇일까? 공공재는 사회적으로 매우 필요한 재화와 서비스인데도 시장에서 생산되지 않는다. 따라서 정부는 공공재의 특성을 가지는 재화와 서비스를 직접 생산해 공급한다. 예를 들어 정부는 국방, 치안 서비스 등을 비롯해 철도 도로 항만 댐 등 원활한 경제 활동을 간접적으로 뒷받침해 주는 사회간접자본을 생산한다. 이때 사회간접자본의 생산량은 일반적인 상품의 생산량보다 예측이 까다로울 수 있는데, 이용하는 사람이 국민 전체이기 때문에 그 수가 절대적으로 많을뿐만 아니라 배제성과 경합성이 없는 공공재로서의 성격을 띄기 때문에 그러한 면도 있다. 이러한 문제를 해결하기 위해서 국가는 공공투자사업 전 사회적 편익과 비용을 분석하여 적절한 사업의 투자 규모 및 진행 여부를 결정한다.
공공자원은 어느 누구의 소유도 아니다. 너도 나도 공공자원을 사용하면 금세 고갈되고 만다. 정부는 각종 규제로 공공자원을 보호한다. 공공자원을 보호하기 위한 규제는 크게 사용제한과 사용 할당으로 구분할 수 있다. 사용제한은 공공자원을 민간이 이용할 수 없도록 막아두는 것이다. 예를 들면 주인이 없는 산을 개발 제한 구역으로 설정하여 벌목을 하거나 개발하여 수익을 창출하는 행위를 할 수 없도록 하는 것이다. 또한 사용 할당은 모두가 사용하는 것이 아닌, 일정 기간에 일정한 사람만사용할 수 있도록 이용 설정을 해두는 것을 말한다. 예를 들어 어부가 포획할 수 있는 수산물의 수량과 시기를 정해 놓는 법이 있다. 이렇게 되면 무분별하게 공공자원이 사용되는 것을 피하고 사회적으로 필요한 수준에서 사용될 수 있다.

① 항상 붐비는 공용 주차장을 요일별로 이용 가능한 자동차를 정하여 사용한다.
② 주인 없는 목초지에서 풀을 먹일 수 있는 소의 마리 수를 제한한다.
③ 치안 불안 해소를 위해 지역마다 CCTV를 설치한다.
④ 가로수의 은행을 따는 사람들에게 벌금을 부과한다.
⑤ 국립공원에 사는 야생동물을 사냥하지 못하도록 하는 법을 제정한다.

07 다음 글의 논지를 강화하기 위한 내용으로 옳지 않은 것은?

뉴턴은 이렇게 말했다. "플라톤은 내 친구이다. 아리스토텔레스는 내 친구이다. 하지만 진리야말로 누구보다 소중한 내 친구이다." 케임브리지에서 뉴턴에게 새로운 전환점을 준 사람이 있다. 수학자이며 당대 최고의 교수였던 아이작 배로우(Isaac Barrow)였다. 배로우는 뉴턴에게 수학과 기하학을 가르치고 그의 탁월함을 발견하고 후원자가 됐다. 이처럼 뉴턴은 타고난 천재가 아니라, 자신의 피나는 노력과 위대한 스승들의 도움을 통해 후천적으로 키워진 것이다.

뉴턴이 시대를 관통하는 천재로 여겨진 것은 "사과는 왜 땅에 수직으로 떨어질까?" 이 질문을 던진 지 20여 년이 지나고 마침내 모든 물체가 땅으로 떨어지는 것은 지구 중력에 의한 만유인력이라는 개념을 발견한 것이 계기가 되었다. 사과가 떨어지는 것을 관찰하고 온갖 질문을 던지고, 새로운 가설을 만든 후에 그것을 증명하기 위해 오랜 시간 연구하고 실험을 한 결과가 위대한 발견으로 이어진 것이다. 위대한 발명이나 발견은 어느 한 순간 섬광처럼 오는 것이 아니다. 시작 단계의 작은 아이디어가 질문과 논쟁을 통해 점차 다른 아이디어들과 충돌하고 합쳐지면서 숙성의 시간을 갖고, 그런 후에야 세상에 유익한 발명이나 발견이 나오는 것이다.

이전부터 천재가 선천적인 것인지, 후천적인 것인지에 관한 논란은 계속되어 왔다. 과거에는 천재가 신적인 영감을 받아 선천적으로 탄생한다는 주장이 힘을 얻었다. 플라톤의 저서 〈이온〉에도 음유시인이 기술이나 지식이 아닌 신적인 힘과 영감을 받는 존재임이 언급된다. 그러나 아리스토텔레스의 〈시학〉은 〈이온〉과 조금 다른 관점을 취하고 있는데, 기본적으로 시가 모방미학이라는 입장은 같지만, 아리스토텔레스는 이것이 신적인 힘을 모방한 것이 아닌 인간의 모방이라고 믿었다.

최근 연구에 의해 밝혀진 바에 의하면 천재라 불리는 모든 사람들이 선천적으로 타고난 것이 아니고 후천적인 학습을 통해 수준을 점차 더 높은 단계로 발전시켰다고 한다. 선천적 재능과 후천적 학습을 모두 거친 절충적 천재가 각광받는 것이다.

이것이 우리에게 주는 시사점은 비록 지금은 창의적이지 않더라도 꾸준히 포기하지 말고 창의성을 개발하고 실현하는 방법을 배워서 실천한다면 모두가 창의적인 사람이 될 수 있다는 교훈이다. 타고난 천재가 아니고 훈련과 노력으로 새롭게 태어나는 창재(창의적인 인재)로 거듭나야 한다.

① 칸트는 천재가 선척적인 것이라고 하였다.

② 세계적인 발레리나 강수진은 고된 연습으로 발이 기형적으로 변해버렸다.

③ 1만 시간의 법칙은 한 분야에서 전문가가 되기 위해서는 최소 1만 시간의 훈련이 필요하다는 것이다.

④ 뉴턴뿐만 아니라 아인슈타인 역시 끊임없는 연구와 노력을 통해 천재로 인정받았다.

⑤ 신적인 것보다 연습이 영감을 가져다주는 경우가 있다.

08 다음 중 빈칸에 들어갈 내용으로 적절하지 않은 것은?

"언론의 잘못된 보도나 마음에 들지 않는 논조조차도 그것이 토론되는 과정에서 옳은 방향으로 흘러가게끔 하는 것이 옳은 방향이다." 문재인 대통령이 야당 정치인이었던 2014년, 서울외신기자클럽(SFCC) 토론회에 나와 마이크에 대고 밝힌 공개 입장이다. 또한 언론은 ㉠ 해야 한다. 이것이 바로 지역 신문이라 할지라도 언론이 표준어를 사용하는 이유이다.
2021년 8월 25일, 언론중재법 개정안이 국회 본회의를 통과할 것이 확실시된다. 정부 침묵으로 일관해왔다. 청와대 핵심 관계자들은 이 개정안에 대한 입장을 묻는 국내 일부 매체에 영어 표현인 "None of my business"라는 답을 내놨다고 한다.
그사이 이 개정안에 대한 국제 사회의 ㉡ 은(는) 높아가고 있다. 이 개정안이 시대착오적이며 대권의 오남용이고 더 나아가 아이들에게 좋지 않은 영향을 줄 수 있다는 것이 논란의 요지이다. SFCC는 지난 20일 이사회 전체 명의로 성명을 냈다. 그 내용을 그대로 옮기자면 다음과 같다. "㉢ 내용을 담은 언론중재법 개정안을 국회에서 강행 처리하려는 움직임에 깊은 우려를 표한다."며 "이 법안이 국회에서 전광석화로 처리되기보다, '돌다리도 두들겨 보고 건너라.'는 한국 속담처럼 심사숙고하며 ㉣ 을(를) 기대한다."고 밝혔다.
다만, 언론이 우리 사회에서 발생하는 다양한 전투만을 중계하는 것으로 기능하는 건 ㉤ . 우리나라뿐만 아니라 일본 헌법, 독일 헌법 등에서 공통적으로 말하는 것처럼 언론이 자유를 가지고 대중에게 생각할 거리를 끊임없이 던져주어야 한다. 이러한 언론의 기능을 잘 수행하기 위해서는 언론의 힘과 언론에 가해지는 규제의 정도가 항상 적절하도록 절제하는 법칙이 필요하다.

① ㉠ – 모두가 읽기 쉽고 편향된 어조를 사용하는 것을 지양
② ㉡ – 규탄의 목소리
③ ㉢ – 언론의 자유를 심각하게 위축시킬 수 있는
④ ㉣ – 보편화된 언어 사용
⑤ ㉤ – 바람직하지 않다.

09 다음 중 (가) ~ (마)의 핵심 내용으로 옳은 것은?

(가) 현재 각종 SNS 및 동영상 게제 사이트에서 흔하게 접할 수 있는 콘텐츠 중 하나가 ASMR이다. 그러다보니 자주 접하는 ASMR의 이름의 뜻에 대해 다수의 네티즌들이 궁금해 하고 있다. ASMR은 자율감각 쾌락반응으로, 뇌를 자극해 심리적인 안정을 유도하는 것을 말한다.

(나) 힐링을 얻고자 하는 청취자들이 ASMR의 특정 소리를 들으면, 이 소리가 일종의 트리거(Trigger)로 작용해 팅글(Tingle; 기분 좋게 소름 돋는 느낌)을 느끼게 한다. 트리거로 작용하는 소리는 사람에 따라 다를 수 있다. 이는 청취자마다 삶의 경험이나 취향 등에서 뚜렷한 차이를 보이기 때문이다.

(다) ASMR 현상은 시각적, 청각적 혹은 인지적 자극에 반응한 뇌가 신체 뒷부분에 분포하는 자율신경계에 신경 전달 물질을 촉진하며 심리적 안정감을 느끼게 된다. 일상생활에서 편안하게 느꼈던 소리를 들으면, 그때 느낀 긍정적인 감정을 다시 느끼면서 스트레스 정도를 낮추고 불면증과 흥분 상태 개선에 도움이 되며 안정감을 받을 수 있다. 소곤소곤 귓속말하는 소리, 자연의 소리, 특정 사물을 반복적으로 두드리는 소리 등이 담긴 영상 속 소리 등을 예로 들 수 있다.

(라) 최근 유튜버를 비롯한 연예인들이 ASMR 코너를 만들어 대중과 소통 중이다. 요즘은 청포도 젤리나 쿄효 젤리 등 식감이나 씹는 소리가 좋은 음식으로 먹방 ASMR을 하기도 한다. 많은 사람들이 ASMR을 진행하기 때문에 인기 있는 ASMR 콘텐츠가 되기 위해서는 세분화된 분야를 공략하거나 다른 사람들과 차별화 하는 전략이 필요하게 되었다.

(마) 독특한 ASMR 채널로 대중의 사랑을 받고 있는 것은 공감각적인 ASMR인데, 공감각은 시각, 청각, 촉각 등 우리의 오감 중에서 하나의 감각만을 자극하는 것이 아니라, 2개 이상의 감각이 결합하여 자극받을 수 있도록 하는 것이다. 공감각적인 ASMR이 많은 인기를 끌고 있는 만큼, 앞으로의 ASMR 콘텐츠들은 공감각적인 콘텐츠로 모두 대체될 전망까지 등장하였다.

① (가) ASMR을 자주 접하는 사람들은 주로 일상에 지친 현대인이다.
② (나) 많은 사람들이 선호하는 트리거는 소곤거리는 소리이다.
③ (다) 신체의 자율 신경계가 뇌에 특정 신경 전달 물질을 전달한다.
④ (라) 연예인들은 일반인보다 ASMR에 많이 도전하는 경향이 있다.
⑤ (마) 앞으로 공감각적 경험을 바탕으로 한 ASMR이 대체할 것이다.

10 다음 글의 내용으로 적절한 것은?

베라 고부노바 미국 로체스터대 교수 겸 노화연구센터 공동책임자는 KAIST 글로벌전략연구소가 '포스트 코로나, 포스트 휴먼-의료·바이오 혁명'을 주제로 개최한 제3차 온라인 국제포럼에서 "대다수 포유동물보다 긴 수명을 가진 박쥐는 바이러스를 체내에 보유하고 있으면서도 염증 반응이 일어나지 않는다."며 "박쥐의 염증 억제 전략을 생물학적으로 이해하면 코로나19는 물론 자가면역질환 등 다양한 염증 질환 치료제에 활용될 수 있을 것"이라고 말했다.
박쥐는 밀도가 높은 군집 생활을 한다. 또한 포유류 중 유일하게 날개를 지닌 생물로서 뛰어난 비행능력과 비행 중에도 고온의 체온을 유지하는 것 등의 능력으로 먼 거리까지 무리를 지어 날아다니기 때문에 쉽게 질병에 노출된다. 그럼에도 오랜 기간 지구상에 존재하며 바이러스에 대항하는 면역기능이 발달된 것으로 추정된다. 에볼라나 코로나바이러스에 감염돼도 염증 반응이 일어나지 않기 때문에 대표적인 바이러스 숙주로 지목된다.
고부노바 교수는 "인간은 도시에 모여 산 것도, 비행기를 타고 돌아다닌 것도 사실상 약 100년 정도로 오래되지 않아 박쥐만큼 바이러스 대항 능력이 강하지 않다."며 "그렇다고 박쥐처럼 약 6,000 ~ 7,000만 년에 걸쳐 진화할 수도 없다."고 설명했다. 그러면서 "박쥐 연구를 통해 박쥐의 면역체계를 이해하고 바이러스에 따른 다양한 염증 반응 치료제를 개발하는 전략이 필요하다."고 강조했다.
고부노바 교수는 "이 같은 비교생물학을 통해 노화를 억제하고 퇴행성 질환에 대응하기 위한 방법을 찾을 수 있다."며 "안전성이 확인된 연구 결과물들을 임상에 적용해 더욱 발전해 나가는 것이 필요하다."고 밝혔다.

① 박쥐의 수명은 긴 편이지만 평균적인 포유류 생물의 수명보다는 짧다.
② 박쥐는 날개가 있는 유일한 포유류지만 짧은 거리만 날아서 이동이 가능하다.
③ 박쥐는 현재까지도 바이러스에 취약한 생물이지만 긴 기간 지구상에 존재할 수 있었다.
④ 박쥐가 많은 바이러스를 보유하고 있는 것은 무리생활과 더불어 수명과도 관련이 있다.
⑤ 박쥐의 면역은 인간에 직접 적용할 수 없기에 관련 연구는 무의미하다.

PART 1

11 다음 글의 서술 방식의 특징으로 옳은 것은?

현대의 도시에 나가보면 정말 다양한 형태를 가진 건축물들을 볼 수 있다. 형태뿐만 아니라 건물 외벽에 주로 사용된 소재 또한 유리나 콘크리트 등 다양하게 분포하고 있다. 이렇듯 현대에는 몇 가지로 규정하는 것이 아예 불가능할 만큼 다양한 건축양식이 존재한다. 그러나 다양하고 복잡한 현대의 건축양식에 비해 고대의 건축양식은 매우 제한적이었다.
그리스 시기에는 주주식, 주열식, 원형식 신전을 중심으로 몇 가지의 공통된 건축양식을 보인다. 이러한 신전 중심의 그리스 건축양식은 시기가 지나면서 다른 건축물에 영향을 주었다. 신전에만 쓰이던 건축양식이 점차 다른 건물들의 건축에도 사용이 되며 확대되었던 것이다. 대표적으로는 그리스 연못으로 신전에 쓰이던 기둥의 양식들을 바탕으로 회랑을 구성하기도 하였다.
헬레니즘 시기를 맞이하면서 건축양식을 포함하여 예술 분야가 더욱 발전하여 고대 그리스 시기에 비해 다양한 건축양식이 생겨났다. 뿐만 아니라 건축 기술이 발달하면서 조금 더 다양한 형태의 건축이 가능해졌다. 다층구조나, 창문이 있는 벽을 포함한 건축 양식 등 필요에 따라서 실용적이고 실측적인 건축양식이 나오기 시작하였다. 또한 연극의 유행으로 극장이나 무대 등의 건축양식도 등장하기 시작하였다.
로마시대에 이르러서는 원형 경기장이나 온천, 목욕탕 등 특수한 목적을 가진 건축물들에도 아름다운 건축양식이 적용되었다. 현재에도 많은 사람들이 관광지로서 찾을 만큼, 로마시민들의 위락시설들에는 다양하고 아름다운 건축양식들이 적용되었다.

① 역사적 순서대로 주제의 변천에 대해서 서술하고 있다.
② 전문가의 말을 인용하여 신뢰도를 높이고 있다.
③ 비유적인 표현 방법을 사용하여 문학적인 느낌을 준다.
④ 현대에서 찾을 수 있는 건축물의 예시를 들어 독자의 이해를 돕는다.
⑤ 각 시대별 건축양식을 비교하여 서술하고 있다.

12 다음 중 제시문의 중심 내용으로 가장 적절한 것은?

그리스 철학의 집대성자라고도 불리는 철학자 아리스토텔레스는 자연의 모든 물체는 '자연의 사다리'에 의해 계급화 되어 있다고 생각했다. 자연의 사다리는 아래서부터 무생물, 식물, 동물, 인간, 그리고 신인데, 이러한 계급에 맞춰 각각에 일정한 기준을 부여했다. 18세기 유럽 철학계와 과학계에서는 이러한 자연의 사다리 사상이 크게 유행을 했으며 사다리의 상층인 신과 인간에게는 높은 이성과 가치가 있고, 그 아래인 동물과 식물에게는 인간보다 낮은 가치가 있다고 보기 시작했다. 이처럼 서양의 자연관은 인간과 자연을 동일시하던 고대에서 벗어나 인간만이 영혼이 있으며, 이에 따라 인간만이 자연을 지배할 수 있다고 믿는 기독교 중심의 중세시대를 지나, 여러 철학자들을 거쳐 점차 인간이 자연보다 우월한 자연지배관으로 모습이 바뀌기 시작했다. 이러한 자연관을 토대로 서양에서는 자연스럽게 산업혁명 등을 통한 대량소비와 대량생산의 경제성장구조와 가치체계가 발전되어 왔다.
동양의 자연관 역시 동양철학과 불교 등의 이념과 함께 고대에서 중세세대를 지나게 되었다. 하지만 서양의 인간중심 철학과 달리 동양철학과 불교에서는 자연과 인간을 동일선상에 놓거나 둘의 조화를 중요시 하여 합일론을 주장했다. 이들의 사상은 노자와 장자의 무위자연의 도, 불교의 윤회사상 등에서 살펴볼 수 있다. 대량소비와 대량생산으로 대표되는 자본주의의 한계와 함께 지구온난화, 자원고갈, 생태계 파괴가 대두되는 요즘, 동양의 자연관이 주목받고 있다.

① 서양철학에서 나타나는 부작용
② 자연의 사다리와 산업혁명
③ 철학과 지구온난화의 상관관계
④ 서양의 자연관과 동양의 자연관의 차이
⑤ 서양철학의 문제점과 동양철학을 통한 해결법

13 다음 중 경량전철에 대비되는 PRT의 장점이 아닌 것은?

> PRT(Personal Rapid Transit; 소형궤도차량)는 무인 경량전철처럼 제어시스템을 활용하여 무인으로 운행되는 전기차량으로, 소위 개인형 고속 전철이나 무인 고속 택시로 불린다. 전체적인 형태는 놀이동산 등에서 볼 수 있는 모노레일과 비슷하다. PRT의 특징으로는 저소음과 함께 배기가스 배출이 없다는 점이며 설치비 또한 경량전철에 비하여 2분의 1에서 4분의 1가량으로 크게 낮은 수준이다.
> 크기 또한 지하철 및 무인 경량전철보다 작으므로 복잡한 도심 속에서도 공간을 확보하기 쉬우며, 자연스럽게 지상에서의 접근성 또한 용이하다. 대개 경량전철의 경우 3층 이상 높이에서 운행되기 때문에 이들을 이용하기 위해서는 계단으로 걸어 올라갈 필요가 있으나, PRT의 경우 2층 높이로 엘리베이터를 통해 승강장까지 오르내리기 쉽다.
> PRT의 장점은 운행방식에서도 나타난다. 정해진 시간에 역과 정류소에 정차하는 일반적인 경량전철과 달리 PRT는 승차자가 나타날 경우 차량이 2~30초 내 도착하는 등 택시와 같이 탑승과정이 신속하고 개인적이다. 운행시간에서도 일정시간 동안만 무인 혹은 유인운전으로 운행되는 경량전철과 달리 PRT는 24시간 무인운전을 통해 운행된다는 장점을 내세우고 있다.
> 이러한 PRT의 강점이 최초로 주목받기 시작했던 것은 1970년대 미국이었다. 당시 미국에서는 꿈의 교통수단으로 많은 기대를 모았으나, 정작 당시의 철도기술로는 수백 대가 넘는 PRT 차량이 원하는 장소까지 논스톱으로 주행 가능한 무인제어 환경을 구축하는 것이 불가능했고, 수송인원 또한 버스나 지하철에 비해 한정되었기에 상업화가 지연된 상황이었다. 하지만 최근에는 IT기술의 눈부신 발전과 함께 친환경 문제가 대두되며 PRT가 다시금 주목을 받고 있다.

① 탑승자가 원하는 지점에 신속하고 정확하게 데려다 줄 수 있다.
② 경량전철에 비하여 최대 4분의 1가량 설치비가 저렴하다.
③ 무인운전을 통해 운행되기 때문에 무인 경량전철에 비해 많은 인건비를 절감할 수 있다.
④ 소음이 적고 경량전철보다 작기 때문에 복잡한 도심 속에서도 운행이 가능하다.
⑤ 탑승자의 접근성이 경량전철에 비해 용이하다.

14 다음 중 밑줄 친 '이런 미학'이 의미하는 것은?

사진이 아주 강력한 힘을 발휘할 때가 있다. 사람의 눈으로 도저히 볼 수 없는 세계를 펼쳐 보일 때다. 영월에서 열리는 동강국제사진제(7월 5일 ~ 9월 29일)에서도 이런 사진을 보았다. 독일 예술 대학에 처음으로 사진학과를 창설한 쿤스트아카데미 뒤셀도르프(베어학파) 출신 작가들의 사진이 전시된 국제주제전에 걸린 클라우디아 페렌켐퍼의 사진에 나는 압도당했다. 소형 곤충 사진인데, 눈으로는 관측 불가능한 영역이 거대하게 확대되어 포착되었다. 이런 사진을 '포토 매크로그래피'라 부르는데 요즘 유행하는 예술적인 과학 사진의 가장 흔한 형태 중 하나다. 쉽게 현미경 사진이라 생각하면 된다. 요즘은 수백만 배를 확대해 원자도 관측이 가능하다.

인류는 수많은 사진을 찍었지만 세상을 바꾼 사진의 목록에는 과학 사진이 다수를 차지한다. 1915년 알베르트 아인슈타인은 '일반상대성이론'을 발표해 중력이 공간을 휘게 한다고 주장했다. 아인슈타인은 수성의 근일점에 매우 미세한 차이가 있고 이것이 바로 중력이 빛을 휘어지게 하기 때문이라고 했다. 아직은 가설이었다. 영국 왕립천문학회 소속 천문학자 아서 스탠리 에딩턴이 검증에 나섰다. 그는 1919년 대형 카메라와 탐사대를 이끌고 아프리카의 오지 섬 프린시페로 배를 타고 가 한 달간 촬영 준비를 한 끝에 6분간 일식 사진을 찍었다. 이 사진을 통해 별빛이 태양에 의해 휜다는 것을 포착했다. '과학 사진이 바로 이런 것이다.'라고 증명한 쾌거였다. 이 사진으로 아인슈타인의 주장은 가설에서 이론이 되었다.

그 후로도 인류에 큰 영향을 끼친 과학 사진은 많았다. 그중에서도 우주배경복사의 불균일성을 발견한 사진이 압권이었다. 우주 생성은 늘 과학자들의 연구 대상이었다. '빅뱅 이론'은 우주가 대폭발로 생겼다고 본다. 어떻게 증명할 것인가? 먼저 러시아 출신의 미국 물리학자 조지 가모는 대폭발 이후 광자의 형태로 방출된 복사(우주배경복사)의 일부가 우주에 남아 있다는 가설을 제시했다. 1964년 미국 벨연구소의 아노 펜지어스와 로버트 윌슨은 4,080MHz 대역에서 들려오는 초단파 잡음이 우주에서 온다는 것을 알면서 우주배경복사를 발견했다. 그런데 우리 우주에 항성과 행성이 있기에 우주배경복사는 균일하지 않아야 한다. 과학자들의 다음 목표는 우주배경복사의 미세한 온도 차이 확인이었다. 이를 위해 1989년 미국 물리학자 조지 스무트가 주도한 '코비 프로젝트'가 시작되었다. 미국 항공우주국(나사)이 쏘아 올린 우주망원경 코비가 사진을 전송했고, 그 사진에서 10만 분의 1 정도 온도 차를 발견했다. 이 사진은 우리가 보는 가시광선이 아니라 '태초의 빛'의 흔적인 마이크로파를 찍은 것이었다. 이런 과학 사진을 비가시광선 사진이라 부른다.

과학 사진은 생경하다. 인간이 전에 본 일이 없기 때문이다. 그래서 아름답다. 이 또한 전에 느껴보지 못한 아름다움이다. 이런 미학은 재빠르게 기존 예술의 틈으로 파고들어갈 것이다. 사진이 회화에 비해 압도적으로 유리한 자리를 차지할 수 있는 분야이기도 하다.

① 과학의 힘으로 세상이 변화하는 모습
② 한 장의 사진에서 느껴지는 사진사의 의도
③ 가시광선에 의한 색감의 조화
④ 인간의 눈으로 확인할 수 없는 세계가 지닌 아름다움
⑤ 인간의 눈에서 보이는 자연 그대로의 모습

15 다음 제시문의 내용으로 적절하지 않은 것은?

흰 눈이 센 바람에 휘몰아치며, 영하 20 ~ 40℃를 넘나드는 히말라야 산을 등반하는 산악인들의 인내심과 위험을 무릅쓰면서도 한발씩 내딛는 용기에는 저절로 고개를 숙여 경의를 표하게 된다. 이런 얘기를 들으면서도, 필자는 조금은 다른 면을 생각하면서 고개를 갸웃거린 적이 있었다. 그런 힘든 등반을 하면서 입고 간 옷이 너무 무거웠다거나 보온이 덜 되어 추위를 견디기 힘들었다고, 또 통기성이 충분하지 못해 옷이 땀에 흠뻑 젖었다는 불평을 하는 것을 들어본 적이 없다. 이런 문제가 비교적 잘 해결되고 있는 것을 보면, 등반가들이 입은 옷은 무언가 특수한 처리가 되어 있는 것이 아닐까? 특히 방수와 통기성이라는 서로 모순인 조건을 만족시키는 것을 보면, 등산복에 사용하는 특수한 천의 정체가 궁금해진다.

특수한 기능을 가진 옷감은 주로 고분자의 화학적, 물리적 특성을 이용해 만든다. 이런 옷감들의 제조에는 섬유를 만드는 고분자 재료의 화학 구조는 물론 물리적 구조 또한 매우 중요하다. 방수-통기성 의복에 사용된 천의 과학적 디자인은 바람, 비, 체열 손실로부터 우리 신체를 보호해 준다. 이런 기능뿐만 아니라 입은 특수복이 편하게 느껴져야 함도 필수적이다. 방수와 수분 투과성을 동시에 지니는 직물은 크게 세 가지 종류가 있다. 첫 번째가 고밀도 천, 두 번째가 수지 코팅 천, 마지막이 필름 적층 천이다.

고밀도 천으로 방수와 통기성을 지닌 천을 만들 때는 흔히 면이나 합성섬유의 가는 장섬유를 사용하며, 능직법(綾織法)을 사용한다. 면은 물에 젖으므로 방수력이 폴리에스테르(폴리에스터) 보다는 뒤지지만, 가는 면사를 사용해 능직법으로 짠 천은 물에 젖더라도 면섬유들이 횡축방향으로 팽윤해 천의 세공크기를 줄여 물이 쉽게 투과하지 못해 방수력이 늘어난다. 고밀도 천으로는 2차 세계대전 중 영국 맨체스터에서 개발된 벤타일(Ventile)이 유명하다. 면과 다른 소수성 합성섬유의 경우에는 실의 굵기와 직조법으로 세공크기를 조절하여 방수력을 늘린다.

고밀도 천과는 다르게, 수지 코팅 천은 고분자 물질을 기본 천 표면에 코팅하여 만든다. 코팅하는 막은 미세 동공막 모양을 가지고 있는 소수성 수지나 동공막을 지니지 않는 친수성 막을 사용하는데, 미세 동공의 크기는 수증기 분자는 통과할 수 있으나 아주 작은 물방울은 통과할 수 없을 정도로 조절한다. 주로 사용되는 코팅 재질은 폴리우레탄이다.

마지막으로, 적층 방수-통기성 천은 얇은 막층(최대 두께 : 10μm(1μm=10-6m))이 천 가운데에 있으며, 이 적층이 방수-통기성을 컨트롤한다. 적층으로 사용하는 막에는 마이크로 세공막과 친수성 막이 널리 사용되고 있다. 마이크로 세공막의 세공크기는 작은 물방울 크기의 20,000분의 1 정도로 작아 물방울은 통과하지 못하지만, 수증기 분자는 쉽게 통과한다.

마이크로 세공막으로는 폴리테트라플루오로에틸렌과 폴리플루오르화비닐리덴이라는 플루오린(불소, 플루오르)계 합성수지 박막이 주로 사용되며, 대표적 천으로는 널리 알려진 고어-텍스(Gore-Tex)가 있다. 친수성 막으로는 흔히 폴리에스테르나 폴리우레탄 고분자 내부에친수성이 큰 폴리산화에틸렌을 포함할 수 있도록, 화학적으로 변형을 가해 사용한다.

방수-통기성 직물재료 이야기는 일단 여기서 잠깐 중단하고 이제는 직물 내에서 수증기가 어떻게 움직이는지 알아보자. 수분이 직물을 통해 이동하는 메커니즘은 모세관을 타고 액체기둥이 올라가는 모세관 현상과 같은 원리이다. 모세관의 지름과 내면의 표면에너지에 따라 올라가는 액체기둥의 높이가 결정된다. 지름이 작을수록 액체가 모세관을 따라 잘 올라가는데, 직물에서 섬유가닥 사이의 작은 공간이 모세관 노릇을 하기 때문에 미세 섬유일수록 모세관의 크기가 작아 모세관 현상이 잘 일어난다. 모세관 내부 벽의 표면에너지는 화학구조가 결정하며, 친수성 섬유의 표면은 소수성 섬유 표면보다 표면에너지가 커 수분을 더 쉽게 흡수하지만, 소수성 섬유는 반대로 수분을 흡수하지 않는다.

등산복과 같은 기능성 특수복에서 수분의 제거는 체온을 조절하며 근육의 운동을 돕고, 피로를 지연시키기 때문에 매우 중요하다. 면 같은 천연섬유는 운동량이 약할 때에는 적합하지만, 운동량이 클 때는 폴리에스테르나 나일론 같은 합성섬유가 더 좋다. 합성섬유가 면보다 흡습성이 낮지만 오히려 모세관 현상으로 운동할 때 생기는 땀이 쉽게 제거되기 때문이다.
나일론을 기초 직물로 한 섬유는 폴리에스테르보다 수분에 더 빨리 젖으며, 극세사로 천을 싸면 공기투과성이 낮아 체온보호 성능이 우수하다. 이런 이유 때문에 등산복 보다는 수영복, 사이클링복에 많이 쓰인다. 운동 시 생기는 땀을 피부에서 빨리 제거하려면 흡습성이 좋은 면이나 비스코스 레이온 등이 유리해 보이지만, 이들은 수분을 붙들고 있으려는 특성이 강해 잘 마르지 않는다는 단점도 있다. 이런 이유 때문에 모양이 잘 변하지 않고, 속히 마르는 합성섬유가 기초 직물로 더 넓게 쓰인다.

① 벤타일과 같이 능직법으로 짠 천은 물에 젖게 되면 방수력이 늘어난다.
② 수지 코팅 천은 미세 동공의 크기는 수증기 분자는 통과할 수 있으나 아주 작은 물방울은 통과할 수 없을 정도로 조절한다.
③ 고어-텍스와 같은 천은 세공막의 세공크기가 작은 물방울 크기의 20,000분의 1 정도로 작아 물방울은 통과하지 못하지만, 수증기 분자는 쉽게 통과한다.
④ 폴리에스테르나 나일론 같은 합성섬유는 운동량이 약할 때에는 적합하지만, 운동량이 클 때는 수분에 더 빨리 젖기 때문에 땀이 쉽게 제거되지 않는다.
⑤ 나일론을 기초 직물로 한 섬유는 폴리에스테르보다 수분에 더 빨리 젖으며 수영복이나 사이클링복에 많이 쓰인다.

16 다음 중 민속문화와 대중문화의 차이로 옳지 않은 것은?

> 문화는 하나의 집단을 이루는 사람들의 독특한 전통을 구성하는 관습적 믿음, 사회적 형태, 물질적 특성으로 나타나는 일종의 실체이다. 문화는 모든 사람들의 일상생활에서의 생존활동, 즉 의식주와 관련된 활동들로부터 형성된다. 지리학자들은 특정 사회관습의 기원과 확산, 그리고 특정 사회관습과 다른 사회적 특성들의 통합을 연구하는데, 크게 고립된 촌락 지역에 거주하는, 규모가 작고 동질적인 집단에 의해 전통적으로 공유되는 민속문화(Folk Culture)와, 특정 관습을 공유하는, 규모가 크고 이질적인 사회에서 나타나는 대중문화(Popular Culture)로 구분된다.
>
> 다수의 민속문화에 의해 지배되는 경관은 시간의 흐름에 따라 거의 변화하지 않는다. 이에 비해 현대의 통신매체는 대중적 관습이 자주 변화하도록 촉진시킨다. 결과적으로, 민속문화는 특정 시기에 장소마다 다양하게 나타나는 경향이 있지만 대중문화는 특정 장소에서 시기에 따라 달라지는 경향이 크다.
>
> 사회적 관습은 문화의 중심지역, 즉 혁신의 발상지에서 유래한다. 민속문화는 흔히 확인되지 않은 기원자를 통해서, 잘 알려지지 않은 시기에, 출처가 밝혀지지 않은 미상의 발상지로부터 발생한다. 민속문화는 고립된 장소로부터 독립적으로 기원하여 여러 개의 발상지를 가질 수 있다. 예를 들어, 민속 노래는 보통 익명으로 작곡되며, 구두로 전파된다. 노래는 환경 조건의 변화에 따라 다음 세대로 전달되며 변형되지만, 그 소재는 대다수 사람들에게 익숙한 일상생활의 사건들로부터 빈번하게 얻어진다.
>
> 민속문화와 달리 대중문화는 대부분이 선진국, 특히 북아메리카, 서부 유럽, 일본의 산물이다. 대중음악과 패스트푸드가 대중문화의 좋은 예이다. 대중문화는 산업기술의 진보와 증가된 여가시간이 결합하면서 발생한 것이다. 오늘날 우리가 알고 있는 대중음악은 1900년경에 시작되었다. 그 당시 미국과 서부 유럽에서 대중음악에 의한 엔터테인먼트는 영국에서 뮤직 홀(Music Hall)로 불리고, 미국에서 보드빌(Vaudeville)이라고 불린 버라이어티쇼였다. 음악 산업은 뮤직홀과 보드빌에 노래를 제공하기 위해 뉴욕의 틴 팬 앨리(Tin Pan Alley)라고 알려진 구역에서 발달하였다. 틴 팬 앨리라는 명칭은 송 플러거(Song Plugger; 뉴욕의 파퓰러 송 악보 출판사가 고용한 선전 담당의 피아니스트)라고 불린 사람들이 악보 출판인들에게 음악의 곡조를 들려주기 위해 격렬하게 연타한 피아노 사운드로부터 유래하였다.
>
> 많은 스포츠가 고립된 민속문화로 시작되었으며, 다른 민속문화처럼 개인의 이동을 통해 확산되었다. 그러나 현대의 조직된 스포츠의 확산은 대중문화의 특징을 보여준다. 축구는 11세기 잉글랜드에서 민속문화로 시작되었으며, 19세기 전 세계 대중문화의 일부가 되었다. 축구의 기원은 명확하지 않다. 1863년 다수의 브리티시 축구 클럽들이 경기 규칙을 표준화 하고, 프로 리그를 조직하기 위해 풋볼협회(Football Association)를 결성하였다. 풋볼 협회의 'Association' 단어가 축약되어 'Assoc'으로, 그리고 조금 변형되어 마침내 'Soccer'라는 용어가 만들어졌다. 여가시간 동안 조직된 위락 활동을 공장 노동자들에게 제공하기 위해 클럽들이 교회에 의해 조직되었다. 영국에서 스포츠가 공식적인 조직으로 만들어진 것은 축구가 민속문화에서 대중문화로 전환된 것을 나타낸다.

① 민속문화는 규모가 작고, 동질적인 집단에 의해 전통적으로 공유된다.
② 대중문화는 서부 유럽이나 북아메리카 등 선진국에서 발생하였다.
③ 민속문화는 출처가 밝혀지지 않은 미상의 발상지로부터 발생한다.
④ 민속문화는 대중문화로 변하기도 한다.
⑤ 민속문화는 특정 장소에서 시기마다 달라지는 경향이 있지만, 대중문화는 특정 시기에서 장소에 따라 다양해지는 경향이 크다.

17 **다음은 출장 및 여비 관련 규정이다. 〈보기〉의 사원 중 출장 규정에 대하여 바르게 알고 있는 사원을 모두 고르면?**

〈출장 및 여비 규정〉

제2조

① 여비는 여행 목적지에 따라 국내여비와 국외여비로 구분하고, 국내여비는 일반여비(일비, 식비, 숙박비, 교통비를 말한다. 이하 같다), 월액여비, 교육여비 및 이전비를, 국외여비는 일반여비를 지급한다.

제4조

여비는 예산의 범위 내에서 출장 전에 지급함을 원칙으로 한다. 다만, 다음 각 호의 사후정산 사유가 발생한 경우에는 사유 발생일로부터 5일(역일기준) 이내에 정산절차에 따라 정산하여야 한다.

제5조

② 공사의 교통수단(업무용차량을 포함한다)을 이용하거나 또는 요금을 지불하지 않는 교통수단을 이용한 경우에는 교통비(자동차, 항공, 선박, 철도운임을 말한다. 이하 같다)를 지급하지 않는다.

제6조

자동차운임은 철도를 이용할 수 없거나 여행시간 단축 필요성 등 자동차 이용이 불가피한 경우 대중교통수단인 버스운임 범위 내에서 연료비, 통행료 및 주차료를 실비로 지급할 수 있다. 다만, 도로통행료는 영수증을 제출할 경우 버스운임을 초과하더라도 별도 지급할 수 있다.

제7조

② 일비 및 식비는 여행일수에 따라 제1항에 정한 정액지급을 원칙으로 한다. 다만, 항공 또는 선박 여행 시에는 따로 식비가 필요한 경우에만 지급한다.

④ 일비는 열차를 이용한 철도지역 내 단순 출장 등 비용이 발생되지 않는 경우에는 지급하지 않을 수 있다. 다만, 업무협의를 위한 대외활동 및 계획에 의한 대내활동, 그 밖에 소속장이 필요하다고 판단하는 경우는 제외한다.

제19조

② 2명 이상 임직원이 같은 목적으로 동행하여 출장하는 경우에 출장목적 수행상 부득이 하다고 인정되는 때에는 제2조에도 불구하고 교통비(국외여비를 제외한다), 숙박비 및 식비만 상급자와의 동행에 필요한 최소한의 직급 또는 등급에 해당하는 금액의 여비를 지급할 수 있다.

보기

- A사원 : 지하철로 이동이 가능한 거리를 자차를 타고 갈 경우 경비를 신청할 수 없겠어.
- B사원 : 이번에 현금을 많이 쓸 예정이니 출장 여비를 미리 신청 하는 것이 좋겠어.
- C사원 : 나는 이번 출장에서 전무이사님을 수행하므로 전문이사님과 같은 비용을 받을 수 있어.
- D사원 : 나는 우리 공사의 업무용 차량을 타고 2박 3일 장거리 출장을 갔다 왔기 때문에 교통비를 모두 지급 받을 수 있어.
- E사원 : 대외 업무협의를 위해 출장을 가더라도 지하철을 이용한 거리에서는 일비를 받을 수 없겠어.

① A사원, B사원　　② B사원, C사원
③ C사원, D사원　　④ D사원, E사원
⑤ A사원, E사원

18 다음 제시문의 내용으로 적절한 것은?

> 마스크 5부제는 대한민국 정부가 2020년 3월 5일 내놓은 '마스크 수급 안정화 대책'에 포함된 내용으로, 원활하지 않은 마스크의 공급으로 인해 구매가 어려워지자, 지정된 날에만 공적 마스크를 인당 최대 2개까지만 구입할 수 있도록 제한한 것이었다. 2020년 4월 27일부터는 1장이 증가한 총 3장까지 구매가 가능했었다.
>
> 이는 코로나바이러스감염증19 확진자 증가로 마스크 수요가 급증함에도 수급이 불안정한 상황에 따른 대책으로, 2020년 3월 9일부터 5월 31일까지 시행되었다.
>
> 마스크를 구매하기 위해서는 주민등록증이나 운전면허증, 여권 등 법정신분증을 제시해야 했다. 함께 사는 만 10살 이하 아이, 80세 이상 어르신의 몫을 대신 구매 하려면 본인의 신분증과 주민등록등본 혹은 가족관계증명서를 함께 제시해야 했다. 장기요양 수급자의 경우 대리 구매 시 장기요양인증서, 장애인은 장애인등록증을 지참하면 되었다. 외국인이라면 건강보험증과 외국인등록증을 함께 보여줘야 했다. 구매 후에는 전산에 별도 등록되어 같은 주에는 중복 구매가 불가능하며 다음 주에 구매 가능했었다.
>
> 미성년자의 경우 부모의 신분증과 주민등록등본을 지참하여 부모가 동행해서 구매하거나 여권, 청소년증, 혹은 학생증과 주민등록등본을 제시해야 한다. 미성년자가 본인 확인이 불가능하다면 마스크를 혼자 구매할 수 없었다. 임신부의 경우 대리구매자의 신분증과 주민등록등본, 임신확인서를 제시해 대리구매를 할 수 있었다.

① 4월 27일부터는 날짜에 관계없이 인당 3개의 마스크를 구매할 수 있었다.
② 7살인 자녀의 마스크를 구매하기 위해선 가족관계증명서만 지참하면 됐다.
③ 마스크를 이미 구매했더라도 대리구매를 통해 추가로 마스크 구매가 가능했다.
④ 외국인이 마스크를 구매하기 위해선 외국인등록증과 건강보험증을 제시해야 했다.
⑤ 임신부가 사용할 마스크를 대리구매하기 위해선 총 2개의 증명서를 지참해야 했다.

19 **다음 글의 내용으로 적절한 것은?**

지난해 12만 마리 이상의 강아지가 버려졌다는 조사결과가 나왔다. 관련 단체는 강아지 번식장 등에 대한 적절한 규제가 필요하다고 했다.
27일 동물권 단체 동물구조119가 동물보호관리시스템 데이터를 분석해 발표한 자료에 따르면 유기견은 2016년 8만 8,531마리, 2017년 10만 840마리, 2018년 11만 8,710마리, 2019년 13만 3,504마리로 꾸준히 증가하다가 지난해 12만 8,719마리로 감소했다. 단체는 "작년대비 소폭 하락했으나 큰 의미를 부여하긴 힘들다."고 지적했다.
지난해 유기견 발생 지역은 경기도가 2만 6,931마리로 가장 많았다. 경기 지역의 유기견은 2018년부터 매해 2만 5,000마리 ~ 2만 8,000마리 수준을 유지하고 있다. 단체는 "시골개, 떠돌이개 등이 지속적으로 유입됐기 때문"이라며 "중성화가 절실히 필요하다."고 강조했다.

① 경기 지역에서의 유기견 수는 항상 2만 5,000마리 이상을 유지했다.
② 경기 지역은 항상 버려지는 강아지가 가장 많은 지역을 차지했다.
③ 매년 전체 유기견 수는 증가하는 추세이다.
④ 경기 지역 유기견 수가 감소하지 않는 것은 타 지역에서 지속적인 유입이 있었기 때문이다.
⑤ 적절한 유기견 관련 규제를 마련했음에도 지속적인 문제가 발생하고 있다.

PART 1

20 다음 글의 내용으로 적절한 것은?

국토교통부는 도로로 운송하던 화물을 철도로 전환하여 운송하는 사업자 또는 화주들에게 보조금을 지급하기 위한 지원 사업 대상자 선정 공모를 3월 18일(목) ~ 28일(일) 11일간 실시한다. 그리고 공모에 신청한 사업자들의 도로 → 철도 전환물량 등 운송계획 등을 검토한 후 4월 중 지원 대상자를 선정할 계획이라고 밝혔다.

2021년 보조금 지원 총액은 28.8억 원이며, 지원 대상자는 전환화물의 규모 등에 따라 선정하되, 우수물류기업*과 중소기업**은 각각 예산의 50%와 20% 범위 내에서 우선 선정할 계획이다. 올해에는 최근 철도화물 운송량 지속감소 등을 감안하여 보조금 지급 기준을 낮추어 지원할 계획이다. 이에 따라, 예년보다 철도전환 물량이 늘어난 경우에는 공제율 없이 증가물량의 100%를 지원 대상으로 산정토록 제도도 개선하였다. 철도 전환교통 지원 사업은 지구온난화, 에너지위기 등에 대응하여, 탄소 배출량이 적고 에너지 효율이 높은 철도물류의 활성화를 위해 철도와 도로의 물류비 차액을 보조, 지급하는 제도이다.

사회·환경적 비용 : 도로대비 철도 약 1/2(철도 28.62, 도로 60.52 / 단위 : 원/톤·km)

2010년부터 시행하고 있는 본 사업은 작년까지 총 325억 원의 보조금 지원을 통해 76억 톤·km* 의 화물을 도로에서 철도로 전환하여 약 194만 톤의 탄소 배출을 줄인 바 있다.

* 76억 톤·km=총 운송량 2,583만 톤×평균 운송거리 295km

이는 약 1백만 대*의 화물자동차 운행을 대체한 수치로서, 약 3억 그루의 나무심기 효과라고 할 수 있다.

* 화물자동차 1백만 대=총 운송량 2,583만 톤÷화물자동차 운송량 24톤/대

국토교통부 철도운영과는 "온실가스 배출 저감을 실천할 수 있는 전환교통사업에 물류사업자 분들의 적극적인 참여를 기대"한다면서, "2050 탄소중립을 위해 철도물류의 역할이 어느 때보다 중요한 만큼 재정당국과 협의하여 관련 예산 규모와 지원대상 기업 등을 지속적으로 확대해 나갈 계획이다."라고 밝혔다. 사업신청은 신청서류를 작성하여 한국철도물류협회 전환교통사업팀으로 제출(방문 또는 우편)하면 된다.

① 대상자는 공모가 끝나는 3월 28일에 발표된다.
② 우수물류기업의 경우 예산 20% 내에서 우선 선정할 계획이다.
③ 작년에는 올해보다 대상자에 선정되기가 까다로웠다.
④ 전년보다 운송수단 전환 물량이 늘어난 기업의 경우 전체 물량의 100%를 지원 대상으로 산정한다.
⑤ 이 사업을 통해 작년에만 약 194만 톤의 탄소 배출량이 감소했다.

02 서울교통공사

01 기업의 의사결정 과정에 공리주의, 권리, 공정성의 윤리적 기준이 적용된다고 할 때, 다음 (가)~(다)에 적용된 윤리적 의사결정 기준이 바르게 연결된 것은?

> (가) 회사의 이익을 극대화함으로써 회사 구성원 다수의 행복을 가져올 수 있다면 회사 직원의 10%를 해고할 수 있다.
> (나) 회사는 다른 직원의 비윤리적 행위를 발견하여 이를 고발한 직원이 피해를 입지 않도록 보호해야 한다.
> (다) 성과보다 연공서열을 중심으로 업무를 평가하는 회사에서는 성과의 차이에도 불구하고 사원이 대리보다 많은 보상을 받을 수 없다.

	(가)	(나)	(다)
①	공정성	공리주의	권리
②	공정성	권리	공리주의
③	공리주의	권리	공정성
④	공리주의	공정성	권리
⑤	권리	공정성	공리주의

02 다음 제시문에 나타난 의사소통의 저해 요인으로 가장 적절한 것은?

> **"말하지 않아도 알아요."**
>
> '말하지 않아도 알아요.' TV 광고 음악에 많은 사람이 공감했던 것과 같이 과거 우리 사회에서는 자신의 의견을 직접적으로 드러내지 않는 것을 미덕이라고 생각했다. 하지만 직접 말하지 않아도 상대가 눈치껏 판단하고 행동해주길 바라는 '눈치' 문화가 오히려 의사소통 과정에서의 불신과 오해를 낳는다.

① 의사소통 기법의 미숙
② 부족한 표현 능력
③ 평가적이며 판단적인 태도
④ 선입견과 고정관념
⑤ 폐쇄적인 의사소통 분위기

※ 다음은 철도차량 개조에 관한 자료이다. 다음 자료를 보고 이어지는 질문에 답하시오. [3~4]

〈철도차량의 개조〉

• 개요

철도차량을 소유하거나 운영하는 자가 철도차량을 개조하여 운행하려면 국토교통부 장관의 개조승인을 받아야 한다.

• 내용

철도안전법 시행규칙 제75조의3(철도차량 개조승인의 신청 등)

① 철도차량을 소유하거나 운영하는 자(이하 "소유자 등"이라 한다)는 철도차량 개조승인을 받으려면 별지 제45호 서식에 따른 철도차량 개조승인신청서에 다음 각호의 서류를 첨부하여 국토교통부 장관에게 제출하여야 한다.

1. 개조 대상 철도차량 및 수량에 관한 서류
2. 개조의 범위, 사유 및 작업 일정에 관한 서류
3. 개조 전·후 사양 대비표
4. 개조에 필요한 인력, 장비, 시설 및 부품 또는 장치에 관한 서류
5. 개조작업수행 예정자의 조직·인력 및 장비 등에 관한 현황과 개조작업수행에 필요한 부품, 구성품 및 용역의 내용에 관한 서류. 다만, 개조작업수행 예정자를 선정하기 전인 경우에는 개조작업수행 예정자 선정기준에 관한 서류
6. 개조 작업지시서
7. 개조하고자 하는 사항이 철도차량기술기준에 적합함을 입증하는 기술문서

② 국토교통부 장관은 제1항에 따라 철도차량 개조승인 신청을 받은 경우에는 그 신청서를 받은 날부터 15일 이내에 개조승인에 필요한 검사내용, 시기, 방법 및 절차 등을 적은 개조검사 계획서를 신청인에게 통지하여야 한다.

철도안전법 시행규칙 제75조의5(철도차량 개조능력이 있다고 인정되는 자)

국토교통부령으로 정하는 적정 개조능력이 있다고 인정되는 자란 다음 각 호의 어느 하나에 해당하는 자를 말한다.

1. 개조 대상 철도차량 또는 그와 유사한 성능의 철도차량을 제작한 경험이 있는 자
2. 개조 대상 부품 또는 장치 등을 제작하여 납품한 실적이 있는 자
3. 개조 대상 부품·장치 또는 그와 유사한 성능의 부품·장치 등을 1년 이상 정비한 실적이 있는 자
4. 법 제38조의7 제2항에 따른 인증정비조직
5. 개조 전의 부품 또는 장치 등과 동등 수준 이상의 성능을 확보할 수 있는 부품 또는 장치 등의 신기술을 개발하여 해당 부품 또는 장치를 철도차량에 설치 또는 개량하는 자

철도안전법 시행규칙 제75조의6(개조승인 검사 등)

① 개조승인 검사는 다음 각 호의 구분에 따라 실시한다.

1. 개조 적합성 검사 : 철도차량의 개조가 철도차량기술기준에 적합한지 여부에 대한 기술문서 검사
2. 개조 합치성 검사 : 해당 철도차량의 대표편성에 대한 개조작업이 제1호에 따른 기술문서와 합치하게 시행되었는지 여부에 대한 검사
3. 개조형식시험 : 철도차량의 개조가 부품 단계, 구성품 단계, 완성차 단계, 시운전 단계에서 철도차량기술기준에 적합한지 여부에 대한 시험

② 국토교통부 장관은 제1항에 따른 개조승인 검사 결과 철도차량기술기준에 적합하다고 인정하는 경우에는 별지 제45호의 4 서식에 따른 철도차량 개조승인증명서에 철도차량 개조승인 자료집을 첨부하여 신청인에게 발급하여야 한다.
③ 제1항 및 제2항에서 정한 사항 외에 개조승인의 절차 및 방법 등에 관한 세부사항은 국토교통부 장관이 정하여 고시한다.

03 다음 중 철도차량 개조 순서가 바르게 연결된 것은?

① 개조신청 – 사전기술 검토 – 개조승인
② 개조신청 – 개조승인 – 사전기술 검토
③ 사전기술 검토 – 개조신청 – 개조승인
④ 사전기술 검토 – 개조승인 – 개조신청
⑤ 개조승인 – 사전기술 검토 – 개조신청

04 K씨는 철도차량 개조를 신청하기 위해 자료를 살펴보았다. 다음 중 K씨가 자료를 통해 알 수 없는 것은?

① 신청 시 구비 서류
② 개조승인 검사 종류
③ 개조승인 검사 기간
④ 신청서 처리 기간
⑤ 차량 개조 자격

05 L씨가 다음 기사문을 읽고 가족들과 함께하는 시간을 갖기 위해 '가족의 밤'을 진행하기로 결심했을 때, L씨는 문서이해 과정 중 어느 단계에 해당하는가?

> **6남매를 성공적으로 키운 K씨**
>
> K씨 부부는 처음부터 집안에 책상 18개를 구해놓고 애들이 보든 말든 그곳에서 책을 읽었다. K씨는 공부습관을 들이는 데는 '규칙적 학습'이 열쇠라는 평범한 경험담을 강조했다. K씨는 아이들의 나이와 성향에 맞춰 공부 시간과 양을 함께 정했다. 계획에 무리가 없도록 했고, 아이들은 자신이 정한 양을 해낼 수 있었다. 또 K씨 가족은 무슨 일이 있어도 아침 식사를 같이했다. 매주 금요일 밤은 '가족의 밤'으로 TV를 함께 보며 의견을 나누었고, 토요일 아침 식사 후에도 반드시 가족회의를 열었다.

① 문서의 목적 이해
② 문서 작성의 배경・주제 파악
③ 문서에 쓰인 정보와 제시된 현안 파악
④ 자신에게 요구되는 행동에 관한 내용 분석
⑤ 문서에서 이해한 목적 달성을 위해 취해야 할 행동 결정

06 다음은 철도종사자 등의 신체검사에 관한 지침의 일부이다. 밑줄 친 '정보'에 해당하는 것은?

> **〈철도종사자 등의 신체검사에 관한 지침〉**
>
> **제9조(기록보존 등)**
>
> ① 신체검사의료기관은 신체검사 판정서를 발급한 경우에는 별지 제2호 서식의 신체검사 판정서 관리대장에 기록하고, 다음 각 호의 서류를 신체검사 판정서를 발급한 날부터 5년 동안 보존하여야 한다.
>
> 1. 신체검사판정서 및 관련 검사자료
> 2. 신체검사판정서 교부대장
>
> ② 제1항 각 호에 따른 자료에 대하여는 교육생의 경우에는 교육훈련기관이, 철도종사자의 경우에는 철도운영기관이, 운전면허시험・관제자격증명 응시자의 경우에는 교통안전공단이 각각 철도안전정보망에 입력하여야 하며, 교통안전공단 이사장은 그 자료를 보관・관리하여야 한다.
>
> ③ 신체검사의료기관의 장은 신체검사 판정서 및 신체검사의 기록 등 신체검사를 시행하는 과정에서 알게 된 <u>정보</u>에 관하여는 누설하지 말아야 한다.

① 시력
② 면허발급일자
③ 근속기간
④ 주소지
⑤ 연봉

07 협상과정은 '협상 시작 → 상호 이해 → 실질 이해 → 해결 대안 → 합의 문서' 5단계로 구분할 수 있다. 다음 〈보기〉의 내용을 협상 순서에 따라 바르게 나열한 것은?

> **보기**
>
> ㉠ 최신의 대인에 대해 합의하고 이를 선택한다.
> ㉡ 겉으로 주장하는 것과 실제로 원하는 것을 구분하여 실제로 원하는 바를 찾아낸다.
> ㉢ 협상 진행을 위한 체제를 구축한다.
> ㉣ 갈등 문제의 진행 상황 및 현재 상황을 점검한다.
> ㉤ 합의문의 합의 내용, 용어 등을 재점검한다.

① ㉠ → ㉡ → ㉣ → ㉢ → ㉤
② ㉠ → ㉣ → ㉡ → ㉢ → ㉤
③ ㉢ → ㉣ → ㉡ → ㉠ → ㉤
④ ㉢ → ㉡ → ㉣ → ㉠ → ㉤
⑤ ㉢ → ㉡ → ㉣ → ㉤ → ㉠

08 다음 사례에서 갑에게 나타난 인지적 오류 유형으로 가장 적절한 것은?

> 을과 함께 있던 갑은 새로 들어온 신입사원이 자신의 옆을 지나가면서 웃는 것을 보고 분명히 자신을 비웃는 것이라고 생각하였다. 을은 갑에게 과민한 생각이 아니냐며 다른 재밌는 일이 있는 것이라고 이야기했지만, 갑은 을의 이야기를 듣지 않고 자괴감에 빠졌다.

① 정신적 여과
② 개인화
③ 과잉 일반화
④ 이분법적 사고
⑤ 예언자적 사고

09 다음 중 밑줄 친 단어의 한자가 바르게 연결된 것은?

현행 수입화물의 과정은 <u>적하</u>목록 제출, 입항, 하선, 보세운송, 보세구역 반입, 수입신고, 수입신고 수리, 반출의 절차를 이행하고 있다. 입항 전 수입신고는 5% 내외에 머무르고, 대부분의 수입신고가 보세구역 반입 후에 행해짐에 따라 보세운송 절차와 보세구역 반입 절차가 반드시 수반되어야 했다. 하지만 새로운 제도가 도입되면 해상화물의 적하목록 제출시기가 적재 24시간 전(근거리 출항 전)으로 앞당겨져 입항 전 수입신고가 일반화될 수 있는 여건이 <u>조성</u>될 것이다. 따라서 수입화물 프로세스가 적하목록 제출, 수입신고, 수입신고 수리, 입항, 반출의 절차를 거침에 따라 화물반출을 위한 세관 절차가 입항 전에 종료되므로 보세운송, 보세구역 반입이 생략되어 수입화물을 신속하게 화주에게 인도할 수 있게 된다.

① 積下 – 調聲
② 積下 – 組成
③ 積荷 – 潮聲
④ 積荷 – 造成
⑤ 責任 – 造成

10 다음은 어느 영화의 한 장면이다. 이 영화에서 하고자 하는 이야기로 가장 적절한 것은?

어느 한 법정에서 선정된 12명의 배심원이 한 소년의 살인죄에 대한 유・무죄를 가린다. 배심원들의 의견이 만장일치가 되어야만 소년의 형량이 결정되는데, 12명의 배심원은 학교의 빈 강당으로 수용되고 이들은 모든 외부 세계와 단절된다. 혹시라도 있을 수 있는 편견과 잘못된 판단을 방지하기 위해서이다. 이들은 서로 이름도 모르고 아무런 연계성이 없는 사람들로 이들 중 대표 한 사람을 뽑아서 회의를 연다. 이들은 모두 어차피 수사가 다 끝났고 증인도 있으니 이 불쌍한 소년이 유죄라 생각하며 빨리 결정을 내고 해산하려는 생각뿐이다. 그러나 그중 단 한 사람이 무죄를 선언하자 야단법석이 일어난다.
"정말로 무죄라고 생각하시나요?"
"꼭 저런 사람들이 있지."
"저 소년과 아는 사이 아닌가!"
하지만 그 한 명의 배심원은 그들의 압력에 동조하지 않고 말했다.
"나까지 저 소년이 유죄라고 하면, 저 소년은 진짜로 죽을 것 아니오?"
결국 비밀 투표가 시행되고, 한 사람이 더 무죄에 투표하게 된다. 배심원들 사이에서 분분한 논쟁이 이어지면서 하나둘씩 소년의 무죄를 느낀다. 결정적으로 이 살인사건의 증인이었던 옆집 여자의 증언이 위증으로 판명되면서 배심원 모두가 소년의 무죄를 선언하게 된다.

① 다수의 의결에 따라야 한다.
② 범죄를 저질렀으면 벌을 받아야 한다.
③ 결정을 내리기 전에는 다른 의견도 들어봐야 한다.
④ 다수의 의견이 항상 옳은 것은 아니다.
⑤ 소수의 의견은 다수의 의견에 앞선다.

11 다음 중 철도 운전면허를 취득할 수 있는 사람은?

〈철도안전법〉

제11조(결격사유)
다음 각 호의 어느 하나에 해당하는 사람은 운전면허를 받을 수 없다.

1. 만 18세 미만인 사람
2. 철도차량 운전상의 위험과 장해를 일으킬 수 있는 정신질환자 또는 뇌전증환자로서 대통령령으로 정하는 사람
3. 철도차량 운전상의 위험과 장해를 일으킬 수 있는 약물('마약류 관리에 관한 법률' 제2조 제1호에 따른 마약류 및 '화학물질관리법' 제22조 제1항에 따른 환각물질을 말한다. 이하 같다) 또는 알코올 중독자로서 대통령령으로 정하는 사람
4. 두 귀의 청력을 완전히 상실한 사람, 두 눈의 시력을 완전히 상실한 사람, 그 밖에 대통령령으로 정하는 신체장애인

〈철도안전법 시행규칙〉

제12조(운전면허를 받을 수 없는 사람)
① 철도안전법 제11조 제2호 및 제3호에서 '대통령령으로 정하는 사람'이란 해당 분야 전문의가 정상적인 운전을 할 수 없다고 인정하는 사람을 말한다.
② 철도안전법 제11조 제4호에서 '대통령령으로 정하는 신체장애인'이란 다음 각 호의 어느 하나에 해당하는 사람을 말한다.
  1. 말을 하지 못하는 사람
  2. 한쪽 다리의 발목 이상을 잃은 사람
  3. 한쪽 팔 또는 한쪽 다리 이상을 쓸 수 없는 사람
  4. 다리・머리・척추 또는 그 밖의 신체장애로 인하여 걷지 못하거나 앉아 있을 수 없는 사람
  5. 한쪽 손 이상의 엄지손가락을 잃었거나 엄지손가락을 제외한 손가락을 3개 이상 잃은 사람

① 전문의가 뇌전증환자로서 정상적인 운전을 할 수 없다고 인정한 사람
② 전문의가 알코올 중독자로서 정상적인 운전을 할 수 없다고 인정한 사람
③ 교통사고로 두 다리를 잃어 걷지 못하는 사람
④ 태어날 때부터 두 눈의 시력을 완전히 상실한 사람
⑤ 사고로 한쪽 손의 새끼손가락을 잃은 사람

※ 다음은 철도안전법과 철도안전법 시행령 · 시행규칙의 일부이다. 이어지는 질문에 답하시오. [12~13]

〈철도안전법〉

제5조(철도안전 종합계획)

① 국토교통부장관은 5년마다 철도안전에 관한 종합계획(이하 '철도안전 종합계획'이라 한다)을 수립하여야 한다.

③ 국토교통부장관은 철도안전 종합계획을 수립할 때에는 미리 관계 중앙행정기관의 장 및 철도운영자등과 협의한 후 기본법 제6조 제1항에 따른 철도산업위원회의 심의를 거쳐야 한다. 수립된 철도안전 종합계획을 변경(대통령령으로 정하는 경미한 사항의 변경은 제외한다)할 때에도 또한 같다. 〈개정 2013. 3. 23.〉

④ 국토교통부장관은 철도안전 종합계획을 수립하거나 변경하기 위하여 필요하다고 인정하면 관계 중앙행정기관의 장 또는 특별시장 · 광역시장 · 특별자치시장 · 도지사 · 특별자치도지사(이하 '시 · 도지사'라 한다)에게 관련 자료의 제출을 요구할 수 있다. 자료 제출 요구를 받은 관계 중앙행정기관의 장 또는 시 · 도지사는 특별한 사유가 없으면 이에 따라야 한다. 〈개정 2013. 3. 23.〉

제6조(시행계획)

① 국토교통부장관, 시 · 도지사 및 철도운영자등은 철도안전 종합계획에 따라 소관별로 철도안전 종합계획의 단계적 시행에 필요한 연차별 시행계획(이하 '시행계획'이라 한다)을 수립 · 추진하여야 한다. 〈개정 2013. 3. 23.〉

제7조(안전관리체계의 승인)

① 철도운영자등(전용철도의 운영자는 제외한다. 이하 이 조 및 제8조에서 같다)은 철도운영을 하거나 철도시설을 관리하려는 경우에는 인력, 시설, 차량, 장비, 운영절차, 교육훈련 및 비상대응계획 등 철도 및 철도시설의 안전관리에 관한 유기적 체계(이하 '안전관리체계'라 한다)를 갖추어 국토교통부장관의 승인을 받아야 한다. 〈개정 2013. 3. 23., 2015. 1. 6.〉

② 전용철도의 운영자는 자체적으로 안전관리체계를 갖추고 지속적으로 유지하여야 한다.

③ 철도운영자등은 제1항에 따라 승인받은 안전관리체계를 변경(제5항에 따른 안전관리기준의 변경에 따른 안전관리체계의 변경을 포함한다. 이하 이 조에서 같다)하려는 경우에는 국토교통부장관의 변경승인을 받아야 한다. 다만, 국토교통부령으로 정하는 경미한 사항을 변경하려는 경우에는 국토교통부장관에게 신고하여야 한다. 〈개정 2013. 3. 23.〉

⑤ 국토교통부장관은 철도안전경영, 위험관리, 사고 조사 및 보고, 내부점검, 비상대응계획, 비상대응훈련, 교육훈련, 안전정보관리, 운행안전관리, 차량 · 시설의 유지관리(차량의 기대수명에 관한 사항을 포함한다) 등 철도운영 및 철도시설의 안전관리에 필요한 기술기준을 정하여 고시하여야 한다. 〈개정 2013. 3. 23., 2015. 1. 6.〉

제8조(안전관리체계의 유지 등)

① 철도운영자등은 철도운영을 하거나 철도시설을 관리하는 경우에는 제7조에 따라 승인받은 안전관리체계를 지속적으로 유지하여야 한다.

② 국토교통부장관은 제2항에 따른 검사 결과 안전관리체계가 지속적으로 유지되지 아니하거나 그 밖에 철도안전을 위하여 필요하다고 인정하는 경우에는 국토교통부령으로 정하는 바에 따라 시정조치를 명할 수 있다. 〈개정 2020. 6. 9.〉

제9조(승인의 취소 등)

① 국토교통부장관은 안전관리체계의 승인을 받은 철도운영자등이 다음 각 호의 어느 하나에 해당하는 경우에는 그 승인을 취소하거나 6개월 이내의 기간을 정하여 업무의 제한이나 정지를 명할 수 있다. 다만, 제1호에 해당하는 경우에는 그 승인을 취소하여야 한다. 〈개정 2013. 3. 23.〉

1. 거짓이나 그 밖의 부정한 방법으로 승인을 받은 경우

2. 제7조 제3항을 위반하여 변경승인을 받지 아니하거나 변경신고를 하지 아니하고 안전관리체계를 변경한 경우
3. 제8조 제1항을 위반하여 안전관리체계를 지속적으로 유지하지 아니하여 철도운영이나 철도시설의 관리에 중대한 지장을 초래한 경우
4. 제8조 제3항에 따른 시정조치명령을 정당한 사유 없이 이행하지 아니한 경우

제61조(철도사고 등 의무보고)

① 철도운영자등은 사상자가 많은 사고 등 대통령령으로 정하는 철도사고 등이 발생하였을 때에는 국토교통부령으로 정하는 바에 따라 즉시 국토교통부장관에게 보고하여야 한다. 〈개정 2013. 3. 23.〉

② 철도운영자등은 제1항에 따른 철도사고 등을 제외한 철도사고 등이 발생하였을 때에는 국토교통부령으로 정하는 바에 따라 사고 내용을 조사하여 그 결과를 국토교통부장관에게 보고하여야 한다. 〈개정 2013. 3. 23.〉

〈철도안전법 시행령〉

제5조(시행계획 수립절차 등)

① 법 제6조에 따라 특별시장·광역시장·특별자치시장·도지사 또는 특별자치도지사(이하 '시·도지사'라 한다)와 철도운영자 및 철도시설관리자(이하 '철도운영자등'이라 한다)는 다음 연도의 시행계획을 매년 10월 말까지 국토교통부장관에게 제출하여야 한다. 〈개정 2013. 3. 23.〉

② 시·도지사 및 철도운영자등은 전년도 시행계획의 추진실적을 매년 2월 말까지 국토교통부장관에게 제출하여야 한다. 〈개정 2013. 3. 23.〉

제57조(국토교통부장관에게 즉시 보고하여야 하는 철도사고 등)

법 제61조 제1항에서 '사상자가 많은 사고 등 대통령령으로 정하는 철도사고 등'이란 다음 각 호의 어느 하나에 해당하는 사고를 말한다.

1. 열차의 충돌이나 탈선사고
2. 철도차량이나 열차에서 화재가 발생하여 운행을 중지시킨 사고
3. 철도차량이나 열차의 운행과 관련하여 3명 이상 사상자가 발생한 사고
4. 철도차량이나 열차의 운행과 관련하여 5천만 원 이상의 재산피해가 발생한 사고

〈철도안전법 시행규칙〉

제86조(철도사고 등의 의무보고)

① 철도운영자등은 법 제61조 제1항에 따른 철도사고 등이 발생한 때에는 다음 각 호의 사항을 국토교통부장관에게 즉시 보고하여야 한다. 〈개정 2013. 3. 23.〉

   1. 사고 발생 일시 및 장소
   2. 사상자 등 피해사항
   3. 사고 발생 경위
   4. 사고 수습 및 복구 계획 등

② 철도운영자등은 법 제61조 제2항에 따른 철도사고 등이 발생한 때에는 다음 각 호의 구분에 따라 국토교통부장관에게 이를 보고하여야 한다. 〈개정 2013. 3. 23.〉

   1. 초기보고 : 사고발생현황 등
   2. 중간보고 : 사고수습·복구상황 등
   3. 종결보고 : 사고수습·복구결과 등

③ 제1항 및 제2항에 따른 보고의 절차 및 방법 등에 관한 세부적인 사항은 국토교통부장관이 정하여 고시한다. 〈개정 2013. 3. 23.〉

12 다음 중 글을 이해한 내용으로 적절하지 않은 것은?

① 국토교통부장관은 철도운영 및 철도시설의 안전관리에 필요한 기술기준을 정하여 고시하여야 한다.

② 국토교통부장관은 5년마다 철도안전에 관한 종합계획을 수립하여야 하는데, 이때에는 미리 관계 중앙행정기관의 장 및 철도운영자와 협의한 후 철도산업위원회의 심의를 거쳐야 한다.

③ 이미 수립된 철도안전 종합계획을 변경하려는 경우에 국토교통부장관의 변경승인을 받아야 하지만, 경미한 변경 사항의 경우는 국토교통부장관에게 신고하여야 한다.

④ 철도운영자가 부정한 방법으로 안전관리체계에 대한 승인을 받은 경우 국토교통부장관은 6개월 이내의 기간을 정하여 업무의 제한이나 정지를 명할 수 있다.

⑤ 철도안전 종합계획을 수립하거나 변경하기 위하여 자료가 필요한 경우 국토교통부장관은 관계 중앙행정기관의 장 또는 시·도지사에게 관련 자료의 제출을 요구할 수 있다.

13 다음 중 철도운영자의 임무에 대한 설명으로 옳지 않은 것은?

① 철도운영자는 철도운영을 하거나 철도시설을 관리하려는 경우 안전관리에 관한 유기적 체계를 갖추어 국토교통부장관의 승인을 받아야 한다.

② 철도운영자가 안전관리체계를 변경하려는 경우 국토교통부장관의 변경승인을 받아야 한다.

③ 3명 이상의 사상자가 발생한 철도사고의 경우 철도운영자는 즉시 국토교통부장관에게 사고 발생 일시 및 장소, 사고발생 경위 등을 보고하여야 한다.

④ 열차의 탈선으로 사고가 발생한 경우 철도운영자는 국토교통부장관에게 3일 이내에 보고해야 한다.

⑤ 철도운영자는 다음 연도의 시행계획을 매년 10월 말까지 국토교통부장관에게 제출하여야 한다.

14 다음 중 어미 '-지'의 쓰임이 잘못 연결된 것은?

> ㉠ 상반되는 사실을 서로 대조적으로 나타내는 연결 어미
> ㉡ (용언 어간이나 어미 '-으시-', '-었-', '-겠-' 뒤에 붙어) 해할 자리에 쓰여, 어떤 사실을 긍정적으로 서술하거나 묻거나 명령하거나 제안하는 따위의 뜻을 나타내는 종결 어미. 서술, 의문, 명령, 제안 따위로 두루 쓰인다.
> ㉢ (용언의 어간이나 어미 '-으시-', '-었-' 뒤에 붙어) 그 움직임이나 상태를 부정하거나 금지하려 할 때 쓰이는 연결 어미. '않다', '못하다', '말다' 따위가 뒤따른다.

① ㉠ – 콩을 심으면 콩이 나지 팥이 날 수는 없다.

② ㉡ – 그는 이름난 효자이지.

③ ㉡ – 그는 어떤 사람이지?

④ ㉢ – 쓰레기를 버리지 마시오.

⑤ ㉢ – 그는 얼마나 부지런한지 세 사람 몫의 일을 해낸다.

15 다음 글을 읽고 오프라 윈프리의 설득 비결로 적절한 것을 고르면?

1954년 1월 29일, 미시시피주에서 사생아로 태어난 오프라 윈프리는 어릴 적 사촌에게 강간과 학대를 당하고 14살에 미혼모가 되었으며, 2주 후에 아기가 죽는 등 불우한 어린 시절을 보냈다. 그 후 고등학생 때 한 라디오 프로에서 일하게 되었고, 19살에는 지역의 저녁 뉴스에서 공동뉴스 캐스터를 맡게 되었다. 그러나 곧 특기인 즉흥적 감정 전달 덕분에 뉴스 캐스터가 아닌 낮 시간대의 토크쇼에서 진행자로 활동하게 되었다.

에이엠 시카고(AM Chicago)는 시카고에서 낮은 시청률을 가진 30분짜리 아침 토크쇼였지만 오프라 윈프리가 맡은 이후, 시카고에서 가장 인기 있는 토크쇼였던 '도나휴'를 능가하게 되었다. 그리고 그 쇼가 바로 전국적으로 방영되었던 '오프라 윈프리 쇼'의 시초였다.

이렇듯 그녀가 토크쇼의 진행자로서 크게 성공할 수 있었던 요인은 무엇이었을까? 얼마 전 우리나라에서 방송되었던 한 프로그램에서는 그 이유에 대해 '말하기와 듣기'라고 밝혔다. 실제로 그녀는 방송에서 자신의 아픈 과거를 고백함으로써 게스트들의 진심을 이끌어 냈으며, 재밌는 이야기에 함께 웃고 슬픈 이야기를 할 때는 함께 눈물을 흘리는 등 그녀의 공감 능력을 통해 상대방의 닫힌 마음을 열었다. 친숙한 고백적 형태의 미디어 커뮤니케이션이라는 관계 형성 토크의 새로운 영역을 개척한 것이다.

오프라 윈프리는 상대방의 설득을 얻어내기 위한 방법으로 다섯 가지를 들었다. 첫째, 항상 진솔한 자세로 말하여 상대방의 마음을 열어야 한다. 둘째, 아픔을 함께 하는 자세로 말하여 상대방의 공감을 얻어야 한다. 셋째, 항상 긍정적으로 말한다. 넷째, 사랑스럽고 따뜻한 표정으로 대화한다. 다섯째, 말할 때는 상대방을 위한다는 생각으로 정성을 들여 말해야 한다. 또한, 그녀는 '바위 같은 고집쟁이도 정성을 다해 말하면 꼼짝없이 마음의 문을 열고 설득당할 것이다.'라고도 말했다.

① 자신감 있는 태도
② 화려한 경력
③ 공감의 화법
④ 상대방에 대한 사전 조사
⑤ 사실적 근거

03 한국수자원공사

01 다음 지문을 읽고 추론할 수 있는 내용으로 옳지 않은 것은?

> 혈액을 통해 운반된 노폐물이나 독소는 주로 콩팥의 사구체를 통해 일차적으로 여과된다. 사구체는 모세 혈관이 뭉쳐진 덩어리로, 보먼주머니에 담겨 있다. 사구체는 들세동맥에서 유입되는 혈액 중 혈구나 대부분의 단백질은 여과시키지 않고 날세동맥으로 흘려보내며, 물・요소・나트륨・포도당 등과 같이 작은 물질들은 사구체막을 통과시켜 보먼주머니를 통해 세뇨관으로 나가게 한다. 이 과정을 '사구체 여과'라고 한다.사구체 여과가 발생하기 위해서는 사구체로 들어온 혈액을 사구체막 바깥쪽으로 밀어주는 힘이 필요한데, 이 힘은 주로 들세동맥과 날세동맥의 직경 차이에서 비롯된다. 사구체로 혈액이 들어가는 들세동맥의 직경보다 사구체로부터 혈액이 나오는 날세동맥의 직경이 작다. 이에 따라 사구체로 유입되는 혈류량보다 나가는 혈류량이 적기 때문에 자연히 사구체의 모세 혈관에는 다른 신체 기관의 모세 혈관보다 높은 혈압이 발생하고, 이 혈압으로 인해 사구체의 모세 혈관에서 사구체 여과가 이루어진다. 사구체의 혈압은 동맥의 혈압에 따라 변화가 일어날 수 있지만 생명 유지를 위해 일정하게 유지된다.사구체막은 사구체 여과가 발생하기 위해 적절한 구조를 갖추고 있다. 사구체막은 모세 혈관 벽과 기저막, 보먼주머니 내층으로 구성되어 있다. 모세 혈관 벽은 편평한 내피세포 한 층으로 이루어져 있다. 이 내피세포들에는 구멍이 있으며 내피세포들 사이에도 구멍이 있다. 이 때문에 사구체의 모세 혈관은 다른 신체 기관의 모세 혈관에 비해 동일한 혈압으로도 100배 정도 높은 투과성을 보인다. 기저막은 내피세포와 보먼주머니 내층 사이의 비세포성 젤라틴 층으로, 콜라겐과 당단백질로 구성된다. 콜라겐은 구조적 강도를 높이고, 당단백질은 내피세포의 구멍을 통과할 수 있는 알부민과 같이 작은 단백질들의 여과를 억제한다. 이는 알부민을 비롯한 작은 단백질들이 음전하를 띠는데 당단백질 역시 음전하를 띠기 때문에 가능한 것이다. 보먼주머니 내층은 문어처럼 생긴 발세포로 이루어지는데, 각각의 발세포에서는 돌기가 나와 기저막을 감싸고 있다. 돌기 사이의 좁은 틈을 따라 여과액이 빠져나오면 보먼주머니 내강에 도달하게 된다.

① 내피세포에 나있는 구멍보다 입자가 작은 단백질은 전하의 성질을 이용하여 여과할 수 있다.

② 효율적인 여과를 위해서는 사구체의 혈압이 혈액 속 성분에 따라 유동적으로 변화하는 것이 필요하다.

③ 사구체를 통과하는 혈류는 신체의 다른 부분보다 높은 압력을 받게 될 것이다.

④ 콩팥의 사구체라는 기관이 우리 몸의 여과를 전적으로 담당하는 것은 아니다.

02 다음 글을 읽고 밑줄 친 물음에 대한 답변으로 가장 적절한 것을 고르면?

한 장의 종이를 반으로 계속해서 접어 나간다면 과연 몇 번이나 접을 수 있을까? 얼핏 생각하면 수없이 접을 수 있을 것 같지만, 실제로는 그럴 수 없다. <u>그 이유는 무엇일까</u>? 먼저, 종이를 접는 횟수에 따라 종이의 넓이와 두께의 관계가 어떻게 변하는지를 생각해 보자. 종이를 한 방향으로 접을 경우, 한 번, 두 번, 세 번 접어 나가면 종이의 넓이는 계속해서 반으로 줄어들게 되고, 두께는 각각 2겹, 4겹, 8겹으로 늘어나 두꺼워진다. 이런 식으로 두께 0.1mm의 종이를 10번 접으면 1,024겹이 되어 그 두께는 약 10cm나 되고, 42번을 접는다면 그 두께는 439,805km로 지구에서 달에 이를 수 있는 거리에 이르게 된다. 물론 이때 종이를 접으면서 생기는 종이의 두께는 종이의 길이를 초과할 수 없으므로 종이 접기의 횟수 역시 무한할 수 없다. 다음으로, 종이를 접는 횟수에 따라 종이의 길이와 종이가 접힌 모서리 부분에서 만들어지는 반원의 호 길이가 어떻게 변하는지 알아보자. 종이의 두께가 t이고 길이가 L인 종이를 한 번 접으면, 접힌 모서리 부분이 반원을 이루게 된다. 이때 이 반원의 반지름 길이가 t이면 반원의 호 길이는 t가 된다. 결국 두께가 t인 종이를 한 번 접기 위해서는 종이의 길이가 최소한 t보다는 길어야 한다. 예를 들어 두께가 1cm인 종이를 한 번 접으려면, 종이의 길이가 최소 3.14cm보다는 길어야 한다는 것이다. 그런데 종이를 한 방향으로 두 번 접는 경우에는 접힌 모서리 부분에 반원이 3개 나타난다. 그래서 모서리에 생기는 반원의 호 길이를 모두 합하면, 가장 큰 반원의 호 길이인 2 t와 그 반원 속의 작은 반원의 호 길이인 t, 그리고 처음 접힌 반원의 호 길이인 t의 합, 즉 4 t가 된다. 그러므로 종이를 한 방향으로 두 번 접으려면 종이는 최소한 4 t보다는 길어야 한다. 종이를 한 번 더 접었을 뿐이지만 모서리에 생기는 반원의 호 길이의 합은 이전보다 훨씬 커진다. 결국, 종이 접는 횟수는 산술적으로 늘어나는 데 비해 이로 인해 생기는 반원의 호 길이의 합은 기하급수적으로 커지기 때문에 종이의 길이가 한정되어 있다면 계속해서 종이를 접는 것은 불가능하다는 것을 알 수 있다.

① 종이의 면에 미세하게 존재하는 입자들이 종이를 접는 것을 방해하기 때문이다.
② 종이에도 미약하지만 탄성이 있어 원래 모양대로 돌아가려고 하기 때문이다.
③ 종이가 충분히 접힐 수 있도록 힘을 가하는 것이 힘들기 때문이다.
④ 접는 종이의 길이는 제한되어 있는데, 접은 부분에서 생기는 반원의 길이가 너무 빠르게 증가하기 때문이다.

03 다음 글을 읽고 추론할 수 있는 내용으로 옳지 않은 것은?

다음은 부동산 경매 중에서 강제 경매 절차의 진행 과정에 대한 설명이다.

- 채권자가 경매 신청을 하면 법원은 경매개시결정을 하여 매각할 부동산을 압류하고 관할 등기소에 경매개시결정의 기입등기를 촉구하여 경매개시결정 사실을 등기 기록에 기입하도록 한다. 이 과정에서 법원은 경매개시결정 정본을 채무자에게 송달한다.
- 매각할 부동산이 압류되면, 집행 법원은 채권자들이 배당 요구를 할 수 있는 기간을 첫 매각 기일 이전으로 정한다. 법원은 경매개시결정에 따른 압류의 효력이 생긴 때부터 일주일 안에 경매개시 결정을 한 취지와 배당 요구의 종기를 법원 경매정보 홈페이지의 법원 경매공고란 또는 법원 게시판에 게시하는 방법으로 공고한다.
- 법원은 집행관에게 매각할 부동산의 현상, 점유관계, 차임 또는 보증금의 액수, 기타 현황에 관하여 조사를 명하고, 감정인에게 매각할 부동산을 평가하게 한다. 법원은 감정인의 평가액을 참작하여 최저 매각 가격을 결정한다.
- 매각 방법으로는 크게 두 가지가 있는데, 매수 신청인이 매각 기일에 매각 장소에서 입찰표를 제출하는 기일입찰방법과 매수 신청인이 지정된 입찰 기간 안에 직접 또는 우편으로 입찰표를 제출하는 기간입찰방법이 있다. 법원은 두 방법 중 하나를 선택하여 매각 기일 등을 지정하여 통지, 공고한다.
- 기일 입찰의 경우, 집행관이 미리 지정된 매각 기일에 매각 장소에서 입찰을 실시하여 최고가 매수 신고인과 차순위 매수 신고인을 정한다. 기간 입찰의 경우, 집행관이 입찰 기간 동안 입찰 봉투를 접수하여 보관하다가 매각 기일에 입찰 봉투를 개봉하여 최고가 매수 신고인과 차순위 매수 신고인을 정한다. 기일 입찰과 달리 매각 기일에는 입찰을 실시하지 않는다.
- 매각 허가 결정이 확정되면 법원은 매각 대금의 지급기한을 정하여 매수인에게 매각 대금의 납부를 명령한다. 매수인은 지정된 지급 기한 안에는 언제든지 매각 대금을 납부할 수 있다. 매수인이 지정된 지급 기한까지 매각 대금을 모두 납부하지 않으면, 법원은 차순위 매수 신고인이 있는 때는 그에 대해 매각을 허가할 것인지 여부를 결정하고 차순위 매수 신고인이 없는 때에는 재매각을 명한다.
- 매수인이 대금을 모두 납부한 시점에서 부동산의 소유권을 취득할 수 있다. 법원은 매수인 명의의 소유권 이전 등기를 촉구할 수 있다. 매수인은 대금을 모두 납부하면 부동산의 인도명령을 신청할 수 있다.

① 강제 부동산 경매는 채권자의 신청과 채무자의 동의로 시작될 수 있다.

② 채무자에게 경매가 개시되었음을 알리는 과정이 없었다면, 경매 절차가 제대로 진행되고 있다고 보기 어렵다.

③ 법원이 기일입찰방법을 채택하였다면, 매수하고자 하는 신청인은 지정된 장소로 가서 경매에 참여해야 할 것이다.

④ 법원이 기간입찰방법을 채택하였다면, 매수 신청인이 매각 기일에 특정 장소로 이동할 필요는 없다.

04 다음 중 제시된 글의 문단을 논리적 순서대로 바르게 나열한 것은?

(가) 한편 지난 1월에 개최된 '제1회 물벗 나눔장터'는 안동, 영주, 영천, 장수, 청송, 충주 등 6개 댐 주변 지역이 참여해 사과 및 사과 가공품을 판매했으며 약 5,000만 원 가량의 제품이 판매되는 등 성황리에 진행됐다. 수자원공사는 "코로나19 장기화로 어려움을 겪는 지역 농가를 돕고 지역사회 이웃들에게 온정을 전달하기 위해 임직원이 함께 나섰다."라며 "앞으로도 수자원공사는 다양한 지역사회와의 상생활동을 지속하고 K-ESG 경영을 실천해 공기업의 사회적 책임을 다하겠다."라고 말했다.

(나) 한국수자원공사는 7일 대전시 대덕구 본사에서 딸기 농가와 함께 '제2회 물벗 나눔 장터, 딸기 팝업 스토어' 행사를 진행했다. '물벗 나눔장터'는 한국수자원공사가 2022년 창립 55주년 맞이해 새롭게 추진 중인 지역상생형 K-ESG 경영 실천 프로젝트이다. 온·오프라인 장터 운영을 통해 사업장이 위치한 전국 각지의 농가에서 생산하는 주요 농산물 판로확보에 기여하고 일부는 직접 구매 후 취약계층에게 전달하는 적극적 나눔을 실천하는 연간 프로젝트이다.

(다) 이번 행사는 지난겨울 작황 부진과 재배면적 감소 등으로 어려움을 겪은 금강유역 대표 딸기 산지인 충남 논산시와 전북 완주군의 딸기 재배 농가를 돕기 위한 직거래 장터로 진행했다. 이번 장터에서 딸기 재배 농가는 대표적 국산 품종인 '설향' 뿐만 아니라 하이베리, 비타베리, 킹스베리 등 최근 개발된 우수한 국산 품종 딸기를 저렴한 가격으로 판매해 행사 참가자들의 호응을 얻었다. 수자원공사는 이번 행사와 연계해 총 400만 원 상당의 딸기를 추가로 구매해 논산시와 전북 사회복지공동모금회의 협조를 통해 지역사회 이웃들에게 전달돼 지역 상생 및 나눔을 이어갈 계획이다.

① (가) – (나) – (다)
② (나) – (가) – (다)
③ (나) – (다) – (가)
④ (다) – (가) – (나)

05 다음 글의 필자가 주장하는 바를 가장 적절하게 나타낸 것은?

> 인간과 자연환경의 운명이 순전히 시장 메커니즘 하나에 좌우된다면, 결국 사회는 폐허가 될 것이다. 구매력의 양과 사용을 시장 메커니즘에 따라 결정하는 것도 같은 결과를 낳는다. 이런 체제 아래에서 인간의 노동력을 소유자가 마음대로 처리하다 보면, 노동력이라는 꼬리표를 달고 있는 '인간'이라는 육체적 · 심리적 · 도덕적 실체마저 소유자가 마음대로 처리하게 된다. 인간들은 갖가지 문화적 제도라는 보호막이 모두 벗겨진 채 사회에 알몸으로 노출되고 결국 쇠락해 간다. 그들은 악덕, 범죄, 굶주림 등을 거치면서 격동하는 사회적 혼란의 희생물이 된다. 자연은 그 구성 원소들로 환원되어 버리고, 주거지와 경관은 더럽혀진다. 또 강이 오염되며, 군사적 안보는 위협당하고, 식량과 원자재를 생산하는 능력도 파괴된다.
> 마지막으로 구매력의 공급을 시장 기구의 관리에 맡기게 되면 영리 기업들은 주기적으로 파산하게 될 것이다. 원시 사회가 홍수나 가뭄으로 인해 피해를 보았던 것처럼 화폐 부족이나 과잉은 경기에 엄청난 재난을 가져올 수 있기 때문이다.
> 노동 시장, 토지 시장, 화폐 시장이 시장 경제에 필수적이라는 점은 의심할 여지가 없다. 하지만 인간과 자연이라는 사회의 실패와 경제 조직이 보호받지 못한 채 그 '악마의 맷돌'에 노출된다면, 어떤 사회도 무지막지한 상품 허구의 경제 체제가 몰고 올 결과를 한순간도 견뎌내지 못할 것이다.

① 무분별한 환경 파괴를 막기 위해 국가가 시장을 통제해야 한다.
② 구매력의 공급은 시장 기구의 관리에 맡기는 것이 합리적이다.
③ 시장 메커니즘은 인간의 존엄성을 파괴하는 제도이므로 철폐되어야 한다.
④ 시장 메커니즘을 맹신하기보다는 적절한 제도적 보호 장치를 마련하는 것이 바람직하다.

06 다음 글의 중심 내용으로 적절한 것은?

국가보훈처는 통합 국가유공자 상징체계를 만들기로 하고 현재 작업을 진행하고 있다.
국가유공자 단독으로 상징체계를 만드는 것은 이번이 처음이다. 국가보훈처는 금년 하반기부터 국가유공자 명패 달아드리기 사업을 추진하는 과정에서 국가유공자를 대표하는 상징체계가 필요하다고 판단해 상징체계 개발에 착수하게 됐다. 지난 7월부터 시작된 이 작업은 연구용역, 사업용역 등을 거쳐 복수의 시안을 검토한 끝에 현재 디자인 시안을 확정한 상황이다. 국가보훈처는 이르면 이달부터 확정된 상징체계를 국가유공자 명패 사업에 우선 적용할 계획이다. 국가유공자 명패 달아드리기 사업은 국가보훈처가 후원하는 가운데 여러 단체의 크라우드 펀딩 형식으로 이달부터 사업을 개시했다. 올해 독립유공자를 시범으로 시작한 이 사업은 내년부터 국가유공자와 민주유공자까지 대상을 확대할 계획이다.
국가유공자에 대한 예우와 존경, 감사의 뜻을 담은 상징체계의 도입은 단순한 디자인의 개발이 아니라 통일된 국가유공자와 보훈의 정체성을 확보하는 사업이다. 따라서 국가유공자에 대한 국민의 이해를 높임으로써 국가를 위해 헌신하고 희생한 국가유공자의 위상과 정체성을 세고할 수 있을 것으로 기대된다.

① 국가유공자 명패 달아드리기 사업 추진
② 국가보훈처, 국가주도 상징체계 첫 적용
③ 국가유공자 상징체계의 도입 및 개발
④ 국가보훈처, 독립유공자에 대한 관심과 감사의 뜻 전달

PART 1

07 다음 글의 제목으로 가장 적절한 것은?

중소기업은 기발한 아이디어와 차별화된 핵심기술이 없으면 치열한 경쟁에서 뒤처질 수밖에 없다. 그러나 중소기업의 핵심기술은 항상 탈취유출 위험에 노출되어 있다고 해도 과언이 아니다. 목숨과도 같은 기술을 뺏기면 중소기업은 문을 닫아야 할 위기에 봉착하고 만다. 그러니 철저한 기술 보호는 중소기업의 생명과 직결된다고 볼 수 있다.
기업들의 기술 탈취 근절 공감대는 폭넓게 확산되고 있지만, 여전히 갈 길이 멀다. 그렇다 보니 당사자인 중소기업에는 기술 보호를 위한 선제적 노력이 요구된다. 중소기업 기술 보호의 첫걸음은 특허등록이다. 특허등록 시에는 두 가지를 꼭 고려해야 한다. 먼저 '똑똑한 특허'를 출원해야 한다. 비용과 시간이 들더라도 청구 범위가 넓은 특허가 필요하다. 기술 개발과 제품 론칭에만 신경 쓰다 보면 출원을 소홀히 해 '부실 특허'를 낳을 수 있다. 출원 비용이 만만찮다 보니 특허출원 수나 기간을 간과하는 경우도 흔한 일이다.
다음은 기술 유출 방지에 최선을 다해야 한다. 기술 유출 방지는 기술개발 못지않게 중요하다. 많은 중소기업은 기술개발이 끝난 뒤 특허등록을 추진하고 있다. 그렇지만 특허출원 이전에 내부 기술이 유출된다면 그동안의 노력은 물거품이 되고 만다. 기술개발 단계부터 특허등록을 염두에 두고 기술 유출 방지에 최선을 다해야 하는 이유다.
특허등록과 더불어 필요한 것은 기술 보호 역량이다. 대부분의 중소기업은 기술력이 있어도 기술 보호 역량이 취약하다. 기술 보호에 대한 경각심도 높지 않은 편이다. 이러한 문제는 기술 및 지식재산권 분야 법률서비스를 제공하고, 관련 제도 정책을 교육하는 '중소기업 기술 보호 법무지원단'과 경쟁사의 기술 도용 등을 막는 강력한 제도인 '기술임치제' 등의 제도를 활용하면 기술 탈취, 불공정거래 행위 예방과 기술을 보호받을 수 있다.

① 중소기업 기술 보호의 방안
② 기술분쟁 사례와 선제적 대응 방안
③ 비교분석을 통한 기술 보호 전략
④ 핵심기술 특허등록의 중요성

08 다음 글의 제목으로 가장 적절한 것은?

> 공동주택이 고층화·고밀화되면서 여러 가지 장단점이 꾸준히 논의되어 왔지만, 갈수록 그 논의의 중요성과 필요성이 커지는 것이 바로 이웃과의 관계다. 공동주택의 주거문화를 비단 경제적으로뿐 아니라 사회·문화적인 면에서도 안정적으로 정착시키기 위해서는 이웃과 함께 살아가는 공유 공간, 사회적 공간으로서 공동체의 규범과 신뢰를 우리 스스로 구축할 필요가 있다.
> 공동주택은 개인 주거공간으로서의 특성과 이웃과 함께 살아가는 사회적 공간으로서의 특성을 동시에 갖는다. 독립된 생활공간으로서의 편리함과 안전성을 보장받을 권리가 있는 한편, '공동' 주택으로서 함께 사는 이들에 대한 기본적인 이해와 배려도 여전히 필요하다. 어쩌면 예전처럼 자연스럽게 이웃과 소통하며 살지 않게 되었기 때문에 더 적극적으로 혹은 필연적으로 그러한 노력을 기울여야 할지도 모른다.
> 사회·경제 그리고 인구 구조의 변화는 주거문화에 영향을 미치고, 주거문화는 사람의 라이프 스타일을 변화시킨다. 이 과정에서 일어나는 의견 충돌이나 새로운 양상은 '문제'가 아니라 '숙제'다. 새로운 국면을 맞이할 때면 언제나 발생하고 풀어나가야 하는 과정일 뿐이다. 그러니 올바른 공동주택 주거문화에 대해 함께 고민하고 서로 이야기하면 된다.

① 공동주택 주거문화의 문제점
② 지금, 우리의 공동주택 현황
③ 공동주택과 새로운 주거문화
④ 변해가는 이웃과의 관계

PART 1

09 다음 글의 내용으로 적절하지 않은 것은?

오랫동안 빛의 속도는 측정이 불가능하다고 여겨졌지만, 과학이 점차 발전함에 따라 빛 역시 측정 가능한 것으로 밝혀졌다. 빛의 속도를 처음으로 측정하려고 한 사람은 16세기에 태어난 갈릴레오이다. 그는 동료와 함께 각자 등불과 덮개를 가지고 약 1.6km쯤 떨어진 언덕 위에서 두 사람 사이를 빛이 왕복하는 데 걸리는 시간을 측정하였다. 처음에 두 사람 모두 덮개를 덮고 있다가 먼저 한 사람이 덮개를 열면 상대방은 그 빛을 보는 순간 자기의 덮개를 연다. 그러면 첫 번째 사람이 덮개를 여는 순간부터 상대방의 불빛을 본 순간까지 걸린 시간이 바로 빛이 두 사람 사이를 왕복하는 데 걸린 시간과 같을 것이라는 착상이었다.

1675년 덴마크의 천문학자 뢰머에 의하여 처음으로 빛의 속도가 성공적으로 측정되었다. 뢰머는 목성의 달 중 하나인 이오의 월식 관측 자료에 빛 속도 측정의 기반을 두었다. 이오는 목성 주위를 도는데, 목성이 지구와 이오 사이에 있는 동안 이오가 보이지 않는 월식이 일어난다. 뢰머는 이 월식이 일어나는 시간이, 지구가 목성에서 멀어질 때보다 목성 쪽으로 향할 때, 짧아진다는 것을 알아냈다. 그는 이러한 현상이 빛의 속도가 유한하기 때문에 생기는 것이라고 바르게 해석하였다.

이 월식을 수년간에 걸쳐 관측한 결과로 뢰머는 빛의 속도가 초속 225,000km 정도라고 계산하였다. 그 당시 목성과 지구 사이의 거리에 관한 정확한 지식이 없어 실제보다 약 1/3 정도 적은 값을 얻었다. 그러나 뢰머의 방법은 빛의 속도가 무한하지 않다는 명백한 증거를 제공하였고 실제 값에 대한 타당한 계산 값을 주었다.

① 빛의 속도를 측정하려는 시도는 16세기부터 시작되었다.
② 뢰머의 측정값이 실제 빛의 속도보다 적었던 것은 천체 간의 거리에 관한 지식이 부족했기 때문이다.
③ 이오의 월식은 지구와 목성 사이에 이오가 놓여 세 천체가 일직선상에 있을 때 발생한다.
④ 갈릴레이가 시행한 빛의 속도 측정 시험은 정확한 값을 얻어내기 어려운 것이었다.

10 다음 글의 내용으로 적절하지 않은 것은?

최근 광화문광장 국제설계공모에서 'Deep Surface(과거와 미래를 깨우다.)'가 최종 선정되었다. 당선작의 공간구상을 살펴보면, 지상은 '비움', 지하는 '채움'으로 구성된다. 지상광장은 질서 없는 구조물의 배치를 정리해 경복궁과 그 뒤 북악산의 원경을 광장 어디서든 막힘없이 볼 수 있게 하고, 다양한 이벤트가 열릴 수 있도록 비움의 공간으로 조성될 예정이다. 지하광장은 휴식, 문화, 교육, 체험 공간으로 채워진다. 지상광장 바닥에는 종묘마당의 박석포장과 다양한 모양과 크기의 원형 패턴을 적용하고, 일부 바닥표면에는 조명을 설치해 독특한 야간경관을 연출한다. 지상광장은 지하에 자연광을 유도할 수 있게 해주는 선큰공간을 통해 지하로 연결된다. 선큰공간의 방문객들은 북악산의 녹음과 광화문의 전경을 바라보며 자연스럽게 역사광장과 만나게 된다. 광장과 맞닿아 있는 주변 건물도 광장의 일부분이 된다. 광장과 건축물 사이에 테라스, 바닥분수, 미니공원 등이 다양하게 조성되고 건물 외벽 등을 활용해 독창적인 경관을 연출한다.

국제설계공모 당선자에게는 기본 및 실시 설계권이 주어진다. 서울시는 당선자와 설계범위 등에 대해 구체적으로 협의한 뒤 2월 중 설계 계약을 체결하여 연내 설계를 마무리하고 내년 초 공사에 들어가 2021년 준공할 계획이다. 이 계획은 새로운 광화문광장의 밑그림으로, 2월 당선자와 계약을 체결한 후 본격적으로 지역주민과 시민들의 의견을 수렴하여 계획을 구체화해 나갈 예정이다.

① 광화문광장의 지상과 지하공간은 대조적 방식으로 구성될 예정이다.
② 광화문광장 주변의 건물을 제거하여 광장의 경관을 돋보이게 할 예정이다.
③ 광화문광장의 공사는 공모전의 당선작과 시민들의 의견을 고려하여 진행될 예정이다.
④ 선큰공간을 통해 방문객들은 지하에서부터 자연스럽게 광장의 경관을 접할 수 있게 될 예정이다.

기출변형문제

정답 및 해설 p.009

| 한국철도시설공단

01 다음은 한국철도시설공단 감사 규정의 일부 내용이다. 한국철도시설공단의 감사의 역할로 옳지 않은 것은?

> **제4조 (감사의 직무)**
> 감사는 다음 각호의 사항을 감사한다.
> 1. 공단의 회계 및 업무
> 2. 관계 법령·정관 또는 다른 규정이 정하는 사항
> 3. 이사장 또는 비상임이사 2인 이상의 연서로 요구하는 사항
> 4. 근무기강, 진정 및 민원 등의 사항
> 5. 그 밖에 관계기관이 요구하는 사항
>
> **제4조의2 (감사활동의 독립성 등)**
> ① 감사부서는 감사를 효과적으로 수행할 수 있는 적정규모의 조직, 인원, 예산을 확보하여야 하며, 감사는 이사장에게 필요한 지원을 요구할 수 있다.
> ② 감사인은 다른 법령에 특별한 규정이 있는 경우를 제외하고는 감사업무의 수행을 위하여 수감부서 등의 업무와 관련된 장소, 기록 및 정보에 대하여 완전하고 자유롭게 접근할 수 있다.
> ③ 감사활동 예산은 임의로 삭감할 수 없으며 예산요구내역을 최대한 반영하여야 한다.
> ④ 감사부서는 배정된 연간 총예산의 범위에서 자율적으로 집행할 수 있다.
>
> **제6조의3 (독립성 등)**
> ① 감사인은 감사업무를 수행함에 있어 독립성을 유지하여야 한다.
> ② 감사인은 다음 각호의 어느 하나에 해당하는 경우 해당 감사에 관여할 수 없다.
>   1. 감사인이 감사업무 수행과 관련하여 혈연 등 개인적인 연고나 경제적 이해관계로 인해 감사계획, 감사실시 및 감사결과의 처리 과정에 영향을 미칠 우려가 있는 경우
>   2. 감사인이 감사대상업무의 의사결정과정에 직·간접적으로 관여한 경우
>
> ③ 감사인은 실지감사 시행 전에 감사인 행동강령 등에 따라 자가점검을 시행하고 그 결과를 감사실장에게 보고하여야 한다.
>
> **제6조의4 (감사인의 보직 등)**
> ① 감사인의 보직 및 전보는 감사의 요구에 따라 이사장이 행한다. 다만, 감사의 요구에 따를 수 없는 특별한 사유가 있으면 그 사유를 서면으로 설명하여야 한다.
> ② 감사인이 법령위반, 그 직무를 성실히 수행하지 아니한 경우 또는 제1항의 규정에 따른 감사의 요구가 있는 경우를 제외하고는 신분상 불리한 처분을 받지 아니한다.
> ③ 감사인은 전문성 제고 등을 위해 3년 이상 근무하는 것을 원칙으로 한다. 다만, 감사가 요구하거나 징계처분을 받은 경우에는 그렇지 않다.

① 공단의 이사장이 요구하는 사항에 대해 감사한다.
② 공단의 이사장에게 감사 수행에 필요한 지원을 요구한다.
③ 의사결정 과정에 간접적으로 관여했던 업무를 감사한다.
④ 실지감사 시행 전 자가점검 시행 결과를 감사실장에게 보고한다.
⑤ 공단의 이사장에게 자신의 보직 변경을 요구한다.

| 한국토지주택공사

02 다음 중 밑줄 친 단어와 바꾸어 쓸 수 없는 것은?

> 일정이 예상보다 앞당겨지는 바람에 이틀간의 말미를 얻었다.

① 휴가 ② 여유
③ 알음 ④ 겨를
⑤ 여가

| 한국철도시설공단

03 다음 중 밑줄 친 단어와 바꾸어 사용할 수 없는 것은?

> 한국철도시설공단은 호남고속철도 건설사업이 환경부로부터 교통 분야 국내 최초로 온실가스 감축 효과가 있는 배출권거래제 외부사업으로 승인받았다고 밝혔다.
> 배출권거래제는 정부가 온실가스를 배출하는 기업에 연간 정해진 배출권을 할당하고, 부족분과 초과분에 대해 업체 간 거래를 허용하는 제도이다. 배출권거래제 외부사업은 배출권거래제 대상이 아닌 기업이 온실가스 감축 활동에 참여하는 것으로 정부에서 감축 실적을 인증받으면 온실가스 감축량을 배출권 거래 시장에서 매매해 수익을 얻을 수 있다.
> 이번에 승인된 배출권거래제 외부사업은 버스, 자동차 등 기존 교통수단 대신 고속철도를 이용하여 감축되는 온실가스 감축량을 탄소배출권으로 확보하는 사업이다. 공단은 호남고속철도 건설사업을 건설 초기인 2010년 2월부터 UN 청정개발체제사업(CDM; Clean Development Mechanism)* 으로 추진하다가 2015년 국내 탄소 시장 개설에 따라 국내 배출권거래제 외부사업으로 전환하여 추진한 결과 10년 만에 결실을 내게 되었다.
> 본 사업은 UN에서 인정받은 청정개발체제방법론(AM0101)을 활용하여 승인받았으며, 이로써 교통 분야 국내 최초로 호남고속철도 건설사업에서 연평균 23만 톤의 온실가스 감축 성과를 인정받아 승인 기간(10년) 동안 약 380억 원의 탄소배출권 매각 수익을 창출할 수 있을 것으로 예상된다.
> 한국철도시설공단의 이사장은 "이번 승인으로 철도의 온실가스 감축 효과를 공식적으로 인정받게 되었다."며, "수서고속철도 건설사업 등 여타 철도사업도 온실가스 감축 사업으로 승인받을 수 있도록 적극 노력하겠다."고 밝혔다.
> * 청정개발체제방법론(AM0101) : 고속철도의 온실가스 감축 성과를 측정하는 계산법

① 배당하다 ② 배분하다
③ 분배하다 ④ 분류하다
⑤ 벼르다

04 다음은 한국철도시설공단 감사 규정의 일부 내용이다. 한국철도시설공단의 감사 규정에 대한 설명으로 옳지 않은 것은?

> **제4조 감사의 직무**
> 감사는 다음 각호의 사항을 감사한다.
> 1. 공단의 회계 및 업무
> 2. 관계 법령·정관 또는 다른 규정이 정하는 사항
> 3. 이사장 또는 비상임이사 2인 이상의 연서로 요구하는 사항
> 4. 근무기강, 진정 및 민원 등의 사항
> 5. 그 밖에 관계기관이 요구하는 사항
>
> **제4조의2 감사활동의 독립성 등**
> ① 감사부서는 감사를 효과적으로 수행할 수 있는 적정규모의 조직, 인원, 예산을 확보하여야 하며, 감사는 이사장에게 필요한 지원을 요구할 수 있다.
> ② 감사인은 다른 법령에 특별한 규정이 있는 경우를 제외하고는 감사업무의 수행을 위하여 수감부서 등의 업무와 관련된 장소, 기록 및 정보에 대하여 완전하고 자유롭게 접근할 수 있다.
> ③ 감사활동 예산은 임의로 삭감할 수 없으며 예산요구내역을 최대한 반영하여야 한다.
> ④ 감사부서는 배정된 연간 총예산의 범위에서 자율적으로 집행할 수 있다.
>
> **제6조의3 독립성 등**
> ① 감사인은 감사업무를 수행함에 있어 독립성을 유지하여야 한다.
> ② 감사인은 다음 각호의 어느 하나에 해당하는 경우 해당 감사에 관여할 수 없다.
>   1. 감사인이 감사업무 수행과 관련하여 혈연 등 개인적인 연고나 경제적 이해관계로 인해 감사계획, 감사실시 및 감사결과의 처리 과정에 영향을 미칠 우려가 있는 경우
>   2. 감사인이 감사대상업무의 의사결정과정에 직·간접적으로 관여한 경우
> ③ 감사인은 실지감사 시행 전에 감사인 행동강령 등에 따라 자가점검을 시행하고 그 결과를 감사실장에게 보고하여야 한다.
>
> **제6조의4 감사인의 보직 등**
> ① 감사인의 보직 및 전보는 감사의 요구에 따라 이사장이 행한다. 다만, 감사의 요구에 따를 수 없는 특별한 사유가 있으면 그 사유를 서면으로 설명하여야 한다.
> ② 감사인이 법령위반, 그 직무를 성실히 수행하지 아니한 경우 또는 제1항의 규정에 따른 감사의 요구가 있는 경우를 제외하고는 신분상 불리한 처분을 받지 아니한다.
> ③ 감사인은 전문성 제고 등을 위해 3년 이상 근무하는 것을 원칙으로 한다. 다만, 감사가 요구하거나 징계처분을 받은 경우에는 그렇지 않다.

① 공단의 업무가 아니더라도 관계기관이 감사를 요구하면 감사 업무를 수행해야 한다.
② 감사업무를 수행하는 데 있어 필요한 모든 정보를 자유롭게 열람할 수 있다.
③ 개인적 연고로 인해 감사 과정에 영향을 미칠 우려가 있는 경우 감사에 관여할 수 없다.
④ 자신의 보직 및 전보에 대하여 이사장에게 요구할 수 있으나, 이사장이 이를 거절할 수도 있다.
⑤ 법령을 위반하거나 직무를 불성실하게 수행한 경우 신분상 불리한 처분을 받을 수 있다.

05 다음 글의 주장에 대한 비판으로 적절하지 않은 것은?

> 동물실험이란 교육, 시험, 연구 및 생물학적 제제의 생산 등 과학적 목적을 위해 동물을 대상으로 실시하는 실험 또는 그 과학적 절차를 말한다. 전 세계적으로 매년 약 6억 미리의 동물들이 실험에 쓰이고 있다고 추정되며, 대부분의 동물들은 실험이 끝난 뒤 안락사를 시킨다.
> 동물실험은 대개 인체실험의 전 단계로 이루어지는데, 검증되지 않은 물질을 바로 사람에게 주입하여 발생하는 위험을 줄일 수 있다는 점에서 필수적인 실험이라고 말할 수 있다. 물론 살아있는 생물을 대상으로 하는 실험이기 때문에 대체(Replacement), 감소(Reduction), 개선(Refinement)으로 요약되는 3R 원칙에 입각하여 실험하는 것이 당연하다. 굳이 다른 방법이 있다면 그 방법을 채택할 것이며, 희생이 되는 동물의 수를 최대한 줄이고, 필수적인 실험 조건 외에는 자극을 주지 않아야 한다.
> 하지만 그럼에도 보다 안전한 결과를 도출해내기 위한 동물실험은 필요악이며, 이러한 필수적인 의약실험조차 금지하려 한다는 것은 기술 발전 속도를 늦춰 약이 필요한 누군가의 고통을 감수하자는 이기적인 주장과 같다고 할 수 있다.

① 3R 원칙과 같은 윤리적 강령이 법적인 통제력을 지니지 않은 이상 실제로 얼마나 엄격하게 지켜질 것인지는 알 수 없다.
② 화장품 업체들의 동물실험과 같은 사례를 통해, 생명과 큰 연관이 없는 실험은 필요악이라고 주장할 수 없다.
③ 아무리 엄격하게 통제된 실험이라고 해도 동물 입장에서 바라본 실험이 비윤리적이며 생명체의 존엄성을 훼손하는 행위라는 사실을 벗어날 수는 없다.
④ 과거와 달리 현대에서는 인공 조직을 배양하여 실험의 대상으로 삼을 수 있으므로 동물실험 자체를 대체하는 것이 가능하다.
⑤ 동물실험에서 안전성을 검증받은 이후 인체에 피해를 준 약물의 사례가 존재한다.

| 서울교통공사

06 다음은 철도종사자 등의 신체검사에 관한 지침의 일부이다. 지침을 토대로 신체검사의료기관의 역할로 옳지 않은 것을 고르면?

〈철도종사자 등의 신체검사에 관한 지침〉

제9조(기록보존 등)

① 신체검사의료기관은 신체검사 판정서를 발급한 경우에는 별지 제2호 서식의 신체검사 판정서 관리대장에 기록하고, 다음 각 호의 서류를 신체검사 판정서를 발급한 날부터 5년 동안 보존하여야 한다.

1. 신체검사판정서 및 관련 검사자료
2. 신체검사판정서 교부대장

② 제1항 각 호에 따른 자료에 대하여는 교육생의 경우에는 교육훈련기관이, 철도종사자의 경우에는 철도운영기관이, 운전면허시험・관제자격증명 응시자의 경우에는 교통안전공단이 각각 철도안전정보망에 입력하여야 하며, 교통안전공단 이사장은 그 자료를 보관・관리하여야 한다.

③ 신체검사의료기관의 장은 신체검사 판정서 및 신체검사의 기록 등 신체검사를 시행하는 과정에서 알게 된 정보에 관하여는 누설하지 말아야 한다.

① 철도종사자의 신체검사 판정서를 발급일로부터 5년 동안 보존한다.
② 철도종사자의 신체검사 판정서를 철도안전정보망에 입력한다.
③ 철도종사자에게 신체검사 판정서를 발급한 경우 관리대장에 기록한다.
④ 철도종사자의 신체검사 판정서나 기록 등 관련 정보를 누설하지 않는다.
⑤ 철도종사자의 신체검사 판정서 교부대장을 발급일로부터 5년 동안 보존한다.

| 한국철도공사

07 다음 중 밑줄 친 부분이 맞춤법에 맞지 않는 것은?

① 쉬이 넘어갈 문제가 아니다.
② 가정을 소홀히 해서는 안 된다.
③ 소파에 깊숙이 기대어 앉았다.
④ 헛기침이 간간히 섞여 나왔다.
⑤ 일을 하는 틈틈이 공부를 했다.

※ 다음 글을 읽고, 이어지는 질문에 답하시오. [8~9]

(가) 1969년 미국 최초의 대륙 횡단 철도가 개통되었다. 당시 미 대륙 철도역에서 누군가가 현재 시각을 물으면 대답하는 사람은 한참 망설여야 했다. 각기 다른 여러 시간이 ㉠ 공존했기 때문이다. 시간의 혼란은 철도망이 확장될수록 점점 더 심각해졌다. 이에 따라 캐나다 태평양 철도 건설을 진두지휘한 샌퍼드 플레밍은 자신의 고국인 영국에서 철도 시간 때문에 겪었던 불합리한 경험을 토대로 세계 표준시를 정하는 데 온 힘을 쏟았다.

(나) 우리나라는 대한제국 때인 1908년 세계 표준시를 도입했다. 한반도 중심인 동경 127.5도 기준으로, 세계 표준시의 기준인 영국보다 8시간 30분 빨랐다. 하지만 일제강점기인 1912년, 일본의 총독부는 우리의 표준시를 동경 135도를 기준으로 하는 일본 표준시로 변경하였다. 광복 후 1954년에는 주권 회복 차원에서 127.5도로 ㉡ 환원했다가 1961년 박정희 정부 때 다시 국제 교역 문제로 인해 135도로 변경되었다.

(다) 세계 표준시가 정해지기 전 사람들은 태양이 가장 높게 뜬 시간을 정오로 정하고, 이를 해당 지역의 기준 시간으로 삼았다. 그러다 보니 수많은 태양 정오 시간(자오 시간)이 생겨 시간의 통일성을 가질 수 없었고, 다른 지역과 시간을 통일해야 한다는 필요성도 느끼지 못했다. 그러나 이 세계관은 철도의 ㉢ 출연으로 인해 무너졌다.

(라) 워싱턴에서 열린 회의의 주제는 본초자오선, 즉 전 세계 정오의 기준선이 되는 자오선을 어디로 설정해야 하는가에 대한 것이었다. 3주간의 일정으로 시작된 본초자오선 회의는 영국과 프랑스의 대결이었다. 어떻게든 그리니치가 세계 표준시의 기준으로 채택되는 것을 ㉣ 관철하려는 영국, 그리고 이를 막고 파리 본초자오선을 세계기준으로 삼으려는 프랑스의 외교 전쟁이 불꽃을 튀겼다. 마침내 지루한 회의와 협상 끝에 1884년 10월 13일 그리니치가 세계 표준시로 채택됐다. 지구상의 경도마다 ㉤ 창궐했던 각각의 지역 표준시들이 사라지고 하나의 시간 틀에 인류가 속하게 된 것이다.

(마) 지구를 경도에 따라 15도씩 나눠 15도마다 1시간씩 시간 간격을 두고, 이를 24개 시차 구역으로 구별한 플레밍의 제안은 1884년 미국 전역에 도입되었다. 이는 다시 1884년 10월 워싱턴에서 열린 '국제자오선 회의'로 이어졌고, 각국이 영국 그리니치 천문대를 통과하는 자오선을 본초자오선으로 지정하는 데 동의했다.

| 한국철도공사

08 다음 (가) ~ (마) 문단을 논리적 순서대로 바르게 연결한 것은?

① (가) – (나) – (라) – (마) – (다)
② (가) – (다) – (나) – (마) – (라)
③ (다) – (가) – (마) – (라) – (나)
④ (다) – (마) – (나) – (라) – (가)
⑤ (마) – (라) – (나) – (가) – (다)

| 한국철도공사

09 다음 ㉠ ~ ㉤ 중 단어의 쓰임이 옳지 않은 것은?

① ㉠ 공존
② ㉡ 환원
③ ㉢ 출연
④ ㉣ 관철
⑤ ㉤ 창궐

10 다음은 A학교의 교실 천장 교체공사와 관련된 수의계약 공고문이다. 공고문을 이해한 내용으로 옳은 것은?

〈A학교 교실 천장 교체공사 수의계약 안내 공고〉

다음과 같이 시설공사 수의 견적서 제출 안내를 공고합니다.

1. 견적에 부치는 사항
   가. 공 사 명 : A학교 교실 천장 교체공사
   나. 공사기간 : 착공일로부터 28일간
   다. 공사내용 : 본관 교실 7실 및 복도(1, 2층)
2. 견적 제출 및 계약방식
   가. 국가종합전자조달시스템을 이용하여 2인 이상으로부터 견적서를 제출받는 소액수의계약 및 전자입찰 방식으로 제출하여야 합니다.
   나. 안전 입찰서비스를 이용하여 입찰서를 제출하여야 합니다.
3. 견적서 제출기간
   가. 견적서 제출기간 : 2022. 06. 01.(목) 09:00 ~ 2022. 06. 14.(수) 10:00
   나. 견적서 제출확인은 국가종합전자조달 전자입찰시스템의 웹 송신함에서 확인하시기 바라며, 마감 시간이 임박하여 제출할 경우 입력 도중 중단되는 경우가 있으니 10분 전까지 입력을 완료하시기 바랍니다.
   다. 전자입찰은 반드시 안전 입찰서비스를 이용하여 입찰서를 제출하여야 합니다(자세한 사항은 안전 입찰서비스 유의사항 안내 참고).
4. 개찰일시 및 장소
   가. 개찰일시 : 2022. 06. 14.(수) 11:00
   나. 개찰장소 : K시 교육청 입찰집행관 PC(전산 장애 발생 시 개찰 시간이 다소 늦어지거나 연기될 수 있습니다)
5. 견적 제출 참가 자격
   가. 수의 견적 제출 안내 공고일 전일부터 계약체결일까지 해당 지역에 법인등기부상 본점 소재지를 둔 업체이어야 하며, 그러하지 않을 경우 낙찰자 결정을 취소합니다(이외 지역 업체는 견적 제출에 참가할 수 없으며, 제출 시 무효 처리됩니다).
   나. 본 입찰은 지문인식 신원확인 입찰이 적용되므로 개인인증서를 보유한 대표자 또는 입찰대리인은 미리 지문정보를 등록하여야 전자입찰서 제출이 가능합니다. 다만, 지문인식 신원확인 입찰이 곤란한 자는 예외적으로 개인인증서에 의한 전자입찰서 제출이 가능합니다.
   다. 기타 자세한 사항은 K시 교육청 재정지원팀으로 문의하시기 바랍니다.

2022. 05. 29.

① 제출한 견적서에 관한 내용은 개인의 메일 수신함에서 확인할 수 있다.
② 개찰은 견적서 제출 마감일의 바로 다음 날 K시 교육청의 입찰집행관 PC에서 진행된다.
③ 견적서 입력 도중 마감 시간에 따라 시스템이 중단되었다면 10분 이내로 다시 제출할 수 있다.
④ 입찰대리인은 신원확인의 방법으로 지문이나 개인인증서 둘 중 하나를 선택할 수 있다.
⑤ 견적서 제출은 국가종합전자조달시스템의 안전 입찰서비스를 통해서만 가능하다.

11 다음 (가) ~ (마) 문단을 논리적 순서대로 바르게 연결한 것은?

(가) 대부분의 반딧불이는 빛을 번식의 도구로 사용하지만, 어떤 반딧불이는 번식 목적이 아닌 적대적 목적으로 사용하기도 한다. 포투루스(Photurus)라는 반딧불이의 암컷은 아무렇지 않게 상대 반딧불이를 잡아먹는다. 이 무시무시한 작업을 벌이기 위해 암컷 포투루스는 포티너스(Photinus) 암컷의 불빛을 흉내 낸다. 이를 자신과 같은 종으로 생각한 수컷 포티너스가 사랑이 가득 찬 마음으로 암컷 포투루스에게 달려들지만, 정체를 알았을 때는 이미 너무 늦었다는 것을 알게 된다.

(나) 먼저 땅에 사는 반딧불이 한 마리가 60마리 정도의 다른 반딧불이들과 함께 일렬로 빛을 내뿜는 경우가 있다. 수많은 반딧불이가 기차처럼 한 줄을 지어 마치 리더의 지시에 따르듯 한 반딧불이의 섬광을 따라 불빛을 내는 모습은 마치 작은 번개처럼 보인다. 이처럼 반딧불이는 집단으로 멋진 작품을 연출하는데 그중 가장 유명한 것은 동남아시아에 서식하는 반딧불이다. 이들은 공동으로 동시에 그리고 완벽하게 발광함으로써 크리스마스트리의 불빛을 연상시키기도 한다. 그러다 암컷을 발견한 반딧불이는 무리에서 빠져나와 암컷을 향해 직접 빛을 번쩍거리기도 한다.

(다) 이렇게 다른 종의 불빛을 흉내 내는 반딧불이는 북아메리카에서 흔히 찾아볼 수 있다. 그렇기에 짝을 찾아 헤매는 수컷 반딧불이에게 황혼이 찾아드는 하늘은 유혹의 무대인 동시에 위험한 장소이기도 하다. 성욕을 채우려 연인을 찾다 그만 식욕만 왕성한 암컷을 만나게 되는 비운을 맞을 수 있기 때문이다.

(라) 사랑과 관련하여 반딧불이의 섬광은 여러 가지 형태의 신호가 있으며, 빛 색깔의 다양성, 밝기, 빛을 내는 빈도, 빛의 지속성 등에서 반딧불이 자신만의 특징을 가지기도 한다. 예를 들어 황혼 무렵에 사랑을 나누고 싶어 하는 반딧불이는 오렌지색을 선호하며, 그래도 역시 사랑엔 깊은 밤이 최고라는 반딧불이는 초록계열의 색을 선호한다. 발광 장소도 땅이나 공중, 식물 등 그 선호도가 다양하다. 반딧불이는 이런 모든 요소를 결합하여 다양한 모습을 보여주는데 이런 다양성이 조화를 이루거나 또는 동시에 이루어지게 되면 말 그대로 장관을 이루게 된다.

(마) 이처럼 혼자 행동하기를 좋아하는 반딧불이는 빛을 번쩍거리면서 서식지를 홀로 돌아다니기도 한다. 대표적인 뉴기니 지역의 반딧불이는 짝을 찾아 좁은 해안선과 근처 숲 사이를 반복적으로 왔다 갔다 한다. 반딧불이 역시 달이 빛나고 파도가 철썩이는 해변을 사랑을 나누기에 최적인 로맨틱한 장소로 여기는 것이다.

① (가) – (나) – (다) – (라) – (마)
② (가) – (다) – (라) – (나) – (마)
③ (나) – (가) – (다) – (마) – (라)
④ (라) – (나) – (마) – (가) – (다)
⑤ (라) – (가) – (다) – (나) – (마)

12 다음 중 밑줄 친 단어의 쓰임이 적절하지 않은 것은?

① 이번 승부는 마지막 경기에서 가름이 난다.
② 이 건물의 높이를 가늠하기 어렵다.
③ 부상으로 빠진 선수를 갈음할 다른 선수가 없다.
④ 크기만 봐서는 암컷인지 수컷인지 가름이 되지 않는다.
⑤ 고기를 저울에 올려두고 가름을 보니 정확히 1kg이다.

13 다음 빈칸에 들어갈 내용으로 가장 적절한 것은?

> 현대인들은 부족한 잠으로 인해 만성 피로를 겪고 있다. 성인 평균 권장 수면시간은 7 ~ 8시간이지만, 이를 지키는 이들은 우리나라 성인 기준 단 4%에 불과하다. 2016년 국가별 일평균 수면시간 조사에 따르면, 한국인의 하루 평균 수면시간은 7시간 41분으로 OECD 18개 회원국 중 최하위를 기록했다. 또한, 직장인의 수면시간은 이보다도 짧은 6시간 6분, 권장 수면시간에 2시간 가까이 부족한 수면시간으로 현대인 대부분이 수면 부족에 시달린다 해도 과언이 아닐 정도이다.
> 수면시간 총량이 적은 것도 문제지만 더 심각한 점은 ________________, 즉 수면의 질 또한 높지 않다는 것이다. 수면장애 환자는 '단순히 일이 많아서', 또는 '잠버릇 때문에' 발생한 일시적인 가벼운 증상 정도로 여기는 사회적 분위기를 고려하면 실제 더 많을 것으로 추정된다. 특히 대표적인 수면장애인 '수면무호흡증'은 피로감 불안감 우울감은 물론 고혈압 · 당뇨병과 심혈관질환 · 뇌졸중까지 다양한 합병증을 유발할 수 있다는 점에서 진단과 치료가 요구된다.

① '어떻게 잘 잤는지'
② '언제 잠을 잤는지'
③ '어디서 잠을 잤는지'
④ '얼마만큼 많이 잤는지'
⑤ '왜 잠이 부족한 것인지'

14 다음 밑줄 친 ㉠~㉤의 의미가 잘못 연결된 것은?

> 보건복지부는 포용적 사회보장의 기반 마련을 위해 복지 대상자를 중심에 두고 필요한 정보를 연계·통합한 '차세대 사회보장 정보시스템' ㉠ 창안(創案) 계획을 발표했다. 이에 포괄적 사회 보장 지원을 원하는 국민은 누구나 '복지 멤버십'의 회원으로 등록할 수 있다. 등록 시 조사에 동의한 가구·소득·재산 정보를 토대로 사회 보장 급여·서비스의 지원기준에 맞춰 정보시스템이 우선 대상자를 ㉡ 판정(判定)한다. 임신·출산·입학·실직·퇴직·중대 질병·장애 발생·입원 등 경제 상황 변동에 따른 사회보장 정보를 제공한다. 보건복지부 관계자는 "안내를 받은 국민이 사회보장 급여와 서비스를 편리하게 신청할 수 있도록 하여 복지 ㉢ 사각(死角)지대를 해소하고, 정책개선 체감도를 높이고자 한다."고 말했다.
> 빅데이터를 활용한 시스템도 도입한다. 기존에 단전·단수 정보나 건강 보험료 체납정보 등의 빅데이터 정보를 활용했지만, 앞으로는 단순 빈곤을 넘어 고립·관계단절·정신적·인지적 문제가 있는 경우까지 발굴할 수 있는 방안을 연구하고, 이에 대한 사회적 논의를 신중히 진행할 예정이다. 이를 위해 정부는 보건복지콜센터 상담사나 민간 복지기관 ㉣ 종사(從事)자 등 다양한 인적 안전망을 통해 들어오는 위기 정보를 체계적으로 관리하여 빅데이터 분석에 활용할 계획이다. 또 고용 위기 등 기초자치단체에서 지역 특성을 고려해 자체적으로 위기가구를 분석하고, 원룸·고시원·판자촌 등 주민 등록 정보 관리가 어려운 지역은 위기 징표가 ㉤ 밀집(密集)된 곳의 위치정보를 제공할 계획이다.

① ㉠ 창안 – 어떤 방안, 물건 따위를 처음으로 생각하여 냄. 또는 그런 생각이나 방안
② ㉡ 판정 – 판별하여 결정함
③ ㉢ 사각 – 어느 각도에서도 보이지 아니하는 범위
④ ㉣ 종사 – 어떤 일을 일삼아서 함
⑤ ㉤ 밀집 – 빈틈없이 빽빽하게 모임

※ 다음 글을 읽고, 이어지는 질문에 답하시오. [15~16]

(가) 이처럼 최근 들어 남북한의 문화적 교류가 확대되면서 다양한 문화적 차이를 확인하고, 이에 대한 간극을 줄이기 위한 목소리가 높아지고 있다. 또한 점차 문화의 경계가 모호해지면서 문화는 나라별 고유 영역이 아닌 하나의 큰 세계 속에서 공존, 융합, 동화, 접변되는 과정을 거치며 또 다른 문화의 모습을 구현해내고 있다.

(나) 우리는 흔히 선진국의 문화가 국제적인 것이라고 착각하고 있다. 그러나 앞선 사례에서 확인할 수 있듯이 한국의 문화가 미국과 같은 강대국에 영향을 주며 국제적으로 문화를 형성해가고 있는 모습을 통해 강대국에서 상대적으로 국력이 강하지 않은 국가의 문화를 받아들이는 경우도 심심치 않게 확인할 수 있다.

(다) 다음으로 남한과 북한은 교통 문화에서도 차이를 보인다. 그중 가장 눈에 띄는 것은 교통법규이다. 남한의 경우 도로 건설에 관한 법규가 도로법, 고속도로법, 한국도로공사법, 사도법 등 다양하지만, 북한은 도로법 단 하나이다. 그 이유로는 여러 가지가 있으나 북한에는 아스팔트가 깔린 고속도로가 6개로 아직 보편화되지 않아 이와 관련된 법규 역시 아직 다양하게 마련되지 못한 것이다. 또한 남한의 경우 관련 법규가 1960년대에 제정되어 지속적으로 개정이 이뤄졌지만, 북한의 경우 비교적 늦은 1990 ~ 2000년대 사이에 관련 법규가 제정되어 아직 그 역사가 짧다.

(라) 한국의 문화는 더 이상 한국의 것이 아니다. K-POP, 한식에 대한 관심이 급증하면서 한국의 다양한 문화가 해외로 뻗어가고 있다. 미국 드라마에는 현재 S사 휴대전화를 이용하여 영상통화를 하는 장면, 서울과 포항을 소개하는 장면 등이 등장하고 있다. 또한 C사 만두의 경우 해외 매출이 국내 매출을 넘어서는 등 더 이상 한국의 문화는 한반도에 국한되지 않는다.

(마) 이는 남한과 북한의 경우에서도 예외가 아니다. 남한과 북한이 분단된 지 어언 70년에 이른 지금, 교류 없이 다른 환경 속에서 살다 보니 문화적으로 차이가 있다. 대표적으로 언어의 차이가 두드러진다. 북한에서는 '아내 또는 아내의 친정'을 일컫는 말로 '가시-'를 활용한다. 반면 남한에서는 '어른'을 의미하는 '장(丈)'을 활용한다. 따라서 남한에서의 아내의 아버지와 어머니를 '장인, 장모'로, 북한에서는 '가시아버지, 가시어머니'라고 지칭한다.

(바) 또한 국력이 강하지 않은 국가라 하여 선진국의 문화를 무분별적으로 수용하는 것도 아니다. 일명 개발도상국의 범주에 속하는 에티오피아는 '야생'의 나라일 것이라는 선입견과는 달리, 자연 생태 환경을 잘 보존하면서도 유럽과 아시아에 뒤지지 않는 자산을 보유하고 있다. 이렇듯 선진국과 견주어 볼 때, 고유의 문화를 유지하고 이에 대한 영향력을 행사하는 것을 통해 문화란 선진국이 주도하는 것이 아님을 추론할 수 있다. 이처럼 문화는 어느 한 방향에서의 ___㉠___ 이/가 아닌 상호 간 문화를 ___㉡___ 하는 과정 속에서 문화의 국제화가 이루어진다.

| 한국토지주택공사(업무직)

15 다음 (가) ~ (바) 문단을 논리적 순서대로 바르게 배열한 것은?

① (나) – (라) – (바) – (다) – (가) – (마)
② (나) – (바) – (라) – (마) – (다) – (가)
③ (라) – (바) – (나) – (마) – (다) – (가)
④ (라) – (나) – (바) – (마) – (다) – (가)
⑤ (마) – (라) – (나) – (바) – (다) – (가)

| 한국토지주택공사(업무직)

16 다음 중 빈칸 ㉠, ㉡에 들어갈 단어로 가장 적절한 것은?

	㉠	㉡
①	이화	교체
②	이화	교류
③	동화	교류
④	동화	교체
⑤	동화	교역

| 한국토지주택공사(업무직)

17 다음 중 단어의 관계가 다른 하나는?

① 가위 : 절단
② 연필 : 필기
③ 붓감 : 채색
④ 줄자 : 측정
⑤ 칫솔 : 치약

※ 다음 글을 읽고, 이어지는 질문에 답하시오. [18~19]

맹사성은 고려 시대 말 문과에 급제하여 정계에 진출해 조선이 세워진 후 황희 정승과 함께 조선 전기의 문화 발전에 큰 공을 세운 인물이다. 맹사성은 성품이 맑고 깨끗하며, 단정하고 묵직해서 재상으로 지내면서 재상으로서의 품위를 지켰다. 또 그는 청렴하고 검소하여 늘 ㉠ 남루한 행색으로 다녔는데, 이로 인해 한 번은 어느 고을 수령의 야유를 받았다. 나중에서야 맹사성의 실체를 알게 된 수령이 후사가 두려워 도망을 가다가 관인을 못에 빠뜨렸고, 후에 그 못을 인침연(人沈淵)이라 불렀다는 일화가 남아 있다.

조선 시대의 학자 서거정은 『필원잡기』에서 이런 맹사성이 평소에 어떻게 살았는가를 소개했다. 서거정의 소개에 따르면 맹사성은 음률을 ㉡ 깨우쳐서 항상 하루에 서너 곡씩 피리를 불곤 했다. 그는 혼자 문을 닫고 조용히 앉아 피리 불기를 계속할 뿐 ㉢ 사사로운 손님을 받지 않았다. 일을 보고하러 오는 등 꼭 만나야 할 손님이 오면 잠시 문을 열어 맞이할 뿐 그 밖에는 오직 피리를 부는 것만이 그의 삶의 전부였다. 일을 보고하러 오는 사람은 동구 밖에서 피리 소리를 듣고 맹사성이 방 안에 있다는 것을 알 정도였다.

맹사성은 여름이면 소나무 그늘 아래에 앉아 피리를 불고, 겨울이면 방 안 부들자리에 앉아 피리를 불었다. 서거정의 표현에 의하면 맹사성의 방에는 '오직 부들자리와 피리만 있을 뿐 다른 물건은 없었다.'고 한다. 당시 한 나라의 정승까지 ㉣ 맡고 있었던 사람의 방이었건만 그곳에는 온갖 ㉤ 요란한 장신구나 수많은 장서가 쌓여 있지 않고 오직 피리 하나만 있었던 것이다.

옛 왕조의 끝과 새 왕조의 시작이라는 격동기에 살면서 급격한 변화를 경험해야 했던 맹사성이 방에 오직 부들자리와 피리만을 두면서 생각한 것은 무엇일까? 그는 어떤 생각을 하며 어떤 삶을 살아갔을까? 피리 소리만 남겨둔 채 늘 비우는 방과 같이 늘 마음을 비우려 노력했던 것은 아닐까.

| 한국토지주택공사(업무직)

18 다음 중 글의 내용으로 적절한 것은?

① 맹사성은 조선 전기 과거에 급제하여 조선의 문화 발전에 큰 공을 세웠다.
② 맹사성은 자신을 야유한 고을 수령의 뒤를 좇다 인침연에 빠졌다.
③ 맹사성은 자신의 평소 생활 모습을 『필원잡기』에 담았다.
④ 맹사성은 혼자 문을 닫고 앉아 일체의 손님을 받지 않았다.
⑤ 맹사성은 여름과 겨울을 가리지 않고 피리를 불었다.

| 한국토지주택공사(업무직)

19 다음 중 밑줄 친 ㉠~㉤의 의미가 잘못 연결된 것은?

① ㉠ – 옷 따위가 낡아 해지고 차림새가 너저분한
② ㉡ – 깨달아 알아서
③ ㉢ – 보잘것없이 작거나 적은
④ ㉣ – 어떤 일에 대한 책임을 지고 담당하고
⑤ ㉤ – 정도가 지나쳐 어수선하고 야단스러운

20 다음 글에서 〈보기〉의 문장이 들어갈 위치로 가장 적절한 곳은?

(가) 알렉산더 그레이엄 벨은 전화를 처음 발명한 사람으로 알려져 있다. 1876년 2월 14일 벨은 설계노와 설명서를 바탕으로 전화에 대한 특허를 신청했고, 같은 날 그레이도 전화에 대한 특허 신청서를 제출했다. 1876년 3월 7일 미국 특허청은 벨에게 전화에 대한 특허를 부여했다. (나) 하지만 벨이 특허를 받은 이후 누가 먼저 전화를 발명했는지에 대해 치열한 소송전이 이어졌다. 여기에는 그레이를 비롯하여 안토니오 무치 등 많은 사람이 관련돼 있었다. 특히 무치는 1871년 전화에 대한 임시 특허를 신청하였지만, 돈이 없어 정식 특허로 신청하지 못했다. 2002년 미국 하원 의회에서는 무치가 10달러의 돈만 있었다면 벨에게 특허가 부여되지 않았을 것이라며 무치의 업적을 인정하기도 했다. (다) 그레이와 벨의 특허 소송에서도 벨은 모두 무혐의 처분을 받았고, 1887년 재판에서 전화의 최초 발명자는 벨이라는 판결이 났다. 그레이가 전화의 가능성을 처음 인지한 것은 사실이지만, 문제는 전화를 완성하기 위한 후속 조치를 취하지 않았다는 것이었다. (라) 19세기 중엽은 전화 발명으로 무르익은 시기였고, 전화 발명에 많은 사람이 노전했다고 볼 수 있다. 이는 한 개인이 전화를 발명했다기보다 여러 사람이 전화 탄생에 기여했다는 이야기로 이어질 수 있다. 하지만 결국 최초의 공식 특허를 받은 사람은 벨이며, 벨이 만들어낸 전화 시스템은 지금도 세계 통신망에 단단히 뿌리를 내리고 있다. (마)

보기

그러나 벨의 특허와 관련된 수많은 소송은 무치의 죽음, 벨의 특허권 만료와 함께 종료되었다.

① (가)
② (나)
③ (다)
④ (라)
⑤ (마)

PART

2

수리능력

CHAPTER 01 대표유형 + 모듈이론

CHAPTER 02 기출복원문제

CHAPTER 03 기출변형문제

대표유형 01

I 기초연산능력 I

응용수리

유형분석

- 문제에서 제공하는 정보를 파악한 뒤, 사칙연산을 활용하여 계산하는 전형적인 수리문제이다.
- 문제를 풀기 위한 정보가 산재되어 있는 경우가 많으므로 주어진 조건 등을 꼼꼼히 확인해야 한다.

대학 서적을 도서관에서 빌리면 10일간 무료이고, 그 이상은 하루에 100원의 연체료가 부과되며 한 달 단위로 연체료는 두 배로 늘어난다. 1학기 동안 대학 서적을 도서관에서 빌려 사용하는 데 얼마의 비용이 드는가?(단, 1학기의 기간은 15주이고, 한 달은 30일로 정한다)

① 18,000원 ② 20,000원
③ 23,000원 ④ 25,000원
⑤ 28,000원

정답 ④

- 1학기의 기간 : 15×7=105일
- 연체료가 부과되는 기간 : 105−10=95일
- 연체료가 부과되는 시점에서부터 한 달 동안의 연체료 : 30×100=3,000원
- 첫 번째 달부터 두 번째 달까지의 연체료 : 30×100×2=6,000원
- 두 번째 달부터 세 번째 달까지의 연체료 : 30×100×2×2=12,000원
- 95일(3개월 5일) 연체료 : 3,000+6,000+12,000+5×(100×2×2×2)=25,000원

따라서 1학기 동안 대학 서적을 도서관에서 빌려 사용한다면 25,000원의 비용이 든다.

풀이 전략!

문제에서 묻는 바를 정확하게 확인한 후, 필요한 조건 또는 정보를 구분하여 신속하게 풀어 나간다. 단, 계산에 착오가 생기지 않도록 유의한다.

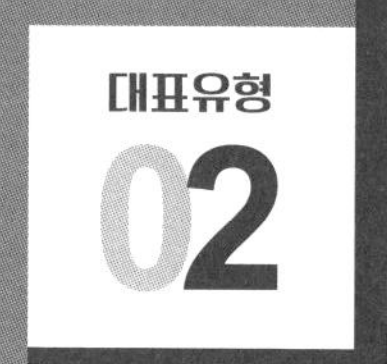

| 기초통계능력 |

통계분석

유형분석

- 통계와 관련한 이론을 활용하여 계산하는 문제이다.
- 중·고등 수준의 통계 이론은 숙지하고 있어야 하며, 주로 상대도수, 평균, 표준편차, 최댓값, 최솟값, 가중치 등이 활용된다.

다음 중 직원 (가) ~ (바)의 사내 업무 평가 점수의 중앙값으로 옳은 것은?

직원	(가)	(나)	(다)	(라)	(마)	(바)
점수	83	76	75	85	91	79

① 79 ② 80
③ 81 ④ 83
⑤ 76

정답 ③

중앙값은 관찰값을 최솟값부터 최댓값까지 크기순으로 배열하였을 때 순서상 중앙에 위치하는 값을 말하며, 관찰값의 개수가 짝수인 경우 중앙에 위치하는 두 관찰값의 평균이 중앙값이 된다. 직원 (가) ~ (바)의 점수를 크기 순으로 나열하면 91, 85, 83, 79, 76, 75가 되며, 관찰값의 개수가 짝수이므로 중앙에 위치하는 두 관찰값 83과 79의 평균인 81이 중앙값이 된다.

풀이 전략!

통계와 관련된 기본적인 공식은 반드시 암기해 두도록 하며, 이를 활용한 다양한 문제를 풀어보면서 풀이방법을 습득하는 연습이 필요하다.

대표유형 03

| 도표분석능력 ① |

도표계산

유형분석

- 문제에 주어진 도표를 분석하여 각 선택지의 정답 유무를 판단하는 문제이다.
- 주로 그래프와 표로 제시되며, 경영·경제·산업 등과 관련된 최신 이슈를 많이 다룬다.
- 자료 간의 증감률·비율·추세 등을 자주 묻는다.

다음은 연도별 국민연금 급여수급자 현황을 나타낸 그래프이다. 이에 대한 내용으로 적절하지 않은 것은?

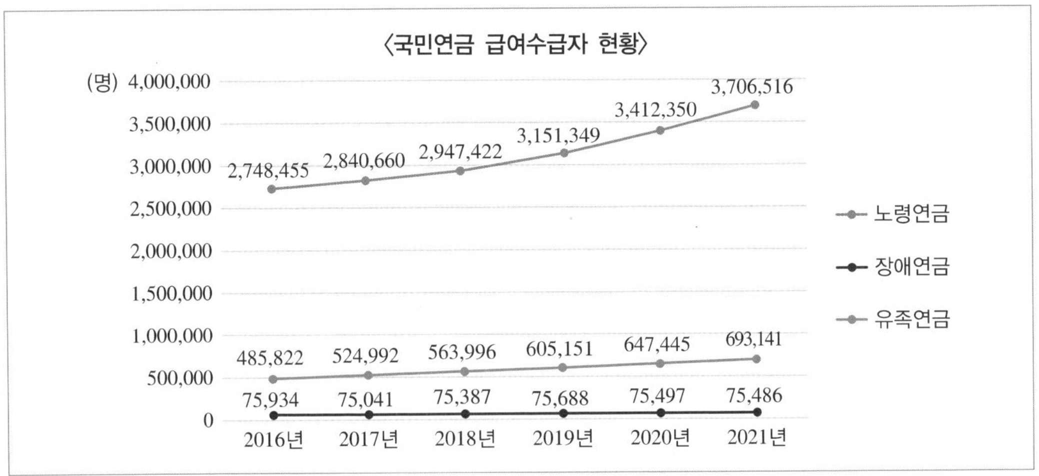

① 2016 ~ 2021년 동안 유족연금 수급자 수는 매년 증가했다.
② 2018년 노령연금 수급자 대비 유족연금 수급자 비율은 20% 미만이다.
③ 2017 ~ 2021년 동안 장애연금 수급자가 전년 대비 가장 많이 증가한 해는 2018년이다.
④ 노령연금 수급자 대비 유족연금 수급자 비율은 2016년이 2018년보다 높다.

정답 ④

2016년 노령연금 수급자 대비 유족연금 수급자 비율은 $\frac{485,822}{2,748,455} \times 100 ≒ 17.7\%$이며, 2018년 노령연금 수급자 대비 유족연금 수급자 비율은 $\frac{563,996}{2,947,422} \times 100 ≒ 19.1\%$이므로 2018년이 더 높다.

풀이 전략!

선택지를 먼저 읽고 필요한 정보를 도표에서 확인하도록 하며, 계산이 필요한 경우에는 실제 수치를 사용하여 복잡한 계산을 하는 대신, 대소 관계의 비교나 선택지의 옳고 그름만을 판단할 수 있을 정도로 간소화하여 계산해 풀이시간을 단축할 수 있도록 한다.

| 도표분석능력 ② |

자료이해

유형분석

- 제시된 표를 분석하여 선택지의 정답 유무를 판단하는 문제이다.
- 표의 수치 등을 통해 변화량이나 증감률, 비중 등을 비교하여 판단하는 문제가 자주 출제된다.
- 지원하고자 하는 기업이나 산업과 관련된 자료 등이 문제의 자료로 많이 다뤄진다.

다음은 A ~ E 5개국의 경제 및 사회 지표 자료이다. 이에 대한 설명으로 옳지 않은 것은?

〈주요 5개국의 경제 및 사회 지표〉

구분	1인당 GDP(달러)	경제성장률(%)	수출(백만 달러)	수입(백만 달러)	총 인구(백만 명)
A	27,214	2.6	526,757	436,499	50.6
B	32,477	0.5	624,787	648,315	126.6
C	55,837	2.4	1,504,580	2,315,300	321.8
D	25,832	3.2	277,423	304,315	46.1
E	56,328	2.3	188,445	208,414	24.0

※ (총 GDP)=(1인당 GDP)×(총 인구)

① 경제성장률이 가장 큰 나라가 총 GDP는 가장 작다.
② 총 GDP가 가장 큰 나라의 GDP는 가장 작은 나라의 GDP보다 10배 이상 더 크다.
③ 5개국 중 수출과 수입에 있어서 규모에 따라 나열한 순위는 서로 일치한다.
④ A국이 E국보다 총 GDP가 더 크다.
⑤ 1인당 GDP에 따른 순위와 총 GDP에 따른 순위는 서로 일치한다.

정답 ⑤

1인당 GDP 순위는 E>C>B>A>D이다. 그런데 1인당 GDP가 가장 큰 E국은 1인당 GDP가 2위인 C국보다 1% 정도밖에 높지 않은 반면, 인구는 C국의 $\frac{1}{10}$ 이하이므로 총 GDP 역시 C국보다 작다. 따라서 1인당 GDP 순위와 총 GDP 순위는 일치하지 않는다.

풀이 전략!

평소 변화량이나 증감률, 비중 등을 구하는 공식을 알아두고 있어야 하며, 지원하는 기업이나 산업에 관한 자료 등을 확인하여 비교하는 연습 등을 한다.

대표유형 05

| 도표작성능력 |

도표작성

유형분석

- 문제에 주어진 자료를 도표로 변환하는 문제이다.
- 주로 자료에 있는 수치와 그래프 또는 표에 있는 수치가 서로 일치하는지 여부를 판단한다.

다음은 연도별 제주도 감귤 생산량 및 면적을 나타낸 자료이다. 〈보기〉에서 이를 올바르게 나타낸 그래프를 모두 고르면?(단, 그래프의 면적 단위가 만 ha일 때는 백의 자리에서 반올림한다)

〈연도별 제주도 감귤 생산량 및 면적〉

(단위 : 톤, ha)

구분	생산량	면적	구분	생산량	면적
2011년	19,725	536,668	2017년	17,921	480,556
2012년	19,806	600,511	2018년	17,626	500,106
2013년	19,035	568,920	2019년	17,389	558,942
2014년	18,535	677,770	2020년	17,165	554,007
2015년	18,457	520,350	2021년	16,941	573,442
2016년	18,279	655,046	–	–	–

보기

ㄱ. 2011 ~ 2016년 제주도 감귤 재배면적

ㄴ. 2016 ~ 2021년 감귤 생산량

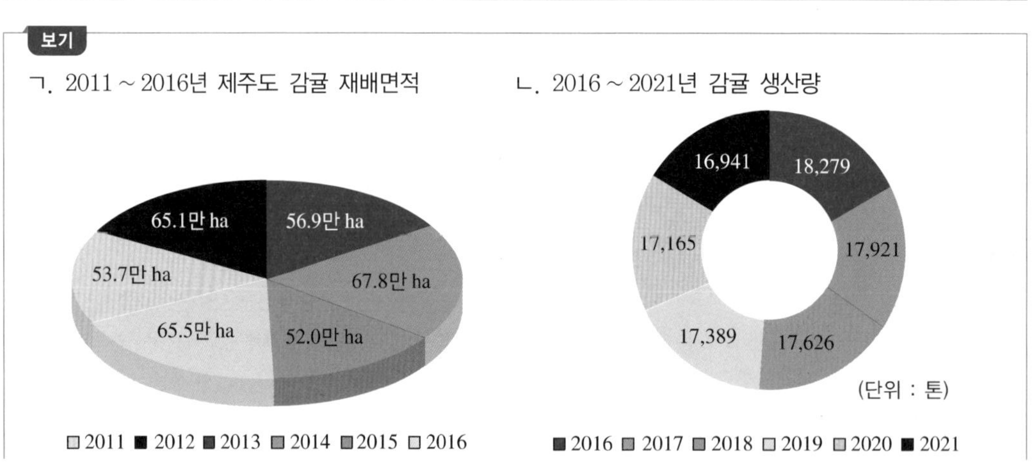

ㄷ. 2011 ~ 2021년 감귤 생산량과 면적 변화

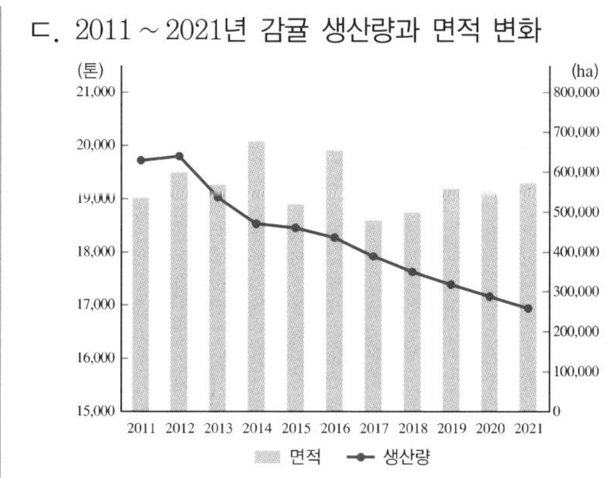

ㄹ. 2013 ~ 2021년 감귤 생산량 전년 대비 감소량

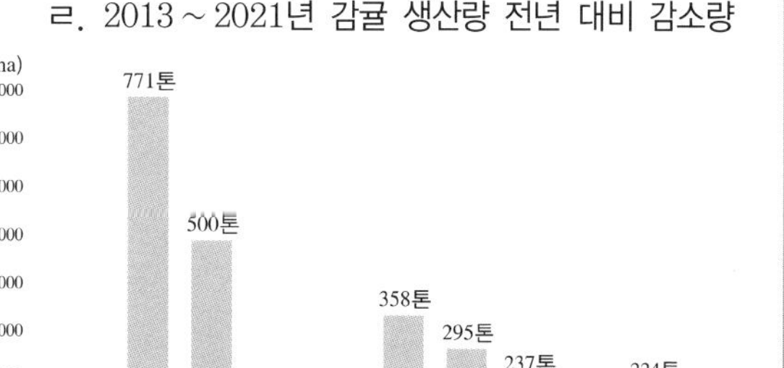

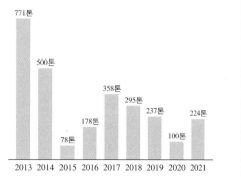

① ㄱ, ㄴ
② ㄱ, ㄷ
③ ㄴ, ㄷ
④ ㄴ, ㄹ
⑤ ㄷ, ㄹ

정답 ③

오답분석

ㄱ. 재배면적 수치가 제시된 표와 다르다.

ㄹ. 2020년 전년 대비 감소량은 2021년 전년 대비 감소량인 224톤과 같다.

풀이 전략!

각 선택지에 있는 도표의 제목을 먼저 확인한다. 그다음 제목에서 어떠한 정보가 필요한지 확인한 후, 문제에서 주어진 자료를 빠르게 확인하여 일치 여부를 판단한다.

모듈이론

01 수리능력

1. 수리능력의 의의

(1) 수리능력이란?

직업생활에서 요구되는 사칙연산과 기초적인 통계를 이해하고, 도표의 의미를 파악하거나 도표를 이용해서 결과를 효과적으로 제시하는 능력을 의미한다.

(2) 수리능력의 분류

분류	내용
기초연산능력	기초적인 사칙연산과 계산방법을 이해하고 활용하는 능력
기초통계능력	평균, 합계와 같은 기초적인 통계기법을 활용하여 자료의 특성과 경향성을 파악하는 능력
도표분석능력	도표의 의미를 파악하고, 필요한 정보를 해석하는 능력
도표작성능력	자료를 이용하여 도표를 효과적으로 제시하는 능력

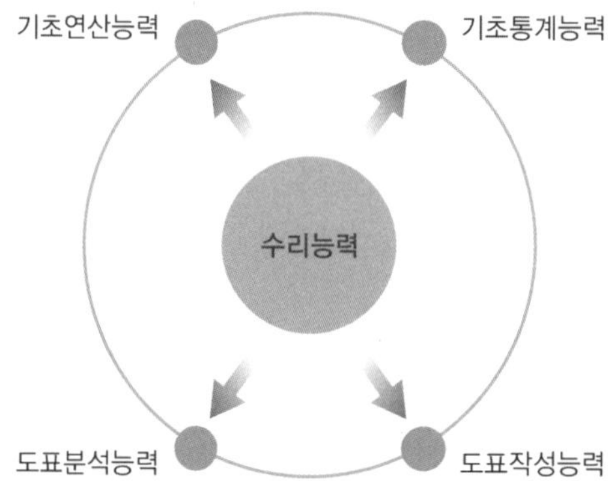

2. 수리능력의 중요성

(1) 수학적 사고를 통한 문제해결

수학 원리를 활용하면 업무 중 문제 해결이 더욱 쉽고 편해진다.

(2) 직업세계 변화에 적응

수리능력은 논리적이고 단계적 학습을 통해서만 향상된다. 수십 년에 걸친 직업세계의 변화에 적응하기 위해 수리능력을 길러야 한다.

(3) 실용적 가치의 구현

수리능력의 향상을 통해 일상생활과 업무수행에 필요한 수학적 지식을 습득하며, 생활 수준의 발전에 따라 실용성도 늘어난다.

3. 도표의 분석 및 작성

(1) 도표의 의의

내용을 선, 그림, 원 등으로 시각화하여 표현하는 것이며, 한눈에 내용을 파악할 수 있다는 데에 그 특징이 있다.

(2) 도표 작성의 목적

① 타인에 대한 보고·설명 : 회의에서의 설명, 상급사에게 보고
② 현재의 상황분석 : 상품별 매출액의 경향
③ 관리목적 : 진도표

(3) 도표 작성 시 주의사항

- 보기 쉽게 깨끗이 그린다.
- 하나의 도표에 여러 가지 내용을 넣지 않는다.
- 특별히 순서가 정해 있지 않는 것은 큰 것부터, 왼쪽에서 오른쪽으로, 또는 위에서 아래로 그린다.
- 눈금의 간격을 부적절하게 설정할 경우 수치가 왜곡될 수 있으므로 주의한다.
- 수치를 생략할 경우에는 잘못 이해하는 경우가 생기니 주의한다.
- 컴퓨터에 의한 전산 그래프를 최대한 이용한다.

4. 일상생활에서 필요한 단위의 환산

종류	단위 환산
길이	1cm=10mm, 1m=100cm, 1km=1,000m
넓이	$1cm^2=100mm^2$, $1m^2=10,000cm^2$, $1km^2=1,000,000m^2$
부피	$1cm^3=1,000mm^3$, $1m^3=1,000,000cm^3$, $1km^3=1,000,000,000m^3$
들이	$1mL=1cm^3$, $1dL=100m^3=100mL$, $1L=1,000m^3=10dL$
무게	1kg=1,000g, 1t=1,000kg=1,000,000g
시간	1분=60초, 1시간=60분=3,600초
할푼리	1푼=0.1할, 1리=0.01할, 1모=0.001할

핵심예제

1부터 200까지의 숫자 중 약수가 3개인 수는 몇 개인가?

① 5개
② 6개
③ 7개
④ 8개

1에서 200까지의 숫자 중 소수인 수는 약수가 2개이고, 소수의 제곱은 약수가 3개이므로 2, 3, 5, 7, 11, 13의 제곱인 4, 9, 25, 49, 121, 169 총 6개이다.

정답 ②

02 기초연산능력

1. 사칙연산과 검산

(1) 사칙연산의 의의

수에 관한 덧셈, 뺄셈, 곱셈, 나눗셈의 네 종류의 계산법으로 사칙계산이라고도 한다. 특히 업무를 원활하게 수행하기 위해서는 기본적인 사칙연산뿐만 아니라 복잡한 사칙연산까지도 수행할 수 있어야 한다.

(2) 기초연산능력이 요구되는 상황

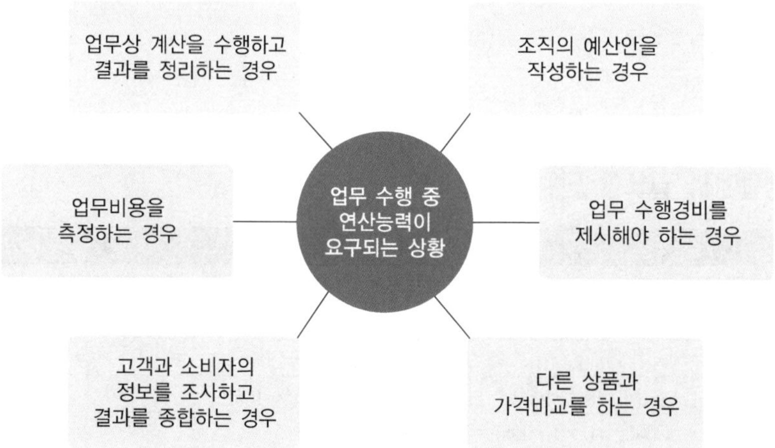

핵심예제

다음 식을 계산하면 얼마인가?

$$14-(3\times 4)$$

① 2　　② 5
③ 7　　④ 44

$\therefore 14-(3\times 4)=14-12=2$

정답 ①

(3) 검산

① 검산의 의의

연산의 결과를 확인하는 과정을 의미하며, 업무를 수행하는 데 있어서 연산의 결과를 확인하는 검산 과정을 거치는 것은 필수적이다.

② 검산방법의 종류

구분	내용
역연산법	본래의 풀이와 반대로 연산을 해가면서 본래의 답이 맞는지를 확인해나가는 방법이다.
구거법	원래의 수와 각자리 수의 합이 9로 나눈 나머지와 같다는 원리를 이용하는 것으로써, 각각의 수를 9로 나눈 나머지가 같은지를 확인하는 방법이다.

③ 구거법의 예

3,456+341=3,797에서 좌변의 3+4+5+6의 9로 나눈 나머지는 0, 3+4+1의 9로 나눈 나머지는 8이고, 우변의 3+7+9+7을 9로 나눈 나머지는 8인데, 구거법에 의하면 좌변의 나머지의 합(8)과 우변의 나머지(8)가 같으므로 이 계산은 옳은 것이 된다.

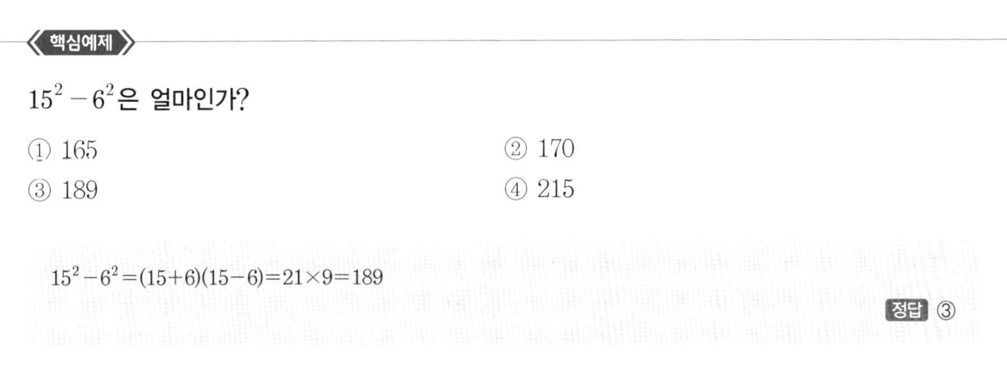

핵심예제

15^2-6^2은 얼마인가?

① 165　　② 170
③ 189　　④ 215

$15^2-6^2=(15+6)(15-6)=21\times 9=189$

정답 ③

2. 응용수리

(1) 방정식 · 부등식의 활용

① 거리 · 속력 · 시간

$$(\text{거리})=(\text{속력})\times(\text{시간}),\ (\text{속력})=\frac{(\text{거리})}{(\text{시간})},\ (\text{시간})=\frac{(\text{거리})}{(\text{속력})}$$

② 일

전체 작업량을 1로 놓고, 단위 시간 동안 한 일의 양을 기준으로 식을 세움

핵심예제

영미가 혼자 하면 4일, 민수가 혼자 하면 6일 걸리는 일이 있다. 영미가 먼저 2일 동안 일하고, 남은 양을 민수가 끝내려고 한다. 민수는 며칠 동안 일을 해야 하는가?

① 2일 ② 3일

③ 4일 ④ 5일

영미와 민수가 하루에 할 수 있는 일의 양은 각각 $\frac{1}{4}$, $\frac{1}{6}$이다. 민수가 x일 동안 일한다고 하면,

$\frac{1}{4}\times2+\frac{1}{6}\times x=1 \rightarrow \frac{x}{6}=\frac{1}{2}$

$\therefore\ x=3$

정답 ②

③ 농도

㉠ $[\text{소금물의 농도}(\%)]=\frac{(\text{소금의 양})}{(\text{소금물의 양})}\times100$

㉡ $(\text{소금의 양})=\frac{[\text{소금물의 농도}(\%)]}{100}\times(\text{소금물의 양})$

핵심예제

10%의 소금물 100g과 25%의 소금물 200g을 섞으면, 몇 %의 소금물이 되겠는가?

① 15% ② 20%

③ 25% ④ 30%

x%의 소금물이 된다고 하면

$\frac{10}{100}\times100+\frac{25}{100}\times200=\frac{x}{100}\times(100+200)$

$\therefore\ x=20$

정답 ②

④ 나이

문제에서 제시된 조건의 나이가 현재인지 과거인지를 확인한 후 구해야 하는 한 명의 나이를 변수로 잡고 식을 세움

⑤ 비율

x가 $a\%$ 증가 : $x\times\left(1+\frac{a}{100}\right)$, x가 $a\%$ 감소 : $x\times\left(1-\frac{a}{100}\right)$

⑥ 금액

㉠ (정가)=(원가)+(이익)

※ (이익)=(원가)×(이율)

㉡ a원에서 $b\%$ 할인한 가격$=a\times\left(1-\frac{b}{100}\right)$

㉢ 단리법·복리법(원금 : a, 이율 : r, 기간 : n, 원리합계 : S)

단리법	복리법
• 정의 : 원금에 대해서만 약정된 이자율과 기간을 곱해 이자를 계산 • $S=a\times(1+r\times n)$	• 정의 : 원금에 대한 이자를 가산한 후 이 합계액을 새로운 원금으로 계산 • $S=a\times(1+r)^n$

⑦ 날짜·요일

㉠ 1일=24시간=1,440(=24×60)분=86,400(=1,440×60)초

㉡ 월별 일수 : 1, 3, 5, 7, 8, 10, 12월은 31일, 4, 6, 9, 11월은 30일, 2월은 28일 또는 29일

㉢ 윤년(2월 29일)은 4년에 1회

핵심예제

2월 5일이 수요일이라고 할 때, 8월 15일은 무슨 요일인가?(단, 2월은 29일까지이다)

① 토요일 ② 일요일
③ 월요일 ④ 화요일

2월 5일에서 8월 15일까지는 총 24+31+30+31+30+31+15=192일이다. 이를 7로 나누면 192÷7=27 … 3이므로 8월 15일은 토요일이다.

정답 ①

⑧ 시계

㉠ 시침이 1시간 동안 이동하는 각도 : $\frac{360°}{12}=30°$

㉡ 시침이 1분 동안 이동하는 각도 : $\frac{30°}{60}=0.5°$

㉢ 분침이 1분 동안 이동하는 각도 : $\frac{360°}{60}=6°$

핵심예제

12시 이후 처음으로 시침과 분침의 각도가 55°가 되는 시각은 12시 몇 분인가?

① 10분　② 11분
③ 12분　④ 13분

시침은 1시간에 30°, 1분에 0.5°씩 움직인다. 분침은 1분에 6°씩 움직이므로 시침과 분침은 1분에 5.5°씩 차이가 난다. 12시에 분침과 시침 사이의 각은 0°이고, 55°가 되려면 5.5°씩 10번 벌어지면 된다.

정답 ①

⑨ 수
㉠ 연속한 두 자연수 : x, $x+1$
㉡ 연속한 세 자연수 : $x-1$, x, $x+1$
㉢ 연속한 두 짝수(홀수) : x, $x+2$
㉣ 연속한 세 짝수(홀수) : $x-2$, x, $x+2$
㉤ 십의 자릿수가 x, 일의 자릿수가 y인 두 자리 자연수 : $10x+y$
㉥ 백의 자릿수가 x, 십의 자릿수가 y, 일의 자릿수가 z인 세 자리 자연수
: $100x+10y+z$

(2) 경우의 수와 확률

① 경우의 수
㉠ 어떤 사건이 일어날 수 있는 모든 가짓수
㉡ 합의 법칙 : 두 사건 A와 B가 동시에 일어나지 않을 때, 사건 A가 일어나는 경우의 수를 m, 사건 B가 일어나는 경우의 수를 n이라 하면, 사건 A 또는 B가 일어나는 경우의 수는 $(m+n)$이다.
㉢ 곱의 법칙 : 사건 A가 일어나는 경우의 수를 m, 사건 B가 일어나는 경우의 수를 n이라 하면, 사건 A와 B가 동시에 일어나는 경우의 수는 $(m\times n)$이다.

핵심예제

A, B주사위 2개를 동시에 던졌을 때, A에서는 짝수의 눈이 나오고, B에서는 3 또는 5의 눈이 나오는 경우의 수는?

① 2가지　② 3가지
③ 5가지　④ 6가지

• A에서 짝수의 눈이 나오는 경우의 수 : 2, 4, 6 → 3가지
• B에서 3 또는 5의 눈이 나오는 경우의 수 : 3, 5 → 2가지
A, B 주사위는 동시에 던지므로 곱의 법칙에 의해 3×2=6가지이다.

정답 ④

② 순열 · 조합

순열	조합
㉠ 서로 다른 n개에서 r개를 순서대로 나열하는 경우의 수	㉠ 서로 다른 n개에서 r개를 순서에 상관없이 나열하는 경우의 수
㉡ ${}_nP_r=\frac{n!}{(n-r)!}$	㉡ ${}_nC_r=\frac{n!}{(n-r)!\times r!}$
㉢ ${}_nP_n=n!$, $0!=1$, ${}_nP_0=1$	㉢ ${}_nC_r={}_nC_{n-r}$, ${}_nC_0={}_nC_n=1$

③ 확률

㉠ (사건 A가 일어날 확률)$=\frac{\text{(사건 A가 일어나는 경우의 수)}}{\text{(모든 경우의 수)}}$

㉡ 여사건의 확률 : 사건 A가 일어날 확률이 p일 때, 사건 A가 일어나지 않을 확률은 $(1-p)$이다.

㉢ 확률의 덧셈정리 : 두 사건 A, B가 동시에 일어나지 않을 때 A가 일어날 확률을 p, B가 일어날 확률을 q라고 하면, 사건 A 또는 B가 일어날 확률은 $(p+q)$이다.

㉣ 확률의 곱셈정리 : A가 일어날 확률을 p, B가 일어날 확률을 q라고 하면, 사건 A와 B가 동시에 일어날 확률은 $(p\times q)$이다.

핵심예제

서로 다른 2개의 주사위 A, B를 동시에 던졌을 때, 나온 눈의 곱이 홀수일 확률은?

① $\frac{1}{4}$

② $\frac{1}{5}$

③ $\frac{1}{6}$

④ $\frac{1}{8}$

- 두 개의 주사위를 던지는 경우의 수 : 6×6=36가지
- 나온 눈의 곱이 홀수인 경우(홀수×홀수)의 수 : 3×3=9가지

∴ 주사위의 눈의 곱이 홀수일 확률 : $\frac{9}{36}=\frac{1}{4}$

정답 ①

핵심예제

일정한 규칙으로 수를 나열할 때, 빈칸에 들어갈 수로 옳은 것은?

31 71 27 64 ( ) 57 19 50

① 9
② 23
③ 41
④ 63

홀수항은 −4, 짝수항은 −7인 수열이다. 따라서 ( )=27−4=23이다.

정답 ②

03 기초통계능력

1. 통계의 의의

(1) 통계란?

집단현상에 대한 구체적인 양적 기술을 반영하는 숫자를 의미하며, 특히 사회집단 또는 자연집단의 상황을 숫자로 나타낸 것을 말한다.

(2) 통계의 의의

사회적, 자연적인 현상이나 추상적인 수치를 포함한 모든 집단적 현상을 숫자로 나타낸 것을 말한다.

(3) 통계의 본질

① 구체적인 일정집단에 대한 숫자자료가 통계이며, 단일개체에 대한 숫자자료일 때에는 통계라고 하지 않는다.
② 통계의 요소인 단위나 표지를 어떻게 규정하는지에 따라 통계자료가 다르게 나타나게 되므로 이들에 대한 구체적 개념이나 정의를 어떻게 정하는가가 중요하다.
③ 통계의 필요성이나 작성능력의 측면에서 볼 때 대부분 정부나 지방자치단체 등에 의한 관청통계로 작성되고 있다.

(4) 통계의 기능

- 많은 수량적 자료를 처리가능하고 쉽게 이해할 수 있는 형태로 축소시킴
- 표본을 통해 연구대상 집단의 특성을 유추할 수 있게 함
- 의사결정의 보조수단으로 이용됨
- 관찰가능한 자료를 통해 논리적으로 결론을 추출·검증할 수 있게 함

(5) 통계의 속성

① 단위와 표지

집단을 구성하는 각 개체를 단위라 하며, 이 단위가 가지고 있는 공통의 성질을 표지라고 한다.

② 표지의 분류

속성통계	질적인 표지	남녀, 산업, 직업 등
변수통계	양적인 표지	연령, 소득금액 등

(6) 기본적인 통계치

종류	내용
빈도	어떤 사건이 일어나거나 증상이 나타나는 정도
빈도분포	빈도를 표나 그래프로 종합적이면서도 일목요연하게 표시하는 것
평균	모든 사례의 수치를 합한 후 총 사례 수로 나눈 값
백분율	백분비라고도 하며, 전체의 수량을 100으로 하여, 해당되는 수량이 그중 몇이 되는가를 가리키는 수를 %로 나타낸 것
범위	분포의 흩어진 정도를 가장 간단히 알아보는 방법으로, 최고값에서 최저값을 뺀 값
분산	각 관찰값과 평균값과의 차이의 제곱의 평균을 의미하며, 구체적으로는 각 관찰값과 평균값 차이의 제곱을 모두 합한 값을 개체의 수로 나눈 값
표준편차	분산의 제곱근 값을 의미하며, 개념적으로는 평균으로부터 얼마나 떨어져 있는가를 나타내는 개념으로서 분산과 개념적으로 동일함

2. 통계자료의 해석

(1) 다섯숫자 요약

종류	내용
최솟값(m)	원자료 중 값의 크기가 가장 작은 값
최댓값(M)	원자료 중 값의 크기가 가장 큰 값
중앙값(Q_2)	최솟값부터 최댓값까지 크기에 의하여 배열하였을 때 중앙에 위치하는 값
하위 25%값(Q_1)	원자료를 크기 순서로 배열하여 4등분한 값을 의미하며 백분위 수의 관점에서 25백부위수, 75백부위수로 표기
상위 25%값(Q_3)	

(2) 평균값과 중앙값

① 원자료에 대한 대푯값으로써 평균값과 중앙값은 엄연히 다른 개념이지만 모두 중요한 역할을 하게 되므로 통계값을 제시할 때에는 어느 수치를 이용했는지를 명확하게 제시해야 한다.

② 평균값이 중앙값보다 높다는 의미는 자료 중에 매우 큰 값이 일부 있음을 의미하며, 이와 같은 경우는 평균값과 중앙값 모두를 제시해줄 필요가 있다.

04 도표분석능력

1. 도표의 종류와 활용

(1) 도표의 종류

도표는 크게 목적별・용도별・형상별로 구분할 수 있는데, 실제로는 목적, 용도와 형상을 여러 가지로 조합하여 하나의 도표로 작성하게 된다.

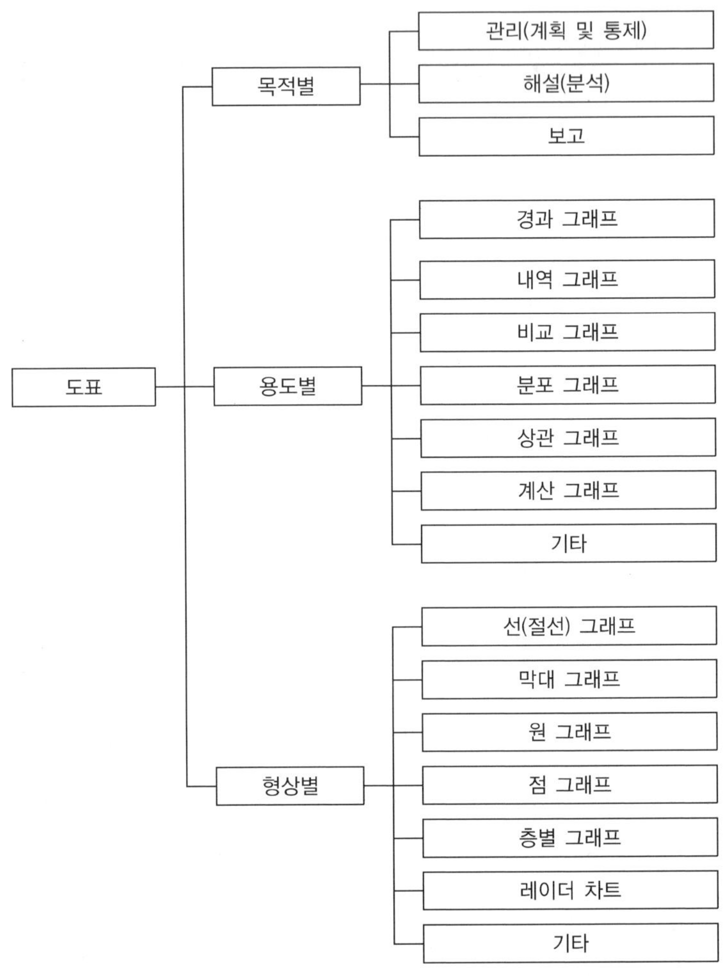

(2) 도표의 활용

종류	내용
선 그래프	• 시간적 추이(시계열 변화)를 표시하고자 할 때 적합 예 연도별 매출액 추이 변화
막대 그래프	• 수량 간의 대소관계를 비교하고자 할 때 적합 예 영업소별 매출액
원 그래프	• 내용의 구성비를 분할하여 나타내고자 할 때 적합 예 제품별 매출액 구성비
층별 그래프	• 합계와 각 부분의 크기를 백분율로 나타내고 시간적 변화를 보고자 할 때 적합 예 상품별 매출액 추이
점 그래프	• 지역분포를 비롯한 기업 등의 평가나 위치, 성격을 표시하고자 할 때 적합 예 광고비율과 이익률의 관계
방사형 그래프	• 다양한 요소를 비교하고자 할 때 적합 예 매출액의 계절변동

2. 도표의 형태별 특징

(1) 선 그래프

시간의 경과에 따라 수량에 의한 변화의 상황을 선의 기울기로 나타내는 그래프로, 시간적 변화에 따른 수량의 변화를 표현하기에 적합하다.

〈중학교 장학금, 학비감면 수혜현황〉

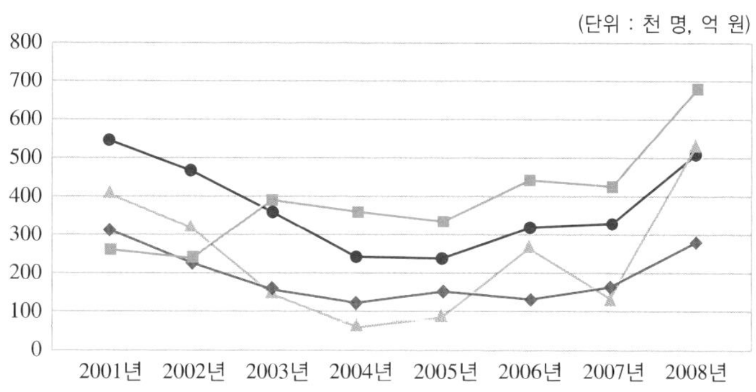

(2) 막대 그래프

비교하고자 하는 수량을 막대 길이로 표시하고 그 길이를 비교하여 각 수량 간의 대소관계를 나타내는 그래프로서, 전체에 대한 구성비를 표현할 때 다양하게 활용할 수 있다.

〈연도별 암 발생 추이〉

(3) 원 그래프

내용의 구성비를 원을 분할하여 작성하는 그래프로서, 전체에 대한 구성비를 표현할 때 다양하게 활용할 수 있다.

〈C국의 가계 금융자산 구성비〉

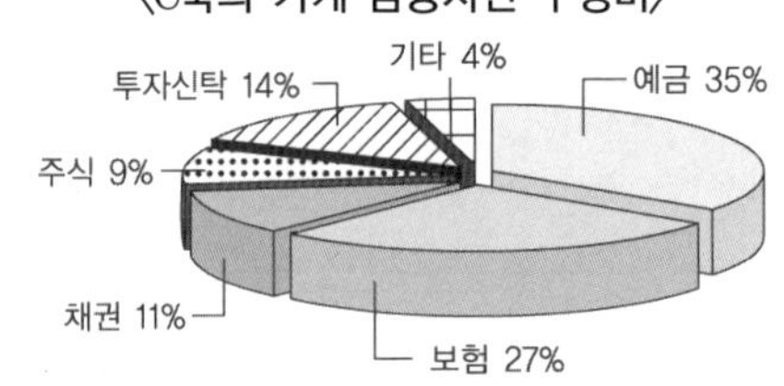

(4) 층별 그래프

선의 움직임보다는 선과 선 사이의 크기로써 데이터 변화를 나타내는 그래프로서, 시간적 변화에 따른 구성비의 변화를 표현하고자 할 때 활용할 수 있다.

〈우리나라 세계유산 현황〉

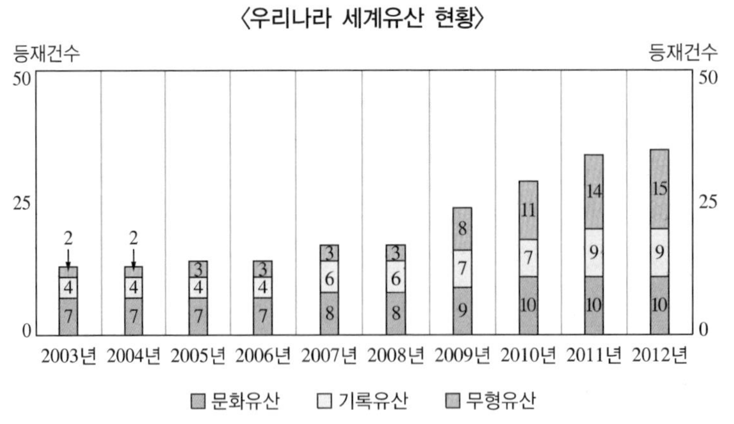

(5) 점 그래프

종축과 횡축에 두 개의 요소를 두고, 보고자 하는 것이 어떤 위치에 있는가를 알고자 하는 데 쓰인다.

〈OECD 국가의 대학졸업자 취업률 및 경제활동인구 비중〉

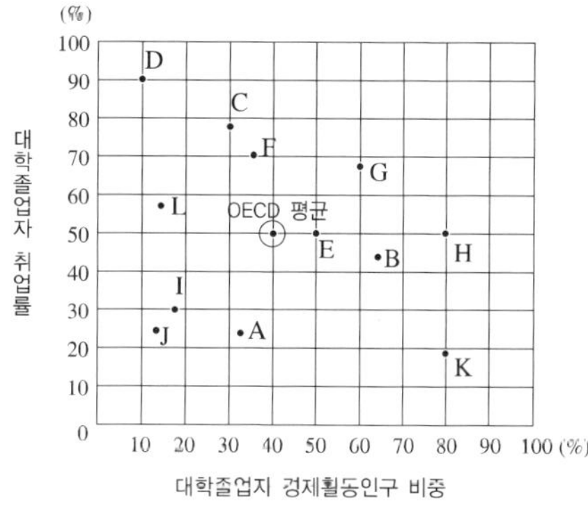

(6) 방사형 그래프(레이더 차트, 거미줄 그래프)

비교하는 수량을 직경 또는 반경으로 나누어 원의 중심에서의 거리에 따라 각 수량의 관계를 나타내는 그래프로서 대상들을 비교하거나 경과를 나타낼 때 활용할 수 있다.

〈외환위기 전후 한국의 경제상황〉

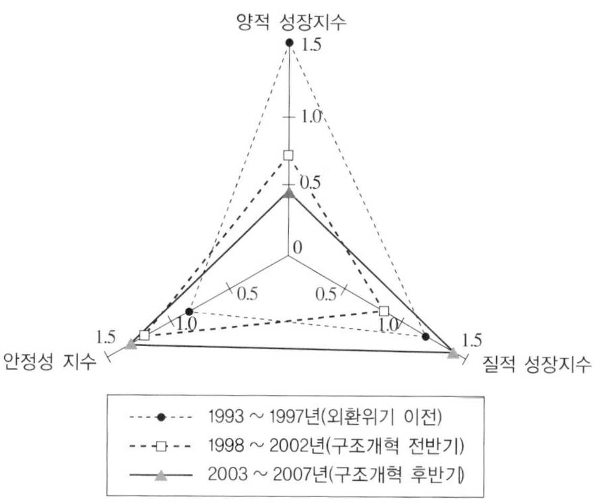

3. 도표 해석 시 유의사항

- 요구되는 지식의 수준을 넓혀야 한다.
- 도표에 제시된 자료의 의미를 정확히 숙지하여야 한다.
- 도표로부터 알 수 있는 것과 없는 것을 구별하여야 한다.
- 총량의 증가와 비율의 증가를 구분하여야 한다.
- 백분위수와 사분위수를 정확히 이해하고 있어야 한다.

05 도표작성능력

1. 도표의 작성절차

① 작성하려는 도표의 종류 결정

⬇

② 가로축과 세로축에 나타낼 것을 결정

⬇

③ 가로축과 세로축의 눈금의 크기 결정

⬇

④ 자료를 가로축과 세로축이 만나는 곳에 표시

⬇

⑤ 표시된 점에 따라 도표 작성

⬇

⑥ 도표의 제목 및 단위 표기

2. 도표 작성 시 유의사항

(1) 선 그래프

① 세로축에 수량(금액, 매출액 등), 가로축에 명칭구분(연, 월, 장소 등)을 표시하고 축의 모양은 L자형으로 하는 것이 일반적이다.

② 선의 높이에 따라 수치를 파악하는 경우가 많으므로 세로축의 눈금을 가로축의 눈금보다 크게 하는 것이 효과적이다.

③ 선이 두 종류 이상인 경우는 각각에 대해 명칭을 기입해야 하며, 중요한 선을 다른 선보다 굵게 하는 등의 노력을 기울일 필요가 있다.

(2) 막대 그래프

① 세로형이 보다 일반적이나 가로형으로 작성할 경우 사방을 틀로 싸는 것이 좋다.

② 가로축은 명칭구분(연, 월, 장소 등), 세로축은 수량(금액, 매출액)을 표시하는 것이 일반적이다.

③ 막대의 수가 많은 경우에는 눈금선을 기입하는 것이 알아보기에 좋다.

④ 막대의 폭은 모두 같게 하여야 한다.

(3) 원 그래프

① 정각 12시의 선을 시작선으로 하며, 이를 기점으로 하여 오른쪽으로 그리는 것이 보통이다.
② 분할선은 구성비율이 큰 순서로 그리되, '기타' 항목은 구성비율의 크기에 관계없이 가장 뒤에 그리는 것이 좋다.
③ 각 항목의 명칭은 같은 방향으로 기록하는 것이 일반적이나, 각도가 적어서 명칭을 기록하기 힘든 경우에는 지시선을 사용하여 기록한다.

(4) 층별 그래프

① 가로로 할 것인지 세로로 할 것인지는 작성자의 기호나 공간에 따라 판단하나, 구성비율 그래프는 가로로 작성하는 것이 좋다.
② 눈금은 선 그래프나 막대 그래프보다 적게 하고 눈금선을 넣지 않아야 하며, 층별로 색이나 모양이 모두 완전히 다른 것이어야 한다.
③ 같은 항목은 옆에 있는 층과 선으로 연결하여 보기 쉽도록 하여야 한다.
④ 세로 방향일 경우 위로부터 아래로, 가로 방향일 경우 왼쪽에서 오른쪽으로 나열하면 보기가 좋다.

CHAPTER 02

기출복원문제

정답 및 해설 p.014

01 한국철도공사

01 2022년 새해를 맞아 K공사에서는 직사각형의 사원증을 새롭게 제작하려고 한다. 기존의 사원증은 개당 제작비가 2,800원이고 가로와 세로의 비율이 1 : 2이다. 기존의 디자인에서 크기를 변경할 경우, 가로의 길이가 0.1cm 증감할 때마다 제작비용은 12원이 증감하고, 세로의 길이가 0.1cm 증감할 때마다 제작비용은 22원이 증감한다. 새로운 사원증의 길이가 가로 6cm, 세로 9cm이고, 제작비용은 2,420원일 때, 디자인을 변경하기 전인 기존 사원증의 둘레는 얼마인가?

① 30cm
② 31cm
③ 32cm
④ 33cm
⑤ 34cm

02 K사는 동일한 제품을 A공장과 B공장에서 생산한다. A공장에서는 시간당 1,000개의 제품을 생산하고, B공장에서는 시간당 1,500개의 제품을 생산하며, 이 중 불량품은 A공장과 B공장에서 매시간 45개씩 발생한다. 지난 한 주간 A공장에서는 45시간, B공장에서는 20시간 동안 이 제품을 생산하였을 때, 생산된 제품 중 불량품의 비율은 얼마인가?

① 3.7%
② 3.8%
③ 3.9%
④ 4.0%
⑤ 4.1%

03 A교수는 실험 수업을 진행하기 위해 화학과 학생들을 실험실에 배정하려고 한다. 실험실 한 곳에 20명씩 입실시키면 30명이 들어가지 못하고, 25명씩 입실시키면 실험실 2개가 남는다. 이를 만족하기 위한 최소한의 실험실은 몇 개인가?(단, 실험실의 개수는 홀수이다)

① 11개
② 13개
③ 15개
④ 17개
⑤ 19개

04 A강사는 월요일부터 금요일까지 매일 4시간 동안 수업을 진행한다. 다음 〈조건〉에 따라 주간 NCS 강의 시간표를 짤 때, 가능한 경우의 수는 모두 몇 가지인가?(단, 4교시 수업과 다음날 1교시 수업은 연속된 수업으로 보지 않는다)

조건

- 문제해결능력 수업은 4시간 연속교육으로 진행해야 하며, 주간 총 교육시간은 4시간이다.
- 수리능력 수업은 3시간 연속교육으로 진행해야 하며, 주간 총 교육시간은 9시간이다.
- 자원관리능력 수업은 2시간 연속교육으로 진행해야 하며, 주간 총 교육시간은 4시간이다.
- 의사소통능력 수업은 1시간 교육으로 진행해야 하며, 주간 총 교육시간은 3시간이다.

① 40가지
② 80가지
③ 120가지
④ 160가지
⑤ 200가지

PART 2

05 철도씨는 종합병원에 방문했다. 오늘 철도씨는 A과, B과, C과 모두 진료를 받아야 하는데, 가장 빠르게 진료를 받을 수 있는 경로는?

- 모든 과의 진료와 예약은 오전 9시 시작이다.
- 모든 과의 점심시간은 오후 12시 30분부터 1시 30분이다.
- A과와 C과는 본관에 있고, B과는 별관동에 있으며 본관과 별관동 이동에는 셔틀로 약 30분이 소요되며, 점심시간에는 셔틀이 운행하지 않는다.
- A과는 오전 10시부터 오후 3시까지만 진료를 한다.
- B과는 점심시간 후에 사람이 몰려 약 1시간의 대기시간이 필요하다.
- A과 진료는 단순 진료로 30분 정도 소요될 예정이다.
- B과 진료는 치료가 필요하여 1시간 정도 소요될 예정이다.
- C과 진료는 정밀 검사가 필요하여 2시간 정도 소요될 예정이다.

※ 주어진 조건 외는 고려하지 않는다.

① A－B－C
② A－C－B
③ B－C－A
④ C－B－A
⑤ C－A－B

06 A씨는 TV를 구매하였다. TV의 가로와 세로 비율은 4:3이고 대각선은 40인치이다. 이 TV의 가로 세로 길이의 차이는 몇 cm인가?(단, 1인치는 2.5cm이다)

① 10cm
② 20cm
③ 30cm
④ 40cm
⑤ 50cm

07 회사 전체 사원을 대상으로 한 명을 뽑았을 때, 신입사원이면서 남자일 확률은?

- 전체 사원 중 한 명을 뽑았을 때, 신입사원일 확률은 0.8이다.
- 기존 사원 중 한 명을 뽑았을 때, 여자일 확률은 0.6이다.
- 전체 사원 중 한 명을 뽑았을 때 남자일 확률은 0.4이다.

① 20%
② 30%
③ 40%
④ 50%
⑤ 60%

08 K씨는 뒷산에 등산을 갔다. 오르막길 A는 1.5km/h로 이동하였고, 내리막길 B는 4km/h로 이동하였다. A로 올라가 정상에서 30분 동안 쉬고, B로 내려오는 데 총 6시간 30분이 걸렸다. 오르막길과 내리막길이 총 14km일 때, A의 거리는?

① 2km
② 4km
③ 6km
④ 8km
⑤ 10km

09 다음 〈조건〉을 토대로 K가 하루에 섭취할 수 있는 카페인으로 마실 수 있는 커피의 경우의 수는? (단, 최소한 한 가지 종류의 커피만을 마시는 경우까지 포함한다)

조건

- K는 하루에 400mg의 카페인을 섭취할 수 있다.
- K는 오늘 이미 200mg의 카페인을 섭취하였다.
- 인스턴트 커피의 카페인 함유량은 50mg이다.
- 핸드드립 커피의 카페인 함유량은 75mg이다.

① 6가지
② 7가지
③ 8가지
④ 9가지
⑤ 10가지

10 팀 A～C에 대한 근무만족도 조사를 한 결과 근무만족도평균이 〈보기〉와 같을 때, 이에 대한 설명으로 옳은 것은?

> **보기**
> - A팀은 근무만족도평균이 80이다
> - B팀은 근무만족도평균이 90이다.
> - C팀은 근무만족도평균이 40이다.
> - A팀과 B팀의 근무만족도 평균은 88이다.
> - B팀과 C팀의 근무만족도 평균은 70이다.

① C팀의 사원수는 짝수다.
② A팀의 사원의 근무만족도 평균이 가장 낮다.
③ B팀의 사원수는 A팀 사원수의 2배수다.
④ C팀의 사원수는 A팀 사원수의 3배이다.
⑤ A, B, C팀의 근무만족도 평균은 70이 넘지 않는다.

PART 2

11 다음은 사거리 신호등에 대한 정보이다. 오전 8시 정각에 좌회전 신호가 켜졌다면, 오전 9시 정각의 신호로 옳은 것은?

> - 정지 신호는 1분 10초 동안 켜진다.
> - 좌회전 신호는 20초 동안 켜진다.
> - 직진 신호는 1분 40초 동안 켜진다.
> - 정지 신호 다음에 좌회전 신호, 좌회전 신호 다음에 직진 신호, 직진 신호 다음에 정지 신호가 켜진다.
> - 세 가지 신호는 계속 반복된다.

① 정지 신호가 켜진다.
② 좌회전 신호가 켜진다.
③ 직진 신호가 켜진다.
④ 정지 신호가 켜져 있다.
⑤ 직진 신호가 켜져 있다.

※ 다음은 방송 서비스 시장 매출액에 대한 통계자료이다. 이어지는 질문에 답하시오. [12~13]

〈방송 서비스 시장 매출액〉

(단위 : 십억 원)

매출 구분	통계분류	통계분류	2021년
매출액	합계	소계	1,531,422
	방송사 매출액	소계	942,790
		판매수입	913,480
		라이선스 수입	7,577
		간접광고 수입	5,439
		협찬	5,726
		기타	10,568
	방송사 이외 매출액	소계	588,632
		판매수입	430,177
		기타	158,455

〈년도별 매출액 추이〉

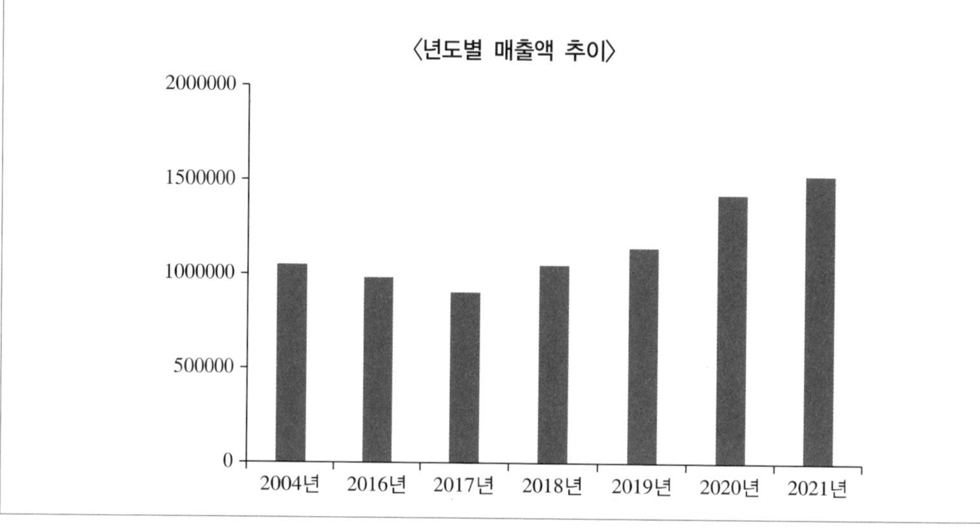

12 다음 중 통계자료를 읽고 해석한 것으로 옳지 않은 것은?(단, 소수점 둘째 자리에서 반올림한다)

① 방송사 매출액은 전체 매출액의 60% 이상이다.

② 라이선스 수입은 전체 매출액의 약 0.5%이다.

③ 방송사 이외 매출액은 전체 매출액의 25% 이상이다.

④ 방송사의 기타수입은 방송사 매출액의 약 0.7%이다.

⑤ 매출액은 2017년도가 가장 낮다.

13 2020년도와 2021년도의 방송 서비스 시장 매출액 정보가 아래와 같이 주어졌을 때, 자료에 대한 설명으로 옳지 않은 것은?

〈2020 ~ 2021년 방송 서비스 시장 매출액〉

(단위 : 십억 원)

매출 구분	통계분류	통계분류	2020년	2021년
매출액	합계	소계	(가)	(나)
	방송사 매출액	소계	748,208	(다)
		판매수입	(　)	819,351
		라이선스 수입	6,356	4,881
		간접광고 수입	3,413	22,793
		협찬	(라)	5,601
		기타	4,818	3,248
	방송사 이외 매출액	소계	395,290	572,939
		판매수입	182,949	404,403
		기타	(마)	168,536

① (가)는 (나)보다 작다.
② (다)와 2020년 방송사 매출액의 차이는 100,000십억 원 이상이다.
③ (라)는 2022년 협찬 매출액보다 작다.
④ (마)는 2022년 방송사 이외 판매수입보다 작다.
⑤ 2021년 방송사 매출액 판매수입은 (마)의 3배 이상이다.

14 어느 기업에서는 보안을 위해서 8자리의 비밀번호 입력을 요구하고 있다. 비밀번호는 알파벳과, 숫자, 특수문자가 각각 1개 이상 구성이 되어있어야 하며 숫자들은 소수로 구성이 되어야 한다. 다음 중 비밀번호가 될 수 없는 수는?

① Acelot3@
② 17@@ab31
③ 59a41b@@
④ 2a3b5c7!
⑤ 73a@91b@

PART 2

※ 다음 자동차 수출 자료를 보고, 이어지는 물음에 답하시오. [15~16]

〈자동차 수출액〉

(단위 : 백만 달러)

구분	2020년		2021년		
	3/4분기	4/4분기	1/4분기	2/4분기	3/4분기
A사	342	452	163	263	234
B사	213	312	153	121	153
C사	202	153	322	261	312
D사	351	264	253	273	312
E사	92	134	262	317	324

〈자동차 수출 대수〉

(단위 : 백 대)

구분	2020년		2021년		
	3/4분기	4/4분기	1/4분기	2/4분기	3/4분기
A사	551	954	532	754	642
B사	935	845	904	912	845
C사	253	242	153	125	164
D사	921	955	963	964	954
E사	2,462	1,816	2,201	2,365	2,707

15 다음 중 옳지 않은 것은 모두 몇 개인가?(단, 각 회사별 한 종류의 차만 판매하였다)

ㄱ. 2020년도 3/4분기 전체 자동차 수출액은 2021년도 3/4분기 전체 자동차 수출입액보다 작다.
ㄴ. 2021년 1/4분기에 가장 고가의 차를 수출한 회사는 A사이다.
ㄷ. C사의 자동차 수출 대수는 3/4분기 이후 계속 감소하였다.
ㄹ. E사의 자동차 수출액은 2020년 3/4분기 이후 계속 증가하였다.

① 0개
② 1개
③ 2개
④ 3개
⑤ 4개

16 다음은 자동차 수출 자료를 토대로 만든 표이다. 빈칸에 들어갈 A, B, C의 값을 찾아 A+B+C의 값을 구하면?(단, 2021년 4/4분기 자동차 수출 대수는 2/4분기 자동차 수출 대수와 같으며, 2020년 1/4분기와 2/4분기의 자동차 수출액 합은 2020년 3/4분기와 4/4분기의 합과 같다)

(전체 수출액 단위 : 백만달러, 전체 수출 대수 : 백개)

구분	2020년		2021년		
	3/4분기	4/4분기	1/4분기	2/4분기	3/4분기
전체 수출액					
전체 수출 대수			(A)		

구분		A사	B사	C사	D사	E사
2020년	전체 수출액	(B)				
	전체 수출 대수					
2021년	전체 수출액					
	전체 수출 대수					(C)

① 13,312
② 15,979
③ 16,197
④ 17,253
⑤ 20,541

17 A사진사는 다음 〈조건〉과 같이 사진을 인화하여 고객에게 배송하려고 한다. 5×7 사이즈 사진은 최대 몇 장을 인화할 수 있는가?

조건

- 1장 인화하는 가격은 4×6 사이즈는 150원, 5×7 사이즈는 300원, 8×10 사이즈는 1,000원이다.
- 사진을 인화하는 데 든 총 비용은 21,000원이며, 배송비는 무료이다.
- 각 사진 사이즈는 적어도 1개 이상 인화하였다.

① 36장
② 42장
③ 48장
④ 59장
⑤ 61장

18 다음은 국내 자동차와 주요 국가의 자동차 등록에 대한 자료이다. 이에 대한 설명으로 옳지 않은 것은?(단, 자동차 1대당 인구수는 소수점 둘째 자리에서 반올림한다)

〈국내 연도별 자동차 등록 대수〉

국가	자동차 등록 대수(만 대)	인구수(만 명)	자동차 1대당 인구수(명)
미국	25,034	30,041	1.2
일본	7,625	12,963	1.7
중국	4,735	134,001	(　)
독일	4,412	8,383	1.9
이탈리아	4,162	5,827	1.4
러시아	3,835	14,190	3.7
프랑스	3,726	6,334	1.7
영국	3,612	6,140	(　)
스페인	2,864	4,582	1.6
브라질	2,778	19,446	7
멕시코	2,557	10,739	4.2
캐나다	2,134	3,414	1.6
폴란드	1,926	3,852	(　)
한국	1,687	4,892	(　)

① 중국의 자동차 1대당 인구수는 멕시코의 자동차 1대당 인구수의 6배 이상이다.

② 폴란드의 자동차 1대당 인구수는 2이다.

③ 폴란드의 자동차 1대당 인구수는 러시아와 스페인 전체 인구에서의 자동차 1대당 인구수보다 작다.

④ 한국의 자동차 1대당 인구수는 미국과 일본의 자동차 1대당 인구수의 합과 같다.

⑤ 한국의 자동차 1대당 인구수는 러시아와 스페인 전체 인구에서의 자동차 1대당 인구수보다 작다.

19 오늘 A씨는 오전에 출근해서 오후에 퇴근을 하였다. 다음 중 A씨의 오늘 퇴근 시간으로 가능한 것은?

- A씨의 회사에는 자명종 시계가 있다.
- A씨는 하루에 한 번만 출근하고 퇴근하며, 출근 시간부터 퇴근 시간까지 자명종 소리를 빠놓지 않고 듣는다.
- 뻐꾸기는 정시마다 울며, 시침에 해당하는 숫자만큼 운다.
- 뻐꾸기는 A씨가 오전에 출근해서 오후에 퇴근할 때까지 54번 울었다.

① 4시 45분
② 5시 15분
③ 6시 10분
④ 7시 50분
⑤ 8시 30분

20 A씨의 부서는 총 7명이며 회사 차를 타고 미팅 장소로 이동하려고 한다. 운전석에는 운전면허증을 가진 사람이 앉고, 한 대의 차량으로 모두 이동한다. 다음 〈조건〉에 따라 회사 차에 앉을 때 A씨가 부장님의 옆자리에 앉지 않을 확률은?

조건

- 운전면허증을 가지고 있는 사람은 A씨를 포함하여 3명이다.
- A씨 부서의 부장님은 1명이다.
- 부장님은 운전면허증을 가지고 있지 않으며 조수석인 ★ 자리에 앉지 않는다.

〈회사 차 좌석〉

① 0.3
② 0.45
③ 0.5
④ 0.7
⑤ 0.84

02 서울교통공사

01 다음은 의약품 종류별 상자 수에 따른 가격표이다. 종류별 상자 수를 가중치로 적용하여 가격에 대한 가중평균을 구하면 66만 원이다. 이때 빈칸에 들어갈 가격으로 옳은 것은?

〈의약품 종류별 가격 및 상자 수〉

(단위 : 만 원, 개)

구분	A	B	C	D
가격	( )	70	60	65
상자 수	30	20	30	20

① 60만 원
② 65만 원
③ 70만 원
④ 75만 원
⑤ 80만 원

02 매년 수입이 4,000만 원인 A씨의 소득 공제 금액이 작년에는 수입의 5%였고, 올해는 수입의 10%로 늘었다. 올해의 작년 대비 증가한 소비 금액은 얼마인가?(단, 소비 금액은 천 원 단위에서 반올림한다)

〈소비 금액별 소득 공제 비율〉

소비 금액	공제 적용 비율
1,200만 원 이하	6%
1,200만 원 초과 4,600만 원	(72만 원+1,200만 원 초과금)×15%

① 1,333만 원
② 1,350만 원
③ 1,412만 원
④ 1,436만 원
⑤ 1,455만 원

03 A기차와 B기차가 36m/s의 일정한 속력으로 달리고 있다. A기차가 25초, B기차가 20초에 600m 길이의 터널을 완전히 지났을 때, A기차와 B기차의 길이로 옳은 것은?(단, A기차와 B기차는 반대 방향으로 달리고 있다)

	A기차	B기차
①	200m	150m
②	300m	100m
③	150m	120m
④	200m	130m
⑤	300m	120m

PART 2

04 다음 중 H부장의 질문에 대해 옳지 않은 대답을 한 사원은?

> H부장 : 10진수 21을 2, 8, 16진수로 각각 바꾸면 어떻게 되는가?
> A사원 : 2진수로 바꾸면 10101입니다.
> B사원 : 8진수로 바꾸면 25입니다.
> C사원 : 16진수로 바꾸면 16입니다.

① A사원
② B사원
③ C사원
④ A, B사원
⑤ B, C사원

05 다음의 막대를 사용해 서로 다른 길이를 잴 수 있는 경우의 수는?

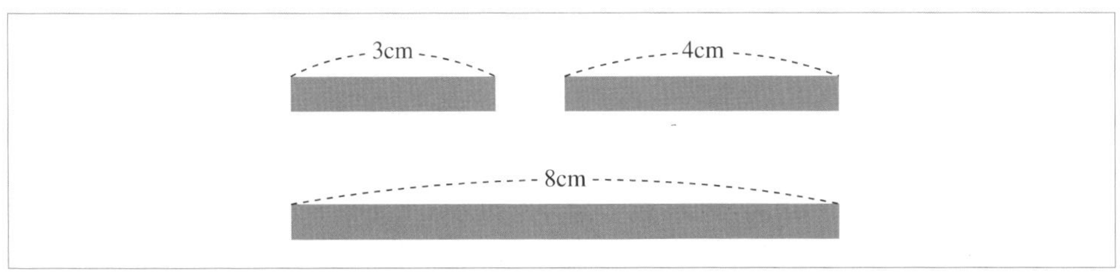

① 6가지
② 7가지
③ 8가지
④ 9가지
⑤ 10가지

※ 한 변의 길이가 1인 정사각형으로 표시된 어느 동네 지도 위에 소매점이 A ~ F 총 6곳이 위치해 있다. 다음 지도를 보고 물음에 답하시오. **[6~7]**

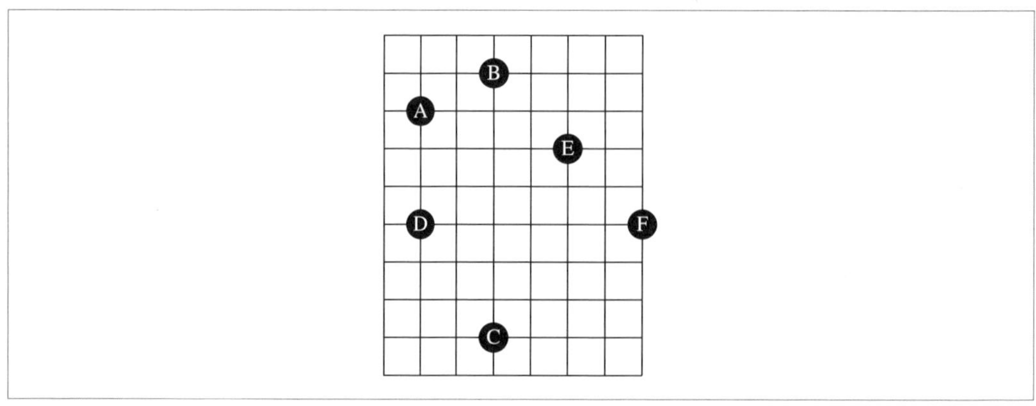

조건

- 물류센터에서 소매점까지의 거리는 유통비용과 같다.
- 모든 소매점에 납품하는 것은 물류센터에서 출발한다.
- 가로 또는 세로로 이동한다.

06 제시된 〈조건〉을 만족하는 위치에 물류센터를 설립한다고 할 때, 유통비용의 최솟값은 얼마인가?

① 21
② 22
③ 23
④ 24
⑤ 25

07 물류센터에서 A ~ C소매점까지 한 칸당 유통비용이 1, D ~ F소매점까지는 한 칸당 유통비용이 2일 때, 〈조건〉에 부합하는 위치에 설립 시 드는 최소 비용은 얼마인가?

① 32
② 33
③ 34
④ 35
⑤ 36

08 갑, 을, 병, 정, 무 5명의 직원들을 대상으로 신년회를 위한 특정장소 A ~ E에 대한 만족도 조사를 하였다. 5점 만점을 기준으로 장소마다 직원들의 점수를 정리한 자료를 시각화한 것으로 적절한 것은?

〈A ~ E장소 만족도〉

(단위 : 점)

구분	갑	을	병	정	무	평균
A	2.5	5.0	4.5	2.5	3.5	3.6
B	3.0	4.0	5.0	3.5	4.0	3.9
C	4.0	4.0	3.5	3.0	5.0	3.9
D	3.5	3.5	3.5	4.0	3.0	3.5
E	5.0	3.0	1.0	1.5	4.5	3.0

①
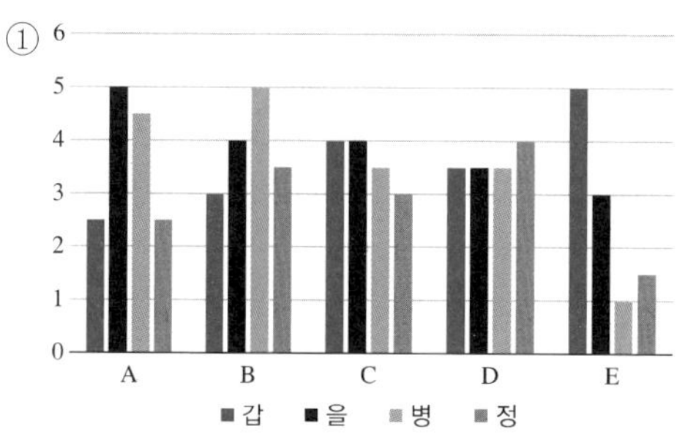

②
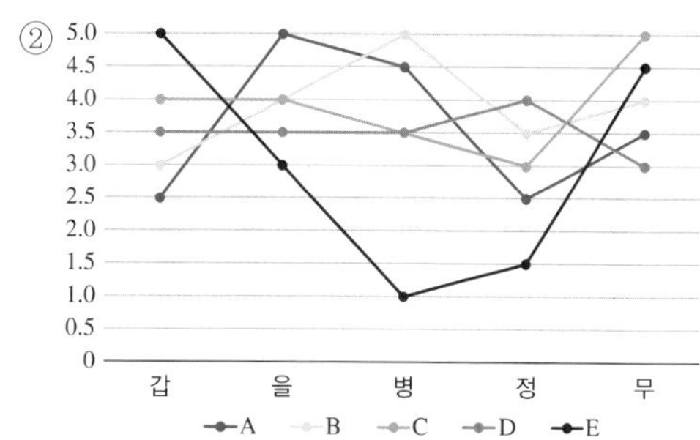

③
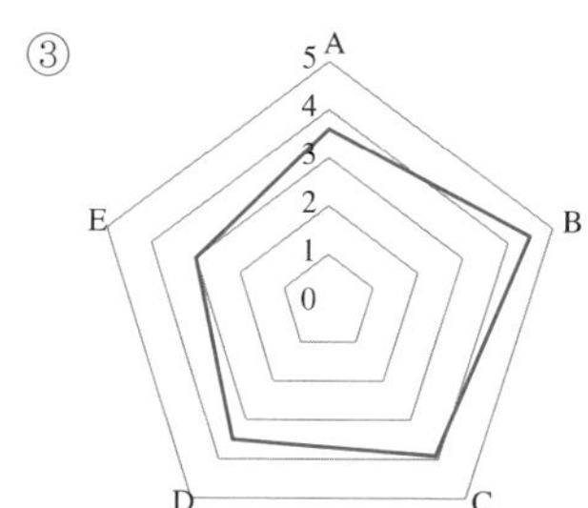

④
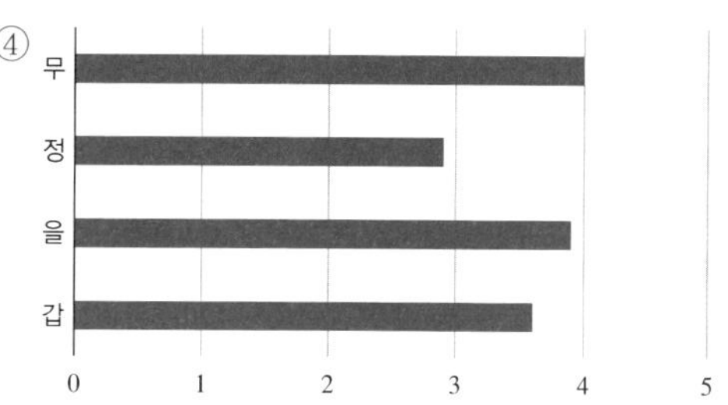

⑤
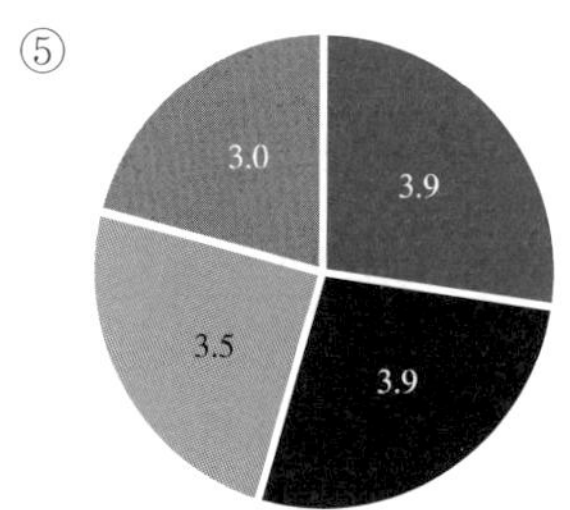

09 다음 〈조건〉을 바탕으로 할 때, 을의 나이가 될 수 있는 것은?

조건

- 갑과 을은 부부이다. a는 갑의 동생, b, c는 갑의 아들과 딸이다.
- 갑은 을과 동갑이거나 나이가 많다.
- a, b, c 나이의 곱은 2,450이다.
- a, b, c 나이의 합은 46이다.
- a는 19 ~ 34세이다.
- 갑과 을의 나이 합은 아들과 딸의 나이 합의 4배이다.

① 46세
② 45세
③ 44세
④ 43세
⑤ 42세

10 A1 인쇄용지의 크기가 한 단위 작아질 경우 가로 길이의 절반이 A2 용지의 세로 길이가 되고, A1 용지의 세로 길이는 A2 용지의 가로 길이가 된다. 이는 용지가 작아질 때마다 같은 비율로 적용된다. 이때, A4에서 A5로 축소할 경우 길이의 축소율은?(단, $\sqrt{2}=1.4$, $\sqrt{3}=1.7$)

① 20%
② 30%
③ 40%
④ 50%
⑤ 60%

11 자동차 제조 회사에서 근무하는 황대리는 T중형차 매출현황에 대한 보고서를 작성 중이었다. 그런데 실수로 커피를 쏟아 월별 매출 일부분과 평균 매출 부분이 얼룩지게 되었다. 황대리가 기억하는 연 매출액은 246억 원이고, 3분기까지의 평균 매출은 22억 원이었다. 다음 중 남아 있는 매출현황을 통해 4분기의 평균 매출을 바르게 구한 것은?

〈월별 매출현황〉

(단위 : 억 원)

1월	2월	3월	4월	5월	6월	7월	8월	9월	10월	11월	12월	평균
–	–	–	16	–	–	12	–	18	–	20	–	–

① 14억 원
② 16억 원
③ 18억 원
④ 20억 원
⑤ 22억 원

12 ■, ▲, ♥의 무게가 다음과 같을 때, ■+▲의 무게는 100원짜리로 얼마인지 바르게 구한 것은?

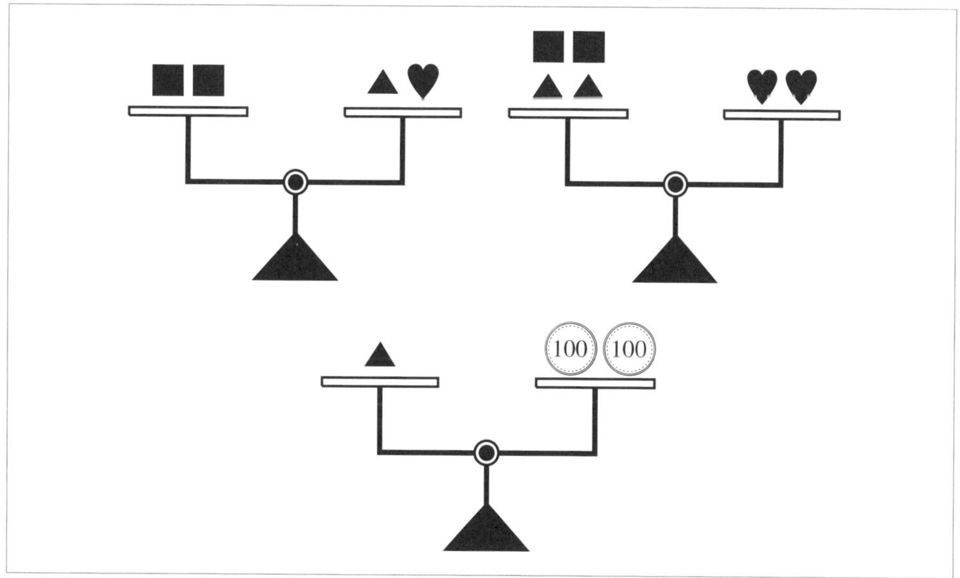

① 300원
② 400원
③ 500원
④ 600원
⑤ 700원

PART 2

13 다음과 같은 규칙으로 수를 나열할 때, 11행 3열에 오는 숫자는?

	1열	2열	3열	4열	…
1행	1	4	5	16	
2행	2	3	6	15	
3행	9	8	7	14	
4행	10	11	12	13	
5행	25	24	23	22	
⋮					

① 118
② 119
③ 120
④ 121
⑤ 122

14 다음은 A씨가 1월부터 4월까지 지출한 교통비이다. 1월부터 5월까지의 평균 교통비가 49,000원 이상 50,000원 이하가 되게 하려고 할 때, A씨가 5월에 최대로 사용할 수 있는 교통비는?

〈1 ~ 5월 교통비〉

(단위 : 원)

1월	2월	3월	4월	5월
45,000	54,000	61,000	39,000	?

① 48,000원
② 49,000원
③ 50,000원
④ 51,000원
⑤ 52,000원

15 다음은 18개 지역의 날씨에 대한 자료이다. 주어진 자료를 보고 날씨의 평균값과 중앙값의 차를 바르게 구한 것은?

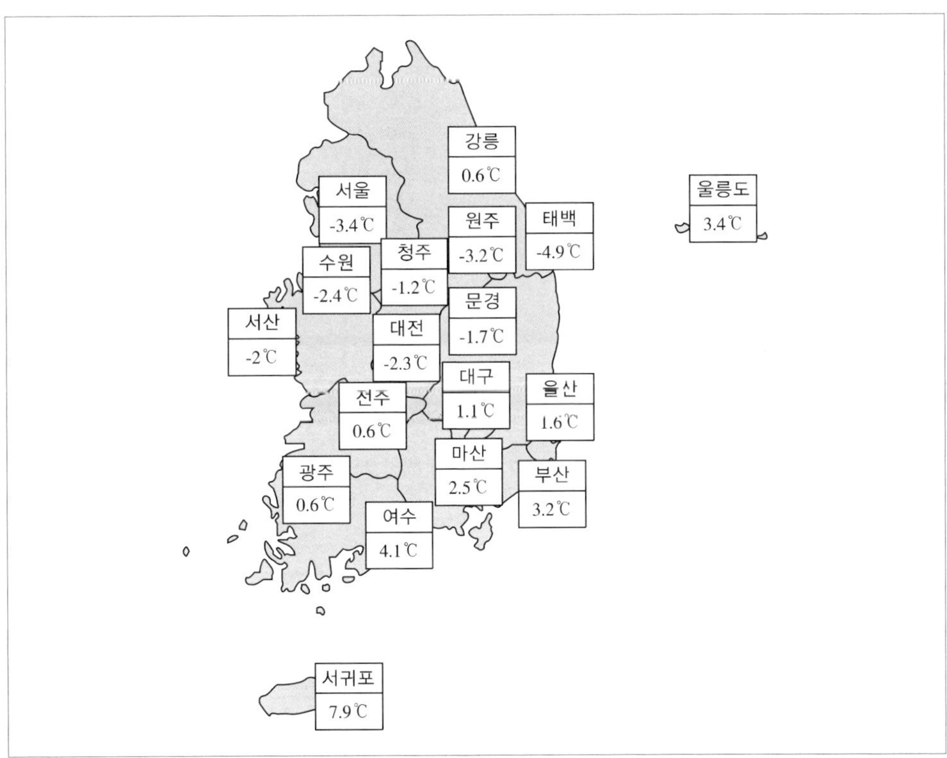

① 0.38
② 0.35
③ 0.26
④ 0.22
⑤ 0.17

16 G제약회사는 이번에 개발한 신약의 약효실험을 한 결과 약효 S와 약물의 양 Ag, 시간 t분 사이에 S= $A^{1-0.02t}$의 관계가 성립함을 밝혔다. 약물을 10g 투입하고 5분 뒤의 약효를 S_1, 35분 뒤의 약효를 S_2라 할 때, $S_1 \div S_2$의 값은?

① $10^{0.3}$
② $10^{0.4}$
③ $10^{0.5}$
④ $10^{0.6}$
⑤ $10^{0.7}$

17 다음은 A～E의 NCS 직업기초능력평가 점수에 대한 자료이다. 자료를 보고 표준편차가 가장 큰 순서대로 나열한 것은?

〈NCS 직업기초능력평가 점수〉

(단위 : 점)

구분	의사소통능력	수리능력	문제해결능력	조직이해능력	직업윤리
A	60	70	75	65	80
B	50	90	80	60	70
C	70	70	70	70	70
D	70	50	90	100	40
E	85	60	70	75	60

① D > B > E > C > A
② D > B > E > A > C
③ B > D > A > E > C
④ B > D > C > E > A
⑤ E > B > D > A > C

18 여러 온도계 종류 중 자주 사용되는 온도계에는 섭씨온도계와 화씨온도계가 있다. 섭씨 0℃는 화씨 32℉이고, 화씨 212℉는 섭씨 100℃일 때, 화씨 92℉를 섭씨온도계로 바르게 환산한 것은?(단, 소수점 둘째 자리에서 반올림한다)

① 약 29.8℃
② 약 31.2℃
③ 약 33.3℃
④ 약 35.7℃
⑤ 약 37.6℃

19 여행을 가는 지완이는 주유소에 들러 9만 원어치의 연료를 주유했다. 주유 전과 주유 후의 연료 게이지는 다음과 같고 주유소와 목적지까지의 거리가 350km일 때, 목적지에 도착 후 남은 연료의 양은?(단, 연료 가격은 리터당 1,000원이며, 연비는 7km/L이다)

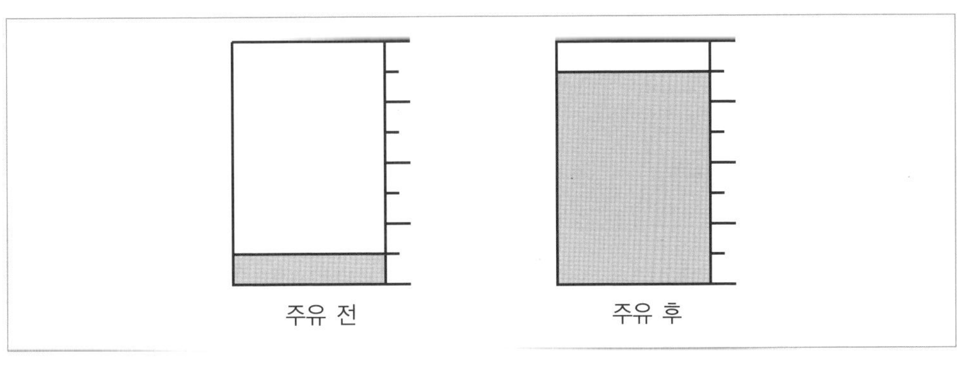

① 45L
② 50L
③ 55L
④ 60L
⑤ 65L

20 토요일이 의미 없이 지나간다고 생각한 직장인 S씨는 자기계발을 위해 집 근처 문화센터에서 하는 프로그램에 수강신청 하려고 한다. 문화센터 프로그램 안내표를 보고 적절하지 않은 설명을 고르면?(단, 시간이 겹치는 프로그램은 수강할 수 없다)

〈문화센터 프로그램 안내표〉

프로그램	수강료(3달 기준)	강좌시간
중국어 회화	60,000원	11:00 ~ 12:30
영어 회화	60,000원	10:00 ~ 11:30
지르박	180,000원	13:00 ~ 16:00
차차차	150,000원	12:30 ~ 14:30
자이브	195,000원	14:30 ~ 18:00

① 시간상 S씨가 선택할 수 있는 과목은 최대 2개이다.
② 자이브의 강좌시간이 가장 길다.
③ 중국어 회화와 차차차를 수강할 때 한 달 수강료는 7만 원이다.
④ 차차차와 자이브를 둘 다 수강할 수 있다.
⑤ 회화 중 하나를 들으면 최소 2과목을 수강할 수 있다.

03 한국토지주택공사

01 A~E 5개 팀이 다음과 같이 토너먼트 경기를 한다. 일부 경기의 일정과 결과가 다음과 같을 때, 우승팀은 어디인가?

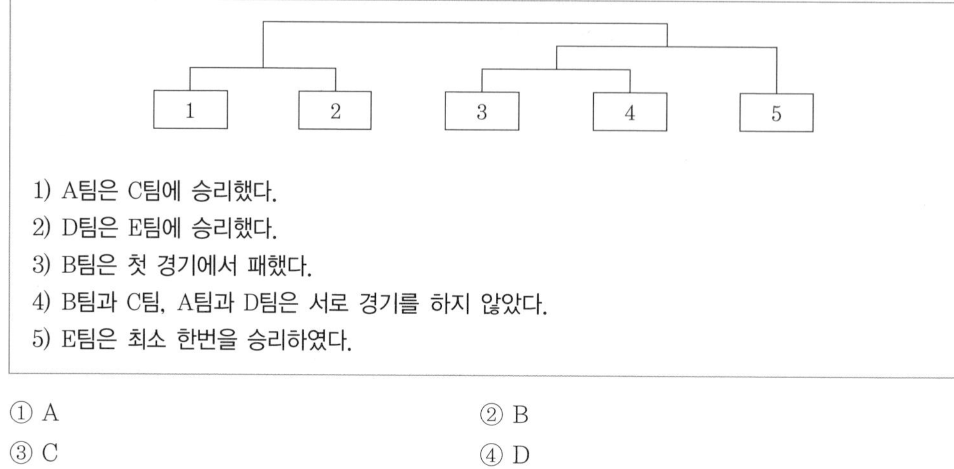

1) A팀은 C팀에 승리했다.
2) D팀은 E팀에 승리했다.
3) B팀은 첫 경기에서 패했다.
4) B팀과 C팀, A팀과 D팀은 서로 경기를 하지 않았다.
5) E팀은 최소 한번을 승리하였다.

① A　② B
③ C　④ D
⑤ E

02 플라워카페를 운영하는 지희는 가정의 달을 맞이하여 5월 1일에 생화를 포함한 꽃다발 재료를 사들여 5월 2일부터 5월 4일까지 총 3일에 걸쳐 꽃다발을 판매하였다. 다음 상황에서 지희가 꽃다발 판매를 통해 벌어들인 순이익이 100만 원이 넘으려면 지희가 준비해야 할 꽃다발은 최소 몇 개인가?(단, 각 판매날짜별 꽃다발 판매 수량은 동일하다)

> 꽃다발 하나의 원가는 25,000원이며, 지희는 생화의 신선도를 고려하여 판매날짜마다 정가를 달리 책정하였는데 첫날에는 원가에 80%의 이익을 붙여 정가로 판매하였고, 둘째 날과 셋째 날에는 각각 원가의 60%, 40%의 이익을 붙여 정가로 판매하였다.
> 하지만 지희의 예상보다 수요가 적어 전체 꽃다발 중 25%를 폐기하게 되었으며, 폐기 비용은 꽃다발 하나에 5,000원이 발생하였다.

① 66개　② 67개
③ 201개　④ 264개
⑤ 268개

03 다음은 L사의 2022년 신입사원 교육 일정이다. L사 인사팀에서는 두 차례로 나뉘어 진행되는 교육에서의 오찬을 위한 식당 예약을 진행하고자 한다. 총 비용을 최소화할 수 있도록 식사 장소를 예약하되 첫째 날과 둘째 날에 각각 다른 식당에서 식사를 하고자 할 때, 인사팀에서 식대로 지출하게 되는 총 비용을 바르게 계산한 것은?(단, 오찬 참석자는 신입사원 전원과 대표이사, 인사팀장이며 모든 임직원은 사원증을 갖고 있다)

〈2022년 신입사원 교육 일정〉

1. 목적

2022년 신입사원들에게 L사의 비전을 공유하고 조직과 사업에 관한 이해도를 제고하고자 함

2. 교육 안내

구분	세부 사항
대상	2022년 신입사원 전원(20명)
일시	1회차 : 2022년 5월 2일(월) 2회차 : 2022년 5월 3일(화)
교육주관	인사팀
장소	본사 중강당

3. 식당 정보

식당명	점심메뉴 1인분 가격	비고
A식당	10,000원	10인 이상 단체 손님은 10% 할인
B식당	11,000원	L사 사원증 지참시 1,500원 할인
C식당	12,000원	3인분 주문 시 추가 1인분 무료 제공

① 370,000원
② 378,000원
③ 402,000원
④ 407,000원
⑤ 413,000원

04 L사는 사내 체육대회를 개최하여 아래 그림과 같은 토너먼트 방식으로 축구시합을 진행하기로 하였다. 축구시합에 참가하는 팀은 기획팀, 인사팀, 회계팀, 총무팀, 영업팀으로 총 5개의 팀이며, 이 중 한 팀을 임의로 선정하여 부전승으로 올리기로 하였다. 이때, 기획팀이 부전승으로 올라가지 않는 경우의 수는?

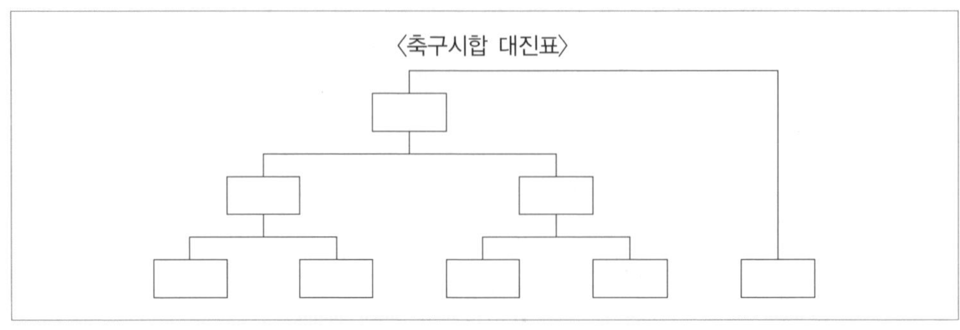

① 3가지
② 11가지
③ 12가지
④ 14가지
⑤ 15가지

05 다음 자료는 연도별 L사 입사자의 최종학력 현황을 나타낸 것이다. 이에 대한 설명으로 옳은 것은?(단, 소수점 첫째 자리에서 반올림한다)

〈연도별 L사 입사자 최종학력 현황〉

구분	2018년		2019년		2020년		2021년		2022년	
	남성	여성	남성	여성	남성	여성	남성	여성	남성	여성
고등학교	10	28	2	32	35	10	45	5	60	2
전문대학	24	15	8	28	15	14	10	9	4	7
대학교	80	5	75	12	96	64	100	82	102	100
대학원	36	2	55	8	14	2	5	4	4	1
전체	150	50	140	80	160	90	160	100	170	110

① 남성 입사자 수와 여성 입사자 수는 매년 증가하고 있다.
② 전년 대비 전체 입사자 수가 가장 많이 증가한 연도는 2022년이다.
③ 전체 입사자 중 여성이 차지하는 비율이 가장 높은 연도는 2021년이다.
④ 남성 입사자 수와 여성 입사자 수 중 대학교 졸업자의 수는 매년 증가하고 있다.
⑤ 전체입사자 중 고등학교 졸업자 수와 대학원 졸업자 수의 증감은 반비례하고 있다.

06 다음은 지역별 임대주택 공급량과 수요량을 나타낸 자료이다. 이에 대한 설명으로 옳은 것은?(단, 소수점 둘째 자리에서 반올림한다)

〈지역별 임대주택 공급량 및 수요량 현황〉

(단위 : 채)

구분	공급량			수요량		
	청년층	일반층	노년층	20세 이상 35세 미만	35세 이상 65세 미만	65세 이상
서울	600	1,400	400	8,400	5,600	1,000
경기	1,500	2,800	800	12,500	10,300	1,200
인천	800	1,800	400	9,000	8,500	2,000
강원	300	400	300	300	500	1,200
대전	200	200	100	200	500	800
세종	300	100	100	100	300	600
충청	100	500	400	200	1,000	1,800
전라	300	400	300	300	1,200	1,500
경상	150	600	400	200	600	1,200
대구	250	900	500	800	1,000	2,200
부산	250	800	300	1,500	2,700	2,800
울산	150	200	100	600	1,000	1,400
광주	100	250	150	400	600	1,000
제주	100	150	150	500	1,200	1,300
전체	5,100	10,500	4,400	35,000	35,000	20,000

※ 공급량 중 '청년층'은 '20세 이상 35세 미만인 자'에 공급하는 물량에 해당하며, '일반층'은 '35세 이상 65세 미만인 자'에 공급하는 물량에 해당하며, '노년층'은 '65세 이상인 자'에게 공급하는 물량에 해당한다.

※ 수도권은 서울, 경기, 인천에 해당한다.

※ $(\text{경쟁률})=\frac{(\text{수요량})}{(\text{공급량})} : 1$

① 수도권 지역의 일반 공급량은 수도권 외 지역의 일반 공급량의 1.5배이다.

② 서울 지역의 청년층 경쟁률은 노년층 경쟁률의 3.5배이다.

③ 수도권 지역의 공급량은 전체의 48.5%이다.

④ 수도권 지역은 '20세 이상 35세 미만'의 수요량이 많고, 수도권 외 지역은 '65세 이상'의 수요량이 많다.

⑤ 전체 공급량 중 일반 공급량이 차지하는 비율은 광주가 제주보다 13.5%p 더 높다.

07 다음은 성별 및 연령대별 자차 보유현황을 나타낸 자료이다. 이에 대한 설명으로 옳지 않은 것은? (단, 소수점 둘째 자리에서 반올림한다)

〈성별 및 연령대별 자차 보유현황〉

(단위 : 천 명)

구분		2018년	2019년	2020년	2021년	2022년
20세 이상 30세 미만	남성	200	320	450	550	680
	여성	120	180	220	300	380
30세 이상 40세 미만	남성	280	300	480	420	640
	여성	150	200	350	330	300
40세 이상 50세 미만	남성	320	520	500	420	580
	여성	300	320	450	300	400
50세 이상 60세 미만	남성	350	680	560	620	550
	여성	380	330	300	280	200
60세 이상	남성	420	580	510	500	520
	여성	480	170	230	280	250
전체		3,000	3,600	4,050	4,000	4,500

① 20대 남성과 여성의 자차 보유자 수의 차이는 매년 증가하고 있다.

② 남성의 자차 보유자 수는 2018년에는 연령대가 증가할수록 높은 반면, 2022년에는 연령대가 증가할수록 낮아지고 있다.

③ 2021년 20·30대의 자차 보유자 수는 2019년의 1.5배이다.

④ 2019년 전체 자차 보유자 중 여성의 비율은 33.3%이다.

⑤ 전체 자차 보유자 중 40대 여성의 비율이 가장 높은 연도는 가장 낮은 연도보다 3.6%p 더 높다.

08 다음은 연도별 임대주택 입주자의 근로 형태를 나타낸 자료이다. 이에 대한 설명으로 옳지 않은 것은?(단, 소수점 첫째 자리에서 반올림한다)

〈연도별 임대주택 입주자의 근로 형태〉

구분	2018년	2019년	2020년	2021년	2022년
전업	68%	62%	58%	52%	46%
겸직	8%	11%	15%	21%	32%
휴직	6%	15%	18%	23%	20%
무직	18%	12%	9%	4%	2%
입주자 수(명)	300,000	350,000	420,000	480,000	550,000

① 전년 대비 전업자의 비율은 감소하는 반면, 겸직자의 비율은 증가하고 있다.
② 2022년 휴직자 수는 2021년 휴직자 수보다 많다.
③ 전업자 수가 가장 적은 연도는 2018년이다.
④ 2021년 겸직자 수는 2018년의 4.2배이다.
⑤ 2018년 휴직자 수는 2022년 휴직자 수의 16% 수준이다.

CHAPTER 03

기출변형문제

정답 및 해설 p.030

❙ 한국토지주택공사(업무직)

01 학생 5명과 어른 6명이 놀이공원에 가는데, 어른의 입장료는 학생의 입장료보다 1.5배 더 비싸다고 한다. 11명의 입장료를 합하여 42,000원을 냈다면 어른 1명의 입장료는 얼마인가?

① 2,500원
② 3,000원
③ 4,500원
④ 5,000원
⑤ 5,500원

❙ 한국토지주택공사(업무직)

02 A는 기계에 들어갈 부품을 하청업체에 맡길지 자가 생산할지 고민하고 있다. 하청 업체에서 부품을 만들면 기본 생산량이 만 개이며 단가는 280원이고, 자가 생산하면 기본 생산비가 20만 원이고 단가가 270원이다. 하청 업체에서 부품 만 개를 구매할 때, 자가 생산과 대비해서 얻을 수 있는 손익은?

① +20만 원
② +10만 원
③ −10만 원
④ −20만 원
⑤ 차이가 없다.

❙ 한국토지주택공사(업무직)

03 다음은 L기업의 판매 점포 수별 영업이익을 나타낸 자료이다. 점포 수에 대한 자료와 영업이익의 관계를 나타낸 식이 다음과 같을 때, ⓐ에 들어갈 숫자는?

점포 수	1	6	8
영업이익(억 원)	1.25	ⓐ	528

※ 영업이익$=\left(\frac{\text{점포 수}}{a}\right)^2+\text{점포 수}^b$

① 225
② 256
③ 512
④ 128
⑤ 125

| 한국토지주택공사(업무직)

04 L공사에서 노후된 컴퓨터 모니터를 교체하기 위해 부서별로 조사를 한 결과, 다음과 같이 부서별 모니터 교체를 실시할 예정이다. 이때, 새로 구입할 모니터는 총 몇 대인가?(단, 부서는 인사, 총무, 연구, 마케팅 4개 부서만 있다)

> 새로 구입할 전체 모니터 중 $\frac{2}{5}$는 인사부서, $\frac{1}{3}$은 총무부서이고, 인사부서에서 교체할 모니터 개수의 $\frac{1}{3}$은 연구부서이며, 마케팅부서는 400대를 교체할 것이다.

① 1,000대 ② 1,500대
③ 2,500대 ④ 3,000대
⑤ 3,500대

PART 2

| 한국토지주택공사(업무직)

05 다음 〈조건〉에 해당하는 숫자는?

> **조건**
> • 두 자리 자연수이다.
> • 이 수의 각 자릿수를 더한 값의 4배이다.
> • 이 수의 각 자릿수를 곱한 값은 각 자릿수를 더한 값의 2배이다.

① 62 ② 36
③ 24 ④ 48
⑤ 45

| 한국토지주택공사(업무직)

06 A회사원은 현재 보증금 7천만 원, 월세 65만 원인 K오피스텔에 거주하고 있다. 다음 해부터는 월세를 낮추기 위해 보증금을 증액하려고 한다. 다음 규정을 보고 A회사원이 월세를 최대로 낮췄을 때의 월세와 보증금을 바르게 나열한 것은?

〈K오피스텔 월 임대료 임대보증금 전환 규정〉

- 1년 동안 임대료의 58%까지 보증금으로 전환 가능
- 연 1회 가능
- 전환이율 6.24%

※ $(\text{환산보증금})=\frac{(\text{전환 대상 금액})}{(\text{전환이율})}$

	월세	보증금
①	25만 3천 원	1억 4,500만 원
②	25만 3천 원	1억 4,250만 원
③	27만 3천 원	1억 4,500만 원
④	27만 3천 원	1억 4,250만 원
⑤	29만 3천 원	1억 4,200만 원

| 한국수자원공사

07 부서들이 신청한 필요물품 구매를 위해 총무팀은 인터넷으로 테이프와 볼펜, 메모지를 구입하였다. 한 개당 테이프는 1,100원, 볼펜은 500원, 메모지는 1,300원이었다. 예산은 총 15만 원이며, 예산 범위 내에서 각각 40개 이상씩 구입할 계획이다. 구매물품 중 볼펜을 가장 많이 구입할 때, 구입 가능한 볼펜의 최소 개수는?

① 55개
② 54개
③ 53개
④ 52개
⑤ 51개

08 다음은 인천국제공항의 연도별 세관물품 신고 수에 대한 자료이다. 〈보기〉를 바탕으로 A ~ D에 들어갈 물품을 바르게 나열한 것은?

〈연도별 세관물품 신고 수〉

(단위 : 만 건)

구분	2017년	2018년	2019년	2020년	2021년
A	3,547	4,225	4,388	5,026	5,109
B	2,548	3,233	3,216	3,410	3,568
C	3,753	4,036	4,037	4,522	4,875
D	1,756	2,013	2,002	2,135	2,647

보기

㉠ 가전류와 주류의 2018 ~ 2020년까지 전년 대비 세관물품 신고 수는 증가와 감소가 반복되었다.
㉡ 2021년도 담배류 세관물품 신고 수의 전년 대비 증가량은 두 번째로 많다.
㉢ 2018 ~ 2021년 동안 매년 세관물품 신고 수가 가장 많은 것은 잡화류이다.
㉣ 2020년도 세관물품 신고 수의 전년 대비 증가율이 세 번째로 높은 것은 주류이다.

	A	B	C	D
①	잡화류	담배류	가전류	주류
②	담배류	주류	가전류	가전류
③	잡화류	가전류	담배류	주류
④	가전류	담배류	잡화류	주류
⑤	가전류	잡화류	담배류	주류

09 T씨가 태국에서 신용카드로 15천 바트의 기념품을 구매하였다. 카드사에서 적용하는 환율 및 수수료가 다음과 같을 때, T씨가 월말에 카드 비용으로 지불하는 기념품 금액은 얼마인가? (단, 기념품 금액은 해외서비스 수수료를 포함한다)

〈적용 환율 및 수수료〉

- 태국 환율 : 38.1원/바트
- 해외서비스 수수료 : 0.2%

※ 십 원 미만은 절사

① 584,720원
② 572,640원
③ 566,230원
④ 558,110원
⑤ 541,890원

| 서울교통공사

10 다음과 같은 규칙으로 수를 나열할 때, 9행 2열에 들어갈 수는?

	1열	2열	3열
1행	2	5	8
2행	4	8	12
3행	6	9	12
4행	8	12	16
5행	18	…	

① 161
② 162
③ 163
④ 164
⑤ 165

| 서울교통공사

11 반도체 부품 회사에서 근무하는 B사원은 월별 매출현황에 대한 보고서를 작성 중이었다. 그런데 실수로 파일이 삭제되어 기억나는 매출액만 다시 작성하였다. B사원이 기억하는 월평균 매출액은 35억 원이고, 상반기의 월평균 매출액은 26억 원이었다. 다음 중 남아 있는 매출현황을 통해 상반기 평균 매출 대비 하반기 평균 매출의 증감액을 바르게 구한 것은?

〈월별 매출현황〉

(단위 : 억 원)

1월	2월	3월	4월	5월	6월	7월	8월	9월	10월	11월	12월	평균
–	10	18	36	–	–	–	35	20	19	–	–	35

① 12억 원 증가
② 12억 원 감소
③ 18억 원 증가
④ 18억 원 감소
⑤ 20억 원 증가

12 A1 인쇄용지의 크기가 한 단위 작아질 경우 가로길이의 절반이 A2 용지의 세로길이가 되고, A1 용지의 세로길이는 A2 용지의 가로길이가 된다. 이는 용지가 작아질 때마다 같은 비율로 적용된다. 이때, A3의 가로길이 대비 A5의 세로길이의 비율은?

① $\sqrt{2}$
② $\frac{1}{\sqrt{2}}$
③ $2\sqrt{2}$
④ $\frac{1}{2\sqrt{2}}$
⑤ $\frac{1}{\sqrt{3}}$

13 연소득이 4,500만 원인 A씨의 소득 공제 금액이 작년에는 소득의 6%였고, 올해는 수입의 5%로 감소했다. 올해의 작년 대비 감소한 소비 금액은 얼마인가?(단, 소비 금액은 천 원 단위에서 반올림 한다)

〈소비 금액별 소득 공제 비율〉

소비 금액	공제 적용 비율
1,200만 원 이하	6%
1,200만 원 초과 4,600만 원	72만 원+1,200만 원 초과금×15%

① 330만 원
② 300만 원
③ 270만 원
④ 250만 원
⑤ 220만 원

| 서울교통공사

14 농도가 14%인 A설탕물 300g, 18%인 B설탕물 200g, 12%인 C설탕물 150g이 있다. A와 B설탕물을 합친 후 100g의 물을 더 담고, 여기에 C설탕물을 합친 후 200g만 남기고 버렸다. 이때, 마지막 200g 설탕물에 녹아 있는 설탕의 질량은?

① 25.6g
② 28.7g
③ 30.8g
④ 32.6g
⑤ 34.8g

| 한국철도공사

15 다음은 연도별 아르바이트 소득에 관한 자료이다. 이에 대한 설명으로 옳은 것은?(단, 비율은 소수점 둘째 자리에서 반올림한다)

〈아르바이트 월 소득 및 시급〉

(단위 : 원, 시간)

구분	2018년	2019년	2020년	2021년	2022년
월 평균 소득	669,000	728,000	733,000	765,000	788,000
평균 시급	6,030	6,470	7,530	8,350	8,590
주간 평균 근로시간	21.8	22.3	22.4	19.8	18.9

① 2019 ~ 2022년 동안 전년 대비 주간 평균 근로시간의 증감추이는 월 평균 소득의 증감추이와 같다.
② 전년 대비 2020년 평균 시급 증가액은 전년 대비 2021년 증가액의 3배 이상이다.
③ 평균 시급이 높아질수록 주간 평균 근로시간은 줄어든다.
④ 2021년 대비 2022년 월 평균 소득 증가율은 평균 시급 증가율보다 높다.
⑤ 2018 ~ 2022년 동안 주간 평균 근로시간에 대한 월 평균 소득의 비율이 가장 높은 연도는 2019년이다.

16 다음은 2022년 공항철도를 이용한 월별 여객 수송실적이다. 다음 표의 (A), (B), (C)에 들어갈 수는?

〈공항철도 이용 여객 현황〉

(단위 : 명)

구분	수송인원	승차인원	유입인원
1월	287,923	117,532	170,391
2월	299,876	(A)	179,743
3월	285,200	131,250	153,950
4월	272,345	152,370	119,975
5월	(B)	188,524	75,796
6월	268,785	203,557	65,228
7월	334,168	234,617	99,551
8월	326,394	215,890	110,504
9월	332,329	216,866	115,463
10월	312,208	224,644	(C)

※ 유입인원은 환승한 인원이다.

※ (승차인원)=(수송인원)−(유입인원)

	(A)	(B)	(C)
①	120,133	251,310	97,633
②	120,133	264,320	87,564
③	102,211	251,310	97,633
④	102,211	264,320	97,633
⑤	121,127	253,229	87,564

※ 다음은 우리나라 업종별 근로자 수 및 고령근로자 비율과 국가별 65세 이상 경제활동 참가율 현황에 대한 자료이다. 이를 보고 이어지는 질문에 답하시오. **[17~18]**

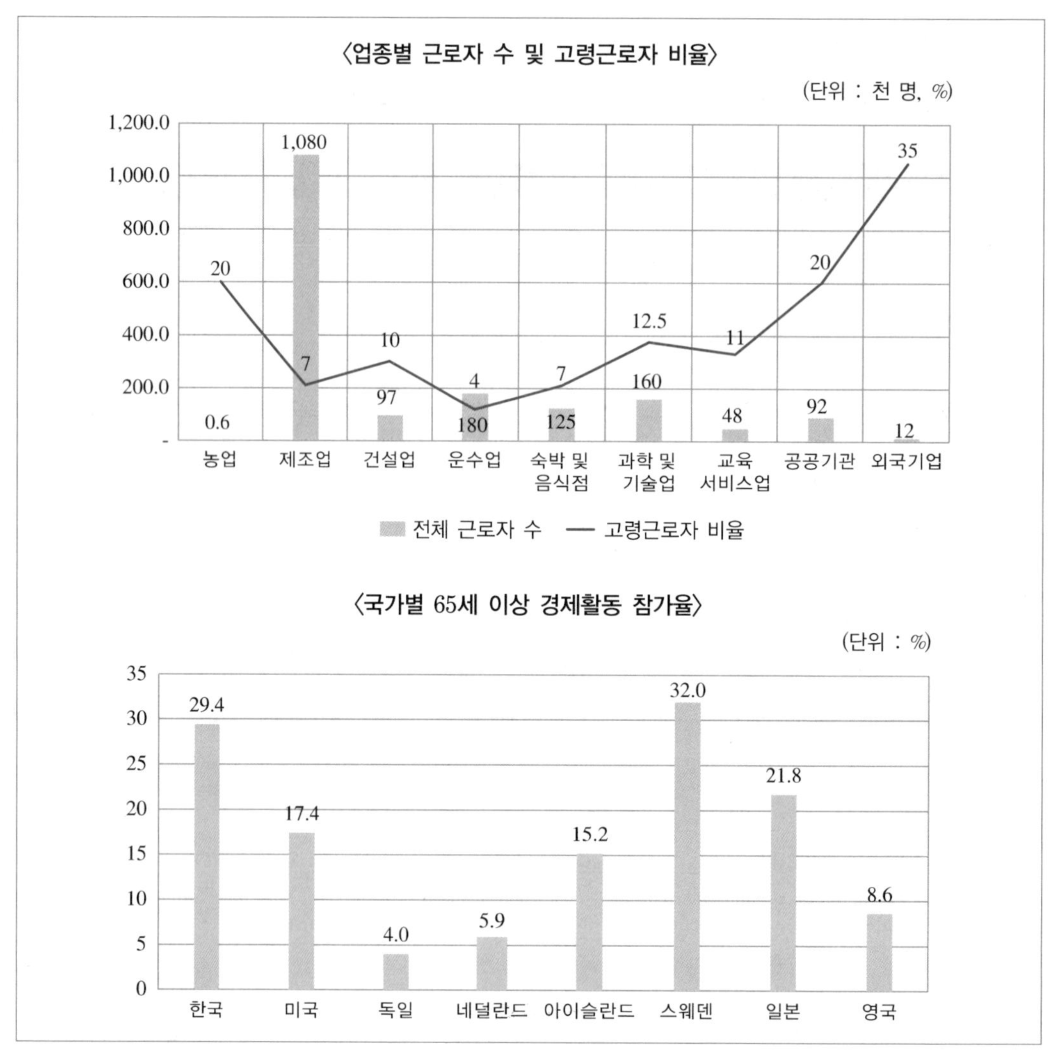

| 한국철도공사

17 **우리나라 고령근로자 현황과 국가별 경제활동 참가율에 대한 해석으로 옳지 않은 것은?(단, 비율은 소수점 둘째 자리에서 반올림한다)**

① 네덜란드의 조사 인구가 아이슬란드보다 2배 많아도 네덜란드의 고령근로자 수는 아이슬란드보다 적다.

② 농업과 제조업을 제외한 모든 업종의 전체 근로자 수에서 공공기관과 외국기업에 종사하는 전체 근로자 비율은 15% 미만이다.

③ 모든 국가의 65세 이상 경제활동 참가율 합과 우리나라 업종별 고령근로자 비율 총합의 차이는 8.7%p이다.

④ 운수업 및 교육 서비스업에 종사하는 고령근로자는 제조업에 종사하는 고령근로자 수의 15% 이상이다.

⑤ 건설업과 숙박 및 음식점, 과학 및 기술업에 종사하는 총 고령근로자 수는 제조업에 종사하는 고령근로자 수보다 37.15천 명 적다.

| 한국철도공사

18 **국가별 65세 이상 경제활동 참가조사 인구가 아래와 같을 때, (A), (B)에 들어갈 수로 옳은 것은?**

〈국가별 65세 이상 경제활동 참가조사 인구〉

(단위 : 만 명)

구분	한국	미국	독일	네덜란드	아이슬란드	스웨덴	일본	영국
조사 인구	840	2,790	(A)	5,400	8,250	8,600	880	3,540
고령근로자	246.96	485.46	132	318.6	1,254	2,752	191.84	(B)

	(A)	(B)
①	3,400만 명	296.7만 명
②	3,400만 명	304.44만 명
③	3,500만 명	296.7만 명
④	3,300만 명	296.7만 명
⑤	3,300만 명	304.44만 명

| 한국철도공사

19 다음은 연도별 국내은행 대출 현황을 나타낸 표이다. 이를 이해한 내용으로 옳지 않은 것은?

〈연도별 국내 은행대출 현황〉

(단위 : 조 원)

구분	2014년	2015년	2016년	2017년	2018년	2019년	2020년	2021년	2022년
가계대출	437.1	447.5	459.0	496.4	535.7	583.6	620.0	647.6	655.7
주택담보대출	279.7	300.9	309.3	343.7	382.6	411.5	437.2	448.0	460.1
기업대출	432.7	449.2	462.0	490.1	537.6	546.4	568.4	587.3	610.4
부동산담보대출	156.7	170.9	192.7	211.7	232.8	255.4	284.4	302.4	341.2

※ (은행대출)=(가계대출)+(기업대출)

① 2018년 대비 2022년 부동산담보대출 증가율이 가계대출 증가율보다 높다.
② 주택담보대출이 세 번째로 높은 연도에서 부동산담보대출이 기업대출의 50% 이상이다.
③ 2019 ~ 2022년 동안 가계대출의 전년 대비 증가액은 기업대출보다 매년 높다.
④ 2016년도 은행대출은 2019년 은행대출의 80% 이상 차지한다.
⑤ 2015 ~ 2022년 동안 전년 대비 주택담보대출이 가장 많이 증가한 해는 2018년이다.

| 한국철도공사

20 H회사는 필기·면접시험을 통해 상반기 신입사원을 채용했다. 〈조건〉이 다음과 같을 때, 필기시험에 합격한 사람은 몇 명인가?

조건

- 필기시험에 합격한 응시자는 면접시험을 볼 수 있다.
- 면접시험 응시자는 필기시험 응시자의 70%이다.
- 필기시험 합격자는 필기시험 응시자의 80%이다.
- 면접시험 불합격자는 면접시험 응시자의 60%이다.
- 면접시험 합격자 중 남녀 성비는 3 : 4이다.
- 면접시험에서 여성 합격자는 72명이다.

① 340명
② 350명
③ 360명
④ 370명
⑤ 380명

PART

3

문제해결능력

대표유형 01

| 사고력 ① |

창의적 사고

유형분석

- 주어진 설명을 통해 이론이나 개념을 활용하여 풀어가는 문제이다.
- 주로 빠른 시간 안에 정답을 도출하는 문제가 출제된다.

다음은 창의적 사고에 대한 설명이다. 빈칸에 들어갈 말로 적절하지 않은 것은?

> 창의적 사고란 당면한 문제를 해결하기 위해 이미 알고 있는 경험지식을 해체하여 새로운 아이디어를 다시 도출하는 것을 말한다. 즉, 창의적 사고는 개인이 가지고 있는 경험과 지식을 통해 새로운 가치 있는 아이디어로 다시 결합함으로써 참신한 아이디어를 산출하는 힘을 의미하며, ________ 특징을 지닌다.

① 발산적
② 독창성
③ 가치 지향성
④ 다양성
⑤ 통상적

정답 ⑤

창의적인 사고는 통상적인 것이 아니라 기발하거나 신기하며, 독창적인 것이다. 또한 발산적 사고로서 아이디어가 많고, 다양하고, 독특한 것을 의미하며, 유용하고 가치가 있어야 한다.

풀이 전략!

모듈이론에 대한 전반적인 학습을 미리 해두어야 하며, 이를 토대로 주어진 문제에 적용하여 문제를 해결해 나가도록 한다.

대표유형 02

| 사고력 ② |

명제

유형분석

- 주어진 문장을 토대로 논리적으로 추론하여 참 또는 거짓을 구분하는 문제이다.
- 대체로 연역추론을 활용한 명제 문제가 출제된다.
- 자료를 제시하고 새로운 결과나 자료에 주어지지 않은 내용을 추론해 가는 형식의 문제가 출제된다.

어느 도시에 있는 병원의 공휴일 진료 현황은 다음과 같다. 공휴일에 진료하는 병원의 수는?

- B병원이 진료를 하지 않으면, A병원은 진료를 한다.
- B병원이 진료를 하면, D병원은 진료를 하지 않는다.
- A병원이 진료를 하면, C병원은 진료를 하지 않는다.
- C병원이 진료를 하지 않으면, E병원이 진료를 한다.
- E병원은 공휴일에 진료를 하지 않는다.

① 1곳　② 2곳
③ 3곳　④ 4곳
⑤ 5곳

정답 ②

제시된 진료 현황을 각각의 명제로 보고 이들을 수식으로 설명하면 다음과 같다(단, 명제가 참일 경우 그 대우도 참이다).

- B병원이 진료를 하지 않으면 A병원이 진료한다(~B → A / ~A → B).
- B병원이 진료를 하면 D병원은 진료를 하지 않는다(B → ~D / D → ~B).
- A병원이 진료를 하면 C병원은 진료를 하지 않는다(A → ~C / C → ~A).
- C병원이 진료를 하지 않으면 E병원이 진료한다(~C → E / ~E → C).

이를 하나로 연결하면, D병원이 진료를 하면 B병원이 진료를 하지 않고, B병원이 진료를 하지 않으면 A병원은 진료를 한다. A병원이 진료를 하면 C병원은 진료를 하지 않고, C병원이 진료를 하지 않으면 E병원은 진료를 한다(D → ~B → A → ~C → E). 명제가 참일 경우 그 대우도 참이므로 ~E → C → ~A → B → ~D가 된다. E병원은 공휴일에 진료를 하지 않으므로 위의 명제를 참고하면 C와 B병원만이 진료를 하는 경우가 된다. 따라서 공휴일에 진료를 하는 병원은 2곳이다.

풀이 전략!

명제와 관련한 기본적인 논법에 대해서는 미리 학습해 두며, 이를 바탕으로 각 문장에 있는 핵심단어 또는 문구를 기호화하여 정리한 후, 선택지와 비교하여 참 또는 거짓을 판단한다.

대표유형 03

| 문제처리 ① |

SWOT 분석

유형분석

- 상황에 대한 환경 분석 결과를 통해 주요 과제를 도출하는 문제이다.
- 주로 3C 분석 또는 SWOT 분석을 활용한 문제들이 출제되고 있으므로 해당 분석도구에 대한 사전 학습이 요구된다.

다음 설명을 참고하여 기사를 읽고 B자동차가 취할 수 있는 전략으로 옳은 것은?

'SWOT'는 Strength(강점), Weakness(약점), Opportunity(기회), Threat(위협)의 머리글자를 따서 만든 단어로, 경영 전략을 세우는 방법론이다. SWOT로 도출된 조직의 내·외부 환경을 분석하고, 이 결과를 통해 대응전략을 구상할 수 있다. 'SO전략'은 기회를 활용하기 위해 강점을 사용하는 전략이고, 'WO전략'은 약점을 보완 또는 극복하여 시장의 기회를 활용하는 전략이다. 'ST전략'은 위협을 피하기 위해 강점을 활용하는 방법이며, 'WT전략'은 위협요인을 피하기 위해 약점을 보완하는 전략이다.

- 새로운 정권의 탄생으로 자동차 업계 내 새로운 바람이 불 것으로 예상된다. A당선인이 이번 선거에서 친환경차 보급 확대를 주요 공약으로 내세웠고, 공약에 따라 공공기관용 친환경차 비율을 70%로 상향시키기로 하고, 친환경차 보조금 확대 등을 통해 친환경차 보급률을 높이겠다는 계획을 세웠다. 또한 최근 환경을 생각하는 국민 의식의 향상과 친환경차의 연비 절감 부분이 친환경차 구매 욕구 상승에 기여하고 있다.
- B자동차는 기존에 전기자동차 모델들을 꾸준히 출시하여 성장세가 두드러지고 있는데다 고객들의 다양한 구매 욕구를 충족시킬 만한 전기자동차 상품의 다양성을 확보하였다. 또한, B자동차의 전기자동차 미국 수출이 증가하고 있는 만큼 앞으로의 전망도 밝을 것으로 예상된다.

① SO전략 ② WO전략
③ ST전략 ④ WT전략

정답 ①

- Strength(강점) : B자동차는 전기자동차 모델들을 꾸준히 출시하여 성장세가 두드러지고 있는데다 고객들의 다양한 구매 욕구를 충족시킬 만한 전기자동차 상품의 다양성을 확보하였다.
- Opportunity(기회) : 새로운 정권에서 친환경차 보급 확대에 적극 나설 것으로 보인다는 점과 환경을 생각하는 국민 의식의 향상과 친환경차의 연비 절감 부분이 친환경차 구매 욕구 상승에 기여하고 있으며 B자동차의 미국 수출이 증가하고 있다.

따라서 해당 기사를 분석하면 SO전략이 적절하다.

풀이 전략!

문제에 제시된 분석도구를 확인한 후, 분석 결과를 종합적으로 판단하여 각 선택지의 전략 과제와 일치 여부를 판단한다.

대표유형 04

| 문제처리 ② |

공정 관리

유형분석

• 주어진 상황과 정보를 종합적으로 활용하여 풀어가는 문제이다.
• 비용, 시간, 순서, 해석 등 다양한 주제를 다루고 있어 유형을 한 가지로 단일화하기 어렵다.

다음은 제품 생산에 따른 공정 관리를 나타낸 자료이다. 이에 대한 설명으로 옳은 것을 〈보기〉에서 모두 고르면?(단, 각 공정은 동시 진행이 가능하다)

공정 활동	선행 공정	시간(분)
A. 부품 선정	없음	2
B. 절삭 가공	A	2
C. 연삭 가공	A	5
D. 부품 조립	B, C	4
E. 전해 연마	D	3
F. 제품 검사	E	1

※ 공정 간 부품의 이동 시간은 무시하며, A공정부터 시작되어 공정별로 1명의 작업 담당자가 수행한다.

보기

ㄱ. 전체 공정을 완료하기 위해서는 15분이 소요된다.
ㄴ. 첫 제품 생산 후부터 1시간마다 3개씩 제품이 생산된다.
ㄷ. B공정이 1분 더 지연되어도 전체 공정 시간은 변화가 없다.

① ㄱ
② ㄴ
③ ㄱ, ㄷ
④ ㄴ, ㄷ

정답 ③

ㄱ. 공정 순서는 A → B·C → D → E → F로, 전체 공정이 완료되기 위해서는 15분이 소요된다.
ㄷ. B공정이 1분 더 지연되어도 C공정에서 5분이 걸리기 때문에 전체 공정 시간에는 변화가 없다.

오답분석

ㄴ. 첫 제품 생산 후부터는 5분마다 제품이 생산되기 때문에 첫 제품 생산 후부터 1시간마다 12개의 제품이 생산된다.

풀이 전략!

문제에서 묻는 것을 정확히 파악한 후, 필요한 상황과 정보를 찾아 이를 활용하여 문제를 풀어간다.

CHAPTER 01

모듈이론

01 문제해결능력

1. 문제의 의의

(1) 문제와 문제점

문제	업무를 수행함에 있어서 답을 요구하는 질문이나 의논하여 해결해야 하는 사항
문제점	문제의 원인이 되는 사항으로 문제해결을 위해서 조치가 필요한 대상

난폭운전으로 전복사고가 일어난 경우는 '사고의 발생'이 문제이며, '난폭운전'은 문제점이다.

(2) 문제의 유형

① 기능에 따른 분류 : 제조 문제, 판매 문제, 자금 문제, 인사 문제, 경리 문제, 기술상 문제
② 시간에 따른 분류 : 과거 문제, 현재 문제, 미래 문제
③ 해결방법에 따른 분류 : 논리적 문제, 창의적 문제

(3) 발생형 문제, 탐색형 문제, 설정형 문제

구분	내용
발생형 문제 (보이는 문제)	• 우리 눈앞에 발생되어 걱정하고 해결하기 위해 고민하는 문제를 말하며 원인지향적인 문제라고도 함 • 일탈 문제 : 어떤 기준을 일탈함으로써 생기는 문제 • 미달 문제 : 기준에 미달하여 생기는 문제
탐색형 문제 (찾는 문제)	• 현재의 상황을 개선하거나 효율을 높이기 위한 문제를 말하며 문제를 방치하면 뒤에 큰 손실이 따르거나 해결할 수 없게 되는 것 • 잠재 문제 : 문제가 잠재되어 인식하지 못하다가 결국 문제가 확대되어 해결이 어려운 문제 • 예측 문제 : 현재는 문제가 아니지만 계속해서 현재 상태로 진행할 경우를 가정하고 앞으로 일어날 수 있는 문제 • 발견 문제 : 현재는 문제가 없으나 좋은 제도나 기법, 기술을 발견하여 개선, 향상할 수 있는 문제
설정형 문제 (미래의 문제)	• 장래의 경영전략을 통해 앞으로 어떻게 할 것인가 하는 문제 • 새로운 목표를 설정함에 따라 일어나는 문제로서 목표 지향적 문제라고도 함 • 지금까지 경험한 바가 없는 문제로 많은 창조적인 노력이 요구되므로 창조적 문제라고도 함

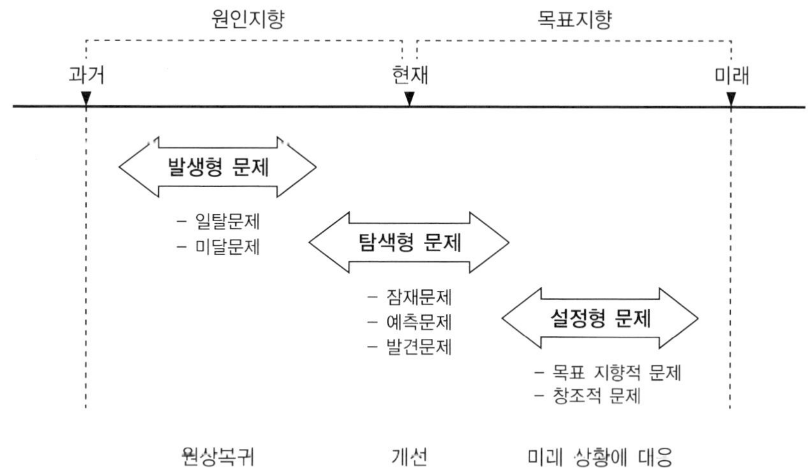

핵심예제

다음 중 문제에 대한 설명으로 적절하지 않은 것은?

① 업무를 수행함에 있어서 답을 요구하는 질문이나 의논하여 해결해야 되는 사항을 의미한다.
② 해결하기를 원하지만 실제로 해결해야 하는 방법을 모르고 있는 상태도 포함된다.
③ 얻고자 하는 해답이 있지만 그 해답을 얻는 데 필요한 일련의 행동을 알지 못한 상태도 있다.
④ 일반적으로 발생형 문제, 설정형 문제, 논리적 문제로 구분된다.

문제는 일반적으로 발생형 문제, 탐색형 문제, 설정형 문제로 구분된다.

정답 ④

2. 문제해결의 의의

(1) 문제해결이란?

목표와 현상을 분석하고, 분석 결과를 토대로 주요 과제를 도출한 뒤, 바람직한 상태나 기대되는 결과가 나타나도록 최적의 해결책을 찾아 실행, 평가해가는 활동을 말한다.

(2) 문제해결에 필요한 기본요소

① 체계적인 교육훈련
② 창조적 스킬의 습득
③ 전문영역에 대한 지식 습득
④ 문제에 대한 체계적인 접근

3. 문제해결에 필요한 기본적 사고

(1) 전략적 사고

현재 당면하고 있는 문제와 해결방법에만 집착하지 말고, 그 문제와 해결방안이 상위 시스템 또는 다른 문제와 어떻게 연결되어 있는지를 생각하는 것이 필요하다.

(2) 분석적 사고

전체를 각각의 요소로 나누어 그 요소의 의미를 도출한 다음 우선순위를 부여하고 구체적인 문제해결방법을 실행하는 것이 요구된다.

문제의 종류	요구되는 사고
성과 지향의 문제	기대하는 결과를 명시하고 효과적으로 달성하는 방법을 사전에 구상하고 실행에 옮길 것
가설 지향의 문제	현상 및 원인분석 전에 지식과 경험을 바탕으로 일의 과정이나 결과, 결론을 가정한 다음 검증 후 사실일 경우 다음 단계의 일을 수행할 것
사실 지향의 문제	일상 업무에서 일어나는 상식, 편견을 타파하여 객관적 사실로부터 사고와 행동을 출발할 것

(3) 발상의 전환

사물과 세상을 바라보는 인식의 틀을 전환하여 새로운 관점에서 바로 보는 사고를 지향하는 것이 필요하다.

(4) 내 · 외부자원의 효과적 활용

기술, 재료, 방법, 사람 등 필요한 자원 확보 계획을 수립하고 내 · 외부자원을 효과적으로 활용하도록 해야 한다.

핵심예제

다음 중 문제해결에 필요한 기본적 사고로 적절한 것은?

① 외부자원만을 효과적으로 활용한다.
② 전략적 사고를 해야 한다.
③ 같은 생각을 유지한다.
④ 추상적 사고를 해야 한다.

문제해결에 필요한 기본적 사고
전략적 사고, 분석적 사고, 발상의 전환, 내 · 외부자원의 활용

4. 문제해결의 장애요소

- 문제를 철저하게 분석하지 않는 것
- 고정관념에 얽매이는 것
- 쉽게 떠오르는 단순한 정보에 의지하는 것
- 너무 많은 자료를 수집하려고 노력하는 것

5. 제3자를 통한 문제해결

종류	내용
소프트 어프로치	• 대부분의 기업에서 볼 수 있는 전형적인 스타일 • 조직 구성원들이 같은 문화적 토양을 가짐 • 직접적인 표현보다는 암시를 통한 의사전달 • 제3자 : 결론을 미리 그려가면서 권위나 공감에 의지함 • 결론이 애매하게 산출되는 경우가 적지 않음
하드 어프로치	• 조직 구성원들이 상이한 문화적 토양을 가짐 • 직설적인 주장을 통한 논쟁과 협상 • 논리, 즉 사실과 원칙에 근거한 토론 • 제3자 : 지도와 설득을 통해 전원이 합의하는 일치점 추구 • 이론적으로는 가장 합리적인 방법 • 창조적인 아이디어나 높은 만족감을 이끌어내기 어려움
퍼실리테이션	• 그룹이 나아갈 방향을 알려주고, 공감을 이룰 수 있도록 도와주는 것 • 제3자 : 깊이 있는 커뮤니케이션을 통해 창조적인 문제해결 도모 • 창조적인 해결방안 도출, 구성원의 동기와 팀워크 강화 • 퍼실리테이터의 줄거리대로 결론이 도출되어서는 안 됨

PART 3

02 사고력

1. 창의적 사고의 의의

(1) 창의적 사고란?

당면한 문제를 해결하기 위해 이미 알고 있는 경험과 지식을 해체하여 다시 새로운 정보로 결합함으로써 새로운 아이디어를 다시 도출하는 것이다.

(2) 창의적 사고의 특징

- 발산적(확산적) 사고
- 새롭고 유용한 아이디어를 생산해 내는 정신적인 과정
- 기발하거나, 신기하며 독창적인 것
- 유용하고 적절하며, 가치가 있는 것
- 기존의 정보들을 새롭게 조합시킨 것

핵심예제

다음 중 창의적 사고의 특징으로 적절하지 않은 것은?

① 외부 정보끼리의 조합이다.
② 사회나 개인에게 새로운 가치를 창출한다.
③ 창조적인 가능성이다.
④ 사고력, 성격, 태도 등의 전인격적인 가능성을 포함한다.

창의적 사고는 정보와 정보의 조합으로, 정보에는 내부 정보와 외부 정보가 있다.

정답 ①

2. 창의적 사고의 개발 방법

(1) 자유 연상법 – 생각나는 대로 자유롭게 발상 – 브레인스토밍

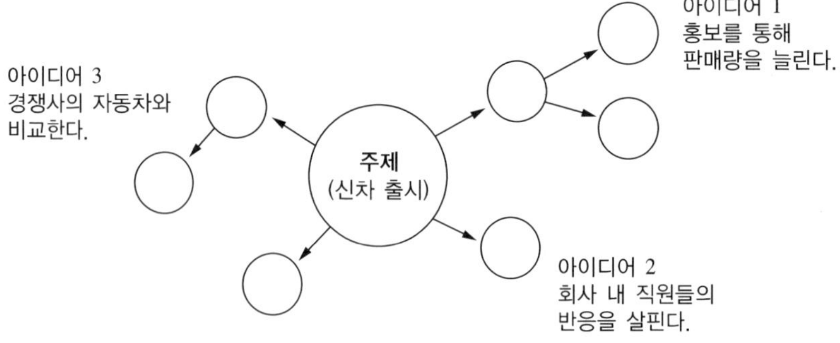

(2) 강제 연상법 – 각종 힌트와 강제적으로 연결지어서 발상 – 체크리스트

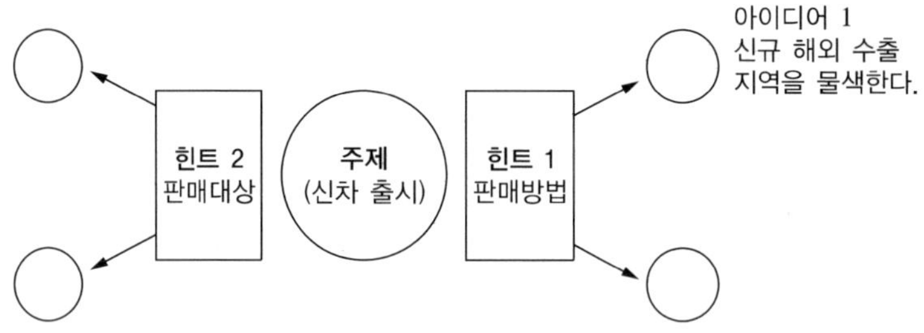

(3) 비교 발상법 – 주제의 본질과 닮은 것을 힌트로 발상 – NM법, Synectics

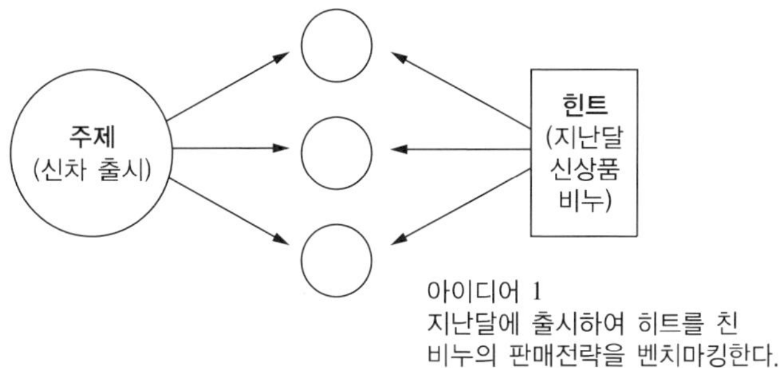

(4) 브레인스토밍 진행 방법

- 주제를 구체적이고 명확하게 성한다.
- 구성원의 얼굴을 볼 수 있는 좌석 배치와 큰 용지를 준비한다.
- 구성원들의 다양한 의견을 도출할 수 있는 사람을 리더로 선출한다.
- 구성원은 다양한 분야의 사람들로 5 ~ 8명 정도로 구성한다.
- 발언은 누구나 자유롭게 할 수 있도록 하며, 모든 발언 내용을 기록한다.
- 아이디어에 대한 평가는 비판해서는 안 된다.

PART 3

3. 논리적 사고

(1) 논리적 사고란?

사고의 전개에 있어서 전후의 관계가 일치하고 있는가를 살피고, 아이디어를 평가하는 능력을 말한다.

(2) 논리적 사고의 5요소

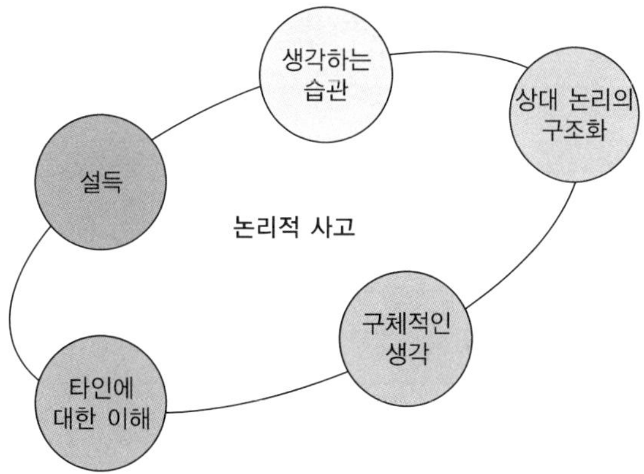

(3) 논리적 사고를 개발하기 위한 방법

① 피라미드 기법

보조 메시지들을 통해 주요 메인 메시지를 얻고, 다시 메인 메시지를 종합한 최종적인 정보를 도출해 내는 방법이다.

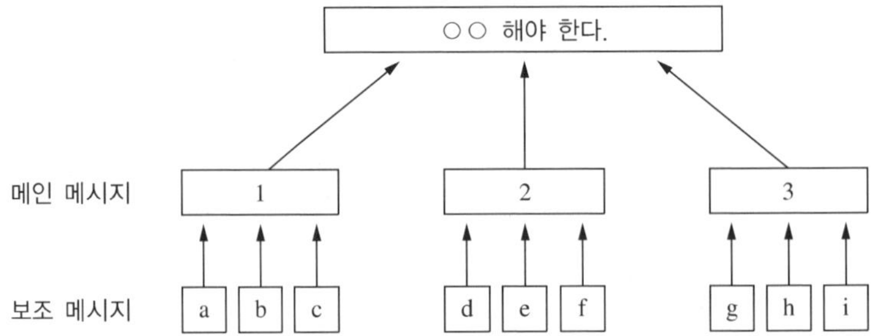

② So What 기법

"그래서 무엇이지?" 하고 자문자답하는 의미로 눈앞에 있는 정보로부터 의미를 찾아내어 가치 있는 정보를 이끌어 내는 사고이다. "So What?"은 "어떻게 될 것인가?", "어떻게 해야 한다."라는 내용이 포함되어야 한다. 아래는 이에 대한 사례이다.

[상황]

ㄱ. 우리 회사의 자동차 판매대수가 사상 처음으로 전년 대비 마이너스를 기록했다.
ㄴ. 우리나라의 자동차 업계 전체는 일제히 적자 결산을 발표했다.
ㄷ. 주식 시장은 몇 주간 조금씩 하락하는 상황에 있다.

[So What?을 사용한 논리적 사고의 예]

a. 자동차 판매의 부진
b. 자동차 산업의 미래
c. 자동차 산업과 주식시장의 상황
d. 자동차 관련 기업의 주식을 사서는 안 된다.
e. 지금이야말로 자동차 관련 기업의 주식을 사야 한다.

[해설]

a. 상황 ㄱ만 고려하고 있으므로 So What의 사고에 해당하지 않는다.
b. 상황 ㄷ을 고려하지 못하고 있으므로 So What의 사고에 해당하지 않는다.
c. 상황 ㄱ~ㄷ을 모두 고려하고는 있으나 자동차 산업과 주식시장이 어떻게 된다는 것을 알 수 없으므로 So What의 사고에 해당하지 않는다.
d·e. "주식을 사지 마라(사라)."는 메시지를 주고 있으므로 So What의 사고에 해당한다.

핵심예제

다음 중 논리적 사고를 위한 요소가 아닌 것은?

① 생각하는 습관
② 상대 논리의 구조화
③ 타인에 대한 이해·설득
④ 추상적인 생각

논리적 사고의 요소
생각하는 습관, 상대 논리의 구조화, 구체적인 생각, 타인에 대한 이해·설득

정답 ④

4. 비판적 사고

(1) 비판적 사고란?

어떤 주제나 주장 등에 대해서 적극적으로 분석하고 종합하며 평가하는 능동적인 사고를 말한다. 이는 문제의 핵심을 중요한 대상으로 하며, 지식과 정보를 바탕으로 합당한 근거에 기초를 두고 현상을 분석, 평가하는 사고이다. 비판적 사고를 개발하기 위해서는 지적 호기심, 객관성, 개방성, 융통성, 지적 회의성, 지적 정직성, 체계성, 지속성, 결단성, 다른 관점에 대한 존중과 같은 합리적인 태도가 요구된다.

(2) 비판적 사고에 필요한 태도

① 문제의식

문제의식을 가지고 있다면 주변에서 발생하는 사소한 것에서도 정보를 수집하고 새로운 아이디어를 끊임없이 생산해 낼 수 있다.

② 고정관념 타파

지각의 폭을 넓히는 일은 정보에 대한 개방성을 가지고 편견을 갖지 않는 것으로 이를 위해서는 고정관념을 타파하는 것이 중요하다.

03 문제처리능력

1. 문제 인식

(1) 문제 인식 절차

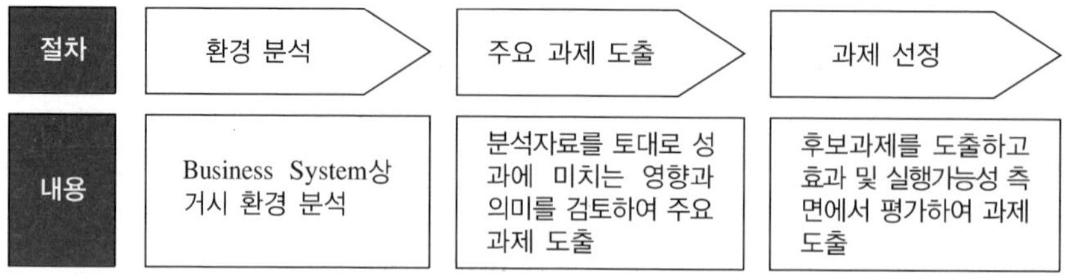

절차	환경 분석	주요 과제 도출	과제 선정
내용	Business System상 거시 환경 분석	분석자료를 토대로 성과에 미치는 영향과 의미를 검토하여 주요 과제 도출	후보과제를 도출하고 효과 및 실행가능성 측면에서 평가하여 과제 도출

(2) 환경 분석

① 3C 분석

사업환경을 구성하고 있는 요소인 자사, 경쟁사, 고객을 3C라고 한다.

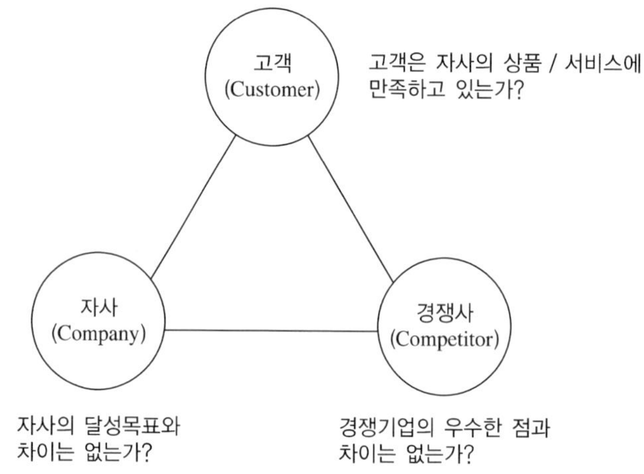

② SWOT 분석

㉠ 의의 : 기업내부의 강점, 약점과 외부환경의 기회, 위협요인을 분석 평가하고 이들을 서로 연관지어 전략을 개발하고 문제해결 방안을 개발하는 방법이다.

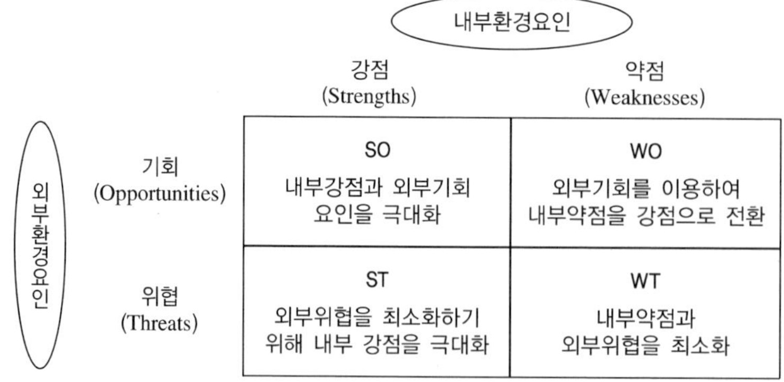

외부환경요인 \ 내부환경요인	강점 (Strengths)	약점 (Weaknesses)
기회 (Opportunities)	SO 내부강점과 외부기회 요인을 극대화	WO 외부기회를 이용하여 내부약점을 강점으로 전환
위협 (Threats)	ST 외부위협을 최소화하기 위해 내부 강점을 극대화	WT 내부약점과 외부위협을 최소화

ⓛ SWOT 분석방법

외부환경 분석	• 좋은 쪽으로 작용하는 것은 기회, 나쁜 쪽으로 작용하는 것은 위협으로 분류 • 언론매체, 개인 정보망 등을 통하여 입수한 상식적인 세상의 변화 내용을 시작으로 당사자에게 미치는 영향을 순서대로, 점차 구체화 • 인과관계가 있는 경우 화살표로 연결 • 동일한 Data라도 자신에게 긍정적으로 전개되면 기회로, 부정적으로 전개되면 위협으로 구분 • 외부환경분석 시에는 SCEPTIC 체크리스트를 활용 ① Social (사회), ② Competition (경쟁), ③ Economic (경제), ④ Politic (정치), ⑤ Technology (기술), ⑥ Information (정보), ⑦ Client (고객)
내부환경 분석	• 경쟁자와 비교하여 나의 강점과 약점을 분석 • 강점과 약점의 내용 : 보유하거나 동원 가능하거나 활용 가능한 자원 • 내부환경분석에는 MMMITI 체크리스트를 활용 ① Man (사람), ② Material (물자), ③ Money (돈), ④ Information (정보), ⑤ Time (시간), ⑥ Image (이미지)

ⓒ SWOT 진략 수립 방법

내부의 강점과 약점을, 외부의 기회와 위협을 대응시켜 기업 목표 달성을 위한 SWOT 분석을 바탕으로 구축한 발전전략의 특성은 다음과 같다.

SO전략	외부환경의 기회를 활용하기 위해 강점을 사용하는 전략 선택
ST전략	외부환경의 위협을 회피하기 위해 강점을 사용하는 전략 선택
WO전략	자신의 약점을 극복함으로써 외부환경의 기회를 활용하는 전략 선택
WT전략	약점을 보완해 미래의 위협에 대응하거나 비상시 대처하기 위한 전략

(3) 주요 과제 도출

과제 도출을 위해서는 다양한 과제 후보안을 다음 그림과 같은 표를 이용해서 하는 것이 체계적이며 바람직하다. 주요 과제 도출을 위한 과제안 작성 시, 과제안 간의 동일한 수준, 표현의 구체성, 기간 내 해결 가능성 등을 확인해야 한다.

(4) 과제 선정

과제안 중 효과 및 실행 가능성 측면을 평가하여 가장 우선순위가 높은 안을 선정하며, 우선순위 평가 시에는 과제의 목적, 목표, 자원현황 등을 종합적으로 고려하여 평가한다.

(5) 과제안 평가기준

과제해결의 중요성, 과제착수의 긴급성, 과제해결의 용이성을 고려하여 여러 개의 평가기준을 동시에 설정하는 것이 바람직하다.

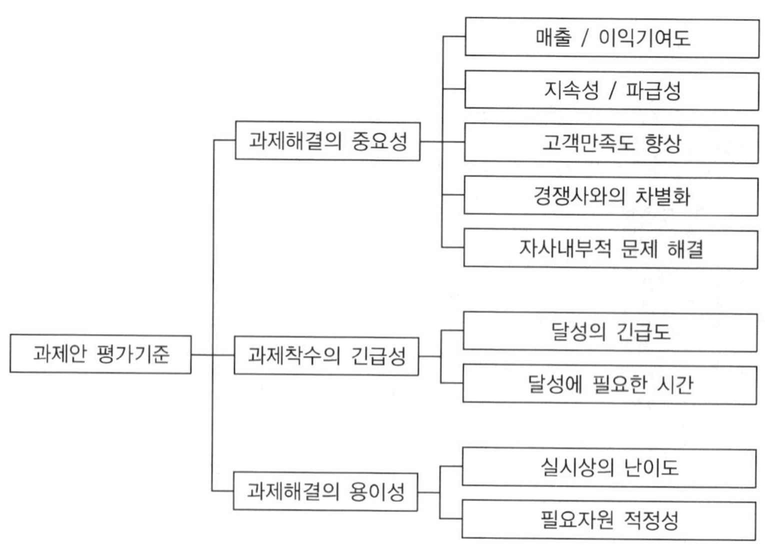

2. 문제 도출

(1) 세부 절차

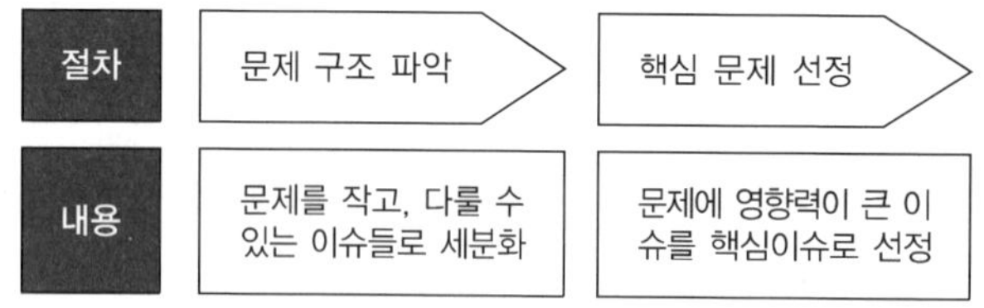

(2) 문제 구조 파악

전체 문제를 개별화된 세부 문제로 쪼개는 과정으로 문제의 내용 및 부정적인 영향 등을 파악하여 문제의 구조를 도출해내는 것이다. 이를 위해서는 문제가 발생한 배경이나 문제를 일으키는 원인을 분명히 해야 하며, 문제의 본질을 다양하고 넓은 시야로 보아야 한다.

(3) Logic Tree

주요 과제를 나무모양으로 분해, 정리하는 기술로서, 제한된 시간 동안 문제의 원인을 깊이 파고든다든지, 해결책을 구체화할 때 유용하게 사용된다. 이를 위해서는 전체 과제를 명확히 해야 하며, 분해해 가는 가지의 수준을 맞춰야 하고, 원인이 중복되거나 누락되지 않고 각각의 합이 전체를 포함해야 한다.

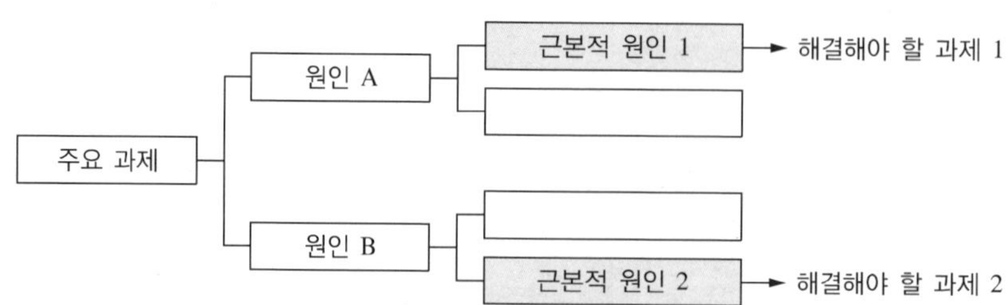

3. 원인 분석

(1) 세부 절차

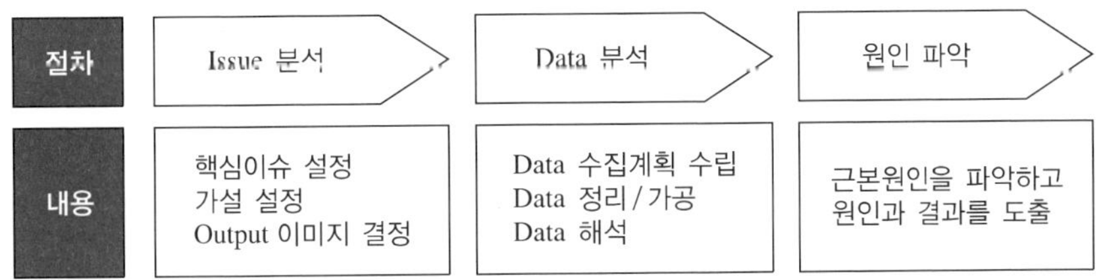

(2) Issue 분석

① 핵심이슈 설정

업무에 가장 크게 영향을 미치는 문제로 선정하며, 사내외 고객 인터뷰 등을 활용한다.

② 가설 설정

이슈에 대해 자신의 직관, 경험 등에 의존하여 일시적인 결론을 예측하는 것이며, 설정된 가설은 관련자료 등을 통해 검증할 수 있어야 하고, 논리적이며 객관적이어야 한다.

③ Output 이미지 결정

가설검증계획에 따라 분석결과를 미리 이미지화하는 것이다.

(3) Data 분석

① Data 수집계획 수립

데이터 수집 시에는 목적에 따라 수집 범위를 정하고, 전체 자료의 일부인 표본을 추출하는 전통적인 통계학적 접근과 전체 데이터를 활용한 빅데이터 분석을 구분해야 한다. 이때, 객관적인 사실을 수집해야 하며 자료의 출처를 명확히 밝힐 수 있어야 한다.

② Data 정리 / 가공

데이터 수집 후에는 목적에 따라 수집된 정보를 항목별로 분류 정리하여야 한다.

③ Data 해석

정리된 데이터는 '무엇을', '왜', '어떻게' 측면에서 의미를 해석해야 한다.

(4) 원인 파악

① 단순한 인과관계

원인과 결과를 분명하게 구분할 수 있는 경우로, 날씨가 더울 때 아이스크림 판매량이 증가하는 경우가 이에 해당한다.

② 닭과 계란의 인과관계

원인과 결과를 구분하기가 어려운 경우로, 브랜드의 향상이 매출확대로 이어지고, 매출확대가 다시 브랜드의 인지도 향상으로 이어져 원인과 결과를 쉽게 밝혀내기 어려운 상황이 이에 해당한다.

③ 복잡한 인과관계

단순한 인과관계와 닭과 계란의 인과관계의 유형이 복잡하게 서로 얽혀 있는 경우로, 대부분의 문제가 이에 해당한다.

4. 해결안 개발

(1) 세부 절차

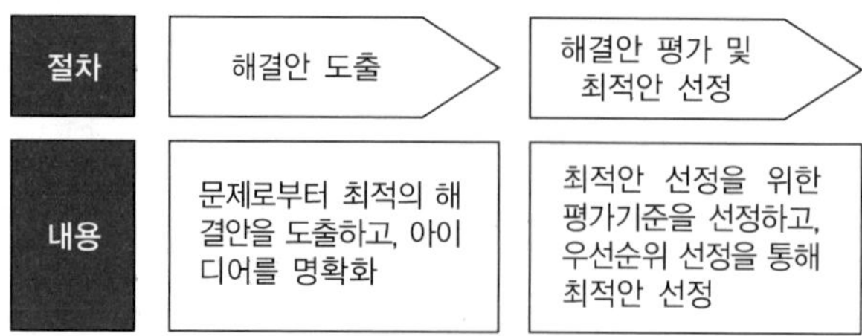

절차
해결안 도출
해결안 평가 및 최적안 선정
내용
문제로부터 최적의 해결안을 도출하고, 아이디어를 명확화
최적안 선정을 위한 평가기준을 선정하고, 우선순위 선정을 통해 최적안 선정

(2) 해결안 도출 과정

① 근본원인으로 열거된 내용을 어떠한 방법으로 제거할 것인지를 명확히 한다.
② 독창적이고 혁신적인 방안을 도출한다.
③ 유사한 방법이나 목적을 갖는 내용을 군집화한다.
④ 최종 해결안을 정리한다.

(3) 해결안 평가 및 최적안 선정

문제(What), 원인(Why), 방법(How)를 고려해서 해결안을 평가하고 가장 효과적인 해결안을 선정해야 하며, 중요도와 실현가능성 등을 고려해서 종합적인 평가를 내리고, 채택 여부를 결정하는 과정이다.

5. 실행 및 평가

(1) 세부 절차

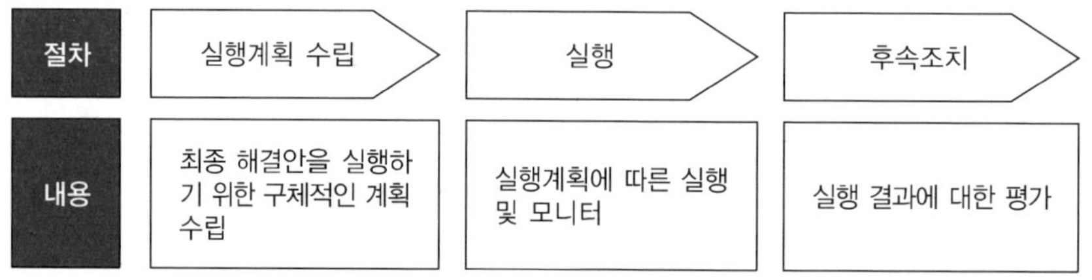

최종 해결안을 실행하기 위한 구체적인 계획 수립
실행계획에 따른 실행 및 모니터
실행 결과에 대한 평가

(2) 실행계획 수립

세부 실행내용의 난이도를 고려하여 가급적 구체적으로 세우는 것이 좋으며, 해결안별 실행계획서를 작성함으로써 실행의 목적과 과정별 진행내용을 일목요연하게 파악하도록 하는 것이 필요하다.

(3) 실행 및 후속조치

① 파일럿 테스트를 통해 문제점을 발견하고, 해결안을 보완한 후 대상 범위를 넓혀서 전면적으로 실시해야 한다. 그리고 실행상의 문제점 및 장애요인을 신속히 해결하기 위해서 모니터링 체제를 구축하는 것이 바람직하다.

② 모니터링 시 고려 사항

- 바람직한 상태가 달성되었는가?
- 문제가 재발하지 않을 것을 확신할 수 있는가?
- 사전에 목표한 기간 및 비용은 계획대로 지켜졌는가?
- 혹시 또 다른 문제를 발생시키지 않았는가?
- 해결책이 주는 영향은 무엇인가?

핵심예제

다음 중 문제해결 과정을 순서대로 바르게 나열한 것은?

ㄱ. 문제 인식	ㄴ. 실행 및 평가
ㄷ. 원인 분석	ㄹ. 문제 도출
ㅁ. 해결안 개발	

① ㄱ－ㄴ－ㄷ－ㄹ－ㅁ
② ㄱ－ㄹ－ㄷ－ㅁ－ㄴ
③ ㄴ－ㄷ－ㄹ－ㅁ－ㄱ
④ ㄹ－ㄱ－ㄷ－ㅁ－ㄴ

문제해결 과정
문제 인식 → 문제 도출 → 원인 분석 → 해결안 개발 → 실행 및 평가

정답 ②

PART 3

CHAPTER 02

기출복원문제

정답 및 해설 p.036

01 한국철도공사

01 다음은 사내 워크숍을 준비하기 위해 조사한 정보이다. 다음의 조사를 바탕으로 C가 반드시 참석하는 경우, 현 부서의 참석자를 타당하게 추론한 것은?(단, 부서의 총 인원은 A, B, C, D, E 5명이다)

> [정보 1] B가 워크숍에 참여하면 E는 참여할 수 없다.
> [정보 2] D는 B와 E 모두가 참여하지 않을 경우에만 참석한다.
> [정보 3] A가 워크숍에 갈 경우 B 혹은 D 중의 한 명이 함께 참석한다.
> [정보 4] C가 워크숍에 참석하면 D는 참석하지 않는다.
> [정보 5] C가 워크숍에 참여하면 A도 참여한다.

① A, B, C
② A, C, D
③ A, C, D, E
④ A, B, C, D
⑤ A, B, C, E

02 A ~ E 다섯 약국은 공휴일마다 2곳씩만 영업을 한다. 알려진 사실이 다음과 같을 때 반드시 참인 것은?(단, 한 달간 각 약국의 공휴일 영업일 수는 같다)

> • 이번 달 공휴일은 총 5일이다.
> • 오늘은 세 번째 공휴일이며 A약국, C약국이 영업을 한다.
> • D약국은 오늘을 포함하여 이번 달에는 더 이상 공휴일에 영업을 하지 않는다.
> • E약국은 마지막 공휴일에 영업을 한다.
> • A약국과 E약국은 이번 달에 한번씩 D약국과 영업을 했다.

① A약국은 이번 달에 두 번의 공휴일을 연달아 영업한다.
② 이번 달에 B약국, E약국이 함께 영업하는 공휴일은 없다.
③ B약국은 두 번째, 네 번째 공휴일에 영업을 한다.
④ 네 번째 공휴일에 영업하는 약국은 B와 C이다.
⑤ E약국은 첫 번째, 다섯 번째 공휴일에 영업을 한다.

03 다음 기사의 내용으로 미루어 볼 때, 청년 고용시장에 대한 〈보기〉의 정부 관계자들의 태도로 가장 적절한 것은?

정부가 향후 3~4년을 청년실업 위기로 판단한 것은 에코세대(1991~1996년생 · 베이비부머의 자녀세대)의 노동시장 진입 때문이었다. 에코세대가 본격적으로 취업전선에 뛰어들면서 일시적으로 청년실업 상황이 더 악화될 것이라고 생각했다. 2021년을 기점으로 청년인구가 감소하기 시작하면 청년실업 문제가 일부 해소될 것이라는 정부의 전망도 이런 맥락에서 나왔다. 고용노동부 임서정 고용정책실장은 "2021년 이후 인구문제와 맞물리면 청년 고용시장 여건은 좀 더 나아질 것이라 생각한다."라고 말했다.그러나 청년인구 감소가 청년실업 문제 완화로 이어질 것이란 생각은 지나치게 낙관적이라는 지적도 나오고 있다. 한국노동연구원 김유빈 부연구위원은 "지금의 대기업과 중소기업, 정규직과 비정규직 간 일자리 질의 격차를 해소하지 않는 한 청년실업 문제는 더 심각해질 수 있다."라고 우려했다. 일자리 격차가 메워지지 않는 한 질 좋은 직장을 구하기 위해 자발적 실업 상황조차 감내하는 현 청년들의 상황이 개선되지 않을 것이기 때문이다.한국보다 먼저 청년실업 사태를 경험한 일본을 비교대상으로 거론하는 것도 적절하지 않다는 지적이 나온다. 일본의 경우 청년인구가 줄면서 청년실업 문제는 상당 부분 해결됐다. 하지만 이는 '단카이 세대(1947 ~ 1949년에 태어난 일본의 베이비부머)'가 노동시장에서 빠져나오는 시점과 맞물렸기 때문에 가능했다. 베이비부머가 1 ~ 2차에 걸쳐 넓게 포진된 한국과는 상황이 다르다는 것이다.김 부연구위원은 "일본에서도 (일자리) 질적 문제는 나타나고 있다."며 "일자리 격차가 큰 한국에선 문제가 더 심각하게 나타날 수 있어 중장기적 대책이 필요하다."고 말했다.

보기

- 기재부 1차관 : '구구팔팔(국내 사업체 중 중소기업 숫자가 99%, 중기 종사자가 88%란 뜻)'이란 말이 있다. 중소기업을 새로운 성장동력으로 만들어야 한다. 취업에서 중소기업 선호도는 높지 않다. 여러 가지 이유 중 임금 격차도 있다. 청년에게 중소기업에 취업하고자 하는 유인을 줄 수 있는 수단이 없다. 그 격차를 메워 의사 결정의 패턴을 바꾸자는 것이다. 앞으로 에코세대의 노동시장 진입하는 4년 정도가 중요한 시기이다.
- 고용노동부 고용정책실장 : 올해부터 3 ~ 4년은 인구 문제가 크고, 그로 인한 수요 · 공급 문제가 있다. 개선되는 방향으로 가더라도 '에코세대' 대응까지 맞추기 쉽지 않다. 때문에 집중투자를 해야 한다. 3 ~ 4년 후에는 격차를 줄여가기 위한 대책도 병행하겠다. 이후부터는 청년의 공급이 줄어들기 때문에 인구 측면에서 노동시장에 유리한 조건이 된다.

① 올해를 가장 좋지 않은 시기로 평가하고 있다.
② 현재 회복국면에 있다고 판단하고 있다.
③ 실제 전망은 어둡지만, 밝은 면을 강조하여 말하고 있다.
④ 에코세대의 노동시장 진입을 통해 청년실업 위기가 해소될 것으로 기대하고 있다.
⑤ 한국의 상황이 일본보다 낫다고 평가하고 있다.

※ 어떤 의사는 다음 규칙으로 회진을 한다. 자료를 보고 이어지는 질문에 답하시오. **[4~5]**

〈병실 위치〉

101호	102호	103호	104호
105호	106호	107호	108호

〈환자 정보〉

환자	호실	일정
A	101호	09:00 ~ 09:40 정기 검사
B	107호	11:00 ~ 12:00 오전 진료
C	102호	10:20 ~ 11:00 오전 진료
D	106호	10:20 ~ 11:00 재활 치료
E	103호	10:00 ~ 10:30 친구 문병
F	101호	08:30 ~ 09:45 가족 문병

〈회진규칙〉

- 회진은 한 번에 모든 환자를 순서대로 한 번에 순회한다.
- 101호부터 회진을 시작한다.
- 같은 방에 있는 환자는 연속으로 회진한다.
- 회진은 9시 30분부터 12시까지 완료한다.
- 환자의 일정이 있는 시간은 기다린다.
- 회진은 환자 한 명 마다 10분이 소요된다.
- 각 방을 이동하는데 옆방(예 105호 옆방은 106호)은 행동 수치 1을, 마주보는 방(예 104호 마주보는 방 108호)은 행동 수치 2가 소요된다(시간에 적용하지는 않는다).
- 방을 이동하는데 소요되는 행동 수치가 가장 적게 되도록 회진한다.

04 **다음 중 의사가 3번째로 회진하는 환자는?(단, 주어진 규칙 외의 다른 조건은 고려하지 않는다)**

① B
② C
③ D
④ E
⑤ F

05 **다음 중 의사의 회진에 대한 설명으로 옳은 것은?**

① 마지막으로 회진하는 환자는 E환자이다.
② 네 번째로 회진하는 환자는 B환자이다.
③ 회진은 11:00전에 모두 마칠 수 있다.
④ E환자는 B환자보다 먼저 회진한다.
⑤ 10시부터 회진을 시작하면 마지막에 회진 받는 환자가 바뀐다.

06 H병원은 다음과 같은 내용으로 저소득층지원사업을 시행하려고 한다. 〈보기〉 중 이 사업의 지원을 받을 수 있는 사람을 모두 고르면?

〈저소득층지원사업〉

▣ 사업개요
이 사업은 저소득층을 대상으로 ○○병원에서 자체적으로 시행하는 의료 지원사업

▣ 지원내역
- 진료비 전액 지원(입원비 제외)
- 출장 진료 가능
- 약, 수술 등의 비용은 제외

▣ 지원대상
- A지역 거주민만 해당
- 차상위계층
- 장애인
- 기초생활 수급자
- 한 부모 가정
- 청소년가장

▣ 유의점
- 한 가구에 한 명만 지원받을 수 있습니다.
- 지원대상의 부양가족도 지원받을 수 있습니다.

보기

가. 저는 A지역에서 살다가 B지역으로 이사한 고등학생입니다. 이번에 몸이 아파 가서 진찰을 받으려고 합니다.
나. A지역에 홀로 할아버지를 모시고 사는 청년입니다. 차상위 계층에 속하는데 할아버지 거동이 불편하셔서 출장 진료를 부탁하려 합니다.
다. 혼자 애를 기르고 있는 사람으로 A지역에 거주합니다. 아기가 열이 많이 나서 ○○병원에 입원시키려고 합니다.
라. 기초생활 수급을 받고 있는 A지역의 4인 가족입니다. 단체로 진료를 받고 가장 진료비가 많은 가족의 비용을 지원받고 싶습니다.

① 가, 나
② 가, 다
③ 나, 다
④ 나, 라
⑤ 다, 라

07 다음은 직원 A의 퇴직금 관련 자료이다. 직원 A가 받을 퇴직금은 얼마인가?(단, 직원 A는 퇴직금 조건을 모두 만족하며, 주어진 조건 외는 고려하지 않으며, 1,000원 미만은 절사한다)

〈퇴직금 산정 기준〉

- 근무한 개월에 따라 1년 미만이라도 정해진 기준에 따라 지급한다.
- 평균임금에는 기본급과 상여금, 기타 수당 등이 포함된다.
- 실비에는 교통비, 식비, 출장비 등이 포함된다.
- 1일 평균임금은 퇴직일 이전 3개월간에 지급받은 임금총액을 퇴직일 이전 3개월간의 근무일수의 합으로 나눠서 구한다.
- 1일 평균임금 산정기간과 총근무일수 중 육아휴직 기간이 있는 경우에는 그 기간과 그 기간 중에 지급된 임금은 평균임금 산정기준이 되는 기간과 임금의 총액에서 각각 뺀다.
- 실비는 평균임금에 포함되지 않는다.
- $(\text{퇴직금})=(\text{1일 평균임금})\times 30\text{일}\times\frac{(\text{총 근무일수})}{360\text{일}}$

보기

〈직원 A의 월급 명세서〉

(단위 : 만 원)

월	월 기본급	상여금	교통비	식비	기타수당	근무일수	기타
1월	160	–	20	20	25	31일	–
2월	160	–	20	20	25	28일	–
3월	160	–	20	20	25	31일	–
4월	160	–	20	20	25	22일	–
5월	160	–	20	20	–	16일	육아휴직 (10일)
6월	160	160	20	20	25	22일	7월 1일 퇴직

① 1,145,000원
② 1,289,000원
③ 1,376,000원
④ 1,596,000원
⑤ 1,675,000원

08 K기업의 1 ~ 3년 차 근무를 마친 사원들은 인사이동 시기를 맞아 근무지를 이동해야 한다. 근무지 이동 규정과 각 사원들이 근무지 이동을 신청한 내용이 다음과 같을 때, 이에 대한 설명으로 옳지 않은 것은?

〈근무지 이동 규정〉

- 수도권 지역은 여의도, 종로, 영등포이고, 지방의 지역은 광주, 제주, 대구이다.
- 2번 이상 같은 지역을(예 여의도 → 여의도×) 신청할 수 없다.
- 3년 연속 같은 수도권 지역이나 지방 지역을 신청할 수 없다.
- 2, 3년 차보다 1년 차 신입 및 1년 차 근무를 마친 직원이 신청한 내용이 우선 된다.
- 1년 차 신입은 전년도 평가 점수를 100점으로 한다.
- 직원 A ~ E는 서로 다른 곳에 배치된다.
- 같은 지역으로의 이동을 신청한 경우 전년도 평가 점수가 더 높은 사람이 우선하여 이동한다.
- 규정에 부합하지 않게 이동 신청을 한 경우, 신청한 곳에 배정 받을 수 없다.

〈근무지 이동 신청〉

직원	1년 차 근무지	2년 차 근무지	3년 차 근무지	신청지	전년도 평가
A	대구	–	–	종로	–
B	여의도	광주	–	영등포	92
C	종로	대구	여의도	미정	88
D	영등포	종로	–	여의도	91
E	광주	영등포	제주	여의도	89

① B는 영등포로 이동하게 될 것이다.
② C는 지방 지역으로 이동하고, E는 여의도로 이동하게 될 것이다.
③ A는 대구를 1년 차 근무지로 신청하였을 것이다.
④ D는 자신의 신청지로 이동하게 될 것이다.
⑤ C가 제주로 이동한다면, D는 광주나 대구로 이동하게 된다.

※ 다음은 원탁 테이블 3개가 있는 어느 카페의 하루 방문자 현황이다. 다음 자료를 읽고 이어지는 질문에 답하시오. [9~10]

- 카페에서 보유한 원탁에 대한 정보는 다음과 같으며, 카페는 각 원탁을 1개씩 보유하고 있다.
  - 2인용 원탁 : 1～2인만 앉을 수 있음
  - 4인용 원탁 : 2～4인만 앉을 수 있음
  - 6인용 원탁 : 3～6인만 앉을 수 있음
- 방문한 인원수에 맞추어 원탁을 배정하며 가능한 작은 원탁을 우선 배정한다.
- 함께 온 일행은 같이 앉을 수 있는 자리가 없다면 즉시 퇴장한다.
- 함께 온 일행들은 함께 앉을 수 있으면 같은 원탁에 앉고, 항상 함께 온 일행과 함께 나간다.
- 한 번 들어온 손님은 반드시 1시간 동안 머문 후 나간다.
- 카페 영업시간은 오전 9시부터 오후 10시까지다.
- 각 시각별로 새로운 고객 입장 및 새로운 고객 입장 전 기존 고객에 대한 정보는 다음과 같다. 이 외에 새로운 고객은 없다.

시간	새로운 고객	기존 고객	시간	새로운 고객	기존 고객
09:20	2	0	15:10	5	
10:10	1		16:45	2	
12:40	3		17:50	5	
13:30	5		18:40	6	
14:20	4		19:50	1	

※ 새로운 고객은 같이 온 일행이다.

09 다음 중 오후 3시 15분에 카페에 앉아 있는 손님은 총 몇 명인가?

① 1명
② 4명
③ 5명
④ 7명
⑤ 9명

10 다음 〈보기〉의 설명 중 옳지 않는 것을 모두 고르면?

보기

ㄱ. 오후 6시 정각에 카페에 있는 손님의 수는 5명이다.
ㄴ. 카페를 방문한 손님 중 돌아간 일행은 없다.
ㄷ. 오전에는 총 3명의 손님이 방문하였다.
ㄹ. 오후 2시 정각에는 2인용 원탁에 손님이 앉아있다.

① ㄱ, ㄴ
② ㄱ, ㄷ
③ ㄴ, ㄷ
④ ㄴ, ㄹ
⑤ ㄷ, ㄹ

11 K기업은 봉사 프로젝트를 위해 회의를 준비 중이다. 다음 명제들이 모두 참이라고 할 때, 항상 참인 진술은?

> • 회의장을 세팅하는 사람은 회의록을 작성하지 않는다.
> • 회의에 쓰일 자료를 복사하는 사람은 자료 준비에 참여한다.
> • 자료 준비에 참여하는 사람은 회의장 세팅에 참여하지 않는다.
> • 자료 준비를 하는 사람은 회의 중 회의록을 작성한다.

① A사원이 회의록을 작성하면 회의 자료를 준비한다.
② B사원이 회의록을 작성하지 않으면 회의장 세팅을 한다.
③ C사원이 회의에 쓰일 자료를 복사하면 회의록을 작성하지 않는다.
④ D사원이 회의장을 세팅하면 회의 자료를 복사한다.
⑤ E사원이 회의록을 작성하지 않으면 회의 자료를 복사하지 않는다.

PART 3

12 자동차회사에 다니는 A～C 세 사람은 각각 대전지점, 강릉지점, 군산지점으로 출장을 다녀왔다. A～C의 출장지는 서로 다르며 세 사람 중 한 사람만 참을 말할 때, 세 사람이 다녀온 출장지를 순서대로 나열한 것은?

> • A : 나는 대전지점에 가지 않았다.
> • B : 나는 강릉지점에 가지 않았다.
> • C : 나는 대전지점에 갔다.

	대전지점	강릉지점	군산지점
①	A	B	C
②	A	C	B
③	B	A	C
④	B	C	A
⑤	C	A	B

※ A회사는 직원들의 자기계발과 업무능력 증진을 위해 아래와 같이 다양한 사내교육을 제공하고 있다. 이어지는 질문에 답하시오. **[13~14]**

〈2022년 사내교육 일정표〉

구분	일정	가격
신입사원 사규 교육	2, 3월 첫째 주 목요일	10만 원
비즈니스 리더십	짝수달 셋째 주 월요일	20만 원
Excel 쉽게 활용하기	홀수달 셋째, 넷째 주 목요일	20만 원
One page 보고서 작성법	매월 첫째 주 목요일	23만 원
프레젠테이션 코칭	3, 7, 9월 둘째 주 수요일	18만 원
생활 속 재테크	4, 8월 셋째 주 월요일	20만 원
마케팅 성공 전략	5, 11월 둘째 주 금요일	23만 원
성희롱 예방교육	짝수달 첫째 주 금요일	15만 원
MBA	짝수달 둘째 주 화요일	40만 원

※ 사내교육은 1년에 2번 이수해야 한다.
※ 회사 지원금(40만 원)을 초과하는 경우 추가금액은 개인이 부담한다.
※ 교육을 신청할 때는 팀장의 승인을 받는다.
※ 3월 1일은 월요일이다.
※ 교육은 모두 오후 7시에 시작하여 9시에 종료한다.

13 다영이는 올해 3월 24일에 입사를 했다. 지원금액 안에서 가장 빠르게 교육을 받으려고 할 때, 다영이가 신청할 수 있는 교육으로 올바른 것은?

① 비즈니스 리더십, 생활 속 재테크
② 생활 속 재테크, 마케팅 성공 전략
③ 비즈니스 리더십, 프레젠테이션 코칭
④ Excel 쉽게 활용하기, 성희롱 예방교육
⑤ Excel 쉽게 활용하기, One page 보고서 작성법

14 동수는 다영이의 입사동기이다. 동수가 사내교육을 신청하기 위해 결재를 올렸으나 팀장이 다음과 같은 이유로 반려하였다. 다음 중 동수가 신청하려고 했던 교육은?

보낸 사람 기획팀 – 팀장 – 김미나
받는 사람 기획팀 – 사원 – 이동수
동수씨, 자기계발을 위해 적극적으로 노력하는 모습이 아주 보기 좋습니다. 하지만 같은 주에 두 개를 한꺼번에 듣는 것은 무리인 듯 보입니다. 다음 차수에 들을 수 있도록 계획을 조정하십시오.

① 신입사원 사규 교육, One page 보고서 작성법
② One page 보고서 작성법, 성희롱 예방교육
③ MBA, 프레젠테이션 코칭
④ Excel 쉽게 활용하기, 마케팅 성공 전략
⑤ 생활 속 재테크, 비즈니스 리더십

PART 3

15 여행업체 가이드 A ~ D는 2014년부터 2016년까지 네덜란드, 독일, 영국, 프랑스에서 활동하였다. 〈조건〉을 참고하였을 때 항상 옳은 것은?

조건

• 독일 가이드를 하면 항상 전년도에 네덜란드 가이드를 한다.
• 2015년에 B는 독일에서 가이드를 했다.
• 2014년에 C는 프랑스에서 가이드를 했다.
• 2014년에 프랑스 가이드를 한 사람은 2016년에 독일 가이드를 하지 않는다.
• 2014년에 D가 가이드를 한 곳에서 B가 2015년에 가이드를 하였다.
• 한 사람당 한 국가에서 가이드를 했으며, 한 번 가이드를 한 곳은 다시 가지 않았다.

① 2015년 A와 2014년 B는 다른 곳에서 가이드를 하였다.
② 2016년 B는 영국에서 가이드를 하였다.
③ 2014년부터 2016년까지 A와 D가 가이드를 한 곳은 동일하다.
④ 2017년에 C는 독일 가이드를 한다.
⑤ D는 프랑스에서 가이드를 한 적이 없다.

16 갑은 효율적인 월급 관리를 위해 펀드에 가입하고자 한다. A ~ D펀드 중에 하나를 골라 가입하려고 하는데, 안정적이고 우수한 펀드에 가입하기 위해 〈조건〉에 따라 비교를 하여 다음과 같은 결과를 얻었다. 〈보기〉에서 옳은 것만 골라 짝지은 것은?

조건

- 둘을 비교하여 우열을 가릴 수 있으면 우수한 쪽에는 5점, 아닌 쪽에는 2점을 부여한다.
- 둘을 비교하여 어느 한쪽이 우수하다고 말할 수 없는 경우에는 둘 다 0점을 부여한다.
- 각 펀드는 다른 펀드 중 두 개를 골라 총 4번의 비교를 했다.
- 총합의 점수로는 우열을 가릴 수 없으며 각 펀드와의 비교를 통해서만 우열을 가릴 수 있다.

〈결과〉

A펀드	B펀드	C펀드	D펀드
7점	7점	4점	10점

보기

ㄱ. D펀드는 C펀드보다 우수하다.
ㄴ. B펀드가 D펀드보다 우수하다고 말할 수 없다.
ㄷ. A펀드와 B펀드의 우열을 가릴 수 있으면 A ~ D까지의 순위를 매길 수 있다.

① ㄱ
② ㄱ, ㄴ
③ ㄱ, ㄷ
④ ㄴ, ㄷ
⑤ ㄱ, ㄴ, ㄷ

17 **A기업에서는 4월 1일 월요일부터 한 달 동안 임직원을 대상으로 금연교육 4회, 금주교육 3회, 성교육 2회를 실시하려고 한다. 다음 〈조건〉을 근거로 판단할 때 옳은 것은?**

> **조건**
> - 금연교육은 정해진 같은 요일에만 주 1회 실시하고, 화, 수, 목요일 중에 해야 한다.
> - 금주교육은 월요일과 금요일을 제외한 다른 요일에 시행하며, 주 2회 이상은 실시하지 않는다.
> - 성교육은 4월 10일 이전, 같은 주에 이틀 연속으로 실시한다.
> - 4월 22일부터 26일까지 워크숍 기간이고, 이 기간에는 어떠한 교육도 실시할 수 없다.
> - 교육은 하루에 하나만 실시할 수 있고, 토요일과 일요일에는 교육을 실시할 수 없다.
> - 계획한 모든 교육을 반드시 4월 안에 완료하여야 한다.

① 금연교육이 가능한 날은 화요일과 수요일이다.
② 금주교육은 같은 날에 실시되어야 한다.
③ 금주교육은 4월 마지막 주에도 실시된다.
④ 4월 30일에도 교육이 있다.
⑤ 성교육이 가능한 일정 조합은 두 가지 이상이다.

PART 3

18 **H공사 인사팀에는 팀장 1명, 과장 2명과 A대리가 있다. 팀장과 과장이 없을 때는 A대리가 그 업무를 대행해야 한다. 팀장과 과장 2명은 4월 안에 휴가를 다녀와야 하고 A대리는 5일 동안 진행되는 연수에 참여해야 한다. 연수는 주말 없이 진행되며, 연속으로 수강해야 한다. A대리의 연수 마지막 날짜는?**

> - 4월 1일은 월요일이며 H공사는 주5일제이다.
> - 마지막 주 금요일에는 중요한 세미나가 있어 그 주에는 모든 팀원이 자리를 비울 수 없다.
> - 팀장은 첫째 주 화요일부터 3일 동안 휴가를 신청했다.
> - B과장은 둘째 주 수요일부터 5일 동안 휴가를 신청했다.
> - C과장은 2일간의 휴가를 마치고 셋째 주 금요일부터 출근할 것이다.

① 8일　② 9일
③ 23일　④ 24일
⑤ 30일

19 A팀과 B팀은 보안 문서를 나누어 보관하고 있다. 이에 따라 두 팀은 보안 유지를 위해 아래와 같은 규칙에 따라 각 팀의 비밀번호를 지정하였다. 다음 중 A팀과 B팀에 들어갈 수 있는 암호배열은?

〈규칙〉

- 1 ~ 9까지의 숫자로 (한 자리 수)×(두 자리 수)=(세 자리 수)=(두 자리 수)×(한 자리 수) 형식의 비밀번호로 구성한다.
- 가운데에 들어갈 세 자리 수의 숫자는 156이며 숫자는 중복 사용할 수 없다. 즉, 각 팀의 비밀번호에 1, 5, 6이란 숫자가 들어가지 않는다.

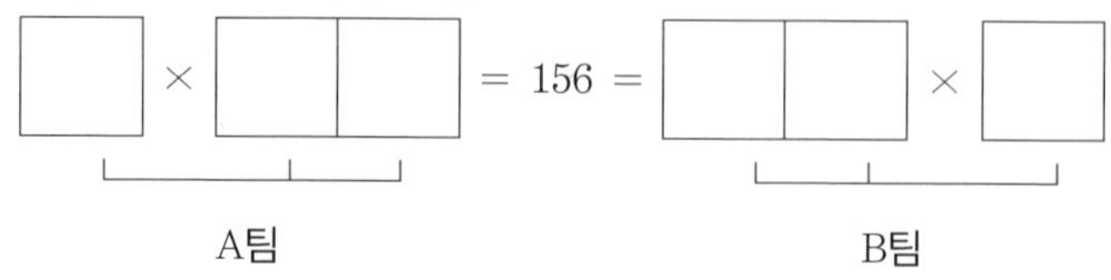

① 23　　② 27
③ 29　　④ 37
⑤ 39

20 H공사에 근무하는 3명의 사원은 윤, 오, 박씨 성을 가졌다. 이 사원들은 A, B, C부서에 소속되어 근무 중이며, 각 부서 팀장의 성도 윤, 오, 박씨이다. 같은 성씨를 가진 사원과 팀장은 같은 부서에서 근무하지 않는다고 할 때, 다음 〈조건〉을 보고 같은 부서에 소속된 사원과 팀장의 성씨가 바르게 짝지어진 것은?

조건

- A부서의 팀장은 C부서 사원의 성씨와 같다.
- B부서의 사원은 윤씨가 아니며 팀장의 성씨가 윤씨인 부서에 배치되지 않았다.
- C부서의 사원은 오씨가 아니며 팀장의 성씨도 오씨가 아니다.

	부서	사원	팀장
①	A	오	윤
②	A	박	윤
③	A	오	박
④	B	오	박
⑤	C	박	윤

02 서울교통공사

01 S공사에서는 사내 직원들의 친목 도모를 위해 산악회를 운영하고 있다. S공사에서 근무하고 있는 A~D 중 최소 1명 이상이 산악회원이라고 할 때, 다음 〈조건〉에 따라 항상 참이 되는 것은?

> **조건**
> - C가 산악회원이면 D도 산악회원이다.
> - A가 산악회원이면 D는 산악회원이 아니다.
> - D가 산악회원이 아니면 B가 산악회원이 아니거나 C가 산악회원이다.
> - D가 산악회원이면 B는 산악회원이고 C도 산악회원이다.

① A는 산악회원이다.
② B는 산악회원이 아니다.
③ C는 산악회원이 아니다.
④ B와 D의 산악회원 여부는 같다.
⑤ A~D 중 산악회원은 2명이다.

02 다음 중 미국의 핫 포인트사가 개발한 창의적 사고 개발 기법으로 주로 상품의 결점이나 문제점 발견에 사용되는 기법은 무엇인가?

① 브레인스토밍
② 마인드맵
③ 여섯 색깔 모자 기법
④ 역브레인스토밍
⑤ 체크리스트

03 T공장에서 Q제품을 생산하고 있으며, 최대한 비용과 시간을 절약하려고 한다. Q제품은 A ~ F부품 중 3가지 부품으로 구성되고, 다음 자료는 부품별 한 개당 가격, Q제품에 부품 조립 시 소요시간과 필요 개수이다. 다음 중 Q제품을 완성할 경우 A ~ F부품에서 〈조건〉에 부합하는 부품 구성으로 옳은 것은?

〈부품 한 개당 가격 및 시간〉

부품	가격	시간	필요 개수	부품	가격	시간	필요 개수
A	20원	8분	4개	D	50원	10분	3개
B	35원	7분	2개	E	90원	9분 30초	2개
C	40원	7분 30초	3개	F	120원	12분 30초	1개

조건

- 완제품을 만들 때 부품의 총 가격이 가장 저렴해야한다.
- 완제품을 만들 때 부품의 총 개수가 적어야한다.
- 완제품을 만들 때 총 소요시간이 짧아야한다.
- '가격 – 개수 – 소요시간' 순으로 중요하다.
- 총 가격의 차액이 100원 이하일 경우 구성의 총 개수, 총 소요시간 순으로 비교한다.

① A, B, C
② A, C, F
③ B, C, E
④ A, D, F
⑤ B, D, E

04 다음 글에서 나타나는 문제의 원인으로 가장 적절한 것은?

러시아에 공산주의 경제가 유지되던 시절, 나는 모스크바에 방문했다가 이상한 장면을 보게 되었다. 어떤 한 사람이 계속 땅을 파고 있고, 또 다른 사람은 그 뒤를 쫓으며 계속 그 구멍을 덮고 있었던 것이다. 의아했던 나는 그들에게 이러한 행동의 이유를 물어 보았고, 그들이 말하는 이유는 단순했다. 그들은 나무를 심는 사람들인데 오늘 나무를 심는 사람이 오지 않아 한 사람이 땅을 판 후, 그대로 다음 사람이 그 구멍을 메우고 있었다는 것이다.

① 과도한 분업화
② 체력 저하
③ 체계화되지 않은 체제
④ 복잡한 업무
⑤ 리더의 부재

05 **다음 중 안드라고지(Andragogy)에 대한 설명으로 옳지 않은 것은?**

① 성과 중심, 문제해결 중심, 생활 중심의 성향을 보인다.
② 교수자는 지원자의 안내자 역할을 한다.
③ 교사중심 교육이며 교과중심적인 성향을 갖는다.
④ 학습의 책임이 학생에게 있다고 본다.
⑤ 학습자가 스스로 배우고 주도해 나가는 과정을 의미한다.

PART 3

06 **A ~ E사의 올해 영업이익 결과에 대해 사람들이 이야기하고 있다. 이 중 한 사람만 거짓을 말할 때, 항상 참인 것은?(단, 영업이익은 올랐거나 내렸다)**

철수 : A사는 영업이익이 올랐다. 영희 : B사는 D사보다 영업이익이 더 올랐다. 수인 : E사의 영업이익이 내렸고, C사 영업이익도 내려갔다. 희재 : E사는 영업이익은 올랐다. 연미 : A사는 D사보다 영업이익이 덜 올랐다.

① E사는 영업이익이 올랐다.
② B사는 A사보다 영업이익이 더 올랐다.
③ C사의 영업이익이 내려갔다.
④ D사는 E사보다 영업이익이 덜 올랐다.
⑤ E사는 B사보다 영업이익이 덜 올랐다.

07 **다음의 표는 두 회사가 광고를 투입할 경우에 얻어지는 회사별 수입을 나타내고 있다. 다음 중 옳지 않은 것은?**

구분	B회사는 광고를 한다.	B회사는 광고를 하지 않는다.
A회사는 광고를 한다.	A회사 매출 70% 상승, B회사 매출 70% 상승	A회사 매출 100% 상승, B회사 매출 30% 하락
A회사는 광고를 하지 않는다.	A회사 매출 30% 하락, B회사 매출 100% 상승	A회사 매출 30% 상승, B회사 매출 30% 상승

① 두 회사 모두 광고를 하는 것이 이 문제의 우월전략균형이다.
② 두 회사 모두 광고를 하지 않는 것이 이 문제의 내쉬균형이다.
③ 이 상황이 반복되면 두 회사는 광고를 계속하게 될 것이다.
④ 광고를 하는 것이 우월전략이고, 안 하는 것이 열등전략이다.
⑤ 두 회사는 상대방이 광고유무에 상관없이 광고를 하는 것이 최적의 전략이다.

08 **진실마을 사람은 진실만을 말하고, 거짓마을 사람은 거짓만을 말한다. 주형이와 윤희는 진실마을과 거짓마을 중 한 곳에 사는데, 다음 중 윤희가 한 말을 통해 주형이와 윤희는 각각 어느 마을에 사는지 적절하게 유추한 것은?**

윤희 : “적어도 우리 둘 중에 한 사람은 거짓마을 사람이다.”

① 윤희는 거짓마을 사람이고, 주형이는 진실마을 사람이다.
② 윤희는 진실마을 사람이고, 주형이는 거짓마을 사람이다.
③ 윤희와 주형이 모두 진실마을 사람이다.
④ 윤희와 주형이 모두 거짓마을 사람이다.
⑤ 윤희의 말만으로는 알 수 없다.

09 S공사의 A대리는 제품 시연회를 준비하고 있다. 다음 중 5W1H에 해당하는 정보로 옳지 않은 것은?

〈환경개선 특수차 시연회 시행계획〉

안전점검의 날을 맞이하여 시민고객에게 우리공사 환경안전정책 및 지하철 환경개선 노력을 홍보하고, 시민고객과의 소통으로 시민고객과 함께하는 지하철 환경개선사업으로 도약하고자 한다.

1. 추진개요
   - 행사명 : 시민과 함께하는 환경개선 특수차 시연회 개최
   - 시행일시 : 2022. 12. 5.(월) 10:00 ~ 12:00
   - 장소 : 차량기지 장비유치선
   - 시연장비 : 고압살수차
   - 참석대상 :
     - 환경개선 특수차 시연회 일반인 신청자 : 20명
     - 우리공사 : 장비관리단장 외 20명

   ※ 시민참여 인원 등 행사일정은 현장여건에 따라 변동될 수 있음

2. 행사내용
   - 우리공사 지하철 환경관리 정책홍보 및 특수차 소개
   - 시민과 함께하는 지하철 화재예방 영상 교육
   - 2022년 환경개선 특수장비 운영에 따른 환경개선 활동 및 시연
   - 차량검수고 견학(차량사업소 협조)
   - 지하철 환경개선에 대한 시민고객의 의견수렴(설문지)

① When – 2022년 12월 5일
② Where – 차량기지 장비유치선
③ What – 지하철 환경개선 특수차 시연회
④ How – 환경개선 특수차 시연 및 차량검수고 견학
⑤ Why – 시민참여 인원 등 행사일정 변동 가능

10 M사 전산팀의 팀원들은 회의를 위해 회의실에 모였다. 회의실의 테이블은 원형모형이고, 다음 〈조건〉에 근거하여 자리배치를 하려고 할 때, 김팀장을 기준으로 왼쪽 방향으로 앉은 사람을 순서대로 나열한 것은?

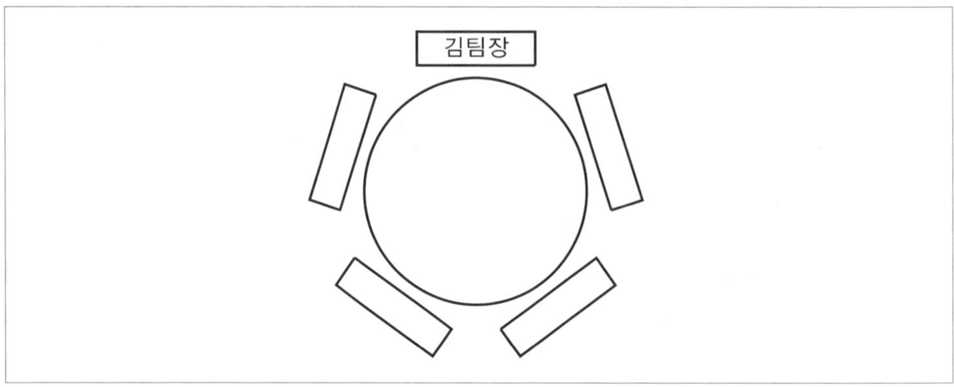

조건

- 정차장과 오과장은 서로 사이가 좋지 않아서 나란히 앉지 않는다.
- 김팀장은 정차장이 바로 오른쪽에 앉기를 바란다.
- 한대리는 오른쪽 귀가 좋지 않아서 양사원이 왼쪽에 앉기를 바란다.

① 정차장 – 양사원 – 한대리 – 오과장
② 한대리 – 오과장 – 정차장 – 양사원
③ 양사원 – 정차장 – 오과장 – 한대리
④ 오과장 – 양사원 – 한대리 – 정차장
⑤ 오과장 – 한대리 – 양사원 – 정차장

11 K회사에서 지난 주 월요일부터 금요일까지 행사를 위해 매일 회의실을 대여했다. 회의실은 501호부터 505호까지 마주보는 회의실 없이 차례대로 위치해 있으며, 하루에 하나 이상의 회의실을 대여할 수 있지만, 전날 사용한 회의실은 다음날 바로 사용할 수 없다. 또한, 바로 붙어있는 회의실들은 동시에 사용할 수 없지만, 월요일에는 예외적으로 붙어있는 두 개의 회의실을 사용했다. 다음의 자료를 참고하여 수요일에 2개의 회의실을 대여했다고 할 때, 대여한 회의실은 몇 호인가?

〈회의실 사용 현황〉

구분	월요일	화요일	수요일	목요일	금요일
회의실	501호	504호		505호	

① 501호, 502호
② 501호, 503호
③ 502호, 503호
④ 504호, 505호
⑤ 501호, 505호

12 전통적인 회식비 분담 방식은 회식비 총액을 인원수로 나누는 방식이다. 하지만 최근에는 자신이 주문한 만큼 부담하는 거래내역 방식을 사용하기도 한다. 다음 중 전통적인 방식에 비해 거래내역 방식으로 회식비를 분담할 때 부담이 덜어지는 사람은 누구인가?

〈주문내역〉

구분	메인요리	샐러드	디저트
병수	12,000원	–	3,000원
다인	15,000원	5,000원	3,000원, 5,000원
한별	13,000원	5,000원	7,000원
미진	15,000원	3,000원	6,000원, 5,000원
건우	12,000원	4,000원	5,000원, 5,000원

① 병수
② 다인
③ 한별
④ 미진
⑤ 건우

13 K회사의 업무는 전 세계에서 이루어진다. 런던지사에 있는 A대리는 11월 1일 오전 9시에 업무를 시작하여 오후 10시에 마치고 시애틀에 있는 B대리에게 송부하였다. B대리는 11월 2일 오후 3시부터 작업하여, 끝내고 바로 서울에 있는 C대리에게 자료를 송부하였다. C대리는 자료를 받자마자 11월 3일 오전 9시부터 자정까지 작업을 하고 최종 보고하였다. 다음 중 세 명이 업무를 마무리하는 데 걸린 시간은 총 몇 시간인가?

위치	시차
런던	GMT+0
시애틀	GMT−7
서울	GMT+9

① 25시간
② 30시간
③ 35시간
④ 40시간
⑤ 45시간

14 다음은 A ~ E자동차의 성능을 비교한 자료이다. K씨의 가족은 서울에서 거리가 140km 떨어진 곳으로 여행을 가려고 한다. 가족 구성원은 총 4명이며, 모두가 탈 수 있는 차를 렌트하려고 할 때, 어떤 자동차를 이용하는 것이 가장 비용이 적게 드는가?(단, 비용은 일의 자리에서 반올림한다)

〈자동차 성능 현황〉

구분	종류	연료	연비
A자동차	하이브리드	일반 휘발유	25km/L
B자동차	전기	전기	6km/kW
C자동차	가솔린 자동차	고급 휘발유	19km/L
D자동차	가솔린 자동차	일반 휘발유	20km/L
E자동차	가솔린 자동차	고급 휘발유	22km/L

〈연료별 비용〉

구분	비용
전기	500원/kW
일반 휘발유	1,640원/L
고급 휘발유	1,870원/L

〈자동차 인원〉

구분	인원
A자동차	5인승
B자동차	2인승
C자동차	4인승
D자동차	6인승
E자동차	4인승

① A자동차
② B자동차
③ C자동차
④ D자동차
⑤ E자동차

15 A회사에 재직 중인 노민찬 대리는 9월에 결혼을 앞두고 있다. 다음 〈조건〉을 참고할 때, 노민찬 대리의 결혼 날짜로 가능한 날은?

> **조건**
>
> - 9월은 1일부터 30일까지이며, 9월 1일은 금요일이다.
> - 9월 30일부터 추석연휴가 시작되고 추석연휴 이틀 전엔 노민찬 대리가 주관하는 회의가 있다.
> - 노민찬 대리는 결혼식을 한 다음 날 8박 9일간 신혼여행을 간다.
> - 회사에서 신혼여행으로 주는 휴가는 5일이다.
> - 노민찬 대리는 신혼여행과 겹치지 않도록 수요일 3주 연속 치과 진료가 예약되어 있다.
> - 신혼여행에서 돌아오는 날 부모님 댁에서 하루 자고, 다음 날 출근할 예정이다.

① 1일　　② 2일
③ 22일　　④ 23일
⑤ 29일

PART 3

03 한국수자원공사

01 다음 제시된 명제가 모두 참일 때, 반드시 참인 명제는?

- 물을 녹색으로 만드는 조류는 냄새 물질을 배출한다.
- 독소 물질을 배출하는 조류는 냄새 물질을 배출하지 않는다.
- 물을 황색으로 만드는 조류는 물을 녹색으로 만들지 않는다.

① 독소 물질을 배출하지 않는 조류는 물을 녹색으로 만든다.
② 물을 녹색으로 만들지 않는 조류는 냄새 물질을 배출하지 않는다.
③ 독소 물질을 배출하는 조류는 물을 녹색으로 만들지 않는다.
④ 냄새 물질을 배출하지 않는 조류는 물을 황색으로 만들지 않는다.

02 다음 제시문이 모두 참일 때, 반드시 참인 것은?

- A팀장이 이번 주 금요일에 월차를 쓴다면, B대리는 이번 주 금요일에 월차를 쓰지 못한다.
- B대리가 이번 주 금요일에 월차를 쓰지 못한다면, C사원의 프로젝트 마감일은 이번 주 금요일이다.

① C사원의 프로젝트 마감일이 이번 주 금요일이 아니라면 A팀장은 이번 주 금요일에 월차를 쓰지 않을 것이다.
② C사원의 프로젝트 마감일이 금요일이라면 B대리는 이번 주 금요일에 월차를 쓰지 않을 것이다.
③ C사원의 프로젝트 마감일이 금요일이라면 A팀장은 이번 주 금요일에 월차를 쓰지 않을 것이다.
④ B대리가 이번 주 금요일에 월차를 쓰지 않는다면 A팀장은 이번 주 금요일에 월차를 쓸 것이다.

03 다음 제시된 문장을 통해 알 수 있는 사실로 옳지 않은 것은?

- 농업용수댐이면 높이가 15m 이상이다.
- 홍수조절댐이면 다목적댐이다.
- 콘크리트댐이면 다목적댐이 아니다.
- 높이가 15m 미만이면 콘크리트댐이다.

① 높이가 15m 이상이면 다목적댐이 아니다.
② 홍수조절댐이면 높이가 15m 이상이다.
③ 다목적댐이면 콘크리트댐이 아니다.
④ 콘크리트댐이면 홍수조절댐이 아니다.

04 K-water의 어느 건물은 총 3층이고, 각 층에는 하나의 부서만 위치한다. 해당 건물에서 근무하는 A～E직원의 대화 내용이 모두 참일 때, 옳지 않은 것은?(단, A～E는 한 부서에서 3명 이상 같이 일하지 않는다)

> A : 나랑 C는 저번 날에 같은 부서였어. 난 이번 달부터 한 층 아래에서 일해.
> B : 나는 D랑 저번 달에 같은 부서였어. 이번 달에는 E와 같은 부서야.
> C : 나는 이번 달에 혼자 일해. 부서는 옮기지 않았어.
> D : 나는 이번 달에 한 층 위에 있는 부서로 옮겼어.
> E : 나는 이번 달에 한 층 아래에 있는 부서로 옮겼어.

① B는 이번 달에 부서를 옮겼다.
② D는 이번 달에 2층에서 일한다.
③ 이번 달에 C는 3층에서 일한다.
④ 저번 달에 A는 3층에서 일했다.

PART 3

05 어떤 회사에서는 일렬로 나열된 5개의 사무실에 팀별로 배치하려 한다. 영업, 인사, 홍보, 연구, 경영, 채용 6개의 각 팀을 아래의 〈사무실 배치 규칙〉에 따라 배치한다고 할 때, 있을 수 없는 경우는 무엇인가?

〈사무실 배치 규칙〉

A. 각 사무실에는 한 팀 혹은 두 팀을 배치할 수 있다.
B. 영업팀은 인사팀 및 경영팀과 같은 사무실을 사용할 수 없다.
C. 인사팀은 반드시 오른쪽에서 첫 번째 혹은 두 번째 사무실에 배치되어야 한다.
D. 연구팀은 다른 팀과 하나의 사무실에 배치해서는 안 된다.
E. 연구팀이 배치될 사무실의 바로 왼쪽 사무실은 빈 공간이어야 한다.
F. 홍보팀은 다른 팀과 함께 사무실을 사용해야 하며, 인사팀 바로 왼쪽 사무실을 사용해야 한다.

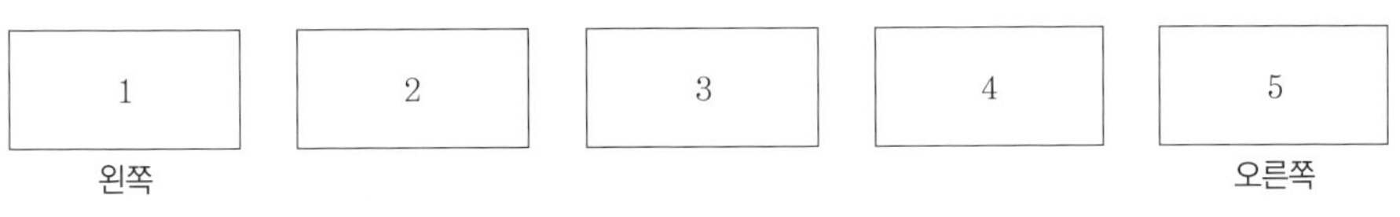

① 영업팀과 인사팀은 다른 팀과 같은 사무실에 배치되지 않는다.
② 연구팀과 채용팀은 다른 팀과 같은 사무실에 배치되지 않는다.
③ 영업팀과 채용팀은 다른 팀과 같은 사무실에 배치된다.
④ 인사팀과 경영팀은 다른 팀과 같은 사무실에 배치된다.

06 기현이는 수능이 끝난 기념으로 휴대폰을 바꾸러 대리점을 방문했다. 대리점에서 추천해 준 종류에는 A사, B사, L사, S사의 제품이 있다. 각 제품의 평점은 다음과 같고, 이를 참고하여 휴대폰을 구매하려고 한다. 기현이는 디자인을 가장 중요하게 생각하며, 그 다음으로 카메라 해상도, 가격, A/S의 편리성, 방수 순으로 고려한다. 기현이가 선택할 휴대폰은 어느 회사 제품인가?

구분	A사	B사	L사	S사
가격	★★★☆☆	★★★★☆	★★★☆☆	★★★☆☆
디자인	★★★★☆	★★★☆☆	★★★★☆	★★★★☆
방수	★★★☆☆	★★★☆☆	★★★★★	★★★☆☆
카메라 해상도	★★★★☆	★★☆☆☆	★★★★☆	★★★★☆
케이스 디자인	★★★★★	★★☆☆☆	★★★☆☆	★★★☆☆
A/S 편리성	★★☆☆☆	★★☆☆☆	★★★★☆	★★★★☆

※ 검은색 별의 개수가 많을수록 평점이 높은 것이다.
※ 가격의 경우, 별의 개수가 많을수록 저렴함을 의미한다.

① A사
② B사
③ L사
④ S사

※ 다음은 고용친화기업 지원사업에 대한 개요의 일부이다. 다음을 읽고 이어지는 물음에 답하시오. [7~8]

〈사업개요〉

- 대상 : 고용창출과 근로환경이 우수한 종사자 30인 이상 기업
- 사업기간 : 2021.11 ~ 2022.08
- 추진체계 : 공모·신청 → 심사·평가 → 기업 선정 → 기업 지원 → 결과 분석·후속계획 수립
- 선정기준 : 고용창출 실적, 근로환경, 사업성과를 상, 중, 하로 평가한 후 그에 따라 점수를 부여하여 총점이 가장 높은 기업을 선정

07 다음 중 각 추진체계에 해당하는 진행 상황으로 바르지 않은 것은?

① 공모·신청 : 기업 모집 공고문을 게시한다.
② 심사·평가 : 지원된 사업비가 임직원의 복지향상에 기여한 바가 있는지 분석한다.
③ 기업 지원 : 수시로 브랜드 홍보 및 기업 광고를 실시한다.
④ 결과 분석·후속계획 수립 : 성과를 평가하고 다음 사업 시 고려할 점을 논의한다.

08 다음은 A ~ D기업에 대한 평가 결과와 현행 평가기준 및 개정된 평가기준을 나타낸 자료이다. A ~ D기업에 대한 평가 결과를 바탕으로 현행 평가기준과 개정된 평가기준을 적용할 때, 각각의 경우에 고용친화기업으로 선정될 기업은?

〈기업 평가 결과〉

선정기준 \ 기업	A	B	C	D
고용창출	상	중	상	하
근로환경	중	상	상	상
사업성과	상	중	하	상

〈현행 평가기준 및 개정안〉

선정기준	현행	개정안
고용창출	50점	40점
근로환경	30점	50점
사업성과	20점	10점
합계	100점	100점

※ 상은 만점 대비 100%, 중은 80%, 하는 60%의 점수를 부여한다.

	현행	개정안
①	A	B
②	A	C
③	C	A
④	C	D

PART 3

※ 다음은 K회사의 부장, 상무, 이사가 선호하는 발표 자료 스타일을 조사한 결과이다. K사의 대리는 〈조사 결과〉를 참고하여 상사별로 선호하는 발표 자료를 제공하고자 한다. 이어지는 물음에 답하시오. **[9~10]**

〈조사 결과〉

1) 부장
   - 자료의 디자인이나 커버 스타일에 만족하면 발표 내용에 큰 상관없이 선호함
   - 애사심이 높아서 자사를 잘 표현하는 자료를 선호함
2) 상무
   - 간단하고 깔끔한 디자인을 선호하며, 무채색 계열의 발표 자료를 선호함
   - 시력이 좋지 못해 분명하고 큰 폰트를 선호함
3) 이사
   - 디자인이 우수한 자료보다는 내용이 분명한 자료를 선호함
   - 가능한 요약이 잘 된 적은 양의 발표 자료를 선호함

보기

ㄱ. 해당 회사를 상징하는 요소들을 자료 곳곳에 배치함
ㄴ. 방대한 내용을 도식화하여 간결하게 표현함
ㄷ. 흰색과 검은색을 주로 사용하여 자료의 내용이 눈에 잘 들어옴
ㄹ. 앞에서 발표할 때 모든 자리에서 글씨가 분명히 보임
ㅁ. 자료의 디자인에 비해 내용 구성이 논리적이고 이해하기 쉬움

09 〈보기〉의 발표 자료 속성을 각 상사의 선호 스타일에 적합하게 연결한 것은 무엇인가?

	부장	상무	이사
①	ㄱ	ㄹ, ㅁ	ㄴ, ㄷ
②	ㄴ, ㄹ	ㄱ	ㄷ, ㅁ
③	ㄱ	ㄷ, ㄹ	ㄴ, ㅁ
④	ㄱ, ㄹ	ㄷ, ㅁ	ㄴ

10 다음 대화를 참고할 때, 부장, 상무, 이사 중 〈대화〉에서 설명하고 있는 발표 자료를 가장 선호하지 않을 사람은?

〈대화〉

직원 1 : 부장, 상무, 이사님께 드릴 발표 자료가 완성됐는데 어떤가요?

직원 2 : 이전 것에 비해 전반적인 디자인이 화려하고 색감이 독특하네요. 사람들의 주목을 끌기는 쉽겠어요.

직원 1 : 그렇죠? 내용 구성은 어떤 것 같아요?

직원 2 : 음, 많은 내용을 잘 정리해서 이해가 쉽게 정리되어 있네요. 그런데 글씨가 좀 작아져서 발표를 할 때 앞에서 잘 안보일 수도 있겠네요.

① 부장 ② 상무

③ 이사 ④ 모두 선호하지 않음

기출변형문제

정답 및 해설 p.050

| 한국철도공사

01 K는 게임 동호회 회장으로 주말에 진행되는 게임 행사에 동호회 회원인 A ~ E의 참여 가능 여부를 조사하려고 한다. 다음 내용을 참고하여 E가 행사에 참여하지 않는다고 할 때, 행사에 참여 가능한 사람은 몇 명인가?

- A가 행사에 참여하지 않으면, B가 행사에 참여한다.
- A가 행사에 참여하면, C는 행사에 참여하지 않는다.
- B가 행사에 참여하면, D는 행사에 참여하지 않는다.
- D가 행사에 참여하지 않으면, E가 행사에 참여한다.

① 1명
② 2명
③ 3명
④ 4명
⑤ 5명

| 한국철도공사

02 짱구, 철수, 유리, 훈이, 맹구는 어떤 문제에 대한 해결 방안으로 A ~ E 중 각각 하나씩을 제안하였다. 〈조건〉의 내용이 모두 참일 때, 제안자와 그 제안이 바르게 연결된 것은?(단, 모두 서로 다른 하나의 제안을 제시하였다)

조건

- 짱구와 훈이는 B를 제안하지 않았다.
- 철수와 짱구는 D를 제안하지 않았다.
- 유리는 C를 제안하였으며, 맹구는 D를 제안하지 않았다.
- 맹구는 B와 E를 제안하지 않았다.

① 짱구 A, 맹구 B
② 짱구 A, 훈이 D
③ 철수 B, 짱구 E
④ 철수 B, 훈이 E
⑤ 짱구 B, 훈이 D

| 한국철도공사

03 **김대리는 회의 참석자의 역할을 고려해 A～F 총 6명이 앉을 6인용 원탁 자리를 세팅 중이다. 다음 내용을 모두 만족하도록 세팅했을 때, 나란히 앉게 되는 사람은?**

- 원탁 둘레로 6개의 의자를 같은 간격으로 세팅한다.
- A가 C와 F 중 한 사람의 바로 옆 자리에 앉도록 세팅한다.
- D의 바로 옆 자리에 C나 E가 앉지 않도록 세팅한다.
- A가 좌우 어느 쪽을 봐도 B와의 사이에 2명이 앉도록 세팅하고, B의 바로 왼쪽 자리에 F가 앉도록 세팅한다.

① A와 D
② A와 E
③ B와 C
④ B와 D
⑤ C와 F

PART 3

| 한국철도공사

04 **사과 농장에서는 상품을 출하하는 데 수확, 운반, 분류, 세척, 포장의 단계를 거친다. 어느 날 출하 과정에 문제가 발생해 직원들을 불러 책임을 물었다. 직원 중 한 사람은 거짓을 말하고 네 사람은 참을 말할 때, 실수가 발생한 단계로 옳은 것은?(단, A는 수확, B는 운반, C는 분류, D는 세척, E는 포장 단계에서 일하며, 실수는 한 곳에서만 발생했다)**

- A직원 : 세척 단계에서 실수가 일어났다.
- B직원 : 나는 실수하지 않았다.
- C직원 : 수확 단계에서는 절대로 실수가 일어날 수 없다.
- D직원 : 내가 담당하는 단계에서는 실수가 일어나지 않았다.
- E직원 : 분류 단계에서 실수가 있었다.

① 수확
② 분류
③ 세척
④ 포장
⑤ 운반

05 **S회사에 입사한 신입사원 A ~ E는 각각 2개 항목의 물품을 신청하였다. 5명의 신입사원 중 2명의 진술이 거짓일 때, 다음 중 신청 사원과 신청 물품이 바르게 연결된 것은?**

> 신입사원이 신청한 항목은 5개이며, 항목별 신청 사원의 수는 다음과 같다.
> • 필기구 : 2명
> • 의자 : 2명
> • 복사용지 : 3명
> • 사무용 전자제품 : 2명
> • 스테이플러 : 1명

> A : 나는 의자를 신청하였고, E는 거짓말을 하고 있다.
> B : 나는 필기구를 신청하였고, D는 진실을 말하고 있다.
> C : 나는 의자를 신청하지 않았고, E는 진실을 말하고 있다.
> D : 나는 필기구와 사무용 전자제품을 신청하였다.
> E : 나는 복사용지를 신청하였고, B와 D는 거짓말을 하고 있다.

① A – 필기구
② B – 의자
③ C – 사무용 전자제품
④ D – 복사용지
⑤ E – 스테이플러

| 한국철도공사

06 귀하는 사내 워크숍 준비를 위해 A ~ E직원의 참석 여부를 조사하고 있다. C가 워크숍에 참석하지 않는다고 할 때, 다음 〈조건〉에 따라 워크숍에 참석하지 않는 직원을 바르게 추론한 것은?

조건

- B가 워크숍에 참석하지 않으면 E가 워크숍에 참석한다.
- D는 B와 E가 워크숍에 참석할 때 참석하지 않는다.
- A가 워크숍에 참석하지 않으면 B 또는 D 중 한 명도 함께 참석하지 않는다.
- C가 워크숍에 참석하지 않으면 D는 워크숍에 참석한다.
- C가 워크숍에 참석하지 않으면 A도 참석하지 않는다.

① A, B, C
② A, C, D
③ A, C, D, E
④ A, B, C, D
⑤ A, B, C, E

PART 3

| 한국철도공사

07 한국철도공사의 A ~ C 세 명은 이번 사내 교육에서 각각 문서작성, 직장예절, 마케팅 교육을 받게 되었다. 다음 〈조건〉을 참고할 때, 반드시 참인 것은?

조건

- 교육은 각각 2시간, 1시간 30분, 1시간 동안 진행된다.
- A, B, C 중 2명은 신입사원이며, 나머지 한 명은 대리이다.
- 대리는 B보다 적은 시간의 교육을 받는다.
- A가 가장 오랜 시간 동안 교육을 받는다.
- 교육 시간은 마케팅 교육이 가장 짧다.

① A사원은 문서작성 교육을 받는다.
② B사원은 직장예절 교육을 받는다.
③ C대리는 마케팅 교육을 받는다.
④ 문서작성 교육은 2시간 동안 진행된다.
⑤ 직장예절 교육은 1시간 30분 동안 진행된다.

| 한국철도공사

08 A고등학교는 부정행위를 방지하기 위해 1 ~ 3학년이 한 교실에서 같이 시험을 본다. 다음 〈조건〉에서 1학년이 첫 번째 줄에 앉는다고 할 때, 항상 옳은 것은?(단, 같은 학년별로 한 줄에 앉는다)

조건

- 교실에는 책상이 여섯 줄로 되어 있다.
- 같은 학년은 바로 옆줄에 앉지 못한다.
- 첫 번째 줄과 마지막 줄에는 서로 다른 학년이 앉는다.
- 두 번째 줄과 다섯 번째 줄에는 서로 같은 학년이 앉는다.
- 3학년이 앉는 세 번째 줄의 양 옆줄에는 서로 다른 학년이 앉는다.

① 네 번째 줄에는 2학년이 앉는다.
② 여섯 번째 줄에는 2학년이 앉는다.
③ 다섯 번째 줄에는 2학년이 앉는다.
④ 3학년이 앉은 줄의 수가 가장 많다.
⑤ 두 번째 줄과 마지막 줄에는 서로 같은 학년이 앉는다.

| 한국철도공사

09 최씨 남매와 김씨 남매, 박씨 남매 6명은 야구 경기를 관람하기 위해 함께 야구장에 갔다. 다음 〈조건〉에 따라 자리에 앉을 때, 왼쪽에서 네 번째 자리에 앉는 사람으로 옳은 것은?

조건

- 양 끝자리는 같은 성별이 앉지 않는다.
- 박씨 여성은 왼쪽에서 세 번째 자리에 앉는다.
- 김씨 남매는 서로 인접하여 앉지 않는다.
- 박씨와 김씨는 인접하여 앉지 않는다.
- 김씨 남성은 맨 오른쪽 끝자리에 앉는다.

[야구장 관람석]

① 김씨 여성
② 최씨 여성
③ 최씨 남성
④ 박씨 남성
⑤ 알 수 없음

| 한국토지주택공사(업무직)

10 L공사의 신입사원인 K는 $a \sim h$의 여덟 가지 교육 과제를 차례대로 수행하려 한다. 다음 〈조건〉을 참고하여 K사원이 g과제를 네 번째로 수행한다고 할 때, 항상 참이라고 볼 수 없는 것은?

조건

- 8가지 교육 과제 중 a과제와 d과제는 수행하지 않는다.
- b과제를 c과제보다 먼저 수행한다.
- c과제를 f과제보다 먼저 수행한다.
- g과제와 h과제는 b과제보다 나중에 수행한다.
- h과제는 f과제와 g과제보다 나중에 수행한다.
- f과제는 e과제보다 먼저 수행한다.

① K사원은 b과제를 가장 먼저 수행한다.
② K사원은 c과제를 두 번째로 수행한다.
③ K사원은 f과제를 g과제보다 먼저 수행한다.
④ K사원은 g과제를 e과제보다 먼저 수행한다.
⑤ K사원은 e과제를 h과제보다 먼저 수행한다.

PART 3

※ 다음은 주택청약을 신청한 사람들이 가점을 받는 조건에 대한 자료이다. 자료와 〈보기〉를 참고하여 이어지는 질문에 답하시오. **[11~12]**

〈청약 조건 및 가점〉

혼인 2년 초과 7년 이내 신혼부부 및 3세 이상 6세 이하(만 2세 이상 만 7세 미만을 말함) 자녀를 둔 한부모 가족에게 가점제로 공급

가점항목	평가항목	점수(점)	비고
미성년 자녀수	3명 이상	3	태아(입양) 포함
	2명	2	
	1명	1	
무주택기간	3년 이상	3	신청자가 만 30세가 되는 날(만 30세 이전 혼인한 경우 혼인신고일)부터 공고일 기준 세대구성원(예비신혼부부는 혼인으로 구성될 세대) 전원이 계속하여 무주택인 기간
	1년 이상 3년 미만	2	
	1년 미만	1	
해당 시·도 연속 거주기간	2년 이상	3	시는 특별시·광역시·특별자치시 기준이고, 도는 도·특별자치도 기준
	1년 이상 2년 미만	2	
	1년 미만	1	
주택청약종합저축 납입인정 횟수	24회 이상	3	입주자저축 가입 확인서 기준
	12회 이상 23회 이하	2	
	6회 이상 11회 이하	1	

| 한국토지주택공사(업무직)

11 K신혼희망타운에 청약을 신청한 A씨 부부가 분양권을 기다리고 있다. 다음 상황을 보고, LH한국토지주택공사에서 제공하는 가점 기준을 적용한 A씨 부부의 총점은 몇 점인가?

〈상황〉

- A씨는 2020년 7월에 결혼하여 바로 혼인 신고를 하였다. 부부 모두 무주택 기간이 13개월이며, 청약을 신청한 하남시에서 첫째 아들, 둘째를 임신 중인 아내와 함께 현재 5개월째 거주중이다. 주택청약종합저축은 예전부터 준비하여 저번 달에 38회 납부를 하였다.
- 현재 날짜는 2022년 9월 15일이다.

① 5점
② 6점
③ 7점
④ 8점
⑤ 9점

| 한국토지주택공사(업무직)

12 A씨는 자신의 상황에서 무주택기간과 거주기간이 잘못 기입되어 청약 조건에 따른 가점이 낮게 나왔다고 생각했다. A씨가 다시 확인한 결과 무주택기간은 2년을 더 추가해야 하며, 거주기간은 10개월이었다. 이때, 수정된 청약 가점으로 옳은 것은?(단, 다른 상황은 앞 문제와 동일하다)

① 7점
② 8점
③ 9점
④ 10점
⑤ 11점

| 한국토지주택공사(업무직)

13 A～E사원은 회사 업무로 인해 외근을 나가려 한다. 다음 명제들이 모두 참이라고 할 때, 다음 중 항상 참이라고 볼 수 없는 것은?

- A가 외근을 나가면 B도 외근을 나간다.
- A가 외근을 나가면 D도 외근을 나간다.
- D가 외근을 나가면 E도 외근을 나간다.
- C가 외근을 나가지 않으면 B도 외근을 나가지 않는다.
- D가 외근을 나가지 않으면 C도 외근을 나가지 않는다.

① A가 외근을 나가면 C도 외근을 나간다.
② B가 외근을 나가면 D도 외근을 나간다.
③ C가 외근을 나가면 E도 외근을 나간다.
④ C가 외근을 나가지 않으면 A도 외근을 나가지 않는다.
⑤ D가 외근을 나가지 않으면 E도 외근을 나가지 않는다.

14 여름휴가를 맞이하여 A ~ D는 서울, 부산, 광주, 대구의 4개 지역으로 각각 여행을 가기로 했다. 다음 〈조건〉을 참고할 때, 반드시 참인 것은?

조건

- 이번 휴가에는 이미 여행을 다녀왔던 지역으로 여행을 가지 않는다.
- A와 B는 광주 지역으로 여행을 다녀온 적이 있다.
- C와 D는 대구 지역으로 여행을 다녀온 적이 있다.
- A는 이번 여름휴가에 서울 지역으로 여행을 가기로 했다.

① A는 부산 지역으로 여행을 다녀온 적이 있다.
② B는 서울 지역으로 여행을 다녀온 적이 있다.
③ B는 대구 지역으로 여행을 간다.
④ C는 부산 지역으로 여행을 간다.
⑤ D는 광주 지역으로 여행을 간다.

15 C사원은 자기계발을 위해 집 근처 학원들을 탐방하고 다음과 같이 정리하였다. 다음 중 C사원이 배우려는 프로그램에 대한 내용으로 옳지 않은 것은?(단, 시간이 겹치는 프로그램은 수강할 수 없다)

〈프로그램 시간표〉

프로그램	수강료	횟수	강좌시간
필라테스	300,000원	24회	09:00 ~ 10:10
			10:30 ~ 11:40
			13:00 ~ 14:10
플라잉 요가	330,000원	20회	09:00 ~ 10:10
			10:30 ~ 11:40
			13:00 ~ 14:10
액세서리 공방	260,000원	10회	13:00 ~ 15:00
가방 공방	360,000원	12회	13:30 ~ 16:00
복싱	320,000원	30회	10:00 ~ 11:20
			14:00 ~ 15:20

※ 강좌시간이 2개 이상인 프로그램은 그중 원하는 시간에 수강이 가능하다.

① C사원은 오전에 운동을 하고, 오후에 공방에 가는 스케줄이 가능하다.
② 가방 공방의 강좌시간이 액세서리 공방 강좌시간보다 길다.
③ 공방 프로그램 중 하나를 들으면, 최대 두 프로그램을 더 들을 수 있다.
④ 프로그램을 최대로 수강할 시 가방 공방을 수강해야 총 수강료가 가장 비싸다.
⑤ 강좌 1회당 수강료는 플라잉 요가가 가방 공방보다 15,000원 이상 저렴하다.

| 서울교통공사

16 다음은 A～E사의 올해 영업이익 결과에 대한 사람들의 대화이다. 이 중 한 사람만 거짓을 말할 때, 항상 참인 것은?(단, 영업이익은 증가하였거나 감소하였다)

> 철수 : A사의 영업이익은 증가하였다.
> 영희 : B사는 D사보다 영업이익이 더 증가하였다.
> 수인 : E사의 영업이익은 감소하였고, C사의 영업이익도 감소하였다.
> 희재 : E사의 영업이익은 증가하였다.
> 연미 : A사는 D사보다 영업이익이 덜 증가하였다.

① E사의 영업이익은 감소하였다.
② C사의 영업이익은 증가하였다.
③ B사는 C사보다 영업이익이 덜 증가하였다.
④ E사는 A사보다 영업이익이 더 증가하였다.
⑤ D사는 A사보다 영업이익이 더 증가하였다.

PART 3

| 서울교통공사

17 A회사에 재직 중인 김대리는 10월에 1박 2일로 할머니댁을 방문하려고 한다. 다음 〈조건〉을 참고할 때, 다음 중 김대리가 시골로 내려가는 날로 가능한 날짜는?

> **조건**
> • 10월은 1일부터 31일까지이며, 1일은 목요일, 9일은 한글날이다.
> • 10월 1일은 추석이며, 추석 다음날부터 5일간 제주도 여행을 가고, 돌아오는 날이 휴가 마지막 날이다.
> • 김대리는 이틀까지 휴가 외에 연차를 더 쓸 수 있다.
> • 김대리는 셋째 주 화요일부터 4일간 외부출장이 있으며, 그 다음 주 수요일과 목요일은 프로젝트 발표가 있다.
> • 제주도 여행에서 돌아오는 마지막 날이 있는 주가 첫째 주이다.
> • 주말 및 공휴일에는 할머니댁에 가지 않고, 휴가 외 연차를 쓰고 방문할 것이다.

① 3일, 4일
② 6일, 7일
③ 12일, 13일
④ 21일, 22일
⑤ 27일, 28일

18 K회사는 직원 20명에게 나눠 줄 추석선물 품목을 조사하였다. 다음은 유통업체별 품목 가격과 직원들의 품목 선호도를 나타낸 자료이다. 자료를 참고하여 K회사에서 구매하는 물품과 업체가 알맞게 짝지어진 것은?

〈업체별 품목 금액〉

구분		가격(원/세트)	혜택
A업체	돼지고기	37,000	10세트 이상 주문 시 배송무료
	건어물	25,000	
B업체	소고기	62,000	20세트 주문 시 10% 할인
	참치	31,000	
C업체	스팸	47,000	50만 원 이상 주문 시 배송무료
	김	15,000	

〈구성원 품목 선호도〉

순위	품목
1	소고기
2	참치
3	돼지고기
4	스팸
5	건어물
6	김

조건

- 1 ~ 3순위 품목에서 배송비를 제외한 총금액이 80만 원 이하인 품목을 택한다(할인 혜택 적용 가격).
- 모든 업체의 배송비는 한 세트당 2,000원이다.
- 차순위 상품의 총금액이 30만 원 이상 저렴할 경우 차순위로 준비한다.
- 선택된 품목의 배송비를 제외한 총금액이 50만 원 미만일 경우 6순위 품목과 함께 준비한다.

	업체	상품
①	A, B	건어물, 소고기
②	B	참치
③	C	스팸, 김
④	A	돼지고기, 김
⑤	B, C	참치, 김

※ 한 변의 길이가 1인 정사각형으로 표시된 어느 동네 지도 위에 소매점과 물류센터를 A ~ F지점에 설립하려고 한다. 다음 지도를 보고 물음에 답하시오. **[19~20]**

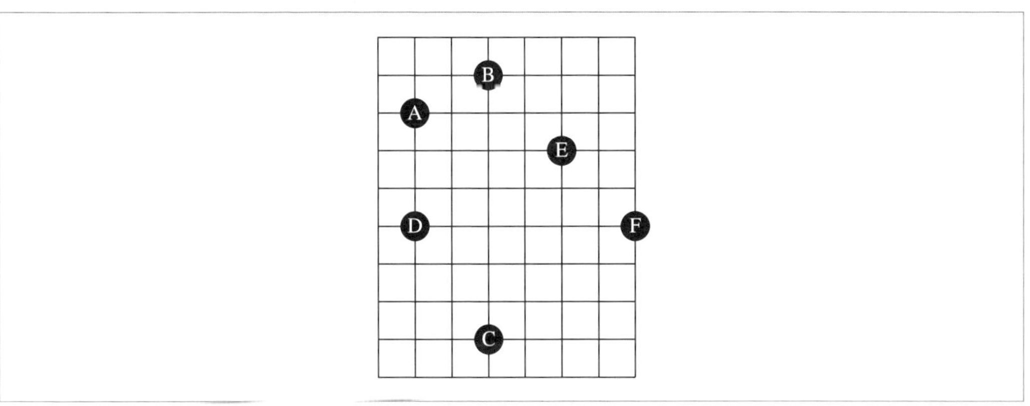

조건

- 물류센터는 1곳이며, 소매점은 5곳이다.
- 모든 소매점에 납품하는 것은 물류센터에서 출발한다.
- 거리와 유통비용은 비례한다.
- 가로 또는 세로로 이동한다.

| 서울교통공사

19 제시된 〈조건〉을 만족하는 위치에 물류센터를 설립한다고 할 때, 소매점과의 유통비용 최솟값은 얼마인가?(단, 길이와 유통비용은 같다)

① 24　　② 26
③ 28　　④ 30
⑤ 32

| 서울교통공사

20 A ~ F지점에서 물류센터와 소매점을 〈조건〉에 맞게 설립했을 경우 유통비용의 최솟값과 최댓값의 차이는 얼마인가?

① 5　　② 6
③ 7　　④ 8
⑤ 9

PART 4

최종점검 모의고사

제1회
모의고사

■ 취약영역 분석

번호	O/×	영역	번호	O/×	영역	번호	O/×	영역
1		의사소통능력	16		수리능력	31		문제해결능력
2			17			32		
3			18			33		
4			19			34		
5			20			35		
6			21			36		
7			22			37		
8			23			38		
9			24			39		
10			25			40		
11			26			41		
12			27			42		
13			28			43		
14			29			44		
15			30			45		

평가 문항	45문항	평가 시간	45분
시작시간	:	종료시간	:
취약 영역			

모의고사

모바일 OMR
답안채점 / 성적분석
서비스

응시시간 : 45분 문항 수 : 45문항

정답 및 해설 p.058

01 다음 글의 주된 내용 전개방식으로 가장 적절한 것은?

식물명에는 몇 가지 작명 원리가 있다. 가장 흔한 건 생김새를 보고 짓는 것이다. 그중 동물에 비유해서 지어진 이름이 많다. 강아지 꼬리를 닮은 풀이면 강아지풀, 호랑이 꼬리를 닮으면 범꼬리, 잎에 털이 부숭한 모양이 노루의 귀 같아서 노루귀, 열매가 매의 발톱처럼 뾰족해서 매발톱, 마디가 소의 무릎처럼 굵어져서 쇠무릎, 호랑이 눈을 닮은 버드나무라 해서 호랑버들이라고 부르는 것들이 그렇다.

물건에 비유해 붙이기도 한다. 혼례식 때 켜는 초롱을 닮았다 하여 초롱꽃, 조롱조롱 매달린 꽃이 은방울을 닮아서 은방울꽃, 꽃이 피기 전의 꽃봉오리가 붓 같아서 붓꽃, 꽃대가 한 줄기로 올라오는 모습이 홀아비처럼 외로워 보여서 홀아비꽃대로 불리는 것이 그렇다.

생김새나 쓰임새가 아닌 다른 특징에 의해 짓기도 한다. 애기똥풀이나 피나물은 잎을 자르면 나오는 액을 보고 지은 이름이다. 식물명에 '애기'가 들어가면 대개 기본종에 비해 작거나 앙증맞은 경우를 일컫는다. 애기나리, 애기중의무릇, 애기부들, 애기메꽃처럼 말이다. 그와 달리 애기똥풀의 '애기'는 진짜 애기를 가리킨다. 자르면 나오는 노란 액이 애기의 똥 같아서 붙여진 이름인 것이다. 피나물은 잎을 자르면 정말로 핏빛 액이 나온다.

향기가 이름이 된 경우도 있다. 오이풀을 비벼보면 싱그러운 오이 향이 손에 묻어난다. 생강나무에서는 알싸한 생강 향기가 난다. 분꽃나무의 꽃에서는 여자의 화장품처럼 분내가 풍겨온다. 누리장나무는 고기의 누린내가 나서 붙여진 이름이다.

소리 때문에 지어진 경우도 있다. 한지를 만드는 데 썼던 닥나무는 가지를 꺾으면 딱 하는 소리가 나서 딱나무로 불리다가 닥나무가 됐다. 꽝꽝나무는 불 속에 던져 넣으면 "꽝꽝" 하는 소리가 난다고 해서 붙여졌다. 나무에서 정말로 그런 소리가 나는지는 몰라도 잎을 태워보면 "빵" 하는 소리가 난다. 자작나무도 소리로 인해 붙여진 이름이다. 자작나무의 껍질에는 지방분이 많아 불을 붙이면 "자자자작" 하는 소리를 내면서 탄다. 기름이 귀했던 옛날에는 자작나무 기름으로 신방의 불을 밝혔다.

① 다양한 관점들을 제시한 뒤, 예를 들어 설명하고 있다.
② 대상들을 분류한 뒤, 예를 들어 설명하고 있다.
③ 여러 가지 대상들의 원리에 대해 설명하고 있다.
④ 현상에 대한 해결방안에 대해 제시하고 있다.
⑤ 대상에 대한 옳은 예와 옳지 않은 예를 제시하고 있다.

02 다음 중 제시된 단어의 관계와 유사한 것은?

마수걸이

① 시작
② 시초
③ 개시
④ 시기
⑤ 시의

03 다음 빈칸에 들어갈 접속어로 올바른 것은?

앞으로는 공무원이 공공기관 민원시스템에서 신고성 민원 등의 서류를 출력해도 민원인 정보는 자동으로 삭제된다. ___㉠___ 민원인 정보를 제3자에게 제공할 때도 유의사항 등을 담은 세부 처리지침이 조성된다. 국민권익위원회는 이 같은 내용을 담은 '공공기관 민원인 개인정보 보호 강화방안'을 마련해 499개 공공기관과 행정안전부에 제도 개선을 권고했다. 권고안에는 민원담당 공무원이 기관별 민원시스템에서 신고성 민원 등의 내용을 출력해도 민원인 이름 등 개인정보는 자동으로 삭제되고 민원 내용만 인쇄되도록 하는 내용이 담겨 있다. 이와 함께 민원인 정보를 제3자에게 제공할 때 민원담당자가 지켜야 하는 세부 처리지침을 '민원행정 및 제도개선 기본지침'에 반영하도록 했다. 특히 각 기관에서 신고성 민원을 처리할 때 민원인 비밀보장 준수, 신고자 보호·보상 제도 안내 등 관련 유의사항이 담기도록 했다.

그간 개인정보보호를 위한 정부의 노력에도 불구하고 민원처리 과정에서 민원인 정보가 유출되어 국민의 권익이 침해되는 사례가 지속해서 발생하고 있었다. ___㉡___ 민원처리 지침 등에는 민원인 정보 유출 관련 주의사항, 처벌 규정 등만 명시되어 있을 뿐 민원인 정보를 제3자에게 제공할 수 있는 범위와 한계 등에 관한 규정이 없었다. 기관별로 접수되는 신고성 민원은 내용과 요건에 따라 부패·공익신고에 해당할 경우 신고자 보호 범위가 넓은 「공익신고자 보호법」 등에 따라 처리되어야 함에도 민원 담당자들이 이를 제대로 알지 못해 신고자 보호 규정을 제대로 준수하지 못했기에 이를 보완하려는 후속 조치가 마련된 것이다.

국민권익위원회의 권익개선정책국장은 "이번 제도개선으로 공공기관 민원처리 과정에서 신고성 민원 등을 신청한 민원인의 개인정보가 유출되는 사례를 방지할 수 있을 것"이라며 "앞으로도 국민권익위 정부 혁신 실행과제인 '국민의 목소리를 반영한 생활밀착형 제도개선'을 적극 추진하겠다."라고 말했다.

	㉠	㉡
①	또한	한편
②	또한	그러나
③	그러므로	그러나
④	그러므로	한편
⑤	그러므로	따라서

PART 4

04 다음 글의 구조를 바르게 분석한 것은?

(가) 다음으로 근로계약서는 근로자가 회사(근로기준법에서는 '사용자'라고 함)의 지시 또는 관리에 따라 일을 하고 이에 대한 대가로 회사가 임금을 지급하기로 한 내용의 계약서로 유상·쌍무계약을 말한다. 근로자와 사용자의 근로관계는 서로 동등한 지위에서 자유의사에 의하여 결정한 계약에 의하여 성립한다. 이러한 근로관계의 성립은 구술에 의하여 약정되기도 하지만 통상적으로 근로계약서 작성에 의하여 행해지고 있다.

(나) 이처럼 계약서는 계약의 권리와 의무의 발생, 변경, 소멸 등을 도모하는 중요한 문서로 계약서를 작성할 때에는 신중하고 냉철하게 판단한 후, 권리자와 의무자의 관계, 목적물이나 권리의 행사 방법 등을 명확하게 전달할 수 있도록 육하원칙에 따라 간결하고 명료하게 그리고 정확하고 평이하게 작성해야 한다.

(다) 계약서란 계약의 당사자 간의 의사표시에 따른 법률행위인 계약 내용을 문서화한 것으로 당사자 사이의 권리와 의무 등 법률관계를 규율하고 의사표시 내용을 항목별로 구분한 후, 구체적으로 명시하여 어떠한 법률 행위를 어떻게 하려고 하는지 등의 내용을 특정한 문서이다. 계약서의 작성은 미래에 계약에 관한 분쟁 발생 시 중요한 증빙자료가 된다.

(라) 계약서의 종류를 살펴보면, 먼저 임대차계약서는 임대인 소유의 부동산을 임차인에게 임대하고, 임차인은 이에 대한 약정을 합의하는 내용을 담고 있다. 임대차는 당사자의 한쪽이 상대방에게 목적물을 사용·수익하게 할 수 있도록 약정하고, 상대방이 이에 대하여 차임을 지급할 것을 약정함으로써 그 효력이 생긴다. 부동산 임대차의 경우 목적 부동산의 전세, 월세에 대한 임차보증금 및 월세를 지급할 것을 내용으로 하는 계약이 여기에 해당하며, 임대차계약서는 주택 등 집합건물의 임대차계약을 작성하는 경우에 사용되는 계약서이다. 주택 또는 상가의 임대차계약은 민법에 대한 특례를 규정한 주택임대차보호법 및 상가건물 임대차보호법의 적용을 받으며, 이 법의 적용을 받지 않은 임대차에 관하여는 민법상의 임대차 규정을 적용하고 있다.

(마) 마지막으로 부동산 매매계약서는 당사자가 계약 목적물을 매매할 것을 합의하고, 매수인이 매도자에게 매매 대금을 지급할 것을 약정함으로 인해 그 효력이 발생한다. 부동산 매매계약서는 부동산을 사고, 팔기 위하여 매도인과 매수인이 약정하는 계약서로 매매대금 및 지급 시기, 소유권 이전, 제한권 소멸, 제세공과금, 부동산의 인도, 계약의 해제에 관한 사항 등을 약정하여 교환하는 문서이다. 부동산거래는 상황에 따라 다양한 매매조건이 수반되기 때문에 획일적인 계약 내용 외에 별도 사항을 기재하는 수가 많으므로 계약서에 서명하기 전에 계약 내용을 잘 확인하여야 한다.

①
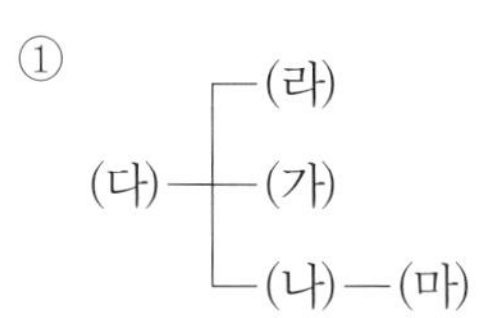

②
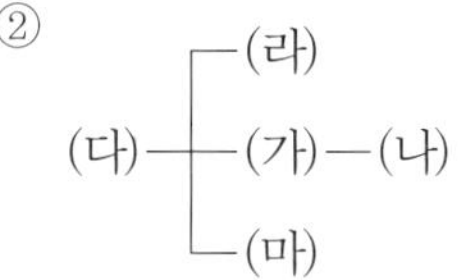

③
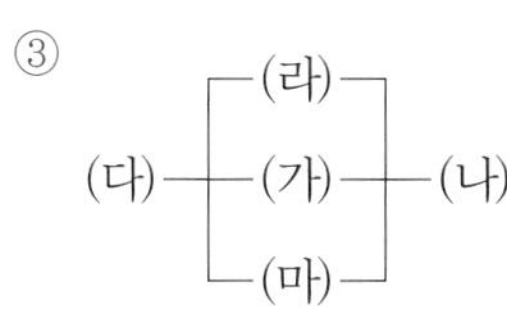

④
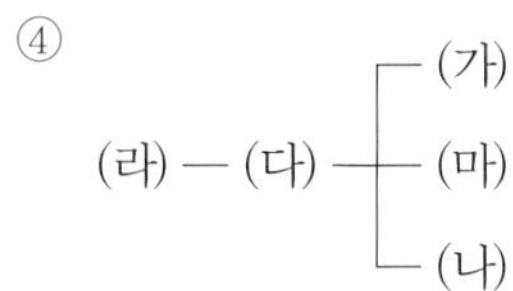

⑤
(라) ┬ (다) — (가)
　　 └ (마) — (나)

05 다음 중 밑줄 친 단어와 의미가 다른 것은?

> 잡지에서 처음 보는 단어를 발견했다.

① 교차로를 건널 때에는 신호등을 잘 보고 건너야 한다.
② 수상한 사람을 보면 신고하시오.
③ 앨범 속의 사진을 보면 그때로 돌아간 느낌이 들어.
④ 우리 동네에서 못 보던 얼굴이다.
⑤ 장맛을 보면 그 집의 음식 솜씨를 알 수 있다.

※ 다음 글을 읽고, 이어지는 질문에 답하시오. [6~7]

우리나라의 지명은 역사적으로 많은 우여곡절을 겪으면서 변천해왔다. 그러나 자세히 관찰하면 우리나라 지명만이 갖는 특징이 있는데, 이는 우리 지명의 대부분이 지형, 기후, 정치, 군사 등에서 유래되었다는 점이다.

우리나라의 지명에는 山(산), 谷(곡), 峴(현), 川(천), 新(신), 大(대), 松(송) 등의 한자가 들어 있는 것이 많다. 이 중 山, 谷, 峴, 川 등은 산악 지형이 대부분인 한반도의 산과 골짜기를 넘는 고개, 그 사이를 굽이치는 하천을 반영한 것이다. 그런가 하면 新, 大 등은 인구 증가와 개척·간척에 따라 형성된 새로운 마을과 관련되는 지명이며, 松은 어딜 가나 흔한 나무가 소나무였으므로 이를 반영한 것이다. 그다음으로 上(상), 內(내), 南(남), 東(동), 下(하) 등의 한자와 石(석), 岩(암), 水(수), 浦(포), 井(정), 村(촌), 長(장), 龍(용), 月(월) 등의 한자가 지명에 많이 들어 있다. 이러한 한자들은 마을의 위치나 방위를 뜻하는 것으로서, 우리 민족이 전통적으로 남(南), 동(東) 방향을 선호했다는 증거이다. 또한 큰 바위(石, 岩)가 이정표 역할을 했으며, 물(水, 井)을 중심으로 생활했다는 것을 반영하고 있다. 한편, 평지나 큰 들이 있는 곳에는 坪(평), 平(평), 野(야), 原(원) 등의 한자가 많이 쓰였는데, 가평, 청평, 양평, 부평, 수원, 철원, 남원 등이 그 예이다.

한자로 된 지명은 보통 우리말 지명의 차음(借音)과 차훈(借訓)을 따랐기 때문에 어느 정도는 원래의 뜻을 유추할 수 있었다. 그런데 우리말 지명을 한자어로 바꿀 때 잘못 바꾸면 그 의미가 매우 동떨어지게 된다. 특히 일제 강점기 때는 우리말 지명의 뜻을 제대로 몰랐던 일제에 의해 잘못 바뀐 지명이 많다. 그 사례를 들어 보면, 경기도 안산시의 고잔동은 원래 우리말로 '곶 안'이라는 뜻이었다. 우리말 의미를 제대로 살렸다면 한자 지명이 곶내(串內)나 갑내(岬內)가 되었어야 하나, 일제에 의해 고잔(古棧)으로 바뀌었다. 한편 서울의 삼각지도 이와 같은 사례에 해당한다. 이곳의 원래 지명은 새벌(억새 벌판)인데, 경기 방언으로 새뿔이라고 불렸다. 이를 새(세)를 삼(三)으로, 뿔(벌)을 각(角)으로 해석하여 삼각지로 바꾼 것이다. 이렇게 잘못 바뀐 지명은 전국에 분포되어 있다. 현재 우리가 이 '고잔(古棧)'과 '삼각지(三角地)'에서 원래의 의미를 찾아내기란 결코 쉽지 않다.

조선 시대에는 촌락의 특수한 기능이 지명에 반영되는 경우가 많았는데, 특히 교통 및 방어와 관련된 촌락이 그러하였다. 하천 교통이 발달한 곳에는 도진취락(渡津聚落)이 발달했는데, 이러한 촌락의 지명에는 ~도(渡), ~진(津), ~포(浦) 등의 한자가 들어간다. 한편, 주요 역로를 따라서는 역원취락(驛院聚落)이 발달했다. 역은 공문서의 전달과 관리의 내왕(來往), 관물(官物)의 수송 등을 주로 담당했고, 원은 관리나 일반 여행자에게 숙박 편의를 제공했다. 따라서 역(驛)~, ~원(院) 등의 한자가 들어가는 지명은 ____________ 곳이다.

해방 후 국토 공간의 변화에 따라 지명에도 큰 변화가 있었다. 국토 개발에 따라 새로운 지명이 생겨났는가 하면, 고유의 지명이 소멸하거나 변질하기도 했다. 서울의 경우 인구 증가로 인해 새로운 동(洞)이 만들어지면서 공항동, 본동과 같은 낯선 지명이 생겨났다. 반면에 굴레방다리, 말죽거리, 장승배기, 모래내, 뚝섬과 같은 고유 지명은 행정구역 명칭으로 채택되지 않은 채 잊혀 가고 있다.

06 다음 중 글의 내용을 잘못 이해하고 있는 사람은?

① A : 서울 율현동(栗峴洞)의 지명은 마을이 위치한 고개 지형에서 유래되었군.
② B : 강원도의 원주시(原州市)는 주로 넓은 평지로 이루어져 있겠군.
③ C : 서울의 삼각지(三角紙)는 뿔 모양의 지형에서 유래된 지명이군.
④ D : 서울의 노량진동(露梁津洞)은 조선 시대 하천 교통의 요지였겠군.
⑤ E : 서울 공항동(空港洞) 지명의 역사는 안산 고잔동(古棧洞) 지명의 역사보다 짧겠군.

07 다음 중 빈칸에 들어갈 내용으로 가장 적절한 것은?

① 과거에 경치가 뛰어났던
② 과거에 상공업이 발달했던
③ 과거에 왕이 자주 행차했던
④ 과거에 육상 교통이 발달했던
⑤ 과거에 해상 교통이 발달했던

PART 4

08 다음 〈보기〉의 문장이 들어갈 위치로 가장 적절한 곳은?

카셰어링이란 차를 빌려 쓰는 방법의 하나로 기존의 방식과는 다르게 시간 또는 분 단위로 필요한 만큼만 자동차를 빌려 사용할 수 있다. (가) 이러한 카셰어링은 비용 절감 효과와 더불어 환경적·사회적 측면에서 현재 세계적으로 주목받고 있는 사업 모델이다.

호주 멜버른시의 조사 자료에 따르면, 카셰어링 차 한 대당 도로상의 개인 소유 차량 9대를 줄이는 효과가 있으며, 실제 카셰어링을 이용하는 사람은 해당 서비스 가입 이후 자동차 사용을 50%까지 줄였다고 한다. 또한 자동차 이용량이 줄어들면 주차 문제를 해결할 수 있으며, 카셰어링 업체에서 제공하는 친환경 차량을 통해 온실가스의 배출을 감소시키는 효과도 기대할 수 있다. (나) 호주 카셰어링 업체 차량의 60% 정도는 경차 또는 하이브리드 차량인 것으로 조사되었다.

호주의 카셰어링 시장규모는 8,360만 호주 달러로 지난 5년간 연평균 21.7%의 급격한 성장률을 보이고 있다. (다) 전문가들은 호주 카셰어링 시장이 앞으로도 가파르게 성장해 5년 후에는 현재보다 약 2.5배 증가한 2억 1,920만 호주 달러에 이를 것이며, 이용자 수도 10년 안에 150만 명까지 폭발적으로 늘어날 것이라고 예측한다. (라) 호주에서 차량을 소유할 경우 주유비, 서비스비, 보험료, 주차비 등의 부담이 크기 때문이다. 발표 자료에 의하면 차량 2대를 소유한 가족이 구매 금액을 비롯하여 차량 유지비에만 쓰는 비용은 연간 12,000 호주 달러에서 18,000 호주 달러에 이른다고 한다.

호주 자동차 산업에서 경제적·환경적·사회적인 변화에 따라 호주 카셰어링 시장이 폭발적인 성장세를 보이는 것에 주목할 필요가 있다. (마) 전문가들은 카셰어링으로 인해 자동차 산업에 나타나는 변화의 정도를 '위험한 속도'로까지 비유하기도 한다. 카셰어링 차량의 주차공간을 마련하기 위해서 정부의 역할이 매우 중요한 만큼 호주는 정부 차원에서도 카셰어링 서비스를 지원하는 데 적극적으로 움직이고 있다. 호주는 카셰어링 서비스가 발달한 미국, 캐나다, 유럽 대도시에 비하면 아직 뒤처져 있지만, 성장 가능성이 높아 국내기업에서도 차별화된 서비스와 플랫폼을 개발한다면 진출을 시도해 볼 수 있다.

보기

이처럼 호주에서 카셰어링 서비스가 많은 회원을 확보하며 급격한 성장세를 나타내는 데는 비용 측면의 이유가 가장 크다고 볼 수 있다.

① (가)
② (나)
③ (다)
④ (라)
⑤ (마)

09 다음 빈칸 ㉠~㉣에 들어갈 단어가 바르게 연결된 것은?

- 자전거가 마주 오던 자동차에 ___㉠___.
- 걷다가 전봇대에 머리를 ___㉡___ 뻔 했다.
- 수업 시간 내내 계속된 선생님의 꾸중으로 ___㉢___을 치렀다.
- 수업 시간에 선생님의 예기치 못한 질문을 받아 ___㉣___스러웠다.

	㉠	㉡	㉢	㉣
①	부딪혔다	부딪칠	곤혹	곤욕
②	부딪혔다	부딪칠	곤욕	곤혹
③	부딪쳤다	부딪칠	곤욕	곤혹
④	부딪쳤다	부딪힐	곤욕	곤혹
⑤	부딪쳤다	부딪힐	곤혹	곤욕

10 다음 대화에서 나타난 것과 동일한 오류를 저지른 사례는?

- 의사 : 음주와 흡연은 고혈압과 당뇨를 유발할 수 있으니 조절하십시오.
- 환자 : 에이, 의사 선생님도 술, 담배 하시잖아요.

① 저와 오랜 시간을 함께한 선생님은 제 의견에 동의하셔야 합니다.
② 나를 거짓말쟁이라 비난하는 당신은 단 한 번의 거짓말도 한 적이 없습니까?
③ 저는 학생에게서 돈을 빼앗지 않았습니다. 제가 돈을 뺏는 걸 본 사람이 없는걸요.
④ 이 카메라는 정형외과 전문의가 사용하는 제품이라 믿고 구매할 수 있었어.
⑤ 재은이는 오늘도 늦게 올 거야. 지난번 약속에는 30분이나 늦었거든.

11 다음 글의 내용으로 적절하지 않은 것은?

스마트팩토리는 인공지능(AI), 사물인터넷(IoT) 등 다양한 기술이 융합된 자율화 공장으로, 제품 설계와 제조, 유통, 물류 등의 산업 현장에서 생산성 향상에 초점을 맞췄다. 이곳에서는 기계, 로봇, 부품 등의 상호 간 정보 교환을 통해 제조 활동을 하고, 모든 공정 이력이 기록되며, 빅데이터 분석으로 사고나 불량을 예측할 수 있다.
스마트팩토리에서는 컨베이어 생산 활동으로 대표되는 산업 현장의 모듈형 생산이 컨베이어를 대체하고 IoT가 신경망 역할을 한다. 센서와 기기 간 다양한 데이터를 수집하고, 이를 서버에 전송하면 서버는 데이터를 분석해 결과를 도출한다. 서버는 AI 기계학습 기술이 적용돼 빅데이터를 분석하고 생산성 향상을 위한 최적의 방법을 제시한다.
스마트팩토리의 대표 사례로는 고도화된 시뮬레이션 '디지털 트윈'을 들 수 있다. 이는 데이터를 기반으로 가상공간에서 미리 시뮬레이션하는 기술이다. 시뮬레이션을 위해 빅데이터를 수집하고 분석과 예측을 위한 통신·분석 기술에 가상현실(VR), 증강현실(AR)과 같은 기술을 얹는다. 이를 통해 산업 현장에서 작업 프로세스를 미리 시뮬레이션하고, VR·AR로 검증함으로써 실제 시행에 따른 손실을 줄이고, 작업 효율성을 높일 수 있다.
한편 '에지 컴퓨팅'도 스마트팩토리의 주요 기술 중 하나이다. 에지 컴퓨팅은 산업 현장에서 발생하는 방대한 데이터를 클라우드로 한 번에 전송하지 않고, 에지에서 사전 처리한 후 데이터를 선별해서 전송한다. 서버와 에지가 연동해 데이터 분석 및 실시간 제어를 수행하여 산업 현장에서 생산되는 데이터가 기하급수로 늘어도 서버에 부하를 주지 않는다. 현재 클라우드 컴퓨팅이 중앙 데이터 센터와 직접 소통하는 방식이라면 에지 컴퓨팅은 기기 가까이에 위치한 일명 '에지 데이터 센터'와 소통하며, 저장을 중앙 클라우드에 맡기는 형식이다. 이를 통해 데이터 처리 지연 시간을 줄이고 즉각적인 현장 대처를 가능하게 한다.

① 스마트팩토리에서는 제품 생산 과정에서 발생할 수 있는 사고를 미리 예측할 수 있다.
② 스마트팩토리에서는 AI 기계학습 기술을 통해 생산성을 향상시킬 수 있다.
③ 스마트팩토리에서는 작업을 시행하기 전에 앞서 가상의 작업을 시행해볼 수 있다.
④ 스마트팩토리에서는 발생 데이터를 중앙 데이터 센터로 직접 전송함으로써 데이터 처리 지연 시간을 줄일 수 있다.
⑤ 스마트팩토리에서는 IoT를 통해 연결된 기계, 로봇 등이 상호 간 정보를 교환할 수 있다.

12 다음 중 밑줄 친 단어의 의미와 쓰임이 같은 것은?

> 국가대표팀을 이끌었던 감독은 경기를 마친 뒤 선수들을 향한 애정을 드러내 눈길을 끌었다. 감독은 결승 경기 이후 진행된 인터뷰에서 "선수들이 여기까지 올라온 건 충분히 자긍심을 가질 만한 결과이다."라고 이야기했다. 이어 감독은 동고동락한 선수들과의 일을 떠올리다 감정이 벅차 말을 잇지 못하기도 했다. 한편 경기에서 최선을 다한 선수들을 향한 뜨거운 응원은 계속 이어지고 있다.

① 슬리퍼를 끌고 다니는 모습이 보기에 좋지 않다.
② 고장 난 차량을 끌고 가기 위한 견인차가 도착하였다.
③ 손님을 끌기 위해 수단과 방법을 가리지 않았다.
④ 대표팀은 승리를 굳히기 위해 시간을 끄는 모습을 보였다.
⑤ 어머니는 떼를 쓰는 아이의 팔을 끌고 집으로 갔다.

13 다음 중 단어의 관계가 다른 하나는?

① 당착(撞着) : 모순(撞着)
② 용인(庸人) : 범인(凡人)
③ 굴착(掘鑿) : 매립(埋立)
④ 체류(滯留) : 체재(滯在)
⑤ 모범(模範) : 귀감(龜鑑)

14 얼마 전 S역 내에 고객의 편의를 위한 장애인 리프트가 설치되었다. 그러나 얼마 지나지 않아 장애인 리프트를 어떻게 이용해야 할지 모르겠다는 고객의 불만이 접수되었다. 고객의 불만 사항 처리 업무를 담당하는 L사원은 이를 처리하기 위해 문서를 작성하려고 한다. 다음 중 L사원이 문서를 작성할 때 주의해야 할 사항으로 가장 옳은 것은?

① 참고자료를 정확하게 제시한다.
② 상대가 요구하는 것이 무엇인지 고려하여 작성한다.
③ 인용한 자료의 출처가 정확한지 확인한다.
④ 마지막엔 반드시 '끝'자로 마무리한다.
⑤ 가급적 전문용어의 사용을 삼가고 간결하게 작성한다.

15 다음 밑줄 친 단어의 띄어쓰기가 바르지 않은 것은?

① 콩을 심으면 콩이 나지 팥이 날 수는 없다.
② 쓰레기를 버리지 마시오.
③ 무엇부터 해야 할 지 고민이다.
④ 회사에 다닌 지도 꽤 오래되었다.
⑤ 기분이 좋은지 웃음꽃이 피었다.

16 B대리는 집에서 거리가 14km 떨어진 회사에 출근할 때 자전거를 이용해 1시간 30분 동안 이동하고, 퇴근할 때는 회사에서 6.8km 떨어진 가죽공방을 들렸다가 취미활동 후 10km 거리를 이동하여 집에 도착한다. 퇴근할 때 회사에서 가죽공방까지 18분, 헬스장에서 집까지 1시간이 걸린다면 B대리가 출·퇴근할 때 평균속력은 몇 km/h인가?

① 10km/h
② 11km/h
③ 12km/h
④ 13km/h
⑤ 14km/h

17 L공사 직원 A～F 6명은 점심식사를 하기 위해 구내식당에서 각자 원하는 음식을 주문하였다. 아래의 〈조건〉을 볼 때, 중식 1인분 가격은 얼마인가?

조건

- 6명의 점심식사 총 금액은 25,800원이다.
- 점심메뉴는 한식, 중식, 양식 세 가지가 있다.
- A를 포함한 3명의 직원은 중식을 시켰다.
- E와 F는 양식을 주문하였다.
- 나머지 한 사람은 4,200원인 한식을 주문하였다.
- A와 E가 시킨 메뉴의 금액 합은 8,900원이다.

① 3,800원
② 4,000원
③ 4,200원
④ 4,400원
⑤ 4,600원

18 L공사의 체육대회에서 올해 운영을 위한 임원진(운영위원장 1명, 운영위원 2명)을 새롭게 선출하려고 한다. 추천 받은 인원은 20명이며, 임원진으로 남자와 여자가 1명 이상씩 선출되어야한다. 추천 인원 남녀 성비가 6 : 4일 때, 올해 임원을 선출할 수 있는 경우의 수는 모두 몇 가지인가?

① 910가지
② 1,374가지
③ 1,568가지
④ 2,464가지
⑤ 2,748가지

PART 4

19 새로 입사한 사원의 현황이 다음과 같다. 신입사원 중 여자 한 명을 뽑았을 때, 경력직이 뽑힐 확률은?

- 신입사원의 40%는 남성이다.
- 신입사원의 15%는 남성 경력직이다.
- 신입사원의 70%는 남성이거나 경력직이다.

① $\frac{1}{2}$
② $\frac{1}{4}$
③ $\frac{3}{4}$
④ $\frac{1}{5}$
⑤ $\frac{3}{5}$

20 다음은 자동차 판매현황이다. 표를 보고 〈보기〉에서 옳지 않은 것을 모두 고르면?

〈자동차 판매현황〉

(단위 : 천 대)

구분	2020년	2021년	2022년
소형	27.8	32.4	30.2
준중형	181.3	179.2	180.4
중형	209.3	202.5	205.7
대형	186.1	185.0	177.6
SUV	452.2	455.7	450.8

보기

ㄱ. 2020년 대비 2021년 판매량 감소율이 가장 낮은 차종은 대형이다.
ㄴ. 2022년 준중형 자동차 판매량은 전년 대비 1% 이상 증가했다.
ㄷ. 2020 ~ 2022년 동안 매년 자동차 판매 순위는 동일하다.
ㄹ. 2020년 모든 종류의 자동차 각각의 판매량은 2021년보다 모두 높다.

① ㄱ, ㄴ
② ㄷ, ㄹ
③ ㄱ, ㄹ
④ ㄴ, ㄷ
⑤ ㄴ, ㄷ, ㄹ

21 다음 〈조건〉을 보고 8시간 동안 두 번째 공정으로 가는 운반차는 몇 대인가?

조건

- 원형 레일 위에 운반차는 6분에 $\frac{\pi}{3}$ 라디안만큼 회전한다.
- 운반차는 3바퀴 회전하고, 두 번째 공정으로 운반된다.
- 2π 라디안은 360°이다.

① 1대
② 2대
③ 3대
④ 4대
⑤ 5대

22 다음은 일정한 규칙으로 수를 나열한 것이다. 빈칸에 들어갈 수는?

14	15	13	22	18	43	37	86	( )

① 22
② 70
③ 78
④ 94
⑤ 150

23 시웅이는 편의점에서 간식을 사고 집으로 돌아가는 도중 물통을 편의점에 놓고 온 것을 알게 되었다. 시웅이는 시속 3km 속력으로 걸어서 물통을 가지러 가고, 다시 집으로 시속 6km로 달려갔다. 집에서 편의점까지 거리는 1km이고, 0.3km 지점에서 물통을 가지러 출발할 때 시각은 오전 6시 5분이었다. 집에 도착한 시각은 몇 시인가?(단, 집에서 편의점까지는 직선거리이며 다른 요인으로 인한 소요시간은 없다)

① 오전 6시 30분
② 오전 6시 28분
③ 오전 6시 26분
④ 오전 6시 23분
⑤ 오전 6시 21분

PART 4

24 다음은 2022년도 국가별 국방예산 그래프이다. 이를 이해한 내용으로 옳은 것은?(단, 비중은 소수점 이하 둘째 자리에서 반올림한다)

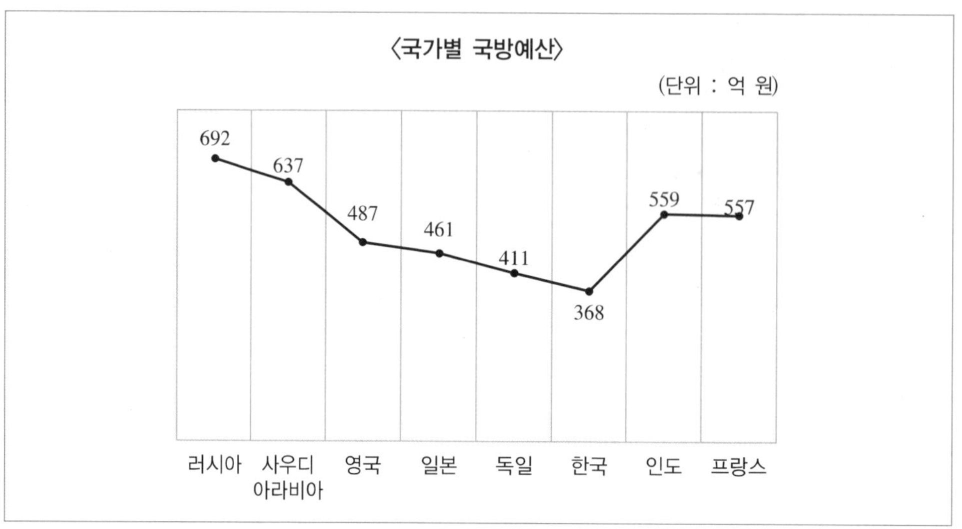

① 러시아 국방예산은 한국 국방예산의 1.5배 미만이다.
② 8개 국가의 국방예산의 평균은 521.5억 원이다.
③ 국방예산이 2번째로 적은 국가는 3번째로 많은 국가 예산의 70% 미만이다.
④ 국방예산이 가장 많은 4개 국가의 총액은 가장 적은 4개 국가의 총액보다 708억 원 많다.
⑤ 8개 국가 국방예산 총액에서 영국 국방예산이 차지하는 비중은 13% 이상이다.

25 K회사의 해외사업부, 온라인 영업부, 영업지원부에서 각각 2명, 2명, 3명이 대표로 회의에 참석하기로 하였다. 자리배치는 원탁 테이블에 같은 부서 사람이 옆자리로 앉는다고 할 때, 7명이 앉을 수 있는 방법은 몇 가지인가?

① 48가지
② 36가지
③ 27가지
④ 24가지
⑤ 16가지

26 다음은 과일의 종류별 무게에 따른 가격표이다. 종류별 무게를 가중치로 적용하여 가격에 대한 가중평균을 구하면 42만 원이다. 이때 빈칸에 들어갈 가격으로 옳은 것은?

〈과일 종류별 가격 및 무게〉

(단위 : 만 원, kg)

구분	가	나	다	라
가격	25	40	60	( )
무게	40	15	25	20

① 40만 원
② 45만 원
③ 50만 원
④ 55만 원
⑤ 60만 원

27 다음 중 〈조건〉을 충족하는 은진이의 나이로 가장 적은 나이는?

조건

- 은영이와 은진이는 자매이며, k는 은영이의 아들, m과 n은 은진이 딸들이다.
- 은영이는 은진이보다 4살 많다.
- k, m, n 나이의 곱은 1,540이다.
- k, m, n 나이의 합은 35이다.
- m은 9 ~ 16세이며, k, m, n 중 가장 나이가 많다.
- 은영이와 은진이의 나이 합은 은진이 딸들의 나이 합의 4배이다.

① 50세
② 49세
③ 48세
④ 47세
⑤ 46세

PART 4

28 A는 서점에서 소설, 에세이, 만화, 수험서, 잡지를 구매했다. 〈조건〉이 모두 참일 때 A가 세 번째로 구매한 책으로 옳은 것은?

조건

- A는 만화와 소설보다 잡지를 먼저 구매했다.
- A는 수험서를 가장 먼저 구매하지 않았다.
- A는 에세이와 만화를 연달아 구매하지 않았다.
- A는 수험서를 구매한 다음 곧바로 에세이를 구매했다.
- A는 에세이나 소설을 마지막에 구매하지 않았다.

① 소설
② 에세이
③ 만화
④ 잡지
⑤ 수험서

29 다음은 A씨가 1월부터 4월까지 지출한 외식비이다. 1월부터 5월까지의 평균 외식비가 120,000원 이상 130,000원 이하가 되게 하려고 할 때, A씨가 5월에 최대로 사용할 수 있는 외식비는?

〈월별 외식비〉

(단위 : 원)

1월	2월	3월	4월	5월
110,000	180,000	50,000	120,000	?

① 14만 원
② 15만 원
③ 18만 원
④ 19만 원
⑤ 22만 원

30 전통적인 회식비 분담 방식은 회식비 총액을 인원수로 나누는 방식이다. 하지만 최근에는 자신이 주문한 만큼 부담하는 거래내역 방식을 사용하기도 한다. 다음 중 거래내역 방식에 비해 전통적인 방식으로 회식비를 분담할 때, 부담이 가장 많이 덜어지는 사람과 그 금액 차이는 얼마인가?

〈주문내역〉

구분	메인요리	샐러드	디저트
우빈	10,000원	2,000원	8,000원
다솔	15,000원	3,000원	4,000원
한수	18,000원	6,000원	2,000원
미주	16,000원	4,000원	5,000원
건태	12,000원	2,000원	5,000원

	주문자	금액 차이
①	우빈	3,400원
②	한수	3,600원
③	미주	3,600원
④	미주	2,600원
⑤	한수	2,600원

PART 4

31 다음 명제들이 참일 때 옳지 않은 추론은?

- 운동을 좋아하면 등산을 좋아한다.
- 수영을 좋아하지 않으면 운동을 좋아하지 않는다.
- 요가를 좋아하면 골프를 좋아하지 않는다.
- 등산을 좋아하면 요가를 좋아한다.

① 운동을 좋아하면 요가를 좋아한다.
② 운동을 좋아하면 수영을 좋아한다.
③ 골프를 좋아하면 등산을 좋아하지 않는다.
④ 수영을 좋아하지 않으면 골프를 좋아하지 않는다.
⑤ 등산을 좋아하지 않으면 운동을 좋아하지 않는다.

32 다음 명제가 모두 참일 때, 반드시 참인 명제는?

> • 도보로 걷는 사람은 자가용을 타지 않는다.
> • 자전거를 타는 사람은 자가용을 탄다.
> • 자전거를 타지 않는 사람은 버스를 탄다.

① 자가용을 타는 사람은 버스를 탄다.

② 자전거를 타지 않는 사람은 도보로 걷는다.

③ 버스를 타지 않는 사람은 자전거를 타지 않는다.

④ 도보로 걷는 사람은 버스를 타지 않는다.

⑤ 자가용을 타지 않는 사람은 버스를 탄다.

33 S공사에서는 사내 직원들의 친목 도모를 위해 산악회를 운영하고 있다. S공사에서 근무하고 있는 A～D 중 최소 1명 이상이 산악회원이라고 할 때, 다음 〈조건〉에 따라 항상 참이 되는 것은?

> **조건**
>
> • C가 산악회원이면 D도 산악회원이다.
> • A가 산악회원이면 D는 산악회원이 아니다.
> • D가 산악회원이 아니면 B가 산악회원이 아니거나 C가 산악회원이다.
> • D가 산악회원이면 B는 산악회원이고 C도 산악회원이다.

① A는 산악회원이 아니다.

② B는 산악회원이다.

③ C는 산악회원이다.

④ A와 B, D의 산악회원 여부는 같다.

⑤ A～D 중 산악회원은 최소 1명이거나 최대 3명이다.

34 다음 자료는 부품별 한 개당 가격, 마우스 부품 조립 시 소요시간과 필요 개수이고, 마우스는 A ~ F부품 중 3가지 부품으로 구성된다. 다음 중 마우스를 최대한 비용과 시간을 절약하여 완성할 경우 A ~ F부품 중 〈조건〉에 부합하는 부품 구성으로 적절한 것은?

〈부품 한 개당 가격 및 시간〉

부품	가격	시간	필요 개수	부품	가격	시간	필요개수
A	20원	6분	3개	D	50원	11분 30초	2개
B	35원	7분	5개	E	80원	8분 30초	1개
C	33원	5분 30초	2개	F	90원	10분	2개

※ 시간은 필요 개수 모두를 사용한 시간이다.

조건

- 완제품을 만들 때 부품의 총 기격이 가장 지렴해야한다.
- 완제품을 만들 때 부품의 총 개수는 상관없다.
- 완제품을 만들 때 총소요시간이 25분 미만으로 한다.
- 총 가격 차액이 100원 미만일 경우 총소요시간이 가장 짧은 구성을 택한다.

① A, B, E ② A, C, D

③ B, C, E ④ A, D, F

⑤ B, D, F

PART 4

35 다음은 A ~ D자동차의 성능을 비교한 자료이다. K씨의 가족 8명은 수원에서 거리가 134km 떨어진 강원도로 차 2대를 렌트하여 여행을 가려고 한다. 다음 중 어떤 자동차를 이용하는 것이 가장 비용이 적게 드는가?(단, 필요 연료량은 소수점에서 버림한다)

〈자동차 성능 현황〉

구분	종류	연료	연비
A자동차	전기 자동차	전기	7km/kW
B자동차	전기 자동차	전기	6km/kW
C자동차	가솔린 자동차	고급 휘발유	18km/L
D자동차	가솔린 자동차	일반 휘발유	20km/L

※ 대여비는 같고, 사용한 연료량은 다시 채워서 반납한다.

〈연료별 비용〉

구분	비용
전기	300원/kW
일반 휘발유	1,520원/L
고급 휘발유	1,780원/L

〈자동차 인원〉

구분	인원
A자동차	4인승
B자동차	2인승
C자동차	4인승
D자동차	5인승

① A자동차, B자동차
② A자동차, C자동차
③ B자동차, C자동차
④ C자동차, D자동차
⑤ A자동차, D자동차

36 M사 개발팀의 팀원들은 회의를 위해 회의실에 모였다. 다음과 같은 원형 테이블에 〈조건〉에 따라 앉는다고 할 때, 항상 참인 것은?

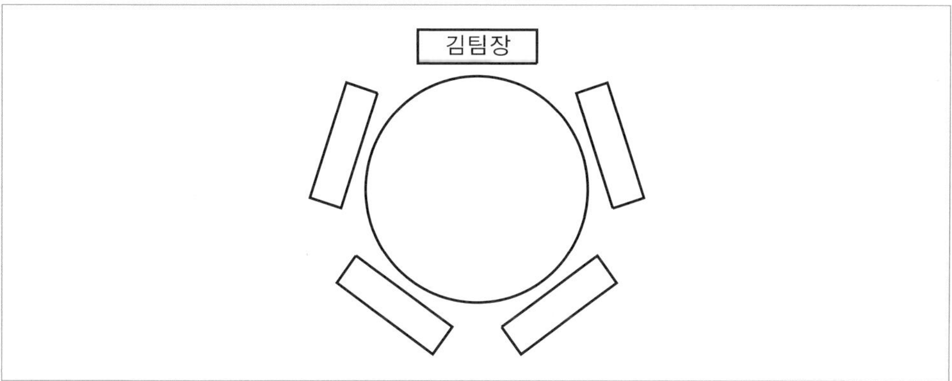

조건

- 최주임과 문대리는 서로 사이가 좋지 않아 나란히 앉지 않는다.
- 김팀장은 최주임이 자신의 옆자리에 앉기를 바란다.
- 박대리는 자신과 친한 이주임이 자신의 왼쪽에 앉기를 바란다.

① 김팀장 왼쪽에는 문대리가 앉는다.
② 김팀장 왼쪽에는 박대리가 앉지 않는다.
③ 김팀장 오른쪽에는 최주임이 앉지 않는다.
④ 이주임 왼쪽에는 문대리가 앉는다.
⑤ 박대리 오른쪽에는 최주임이 앉는다.

PART 4

37 서울역에서 부산행 KTX를 탄 A～C 세 사람은 각각 대전역, 대구역, 부산역에서 하차하였다. A～C가 하차한 역은 서로 다르며 세 사람 중 한 사람만 참을 말할 때, 세 사람이 각각 하차한 역을 순서대로 나열한 것은?

> • A : 나는 대전역에서 하차하였다.
> • B : 나는 부산역에서 하차하지 않았다.
> • C : 나는 대전역에서 하차하지 않았다.

	대전역	대구역	부산역
①	A	B	C
②	A	C	B
③	B	A	C
④	C	B	A
⑤	C	A	B

38 S병원에는 현재 5명의 심리상담사가 근무 중이다. 얼마 전 시행한 감사 결과 이들 중 1명이 근무시간에 무단으로 자리를 비운 것이 확인되었다. 5명의 심리상담사 중 3명이 진실을 말하고 2명이 거짓을 말한다고 할 때, 다음 중 근무시간 내 자리를 비운 심리상담사는?

> A : B는 진실을 말하고 있어요.
> B : 제가 근무시간에 D를 찾아갔을 때, D는 자리에 없었어요.
> C : 근무시간에 자리를 비운 사람은 A입니다.
> D : 저는 근무시간에 자리를 비운 적이 없어요.
> E : A는 어제도 근무시간에 자리를 비웠어요.

① A　　② B
③ C　　④ D
⑤ E

39 한 가게에서 오픈 행사로 50개의 에코백을 준비하였으며, 색깔이 다른 5종류의 에코백을 선착순으로 고객에게 한 개씩 증정한다. 다음 주어진 정보가 모두 참일 때, 〈보기〉에서 옳지 않은 것을 모두 고르면?

〈정보〉

- 에코백의 색깔은 청록색, 베이지색, 검정색, 주황색, 노란색이다.
- 고객 설문조사 결과 에코백 색깔 선호도는 다음과 같고, 1위 색깔의 에코백은 전체 개수의 40%, 2위는 20% 이상 30% 이하로 준비한다.

(단위 : 명)

청록색	베이지색	검정색	주황색	노란색
22	124	65	29	30

- 3～5위 색깔의 에코백은 각각 6개 이상 준비한다.

보기

ㄱ. 검정색 에코백 10개를 준비했을 때, 경우의 수는 6가지이다.
ㄴ. 베이지색과 검정색 에코백의 개수의 합은 최대 35개이다.
ㄷ. 3～5위 색깔의 에코백은 최소 18개를 준비해야한다.
ㄹ. 오픈 행사로 준비하는 에코백의 가능한 경우는 총 12가지이다.

① ㄱ, ㄴ
② ㄴ, ㄹ
③ ㄱ, ㄴ, ㄷ
④ ㄷ, ㄹ
⑤ ㄴ, ㄷ, ㄹ

40 **M피트니스에서 판촉물 제작을 위해 판촉물 부채 5,500개를 제작할 계획이며, A～E회사 중에서 구매할 생각이다. 판촉물 가격 및 배송비가 다음과 같을 때, 가장 저렴하게 살 수 있는 회사는?**

판촉물 회사	판촉물 가격 및 배송비용
A	1묶음(100개)에 18,000원이며, 배송비는 다섯 묶음당 3,000원이다.
B	1묶음(500개)에 60,000원이며, 배송비는 판촉물 총금액의 10%이다.
C	1묶음(500개)에 72,000원이며, 배송비는 수량과 관계없이 5,000원이다.
D	개당 170원이며, 5천 개 이상 주문 시 배송비는 무료이다.
E	1묶음(550장)에 82,500원이며, 배송비는 한 묶음당 1,000원이다.

① A회사
② B회사
③ C회사
④ D회사
⑤ E회사

41 **S회사 근처에는 A～E 5개의 약국이 있으며, 공휴일에는 A～E약국 중 단 2곳만 영업을 한다. 다음 〈조건〉을 참고할 때, 네 번째 공휴일에 영업하는 약국 2곳은?(단, 한 달간 약국의 공휴일 영업일수는 서로 같다)**

조건

- 이번 달의 공휴일은 총 5일이다.
- 오늘은 세 번째 공휴일이며, 현재 A와 C약국이 영업하고 있다.
- D약국은 오늘을 포함하여 이번 달 남은 공휴일에 더 이상 영업하지 않는다.
- E약국은 마지막 공휴일에 영업한다.
- A와 E약국은 이번 달 공휴일에 D약국과 함께 한 번씩 영업하였다.

① A, B
② A, E
③ B, C
④ B, E
⑤ C, E

※ 다음은 우리나라 전국 및 시 · 도별 이동인구 및 이동률을 나타낸 자료이다. 다음 표를 보고 이어지는 질문에 답하시오. **[42~43]**

〈전국 이동인구 및 이동률〉

(단위 : 천 명, %, %p)

구분		이동인구				이동률			
		총 이동	전년 (동월)비	시도 내	시도 간	총 이동	전년 (동월)차	시도 내	시도 간
2021년	1월	577	−3.0	369	208	13.3	−0.5	8.5	4.8
	2월	749	5.6	469	280	19.1	1.5	11.9	7.1
	3월	673	−1.9	432	241	15.5	−0.4	9.9	5.5
	4월	532	−5.7	354	178	12.6	−0.8	8.4	4.2
	5월	578	−1.9	388	190	13.3	−0.3	8.9	4.4
	6월	541	4.6	362	179	12.8	−0.7	8.6	4.2
	7월	543	−0.3	366	178	12.5	−0.1	8.4	4.1
	8월	628	−2.1	418	210	14.4	−0.4	9.6	4.8
	9월	591	8.3	405	186	14.0	1.0	9.6	4.4
	10월	529	−14.2	365	164	12.1	−2.1	8.4	3.8
	11월	597	−7.4	410	187	14.2	−1.2	9.7	4.4
	12월	615	−8.6	405	210	14.1	−1.4	9.3	4.8
2022년	1월	662	14.8	425	237	15.2	1.9	9.8	5.5
	2월	698	−6.8	444	254	17.7	−1.3	11.3	6.4
	3월	708	5.1	464	244	16.3	0.8	10.7	5.6
	4월	594	11.6	399	194	14.1	1.4	9.5	4.6
	5월	600	3.7	410	189	13.8	0.5	9.4	4.4
	6월	544	0.5	370	174	12.9	0.0	8.8	4.1
	7월	569	4.7	381	188	13.0	0.6	8.7	4.3
	8월	592	−5.7	390	202	13.6	−0.8	9.0	4.6
	9월	462	−21.8	311	151	11.0	−3.1	7.4	3.6
	10월	637	20.5	439	198	14.6	2.5	10.1	4.5
	11월	615	2.9	425	190	14.6	0.4	10.1	4.5
	12월	617	0.3	409	208	14.2	0.0	9.4	4.8

※ $[\text{전년 (동월)비}]=\frac{(\text{당월 이동자})-(\text{전년 동월 이동자})}{(\text{전년 동월 이동자})}\times 100$

※ 월별 이동률은 연간 수준으로 환산한 수치임

PART 4

〈시 · 도별 이동인구 추이〉

(단위 : 천 명)

구분	2021년			2022년		
	순 이동	총 전입	총 전출	순 이동	총 전입	총 전출
서울	−99	1,472	1,571	−113	1,438	1,551
부산	−27	440	467	−24	418	442
대구	−11	322	333	−15	320	335
인천	0	410	410	−2	433	435
광주	−9	208	217	−5	219	224
대전	−17	211	228	−16	212	228
울산	−12	135	147	−12	128	140
세종	32	81	49	31	85	54
경기	117	1,889	1,772	170	2,042	1,872
강원	1	211	210	−5	217	222
충북	3	197	194	6	219	213
충남	18	288	270	10	293	283
전북	−7	232	239	−14	242	256
전남	−5	226	231	−10	225	235
경북	−6	310	316	−10	309	319
경남	5	413	408	−6	388	394
제주	12	104	92	12	104	92

※ (순 이동)=(총 전입)−(총 전출)

42 **다음 중 전국 및 시 · 도별 이동인구 추이에 대한 해석으로 옳은 것은?**

① 2021년과 2022년에 전국 총 이동률이 가장 낮은 달은 같다.

② 2022년도 시 · 도별 총 전출자 수가 전년 대비 감소한 지역은 5곳이다.

③ 2022년 8월부터 12월까지 전월 대비 시 · 도 내와 시 · 도 간의 이동률 증감추이는 같다.

④ 2021년 대비 2022년 전년 동월 대비 총 이동인구가 감소한 달은 4번이다.

⑤ 2021 ~ 2022년 동안 매년 시 · 도별 총 전출자 수가 가장 적은 다섯 지역은 같다.

43 시·도별 이동인구 추이에서 2021년도 총 전입과 총 전출의 차이가 가장 큰 지역과 가장 작은 지역의 2022년도 전년 대비 총 전출자 증감률은 얼마인가?(단, 증감률은 소수점 둘째 자리에서 반올림한다)

	가장 큰 지역	가장 작은 지역
①	5.6%	6.5%
②	5.4%	6.1%
③	5.6%	6.1%
④	5.4%	5.9%
⑤	5.6%	5.9%

PART 4

44 K기업은 봉사 프로젝트를 위해 회의를 준비 중이다. 다음 〈조건〉이 모두 참이라고 할 때, 항상 참인 진술은?

조건

- 회의장을 세팅하는 사람은 회의록을 작성하지 않는다.
- 회의에 쓰일 자료를 복사하는 사람은 자료 준비에 참여한다.
- 자료 준비에 참여하는 사람은 회의장 세팅에 참여하지 않는다.
- 자료 준비를 하는 사람은 회의 중 회의록을 작성한다.

① A사원이 회의 자료를 준비하면 회의 자료도 복사해야 한다.
② B사원이 회의장을 세팅하지 않으면 회의 중 회의록을 작성해야 한다.
③ C사원이 회의 중 회의록을 작성하지 않으면 회의 자료를 복사해야 한다.
④ D사원이 회의에 쓰일 자료를 복사하면 회의 중 회의록을 작성해야 한다.
⑤ E사원이 회의 중 회의록을 작성하지 않으면 회의 자료를 준비해야 한다.

45 H회사는 해외지사와 화상 회의를 2시간 동안 하기로 하였다. 모든 지사의 업무시간은 오전 8시부터 오후 5시까지이며, 점심시간은 오전 11시 30분부터 오후 12시 30분까지다. 〈조건〉이 다음과 같을 때, 회의가 가능한 시간은 언제인가?(단, 회의가 가능한 시간은 서울 기준이다)

조건

- 두바이는 서울보다 5시간 느리고, 현지시간으로 오전 10시부터 1시간 동안 회의가 있다.
- 싱가포르는 서울보다 1시간 느리고, 현지시간으로 오후 2시부터 3시간 동안 외근이 있다.

① 오전 9시~오전 11시
② 오전 10시 30분~오후 12시 30분
③ 오후 11시~오후 1시
④ 오후 12시 30분~오후 2시 30분
⑤ 오후 1시~오후 3시

제2회
모의고사

■ 취약영역 분석

번호	O/×	영역	번호	O/×	영역	번호	O/×	영역
1		의사소통능력	16		수리능력	31		문제해결능력
2			17			32		
3			18			33		
4			19			34		
5			20			35		
6			21			36		
7			22			37		
8			23			38		
9			24			39		
10			25			40		
11			26			41		
12			27			42		
13			28			43		
14			29			44		
15			30			45		

평가 문항	45문항	평가 시간	45분
시작시간	:	종료시간	:
취약 영역			

모의고사

모바일 OMR
답안채점 / 성적분석
서비스

응시시간 : 45분 문항 수 : 45문항 정답 및 해설 p.069

01 다음 글을 논리적 순서대로 바르게 나열한 것은?

> (가) 나무를 가꾸기 위해서는 처음부터 여러 가지를 고려해 보아야 한다. 심을 나무의 생육조건, 나무의 형태, 성목이 되었을 때의 크기, 꽃과 단풍의 색, 식재지역의 기후와 토양 등을 종합적으로 생각하고 심어야 한다. 나무의 생육조건은 저마다 다르기 때문에 지역의 환경조건에 적합한 나무를 선별하여 환경에 적응하도록 해야 한다. 동백나무와 석류, 홍가시나무는 남부지방에 키우기 적합한 나무로 알려져 있지만 지구온난화로 남부수종의 생육한계선이 많이 북상하여 중부지방에서도 재배가 가능한 나무도 있다. 부산의 도로 중앙분리대에서 보았던 잎이 붉은 홍가시나무는 여주의 시골집 마당 양지바른 곳에서 3년째 잘 적응하고 있다.
>
> (나) 더불어 나무의 특성을 외면하고 주관적인 해석에 따라 심었다가는 훗날 낭패를 보기 쉽다. 물을 좋아하는 수국 곁에 물을 싫어하는 소나무를 심었다면 둘 중 하나는 살기 어려운 환경이 조성된다. 나무를 심고 가꾸기 위해서는 전체적인 밑그림을 그려보고 생태적 특징을 살펴본 후에 심는 것이 바람직하다.
>
> (다) 나무들이 밀집해있으면 나무들끼리의 경쟁은 물론 바람길과 햇빛의 방해로 성장은 고사하고 병충해에 시달리기 쉽다. 또한 나무들은 성장속도가 다르기 때문에 항상 다 자란 나무의 모습을 상상하며 나무들 사이의 공간 확보를 염두에 두어야 한다. 그러나 묘목을 심고 보니 듬성듬성한 공간을 메꾸기 위하여 자꾸 나무를 심게 되는 실수를 저지른다.
>
> (라) 식재계획의 시작은 장기적인 안목으로 적재적소의 원칙을 염두에 두고 나무를 선정해야 한다. 식물은 햇빛, 물, 바람의 조화를 이루면 잘 산다고 하지 않는가. 그래서 나무의 특성 중에서 햇볕을 좋아하는지 그늘을 좋아하는지, 물을 좋아하는지 여부를 살펴보는 것이 중요하다. 어린 묘목을 심을 경우 실수하는 것은 나무가 자랐을 때의 생육공간을 생각하지 않고 촘촘하게 심는 것이다.

① (가) – (라) – (다) – (나)
② (가) – (나) – (다) – (라)
③ (가) – (라) – (나) – (다)
④ (가) – (나) – (라) – (다)
⑤ (가) – (다) – (나) – (라)

02 다음 중 빈칸에 들어갈 내용으로 가장 적절한 것은?

소독이란 물체의 표면 및 그 내부에 있는 병원균을 죽여 전파력 또는 감염력을 없애는 것이다. 소독의 가장 안전한 형태로는 멸균이 있다. 멸균이란 대상으로 하는 물체의 표면 또는 그 내부에 분포하는 모든 세균을 안전히 죽여 무균의 상태로 만드는 조작으로, 살아있는 세포뿐만 아니라 포자, 박테리아, 바이러스 등을 완전히 파괴하거나 제거하는 것이다.
물리적 멸균법은 열, 햇빛, 자외선, 초단파 따위를 이용하여 균을 죽여 없애는 방법이다. 열(Heat)에 의한 멸균에는 건열 방식과 습열 방식이 있는데, 건열 방식은 소각과 건식오븐을 사용하여 멸균하는 방식이다. 건열 방식이 활용되는 예로는 미생물 실험실에서 사용하는 많은 종류의 기구를 물없이 멸균하는 것이 있다. 이는 습열 방식을 활용했을 때 유리를 포함하는 기구가 파손되거나 금속재질로 이루어진 기구가 습기에 의해 부식할 가능성을 보완한 방법이다. 그러나 건열 멸균법은 습열 방식에 비해 멸균 속도가 느리고 효율이 떨어지며, 열에 약한 플라스틱이나 고무제품은 대상물의 변성이 이루어져 사용할 수 없다. 예를 들어 많은 세균의 내생포자는 습열 멸균 온도 조건(121℃)에서는 5분 이내에 사멸되나, 건열 멸균법을 활용할 경우 이보다 더 높은 온도(160℃)에서도 약 2시간 정도가 지나야 사멸되는 양상을 나타낸다. 반면, 습열 방식은 바이러스, 세균, 진균 등의 미생물들을 손쉽게 사멸시킨다. 습열은 효소 및 구조단백질 등의 필수 단백질의 변성을 유발하고, 핵산을 분해하며 세포막을 파괴하여 미생물을 사멸시킨다. 끓는 물에 약 10분간 노출하면 대개의 영양세포나 진핵포자를 충분히 죽일 수 있으나, 100℃의 끓는 물에서는 세균의 내생포자를 사멸시키지는 못한다. 따라서 물을 끓여서 하는 열처리는 ________________ 멸균을 시키기 위해서는 100℃가 넘는 온도(일반적으로 121℃)에서 압력(약 1.1kg/cm^2)을 가해 주는 고압증기멸균기를 이용한다. 고압증기멸균기는 물을 끓여 증기를 발생시키고 발생한 증기와 압력에 의해 멸균을 시키는 장치이다. 고압증기멸균기 내부가 적정 온도와 압력(121℃, 약 1.1kg/cm^2)에 이를 때까지 뜨거운 포화증기를 계속 유입시킨다. 해당 온도에서 포화 증기는 15분 이내에 모든 영양세포와 내생포자를 사멸시킨다. 고압증기멸균기에 의해 사멸되는 미생물은 고압에 의해서라기보다는 고압 하에서 수증기가 얻을 수 있는 높은 온도에 의해 사멸되는 것이다.

① 더 많은 세균을 사멸시킬 수 있다.
② 멸균 과정에서 더 많은 비용이 소요된다.
③ 멸균 과정에서 더 많은 시간이 소요된다.
④ 소독을 시킬 수는 있으나, 멸균을 시킬 수는 없다.
⑤ 멸균을 시킬 수는 있으나, 소독을 시킬 수는 없다.

PART 4

03 다음 중 빈칸에 들어갈 접속어로 적절한 것은?

1682년, 영국의 엘리아스 에쉬몰(Elias Ashmole)이 자신의 수집품을 대학에 기증하면서 '박물관(Museum)'이라는 용어가 처음 등장하였고, 이후 유럽과 미국에서 박물관은 서로 다른 양상으로 발전하였다. 유럽의 경우 주로 개인이 소장품을 국가에 기증하면 국가는 이를 바탕으로 박물관을 설립하였다. 즉, 국가의 지원과 통제하에 박물관이 설립된 것이다. __㉠__ 미국의 경우는 민간 차원에서 일반 대중에게 봉사한다는 취지로 미술품 애호가들이나 개인 법인에 의해 박물관이 설립되었다. 19세기 이전 대부분의 박물관은 종합 박물관의 성격을 띠었으나, 19세기 이후 과학의 진보와 함께 수집품이 증가하고, 이들의 분류・정리가 이루어지면서 전문 박물관이 설립되기 시작했다. 한편, 신흥 도시는 번영의 힘을 과시하기 위해 장식과 기교가 많고 화려한 박물관을 설립하기도 하였다. 1851년 런던의 대박람회와 1876년 미국 독립 100주년 기념 대박람회는 박물관 사업을 촉진하는 계기가 되었다. 그 결과 뉴욕의 자연사박물관, 메트로폴리탄 박물관, 보스턴미술관 등이 설립되었다. 이 시기의 박물관은 시민의 교육기관이라는 위상을 갖추기 시작했다. 박물관이 학생 교육, 대중의 지식 개발 등 교육에 기여하는 바가 크다는 사실을 인식한 것이다. __㉡__ 자연과학의 발달과 생물학・인류학・고고학 등의 연구가 활발해지면서 전문 박물관도 급진적으로 증가하게 되었다. 1930 ~ 1940년대 미국에서는 막대한 재력을 가진 개인이 본격적인 후원의 주체가 되는 양상이 나타났다. 재력가들이 미술품 수집에 관심을 보이면서 박물관에 대한 지원이 기업 이윤의 사회 환원이라는 명목으로 이루어졌다. 미국은 미술품을 구입하는 개인이나 법인에 세제상의 혜택을 주어 간접적인 미술의 발전을 도모하였고, 이로 인해 1945년 이후 많은 박물관이 형성되었다. 1876년 약 200여 개였던 미국의 박물관 수는 1940년에는 2,500개, 1965년에는 5,000여 개에 달하였으며, 1974년에는 약 7,000여 개로 집계되었다.

	㉠	㉡
①	그러므로	그러나
②	그러므로	또한
③	반면	또한
④	반면	따라서
⑤	반면	그러나

04 다음 밑줄 친 단어와 바꾸어 사용할 수 있는 것은?

최악의 경우를 <u>상정</u>하고, 이에 대해 철저한 준비를 해야 한다.

① 가정
② 사색
③ 성현
④ 고찰
⑤ 인정

05 다음 문장의 빈칸에 들어갈 말을 올바르게 짝지은 것은?

• 새로운 법안이 ___㉠___ 됨에 따라 그에 따른 처벌이 강화될 것으로 예상된다.
• 최근 증권사의 주가연계증권 ___㉡___ 이/가 급증하면서 금융당국이 기준을 강화하기로 결정하였다.
• 신규 직원들은 기피 부서에 ___㉢___ 받지 않을까 긴장하고 있다.

	㉠	㉡	㉢
①	발간	발효	발령
②	발간	발표	발행
③	발표	발행	발효
④	발효	발령	발간
⑤	발효	발행	발령

06 다음 밑줄 친 단어와 바꾸어 사용할 수 있는 것은?

이 병원은 심장 질환 수술을 전문적으로 다룬다.

① 사고팔다
② 사용하다
③ 취급하다
④ 상대하다
⑤ 부리다

07 다음 밑줄 친 ㉠~㉤의 쓰임이 적절하지 않은 것은?

현행 수입화물의 과정은 ㉠ 적하(積荷) 목록 제출, 입항, 하선, 보세운송, 보세구역 반입, 수입신고, 수입신고 수리, ㉡ 반출(搬出)의 절차를 이행하고 있다. 입항 전 수입신고는 5% 내외에 머무르고, 대부분의 수입신고가 보세구역 반입 후에 행해짐에 따라 보세운송 절차와 보세구역 반입 절차가 반드시 ㉢ 인도(引導)되어야 했다. 하지만 새로운 제도가 도입되면 해상화물의 적하 목록 제출 시기가 ㉣ 적재(積載) 24시간 전(근거리 출항 전)으로 앞당겨져 입항 전 수입신고가 일반화될 수 있는 여건이 조성될 것이다. 따라서 수입화물 프로세스가 적하 목록 제출, 수입신고, 수입신고 수리, 입항, 반출의 절차를 거침에 따라 화물반출을 위한 세관 절차가 입항 전에 종료되므로 보세운송, 보세구역 반입이 생략되어 수입화물을 신속하게 ㉤ 화주(貨主)에게 인도할 수 있게 된다.

① ㉠ 적하(積荷)
② ㉡ 반출(搬出)
③ ㉢ 인도(引導)
④ ㉣ 적재(積載)
⑤ ㉤ 화주(貨主)

※ 다음 글을 읽고, 이어지는 질문에 답하시오. [8~9]

과학과 종교의 관계를 들여다보면 과학의 이름으로 종교를 비판하는 과학자들이 있는가 하면, 신의 뜻을 알기 위해 혹은 신의 세계를 이해하기 위해 연구하는 과학자들이 있다. 왜 종교라는 하나의 대상에 대해 이렇게 나뉘는 것일까?
영적 측면은 종교와 과학이 통할 수 있는 부분이자 종교의 진정한 가치를 유지할 수 있는 부분이다. 과학자가 무언가를 발견할 때 '영감(Inspiration)'이라는 표현을 사용하는 것을 생각해보면 이를 이해할 수 있다. 예술에서 '영감'을 받았다는 표현과 과학에서 '영감'을 받았다는 표현은 결국 같은 것이라고 할 수 있다. 이는 곧 종교에서 말하는 '영감'과도 다르지 않다. '영감'은 '믿음'과 관련이 있기 때문이다. "이렇게 행동하면 어떤 결과가 나올까?" 에 대한 질문에 "이렇게 되어야 한다." 라는 예상이 곧 '믿음'에 해당한다.
실험이라는 것은 증명되지 않은 것을 밝히기 위한 과정이다. 즉, 자신이 세운 가설이 맞는지 확인하는 과정으로 과학자는 예상된 결과가 나올 것이라는 '믿음' 때문에 실험을 진행한다. 실험이 실패하더라도 계속해서 실험을 진행하는 것은 바로 '믿음' 때문이다. 이 '믿음'이 새로운 실험을 하게 하는 원동력이자 과학을 발전시키는 또 다른 힘이라고 할 수 있다. 물론 종교적 '믿음'과 과학적 '믿음'은 다르다. 과학자의 믿음은 자연의 법칙이나 우주의 원리를 알아내겠다는 '믿음'인 반면, 종교인들의 믿음은 신이라는 존재에 대한 '믿음'으로 믿음의 대상이 다르다고 할 수 있다. ______ '믿음'이라는 말 외에는 그 어떤 단어로도 대체하기 어려운 것이 사실이다.
아인슈타인이 종교성을 말한 것도 이런 맥락이라고 할 수 있다. 과학자들이 말하는 '우주에 대한 이해 가능성'은 증명되고 실험된 것은 아니다. 단지 이해 가능할 것이라는 '믿음'과 '영감' 때문에 연구하는 것이다. 그래서 아인슈타인은 "과학은 종교에 의존하여 우주를 이해할 수 있는 '믿음'을 소유하고, 종교는 과학에 의존하여 경이로운 우주의 질서를 발견한다."라고 주장했다.
그렇다면 두 영역이 서로 상생하기 위해서는 어떻게 해야 할까. 우선 편견으로부터 자유로워지는 것이 중요하다. 편견에서 벗어나야만 종교인 본연의 자세, 과학자 본래의 마음으로 돌아갈 수 있기 때문이다. 편견에서 자유로워지기 위해 과학자에게는 지성의 겸허함이, 종교인에게는 영혼의 겸허함이 필요하고, 문제를 해결하기까지의 인내도 있어야 한다. 이 두 가지만 있다면 우리가 지동설을 인정하는 것 같이 진화론의 문제도 해결될 것이고, 다른 기타의 문제들도 원만하게 풀어나갈 수 있을 것이다. 하지만 '겸허함과 인내'를 가지기 위해서는 무엇보다 서로의 영역을 인정해주려는 노력이 우선시되어야 한다. 그래야만 함부로 서로 영역을 침범하면서 비난하는 일이 생겨나지 않을 수 있기 때문이다.

08 다음 중 빈칸에 들어갈 접속어로 옳은 것은?

① 그러므로
② 그리고
③ 그래서
④ 그러나
⑤ 이와 같이

09 다음 중 글쓴이의 주장과 일치하는 것은?

① 과학과 종교 두 영역이 상생하기 위해서는 각 영역에 대한 비판적인 평가가 필요하다.
② 과학과 종교를 하나의 영역으로 통합하려는 노력이 필요하다.
③ 과학자와 종교인은 서로의 믿음에 대한 대상이 같음을 인정해야 한다.
④ 과학자와 종교인은 전체의 관점에서 서로의 영역을 파악해야 한다.
⑤ 과학자와 종교인은 편견에서 벗어나 서로의 영역을 존중해야 한다.

10 다음 빈칸에 들어갈 단어를 순서대로 바르게 나열한 것은?

> __㉠__는 '돈을 받고 자기의 물건을 남에게 빌려줌'을 의미하고, __㉡__는 '돈을 내고 남의 물건을 빌려 씀'을 의미한다. 은행에서 돈을 빌려 사무실을 __㉢__한 A씨는 건물주의 동의 없이 권리를 양도하지 못하므로 사무실을 사용하지 않더라도 제3자에게 마음대로 __㉣__할 수 없다.

	㉠	㉡	㉢	㉣
①	임대	임차	임대	임대
②	임대	임차	임차	임차
③	임대	임차	임차	임대
④	임차	임대	임대	임차
⑤	임차	임대	임차	임대

11 다음 중 밑줄 친 ㉠, ㉡과 같은 의미로 쓰인 것이 아닌 것은?

> 그는 공연이 계속되는 중이라도 자신의 재주가 인정받지 못한다고 생각되면 마술 도구가 ㉠ <u>든</u> 가방 하나만 ㉡ <u>들고</u> 거칠 것 없이 단체를 떠났다.

① ㉠ – 빵 속에 크림이 가득 <u>들어</u> 있다.
② ㉠ – 편지에는 나를 조만간 만나고 싶다는 내용이 <u>들어</u> 있었다.
③ ㉠ – 이번 달에는 여름휴가가 <u>들어</u> 있다.
④ ㉡ – 꽃을 손에 <u>들고</u> 환하게 웃고 있는 그녀의 얼굴이 아름답다.
⑤ ㉡ – 노란 깃발을 <u>들고</u> 서 있는 사람이 여러분을 안내할 것입니다.

PART 4

12 다음 글의 주된 전개 방식으로 가장 적절한 것은?

녹차와 홍차는 모두 카멜리아 시넨시스(Camellia Sinensis)라는 식물에서 나오는 찻잎으로 만든다. 공정과정에 따라 녹차와 홍차로 나뉘며, 재배지 품종에 따라서도 종류가 달라진다. 이처럼 같은 잎에서 만든 차일지라도 녹차와 홍차가 가지고 있는 특성에는 차이가 있다.
녹차와 홍차는 발효 방법에 따라 구분된다. 녹차는 발효 과정을 거치지 않은 것이며, 반쯤 발효시킨 것은 우롱차, 완전히 발효시킨 것은 홍차가 된다. 녹차는 찻잎을 따서 바로 솥에 넣거나 증기로 쪄서 만드는 반면, 홍차는 찻잎을 먼저 햇볕이나 그늘에서 시들게 한 후 천천히 발효시켜 만든다. 녹차가 녹색을 유지하는 반면에 홍차가 붉은색을 띠는 것은 녹차와 달리 높은 발효 과정을 거치기 때문이다.
이러한 녹차와 홍차에는 긴장감을 풀어주고 마음을 진정시키는 L-테아닌(L-theanine)이라는 아미노산이 들어있는데, 이는 커피에 들어있지 않은 성분으로 진정효과와 더불어 가슴 두근거림 등의 카페인(Caffeine) 각성 증상을 완화하는 역할을 한다. 또한 항산화 효과가 강력한 폴리페놀(Polyphenol)이 들어있어 심장 질환 위험을 줄일 수 있다는 장점도 있다. 한 연구에 따르면, 녹차는 콜레스테롤 수치를 낮춰 심장병과 뇌졸중으로 사망할 위험을 줄이는 것으로 나타났다. 홍차 역시 연구 결과, 하루 두 잔 이상 마실 경우 심장발작 위험을 44% 정도 낮추는 효과를 보였다.
한편, 홍차와 녹차 모두에 폴리페놀 성분이 들어있지만, 그 종류는 다르다. 녹차는 카테킨(Catechin)이 많이 들어있는 것으로 유명하지만 홍차는 발효 과정에서 카테킨의 함량이 어느 정도 감소한다. 이 카테킨에는 EGCG(Epigallo-catechin-3-gallate)가 많이 들어있어 혈중 콜레스테롤 수치를 낮춰 동맥경화 예방을 돕고, 신진대사의 활성화와 지방 배출에 효과적이다. 홍차는 발효 과정에서 생성된 테아플라빈(Theaflavins)을 가지고 있는데, 이 역시 혈관 기능을 개선하며, 혈당 수치를 감소시키는 것으로 알려져 있다. 연구에 따르면 홍차에 든 테아플라빈 성분이 인슐린과 유사 작용을 보여 당뇨병을 예방하는 효과를 보이는 것으로 나타났다.
만약 카페인에 민감한 경우라면 홍차보다 녹차를 선택하는 것이 좋다. 카페인의 각성효과를 완화해 주는 L-테아닌이 녹차에 더 많기 때문이다. 녹차에도 카페인이 들어있지만, 커피와 달리 심신의 안정 효과와 스트레스 해소에 도움을 줄 수 있는 것은 이 때문이다. 또한 녹차의 떫은맛을 내는 카테킨 성분은 카페인을 해독하고 흡수량을 억제하기 때문에 실제 카페인의 섭취량보다 흡수되는 양이 적다.

① 대상의 장단점을 분석하고 있다.
② 대상을 하위 항목으로 구분하여 항목별로 설명하고 있다.
③ 대상에 대한 여러 가지 견해를 소개하고 이를 비교·평가하고 있다.
④ 두 대상을 비교하여 공통점과 차이점을 부각하고 있다.
⑤ 연구 결과에 따른 구체적인 수치를 제시하며 내용을 전개하고 있다.

※ 다음 글을 읽고, 이어지는 질문에 답하시오. [13~14]

세계적으로 저명한 미국의 신경과학자들은 '의식에 관한 케임브리지 선언'을 통해 동물에게도 의식이 있다고 선언했다. 이들은 포유류와 조류 그리고 문어를 포함한 다른 많은 생물도 인간처럼 의식을 생성하는 신경학적 기질을 갖고 있다고 주장하였다. 즉, 동물도 인간과 같이 의식이 있는 만큼 합당한 대우를 받아야 한다는 이야기이다. 그러나 이들과 달리 아직도 동물에게 의식이 있다는 데 회의적인 과학자가 많다.

인간의 동물관은 고대부터 두 가지로 나뉘어 왔다. 그리스의 철학자 피타고라스는 윤회설에 입각하여 동물에게 경의를 표해야 한다는 것을 주장했으나, 아리스토텔레스는 '동물에게는 이성이 없으므로 동물은 인간의 이익을 위해서만 존재한다.'고 주장했다. 이러한 동물관의 대립은 근세에도 이어졌다. 17세기 철학자 데카르트는 '동물은 정신을 갖고 있지 않으며, 고통을 느끼지 못하므로 심한 취급을 해도 좋다.'라고 주장한 반면, 18세기 계몽철학자 루소는 '인간불평등 기원론'을 통해 인간과 동물은 동등한 자연의 일부라는 주장을 처음으로 제기했다.

그러나 인간은 오랫동안 동물의 본성이나 동물답게 살 권리를 무시한 채로 소와 돼지, 닭 등을 사육해왔다. 오로지 더 많은 고기와 달걀을 얻기 위해 '공장식 축산' 방식을 도입한 것이다. 공장식 축산이란 가축 사육 과정이 공장에서 규격화된 제품을 생산하는 것과 같은 방식으로 이루어지는 것을 말하며, 이러한 환경에서는 소와 돼지, 닭 등이 몸조차 자유롭게 움직일 수 없는 좁은 공간에 갇혀 자라게 된다. 가축은 스트레스를 받아 면역력이 ㉠ <u>떨어지게</u> 되고, 이는 결국 항생제 대량 투입으로 이어질 수밖에 없다. 우리는 그렇게 생산된 고기와 달걀을 맛있다고 먹고 있는 것이다.

이와 같은 공장식 축산의 문제를 인식하고, 이를 개선하려는 동물 복지 운동은 1960년대 영국을 중심으로 유럽에서 처음 시작되었다. 인간이 가축의 고기 등을 먹더라도 최소한의 배려를 함으로써 항생제 사용을 줄이고, 고품질의 고기와 달걀을 생산하자는 것이다. 한국도 올해부터 먼저 산란계를 시작으로 '동물 복지 축산농장 인증제'를 시행하고 있다. 배고픔・영양 불량・갈증으로부터의 자유, 두려움・고통으로부터의 자유 등의 5대 자유를 보장하는 농장만이 동물 복지 축산농장 인증을 받을 수 있다.

동물 복지는 가축뿐만이 아니라 인간의 건강을 위한 것이기도 하다. 따라서 정부와 소비자 모두 동물 복지에 좀 더 많은 관심을 가져야 한다.

PART 4

13 다음 중 인간의 동물관과 관련하여 성격이 다른 하나는?

① 데카르트
② 피타고라스
③ 인간불평등 기원론
④ 동물 복지 축산농장 인증제
⑤ 의식에 관한 케임브리지 선언

14 다음 밑줄 친 ㉠과 같은 의미로 사용된 것은?

① 생산비와 운송비 등을 제외하면 농민들 손에 <u>떨어지는</u> 돈이 거의 없다.
② 주하병은 더위로 인해 기력이 없어지며 입맛이 <u>떨어지는</u> 여름의 대표 질환이다.
③ 아침을 자주 먹지 않으면 학교에서 시험 성적이 <u>떨어질</u> 수 있다는 연구 결과가 나왔다.
④ 추운 날씨 탓에 한 달째 감기가 <u>떨어지지</u> 않고 있다.
⑤ 만성질환자의 경우 먹던 약이 <u>떨어져</u> 약 복용을 중단하면 증상이 더욱 악화될 수 있다.

15 다음 문장에 어울리는 단어를 골라 순서대로 바르게 나열한 것은?

> • 요즘 옷은 남녀의 ㉠ 구별 / 차별이 없는 경우가 많다.
> • 많은 생산품 중에서 최상의 것만을 ㉡ 변별 / 식별해서 시장에 내놓았다.
> • 필적을 ㉢ 분별 / 감별한 결과 본인의 것이 아님이 판명되었다.

	㉠	㉡	㉢
①	구별	식별	분별
②	구별	변별	분별
③	구별	변별	감별
④	차별	변별	감별
⑤	차별	식별	감별

16 K공사의 작년 사원수는 400명이었고, 올해 진급한 사원은 작년 사원수의 12%이고, 20%는 퇴사하였다. 올해 전체 사원수는 작년보다 6%가 증가했을 때, 올해 채용한 신입사원은 몇 명인가?

① 144명
② 146명
③ 148명
④ 150명
⑤ 152명

17 K국가에서 100명 중 4명이 H병을 앓고 있으며, H병을 검사했을 때 오진일 확률이 40%이다. L씨를 포함한 200명이 검사를 받았을 때, L씨가 검사 결과 병에 걸렸다고 진단받았다면 오진일 확률은?

① 50%
② 45%
③ 40%
④ 35%
⑤ 30%

18 J택배원은 엘리베이터를 이용하여 택배를 옮기고 있다. 이 엘리베이터는 적재용량이 455kg이며, 엘리베이터에는 이미 몸무게가 68kg인 사람이 2kg의 물건을 싣고 타 있는 상태이다. 70kg인 J택배원이 12kg인 손수레 카트와 한 박스당 4kg의 택배를 최대 몇 박스까지 가지고 엘리베이터에 탈 수 있는가?

① 77박스
② 76박스
③ 75박스
④ 74박스
⑤ 73박스

19 다음은 Q회사에 김 사원이 한 달 동안 업무관련 작성한 파일의 용량 및 개수를 나타낸 자료이다. 한 달 동안 작성한 파일들을 모두 USB에 저장하려고 할 때, 최소 몇 MB의 공간이 필요한가?(단, 1MB=1,020KB이며, 합계 파일 용량(MB)은 소수점 둘째 자리에서 반올림한다)

〈저장 파일 세부사항〉

저장파일 종류	용량	개수
한글	120KB	16개
	300KB	3개
엑셀	35KB	24개
PDF	2,500KB	10개
파워포인트	1,300KB	4개

① 33.2MB
② 33.5MB
③ 34.1MB
④ 34.4MB
⑤ 35.0MB

20 **올해의 매출액과 순이익에 대한 진술이 다음과 같을 때, 올해 순이익은 얼마인가?[단, (순이익)=(매출액)−(원가)]**

- 작년 순이익보다 올해 순이익은 100% 증가했다.
- 올해의 원가는 작년 원가보다 1천만 원 감소했고, 올해 매출액은 2억 9천만 원이다.
- 작년 원가는 작년 순이익과 같다.

① 2억 원
② 2억 4천만 원
③ 2억 8천만 원
④ 3억 원
⑤ 3억 2천만 원

21 **서주임과 김대리는 공동으로 프로젝트를 끝내고 보고서를 제출하려 한다. 이 프로젝트를 혼자 할 경우 서주임은 24일이 걸리고, 김대리는 16일이 걸린다. 처음 이틀은 같이 하고, 이후엔 김대리 혼자 프로젝트를 하다가 보고서 제출 하루 전부터 같이 하였다. 보고서를 제출할 때까지 총 며칠이 걸렸는가?**

① 11일
② 12일
③ 13일
④ 14일
⑤ 15일

22 다음 〈조건〉에 따를 때, 화합물 A와 화합물 B의 중량으로 가능한 것은?

> **조건**
> - 황과 철을 이용해서 화합물 A, B를 만든다.
> - 화합물 A는 황 60%, 철 30%를 포함한다.
> - 화합물 B는 황 20%, 철 40%를 포함한다.
> - 최소한 황은 150g 이상, 철 110g 이상을 두 화합물에 사용한다.

	화합물 A	화합물 B
①	150g	200g
②	200g	120g
③	200g	150g
④	120g	200g
⑤	140g	250g

PART 4

23 K공사에서 단체 여행을 가기 위해 이사원은 숙소를 예약하려고 한다. 다음 〈조건〉에 맞게 예약했을 경우, 예약한 숙소의 6인실은 최대 몇 개인가?

> **조건**
> - 임직원은 총 160명이 단체 여행에 신청했다.
> - 숙소의 객실은 6인실과 10인실이 있다.
> - 1박 비용은 6인실 16만 원, 10인실 20만 원이다.
> - 숙박비용은 총 360만 원이다.
> - 단체 여행을 신청한 임직원 수와 예약한 숙소 객실의 최대 인원은 같다.

① 8개 ② 9개
③ 10개 ④ 11개
⑤ 12개

24 A사원은 7월 중 3일 동안 추가근무를 해야 한다. 다음 〈보기〉를 참고하여 적어도 하루는 특근할 확률을 $\frac{p}{q}$로 표현할 때, $q-p$의 값은?(단, p와 q는 서로소인 자연수이다)

보기

- 7월 27 ~ 31일은 휴가로 쉰다.
- 7월 1일은 수요일이다.
- 토요일과 일요일에 회사는 쉰다.
- 토요일과 일요일에 추가근무를 하는 경우 특근으로 처리한다.
- 휴가기간에는 특근을 할 수 없다.

① 102 ② 103
③ 223 ④ 224
⑤ 233

25 K공사에서 해외 연수를 가기로 하였다. 김대리는 신입사원의 숙소 배정 업무를 맡았다. 아래 결과를 참고할 때 해외 연수를 가는 신입사원은 총 몇 명인가?

- 5명씩 방을 배정하면 9명이 방 배정을 못 받는다.
- 7명씩 방을 배정하면 방이 3개가 남는다.

① 70명 ② 74명
③ 79명 ④ 84명
⑤ 89명

26 K공사의 상반기 상여금과 대상 직원 수를 알아보기 위해 다음과 같은 정보를 얻었다. 아래 정보를 참고하여 K공사의 상여금 대상인 직원 수와 한 사람당 받는 상여금으로 바르게 짝지어진 것을 고르면?

〈정보〉

- 상여금 대상 직원은 모두 동일한 금액을 받는다.
- 대상 직원이 2배가 되면, 기존 상여금보다 50만 원 적어지고, 상여금 총액은 기존의 1.5배가 된다.
- 대상 직원이 20명이 줄어들면, 상여금은 기존보다 100만 원 많아지고, 상여금 총액은 기존의 75%가 된다.

	직원 수	상반기 상여금
①	40명	200만 원
②	40명	250만 원
③	50명	200만 원
④	50명	250만 원
⑤	50명	300만 원

PART 4

27 A, B, C 세 사람은 주기적으로 자신이 키운 화분에 물을 준다. A는 15일마다, B는 12일마다, C는 10일마다 화분에 물을 줄 때, 세 명이 6월 2일에 모두 같이 물을 주었다면, 다음에 같은 날 물을 주는 날은 언제인가?

① 7월 25일
② 7월 27일
③ 8월 1일
④ 8월 3일
⑤ 8월 5일

28 S회사는 글로벌한 회사로 외국에 많은 지사를 가지고 있어 업무는 협업으로 이루어진다. 모스크바 지사에 있는 A대리는 8월 19일 오후 2시에 프로젝트 보고서를 작성하여 밴쿠버 지사에 있는 B대리에게 송부하였다. B대리는 8월 19일 출근하여 오전 6시에 메일이 도착을 확인한 다음 오전 9시부터 보고서 작성을 시작하여, 끝내고 바로 뉴욕 본사에 있는 C대리에게 자료를 송부하였다. C대리는 8월 19일 오후 4시에 자료를 받자마자 1시간 검토한 후 보고서를 제출하였다. 다음 중 세 명이 업무를 마무리하는 데 걸린 시간은 총 몇 시간인가?

위치	시차
런던	GMT+0
모스크바	GMT+3
밴쿠버	GMT−8
뉴욕	GMT−5

① 12시간
② 11시간
③ 10시간
④ 9시간
⑤ 8시간

29 철도 길이가 720m인 터널이 있다. A기차는 터널을 완전히 빠져나갈 때까지 56초가 걸리고, 기차 길이가 A기차보다 40m 짧은 B기차는 160초가 걸렸다. 두 기차가 터널 양 끝에서 동시에 출발하면 $\frac{1}{4}$ 지점에서 만난다고 할 때, B기차의 길이는 얼마인가?(단, 기차의 속력은 일정하다)

① 50m
② 60m
③ 70m
④ 80m
⑤ 90m

30 장난감 A기차와 B기차가 4cm/s의 일정한 속력으로 달리고 있다. A기차가 12초, B기차가 15초에 0.3m 길이의 터널을 완전히 지났을 때, A기차와 B기차의 길이의 합은?

① 46cm
② 47cm
③ 48cm
④ 49cm
⑤ 50cm

31 사내 장기자랑에 A ~ E 5개 팀이 참가하였다. 장기자랑 진행 순서가 다음 〈조건〉과 같을 때, 두 번째로 장기자랑을 진행하는 팀은?

조건

- A팀은 C팀보다 먼저 한다.
- B팀은 A팀보다 늦게 D팀보다 빨리한다.
- B팀과 D팀은 C팀보다 빨리한다.
- D팀은 E팀보다 먼저 한다.
- E팀은 C팀보다 먼저 하지만, A팀보다 늦게 한다.

① A팀　　② B팀
③ C팀　　④ D팀
⑤ E팀

PART 4

32 L공사는 5층짜리 선반에 사무용품을 정리해 두고 있다. 선반의 각 층에는 서로 다른 두 종류의 사무용품이 놓여 있다고 할 때, 다음에 근거하여 잘못 추론한 것은?

- 선반의 가장 아래층에는 인덱스 바인더가 지우개와 함께 놓여 있다.
- 서류정리함은 보드마카와 스테이플러보다 아래에 놓여 있다.
- 보드마카와 접착 메모지는 같은 층에 놓여 있다.
- 2공 펀치는 스테이플러보다는 아래에 놓여있지만, 서류정리함보다는 위에 놓여 있다.
- 접착 메모지는 스테이플러와 볼펜보다 위에 놓여 있다.
- 볼펜은 2공 펀치보다 위에 놓여있지만, 스테이플러보다 위에 놓여 있는 것은 아니다.
- 북엔드는 선반의 두 번째 층에 놓여 있다.
- 형광펜은 선반의 가운데 층에 놓여 있다.

① 스테이플러는 볼펜보다 아래에 놓여 있다.
② 서류정리함은 지우개보다 위에 놓여 있다.
③ 볼펜은 4층 선반에 놓여 있다.
④ 보드마카와 접착 메모지가 가장 높은 층에 놓여 있다.
⑤ 2공 펀치는 형광펜과 같은 층에 놓여 있다.

※ H회사 홍보팀은 올해 하반기에 출시할 상품의 홍보를 위해 포스터, 다이어리, 팸플릿, 도서를 만들려고 한다. 인쇄 및 제본 가격이 가격표와 같고 홍보팀에서 구성하려는 샘플 상품이 〈보기〉와 같을 때, 이어지는 질문에 답하시오. **[33~34]**

〈가격표〉

(단위 : 원)

<table>
<tr><th>크기</th><th>1장 인쇄 가격</th><th>포스터</th><th>다이어리</th><th>팸플릿</th><th>도서</th><th>제본</th></tr>
<tr><td>A1</td><td>120</td><td>50</td><td>제작 불가</td><td>제작 불가</td><td>제작 불가</td><td>150</td></tr>
<tr><td>A2</td><td>90</td><td rowspan="3">40</td><td>제작 불가</td><td>70</td><td>제작 불가</td><td>130</td></tr>
<tr><td>A3</td><td>70</td><td>제작 불가</td><td>60</td><td>20</td><td>100</td></tr>
<tr><td>A4</td><td>60</td><td>15</td><td>50</td><td rowspan="2">10</td><td>80</td></tr>
<tr><td>A5</td><td>45</td><td>20</td><td>10</td><td>40</td><td>60</td></tr>
<tr><td>A6</td><td>35</td><td rowspan="2">15</td><td>5</td><td>30</td><td>15</td><td>50</td></tr>
<tr><td>A7</td><td>20</td><td>제작 불가</td><td>20</td><td>제작 불가</td><td>40</td></tr>
</table>

※ 1장 인쇄 가격을 기본으로 제작하는 상품의 종류 및 특징에 따라 가격이 추가된다.

※ 도서는 50매가 1권으로 제본 비용은 권수마다 추가된다.

※ 포스터, 팸플릿의 경우 제본 비용은 10장 단위로 추가된다.

※ 다이어리의 경우 제본 비용은 5장 단위로 추가된다.

보기

(단위 : 장)

<table>
<tr><th rowspan="2">상품</th><th colspan="3">포스터</th><th colspan="3">다이어리</th><th colspan="3">팸플릿</th><th colspan="3">도서</th></tr>
<tr><th>크기</th><th>매수</th><th>제본</th><th>크기</th><th>매수</th><th>제본</th><th>크기</th><th>매수</th><th>제본</th><th>크기</th><th>매수</th><th>제본</th></tr>
<tr><td>상품 A</td><td>A3</td><td>20</td><td>○</td><td>A4</td><td>50</td><td>○</td><td>A6</td><td rowspan="5">20</td><td>×</td><td>A3</td><td>650</td><td>×</td></tr>
<tr><td>상품 B</td><td>A5</td><td>30</td><td>○</td><td>A5</td><td>80</td><td>○</td><td>A5</td><td>×</td><td>A3</td><td>1,000</td><td>○</td></tr>
<tr><td>상품 C</td><td>A2</td><td>50</td><td>○</td><td>A6</td><td>50</td><td>×</td><td>A6</td><td>×</td><td>A4</td><td>1,200</td><td>○</td></tr>
<tr><td>상품 D</td><td>A1</td><td>30</td><td>×</td><td>A5</td><td>60</td><td>○</td><td>A7</td><td>○</td><td>A5</td><td>850</td><td>○</td></tr>
<tr><td>상품 E</td><td>A4</td><td>20</td><td>×</td><td>A4</td><td>70</td><td>×</td><td>A6</td><td>○</td><td>A5</td><td>900</td><td>○</td></tr>
</table>

33 A～E상품 중 가격이 가장 저렴한 샘플 상품은?

① 상품 A
② 상품 B
③ 상품 C
④ 상품 D
⑤ 상품 E

34 홍보팀에서 신제품 홍보에 쓰일 도서는 홍보 효과가 크지 않다고 생각하여 도서 제작 대신 팸플릿 매수를 2배 늘리기로 결정하였다. 두 샘플 상품을 선택하여 디자인을 다르게 하기로 했을 때, 〈보기〉 중 가장 저렴한 두 상품의 총 가격은 얼마인가?

① 18,200원
② 19,600원
③ 20,500원
④ 21,050원
⑤ 21,200원

35 한국철도공사에 근무하는 A, B, C 세 명은 협력업체를 방문하기 위해 택시를 타고 가고 있다. 다음 〈조건〉을 참고할 때, 옳지 않은 것은?

조건

- 세 명의 직급은 각각 과장, 대리, 사원이다.
- 세 명은 각각 검은색, 회색, 갈색 코트를 입었다.
- 세 명은 각각 기획팀, 연구팀, 디자인팀이다.
- 택시 조수석에는 회색 코트를 입은 과장이 앉아있다.
- 갈색 코트를 입은 연구팀 직원은 택시 뒷좌석에 앉아있다.
- 셋 중 가장 낮은 직급의 C는 기획팀이다.

① 대리는 연구팀이다.
② 과장은 디자인팀이다.
③ A는 회색 코트를 입었다.
④ C는 검은색 코트를 입었다.
⑤ 대리는 갈색 코트를 입었다.

36 A～E는 강남, 여의도, 상암, 잠실, 광화문 다섯 지역으로 각각 출장을 간다. 다음 대화에서 A～E 중 한 명은 거짓말을 하고 나머지 네 명은 진실을 말하고 있을 때, A～E의 출장지역이 바르게 연결된 것은?

A : B는 상암으로 출장을 가지 않는다.
B : D는 강남으로 출장을 간다.
C : B는 진실을 말하고 있다.
D : C는 거짓말을 하고 있다.
E : C는 여의도, A는 잠실로 출장을 간다.

① A－강남
② B－강남
③ C－잠실
④ D－잠실
⑤ E－상암

PART 4

※ 민대리는 세미나 참석을 위해 회사 동료 5명과 함께 경주에 출장을 가게 되었다. 다음 자료를 보고 이어지는 질문에 답하시오. **[37~38]**

〈출장 일정〉

출장지	일정	도착시각	출발시각
경주	9.10 ~ 9.12	10일 오전 10:20	12일 오전 11:15

※ 경주공항에 도착 후 수하물을 찾는 데 20분이 소요되며, 서울로 출발 시 수속을 위해 2시간 전에 도착하여야 한다.

〈렌터카 회사별 요금표〉

(단위 : 원)

구분	종류	기본요금	추가 요금		
			3시간 미만	3시간 이상 6시간 미만	6시간 이상 12시간 미만
A렌터카	휘발유	50,000	27,000	32,000	38,000
B렌터카	휘발유	55,000	30,000	35,000	40,000
C렌터카	LPG	60,000	29,000	35,000	41,000
D렌터카	전기	70,000	25,000	30,000	35,000
E렌터카	전기	66,000	25,000	30,000	36,000

※ 경주공항에서 A, B, D렌터카 회사까지의 이동 시간은 10분, C, E렌터카 회사까지는 20분이다.
※ 기본요금은 24시간 동안 적용되며, 그 이후에 추가 요금이 부과된다.

〈연료비〉

휘발유	LPG	전기
1,240원/L	800원/L	300원/kWh

37 민대리와 회사 동료들은 전기차 두 대를 빌리기로 하였다. 다음 〈정보〉를 참고하여 출장지에서 차를 렌트할 때, 가장 저렴한 비용은 얼마인가?(단, 비용은 대여비와 충전 연료비의 합이다)

〈정보〉

- 같은 렌터카 회사에서 두 대를 렌트한다.
- 렌터카 회사에 도착시각을 기준으로 대여시간이 계산된다.
- 전기(연료) 충전시간은 약 40분 ~ 50분으로 대여시간 1시간은 제외한다.
- 반납 시 20kWh를 충전시키고 반납한다.
- 출장 이튿날 오후 7시에 반납한다.

① 208,000원
② 210,000원
③ 216,000원
④ 218,000원
⑤ 222,000원

38 민대리가 출장기간 동안 200km를 이동한다고 할 때, 다음 연비를 참고하여 연료비가 가장 비싼 렌터카는?(단, 필요한 연료량은 소수점 첫째 자리에서 반올림한다)

〈렌터카 회사별 자동차 연비〉

구분	연비
A렌터카	13km/L
B렌터카	12km/L
C렌터카	10km/L
D렌터카	6.5km/kWh
E렌터카	6km/kWh

① A렌터카
② B렌터카
③ C렌터카
④ D렌터카
⑤ E렌터카

39 하경이는 A, B, C 3종류의 과자를 총 15개 구매하였다. 3종류의 과자를 다음 주어진 정보에 맞게 구입했을 때, 〈보기〉에서 항상 옳은 것을 모두 고르면?

〈정보〉

- A, B, C과자는 각각 2개 이상 구매하였다.
- B과자는 A과자 개수의 2배 이상 구입하였다.
- C과자는 B과자 개수보다 같거나 많았다.
- A과자와 B과자 개수 합은 6개를 넘었다.

보기

ㄱ. 하경이가 B과자를 7개 이상 사지 않았다.
ㄴ. C과자는 7개 이상 구입하였다.
ㄷ. 하경이는 A과자를 2개 샀다.

① ㄱ
② ㄴ
③ ㄱ, ㄴ
④ ㄷ
⑤ ㄴ, ㄷ

40 총무부 P사원은 회사에 필요한 용지를 매달 구매하고 있다. 크기가 다른 3종류의 용지를 다음 주어진 〈정보〉에 맞게 6월에 구입한다고 할 때, 〈보기〉에서 옳지 않은 것을 모두 고르면?

〈정보〉

- 구매할 용지는 A2, A4, B4이며, 크기는 'A2 > B4 > A4'이다.
- 아래는 1월부터 5월까지 용지별 사용 현황이며, 모든 용지는 각각 5개월간 사용한 양의 평균 이상을 주문한다.

(단위 : 박스)

구분	1월	2월	3월	4월	5월
A2	2	1	3	2	2
B4	3	2	2	4	2
A4	12	10	20	15	13

- 가장 작은 용지를 가장 많이 주문하고, 가장 큰 용지는 가장 적게 주문한다.
- 주문한 모든 용지는 총 20박스이다.
- 주문은 1박스 단위로 한다.

보기

ㄱ. P사원이 용지를 구입할 수 있는 방법은 총 2가지이다.
ㄴ. A4 용지는 14박스만 구매가 가능하다.
ㄷ. B4 용지는 A2 용지보다 2박스 이상 더 구매해야 한다.

① ㄱ
② ㄴ
③ ㄱ, ㄴ
④ ㄷ
⑤ ㄴ, ㄷ

41 K공장에서 G제품을 생산하고 있으며, 최대한 비용과 시간을 절약하려고 한다. G제품은 A ~ F부품 중 3가지 부품으로 구성되고, 다음은 부품별 세부사항에 대한 자료이다. 다음 중 G제품을 완성할 경우 A ~ F부품에서 〈조건〉에 부합하는 부품 구성으로 옳은 것은?

〈부품별 세부사항〉

부품	가격	조립 시간	필요 개수	부품	가격	조립 시간	필요개수
A	20원	1분	4개	D	50원	4분	3개
B	35원	2분	2개	E	90원	2분 30초	2개
C	40원	1분 30초	3개	F	120원	3분 30초	1개

※ 가격과 시간은 부품 1개에 해당하며, 필요개수는 완제품 1개를 만들 때 필요한 개수이다.

조건

- C부품과 D부품은 같이 사용할 수 없고, 완제품에는 둘 중 한 부품이 필요하다.
- E부품과 F부품은 같이 사용할 수 없고, 완제품에는 둘 중 한 부품이 필요하다.
- C부품을 사용할 경우 B부품과 함께 사용한다.
- 완제품을 만들 때 부품의 총 개수가 가장 적어야한다.
- 완제품을 만들 때 총소요시간이 가장 짧아야한다.
- 완제품을 만들 때 총 가격이 340원 이하여야한다.
- 부품 구성에서 중요도는 '가격 – 개수 – 소요시간' 순이다.

① B, C, E
② A, D, E
③ B, C, F
④ A, D, F
⑤ B, D, F

PART 4

※ B씨는 주말 동호회의 회장으로 상반기 결산을 맞아 회식을 주최하려고 한다. 동호회 회원은 B씨를 포함하여 30명이며, 제비뽑기를 통해 상품을 증정하기로 하였다. 다음 상품의 선호도와 할인 혜택에 대한 자료를 참고하여 이어지는 질문에 답하시오. **[42~43]**

〈등수별 상품 품목 선호도〉

(단위 : 명)

등수	품목	선호도
1등	노트북	5
	무선 청소기	14
	호텔 숙박권	11
2등	에어프라이	12
	백화점 상품권 4매	6
	전기 그릴	12
3등	백화점 상품권 2매	17
	외식 상품권	2
	커피 쿠폰	11

※ 30명의 회원들은 등수별로 품목 하나씩을 선택했다.

〈상품별 할인 혜택〉

상품	금액	할인 혜택
노트북	1,200,000원	세일 기간으로 20% 할인
무선 청소기	800,000원	–
호텔 숙박권	600,000원	온라인 구매로 7% 할인
에어프라이	300,000원	특가 상품으로 15% 할인
백화점 상품권 1매	50,000원	–
전기 그릴	250,000원	온라인 구매로 8% 할인
외식 상품권	100,000원	–
커피 쿠폰	50,000원	–

42 B씨가 다음 〈조건〉에 따라 등수별 상품을 구매한다고 할 때, 모든 상품 구매비용으로 알맞은 것은?(단, 금액은 할인 혜택 적용 후 총 구매금액으로 계산한다)

조건

- 구성원의 선호도를 우선으로 등수별 상품을 선택한다.
- 1등 상품의 선호도가 동일할 경우 저렴한 상품을 선택한다.
- 2·3등 상품의 선호도가 동일한 경우 각각 1등과 2등에 선택된 상품의 총금액보다 저렴한 상품을 선택한다(단, 모든 상품이 저렴할 시 가장 비싼 상품을 택한다).
- 당첨자는 1등 1명, 2등 2명, 3등 3명이다.

① 1,610,000원
② 1,600,000원
③ 1,560,000원
④ 1,530,000원
⑤ 1,500,000원

43 B씨는 상품 총 구매비용을 150만 원 이하로 구성하려고 한다. 등수별 선호도가 가장 낮은 상품은 제외하고 예산에 맞게 상품 목록을 정리해보았다. 다음 중 최대한 예산에 가까운 상품 목록은 무엇인가?(단, 금액은 할인 혜택 적용 후 금액으로 계산한다)

	1등	2등	3등
①	호텔 숙박권	에어프라이	커피 쿠폰
②	호텔 숙박권	전기 그릴	커피 쿠폰
③	무선 청소기	전기 그릴	백화점 상품권 2매
④	무선 청소기	에어프라이	백화점 상품권 2매
⑤	무선 청소기	에어프라이	커피 쿠폰

PART 4

※ 다음은 P항공사에서 제공하는 비행구간별 편도 마일리지를 나타낸 자료이다. 자료를 참고하여 이어지는 질문에 답하시오. **[44~45]**

〈비행구간별 편도 마일리지〉

(단위 : 점)

구간	마일리지	구간	마일리지
인천 – 괌	2,003	부산 – 방콕	2,304
인천 – 다낭	1,861	부산 – 괌	1,789
인천 – 방콕	2,286	부산 – 도쿄	618
인천 – 세부	1,887	부산 – 나리타	618
인천 – 싱가포르	2,883	부산 – 삿포로	854
인천 – 나고야	598	제주 – 나리타	784
인천 – 나리타	758	제주 – 오사카	507
인천 – 삿포로	870	오사카 – 괌	1,577
인천 – 후쿠오카	347	나리타 – 괌	1,692
인천 – 오사카	525	삿포로 – 괌	1,879
김포 – 제주	110		

〈유의사항〉

• 출발지와 도착지가 바뀌어도 마일리지는 동일하다.

44 다음 〈조건〉을 참고할 때 장과장이 8월 30일 현재 보유하고 있는 마일리지는 몇 점인가?(단, 모든 비행은 P항공사만 이용한다)

조건

• 장과장이 올해 1월에 보유한 마일리지는 20,000점이었다.
• 장과장은 5월 7일 부산에서 삿포로로 여행을 다녀왔으며, 돌아올 때는 삿포로에서 인천공항으로 왔다.
• 장과장은 7월 14일에 해외출장으로 인천에서 출발하여 오사카를 들려 업무를 하였고, 이틀 후 오사카에서 괌으로 출발하여 2차 업무를 하고, 돌아올 때에는 괌에서 부산에 도착하는 노선을 이용했다.
• 장과장은 8월 둘째 주 주말에 김포에서 제주(왕복권)로 가족과 여행을 다녀왔다.

① 25,835점
② 25,775점
③ 25,695점
④ 25,525점
⑤ 25,465점

45 P항공사에서 인수합병으로 인해 올해 6월까지 적립한 마일리지가 10월 3일 이후에 소멸된다고 고객들에게 통보하였다. 장 과장은 9월에 여행 계획이 없어 소멸될 마일리지만으로 항공사에서 제공하는 상품 마일리지 프로모션을 이용하려고 한다. 다음 〈보기〉에서 장 과장에 대한 설명으로 옳은 것을 모두 고르면?(단, 조건은 앞 문제와 동일하다)

〈상품 마일리지 프로모션〉

상품	마일리지
기내 담요	3,000
여행용 파우치	2,000
헤드셋	5,000
프리미엄 워터 1박스	2,700
여권 지갑	1,800
메이크업 파우치	1,500
에코백	1,800
텀블러	4,500
베어 키링 세트	5,500

※ 상품별 마일리지는 1개 또는 1세트에 해당한다.

보기

ㄱ. 10월 3일 이후에 소멸되는 마일리지는 21,724점이다.
ㄴ. 베어 키링 1세트, 텀블러 2개와 여권 지갑 1개를 주문할 경우 여행용 파우치 3개를 더 구매할 수 있다.
ㄷ. 에코백만 주문할 시 최대 12개까지 구매할 수 있다.
ㄹ. 가족들을 위해 기내 담요 5개와 프리미엄 워터 2박스를 선택할 시 더 필요한 마일리지는 500점 이상이다.

① ㄱ
② ㄴ
③ ㄱ, ㄷ
④ ㄴ, ㄷ, ㄹ
⑤ ㄱ, ㄷ, ㄹ

PART 4

현재 나의 실력을 객관적으로 파악해 보자!

모바일 OMR 답안채점 / 성적분석 서비스

도서에 수록된 모의고사에 대한 객관적인 결과(정답률, 순위)를 종합적으로 분석하여 제공합니다.

OMR 입력

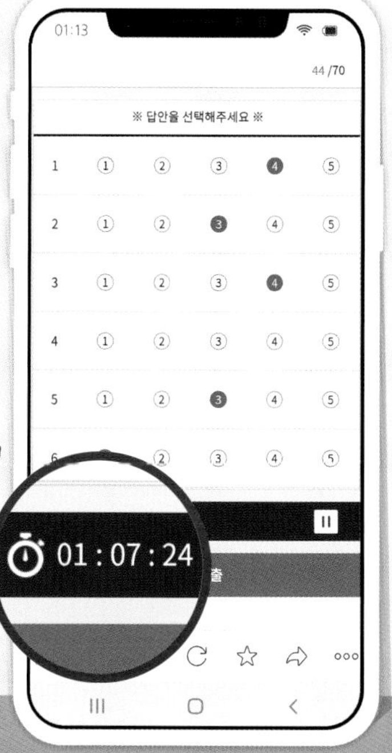

성적분석

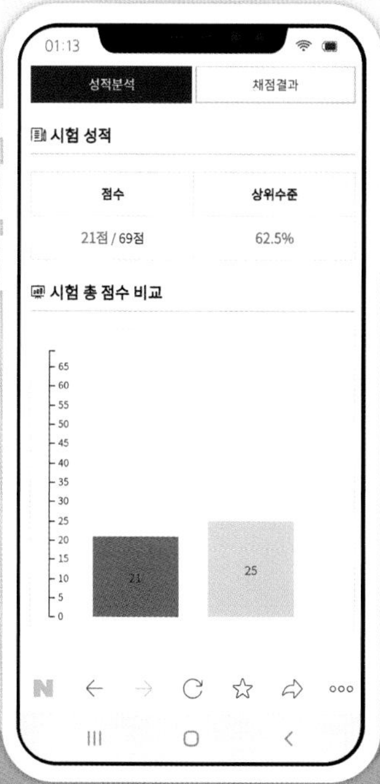

채점결과

※OMR 답안채점 / 성적분석 서비스는 등록 후 30일간 사용 가능합니다.

참여 방법

도서 내 모의고사 우측 상단에 위치한 QR코드 찍기 →

로그인 하기 →

'시작하기' 클릭 →

'응시하기' 클릭 →

나의 답안을 모바일 OMR 카드에 입력 →

'성적분석 & 채점결과' 클릭 →

현재 내 실력 확인하기

2023 최신판 합격의 공식 *시대에듀*

SOC 공기업 기출변형문제집

모바일 OMR 답안채점 / 성적분석 서비스

NCS 대표유형 분석자료 PDF

[합격시대] 온라인 모의고사 무료쿠폰

[WiN시대로] AI면접 무료쿠폰

무료NCS특강

NCS직무능력연구소 편저

정답 및 해설

PART 1

의사소통능력 정답 및 해설

의사소통능력

기출복원문제 정답 및 해설

01 한국철도공사

01	02	03	04	05	06	07	08	09	10
③	③	③	②	④	③	①	④	⑤	④
11	12	13	14	15	16	17	18	19	20
①	④	③	④	④	⑤	①	④	④	③

01 정답 ③

문장의 형태소 중에서 조사나 선어말어미, 어말어미 등으로 쓰인 문법적 형태소의 개수를 파악해야 한다. 이, 니, 과, 에, 이, 었, 다 → 총 7개

오답분석

① 이, 을, 었, 다 → 총 4개
② 는, 가, 았, 다 → 총 4개
④ 는, 에서, 과, 를, 았, 다 → 총 6개
⑤ 에, 이, 었, 다 → 총 4개

02 정답 ③

'피상적(皮相的)'은 '사물의 판단이나 파악 등이 본질에 이르지 못하고 겉으로 나타나 보이는 현상에만 관계하는 것'을 의미한다. 제시된 문장에서는 '표면적(表面的)'과 반대되는 뜻의 단어를 써야 하므로 '본질적(本質的)'이 적절하다.

오답분석

① 정례화(定例化) : 어떤 일이 일정하게 정하여진 규칙이나 관례에 따르도록 하게 하는 것
② 중장기적(中長期的) : 길지도 짧지도 않은 중간쯤 되는 기간에 걸치거나 오랜 기간에 걸치는 긴 것
④ 친환경(親環境) : 자연환경을 오염하지 않고 자연 그대로의 환경과 잘 어울리는 일. 또는 그런 행위나 철학
⑤ 숙려(熟慮) : 곰곰이 잘 생각하는 것

03 정답 ③

'서슴다'는 '행동이 선뜻 결정되지 않고 머뭇대며 망설이다. 또는 선뜻 결정하지 못하고 머뭇대다'는 뜻으로, '서슴치 않다'가 아닌 '서슴지 않다'가 어법상 올바르다.

오답분석

① '잠거라'가 아닌 '잠가라'가 되어야 어법상 올바른 문장이다.
② '담궈'가 아니라 '담가'가 되어야 어법상 올바른 문장이다.
④ '염치 불구하고'가 아니라 '염치 불고하고'가 되어야 어법상 올바른 문장이다.
⑤ '뒷뜰'이 아니라 '뒤뜰'이 되어야 어법상 올바른 문장이다.

04 정답 ②

제시문의 시작은 '2022 K-농산어촌 한마당'에 대해 처음 언급하며 화두를 던지는 (가)가 적절하다. 이후 K-농산어촌 한마당 행사에 대해 자세히 설명하는 (다)가 오고, 행사에서 소개된 천일염과 관련 있는 음식인 김치에 대해 언급하는 (나)가 오는 것이 자연스럽다.

05 정답 ④

두 번째 문단에서 전기자동차 산업이 확충되고 있음을 언급하면서 구리가 전기자동차의 배터리를 만드는 데 핵심 재료임을 이야기하고 있기 때문에 ④가 글의 핵심 내용으로 적절하다.

오답분석

①·⑤ 제시문에서 언급하고 있는 내용은 아니나 핵심 내용으로 보기는 어렵다.
② 제시문에서 '그린 열풍'을 언급하고 있으나 그 이유는 언급되어 있지 않다.
③ 제시문에서 산업금속 공급난이 우려된다고 하나, 그로 인한 문제가 언급되어 있지는 않다.

06 정답 ③

치안 불안 해소를 위해 CCTV를 설치하는 것은 정부가 사회간접자본인 치안 서비스를 제공하는 것이지, 공공재·공공자원 실패의 해결책이라고 보기는 어렵다.

오답분석

①·② 공공재·공공자원 실패의 해결책 중에서 사용 할당을 위한 정책이라고 볼 수 있다.
④·⑤ 공공재·공공자원 실패의 해결책 중에서 사용 제한을 위한 정책이라고 볼 수 있다.

07

정답 ①

제시문에서는 천재가 선천적인 재능뿐만 아니라 후천적인 노력에 의해서 만들어지는 존재라고 주장하고 있기 때문에 ①은 옳지 않다.

오답분석

② · ③ · ④ 제시문에서 언급된 절충적 천재(선천적 재능과 후천적 노력이 결합한 천재)의 예시이다.
⑤ 영감을 가져다주는 것은 신적인 힘보다도 연습이라는 논지이므로 제시문과 같은 입장이다.

08

정답 ④

㉣의 빈칸에는 글의 내용상 '보편화된 언어 사용'은 적절하지 않다.

오답분석

① 표준어를 사용하는 이유에 대한 상세한 설명이 들어가야 하므로 적절한 선지이다.
② · ③ 지문에서 개정안에 대한 부정적인 입장을 취하고 있으므로 적절한 선지이다.
⑤ '다만' 이후로 언론이 지양해야 할 방향을 제시하는 것이 자연스러우므로 적절한 선지이다.

09

정답 ⑤

(마) 문단에서 앞으로 ASMR 콘텐츠들은 공감각적인 콘텐츠로 모두 대체될 전망까지 등장하였다고 하고 있다.

오답분석

① 자주 접하는 사람들에 대한 내용을 찾을 수 없다.
② 트리거로 작용하는 소리는 사람에 따라 다를 수 있다.
③ 청각적 혹은 인지적 자극에 반응한 뇌가 신체 뒷부분에 분포하는 자율 신경계에 신경 전달 물질을 촉진하며 심리적 안정감을 느끼게 된다.
④ 연예인이 일반인보나 ASMR에 많이 도선하는지는 글에서 알 수 없다.

10

정답 ④

박쥐가 많은 바이러스를 보유하고 있는 것은 밀도 높은 군집 생활을 하기 때문이고, 많은 바이러스를 보유하여 그에 대항하는 면역도 갖추었기 때문에 긴 수명을 가질 수 있었다.

오답분석

① 박쥐의 수명이 대다수의 포유동물보다 길다는 것은 맞지만, 평균적인 포유류 수명보다 짧은지는 알 수 없다.
② 박쥐는 뛰어난 비행 능력으로 긴 거리를 비행해 다닐 수 있다.
③ 박쥐는 현재 강력한 바이러스 대항 능력을 갖추었다.
⑤ 박쥐의 면역력을 연구하여 치료제를 개발할 수 있다.

11

정답 ①

고대 그리스, 헬레니즘, 로마 시대를 순서대로 나열하여 설명하고 있으므로 역사적 순서대로 주제의 변천에 대해 서술하고 있다고 보는 것이 가장 적절하다.

12

정답 ④

서양의 자연관은 인간이 자연보다 우월한 자연지배관이며, 동양의 자연관은 인간과 자연을 동일 선상에 놓거나 조화를 중요시한다고 설명한다. 따라서 본 제시문의 중심 내용으로는 서양의 자연관과 동양의 자연관의 차이가 가장 적절하다.

13

정답 ③

PRT는 무인운전을 통해 운행되므로 인건비를 절감할 수 있지만, 무인 경량전철 역시 무인으로 운전되기 때문에 본 글을 통해 무인 경량전철 대비 PRT가 인건비를 절감할 수 있는지는 알 수 없다.

오답분석

① PRT는 원하는 장소까지 논스톱으로 주행한다.
② 설치비는 경량전철에 비하여 2분의 1에서 4분의 1가량으로 크게 낮은 수준이다.
④ PRT는 크기는 지하철 및 무인 경량전철보다 작으므로 복잡한 도심 속에서도 공간을 확보하기 쉽고, 저소음과 함께 배기가스 배출이 없다.
⑤ PRT는 2층 높이이고, 경량전철은 3층 높이여서 탑승자의 접근성이 경량전철에 비해 용이하다.

14

정답 ④

밑줄 친 '이런 미학'은 인간의 눈으로는 확인할 수 없는 부분에 대한 것을 사진을 통해 느껴보지 못한 아름다움을 느끼는 것으로, 기존 예술의 틈으로 파고들어갈 것으로 주장하고 있다.

15

정답 ④

면 같은 천연섬유는 운동량이 약할 때에는 적합하지만, 운동량이 클 때는 폴리에스테르나 나일론 같은 합성섬유가 더 좋은데, 합성섬유는 면보다 흡습성이 낮지만 오히려 모세관 현상으로 운동할 때 생기는 땀이 쉽게 제거되기 때문이다.

오답분석

① 능직법으로 짠 천은 물에 젖더라도 면섬유들이 횡축방향으로 팽윤해 천의 세공크기를 줄여 물이 쉽게 투과하지 못해 방수력이 늘어나며, 벤타일이 유명하다.
② 수지 코팅 천을 코팅하는 막은 미세 동공막 모양을 가지고 있는 소수성 수지나 동공막을 지니지 않는 친수성 막을 사용하여 미세 동공의 크기는 수증기 분자는 통과할 수 있지만, 아주 작은 물방울은 통과할 수 없을 정도로 조절한다.

③ 마이크로 세공막의 세공크기는 작은 물방울 크기의 20,000분의 1 정도로 작아 물방울은 통과하지 못하지만, 수증기 분자는 쉽게 통과한다. 대표적인 천으로 고어-텍스가 있다.
⑤ 나일론을 기초 직물로 한 섬유는 폴리에스테르보다 수분에 더 빨리 젖으며, 극세사로 천을 짜면 공기투과성이 낮아 체온보호 성능이 우수하다. 이런 이유 때문에 등산복보다는 수영복, 사이클링복에 많이 쓰인다.

16

정답 ⑤

민속문화는 특정 시기에 장소마다 다양하게 나타나는 경향이 있지만, 대중문화는 특정 장소에서 시기에 따라 달라지는 경향이 크다.

오답분석

① 민속문화는 고립된 촌락 지역에 거주하는, 규모가 작고 동질적인 집단에 의해 전통적으로 공유된다.
② 대중문화는 대부분이 선진국, 특히 북아메리카, 서부 유럽, 일본의 산물이다.
③ 민속 관습은 흔히 확인되지 않은 기원자를 통해서, 잘 알려지지 않은 시기에, 출처가 밝혀지지 않은 미상의 발상지로부터 발생하며, 민속문화가 된다.
④ 스포츠는 민속문화로 시작되었지만, 현대의 스포츠는 대중문화의 특징을 보여준다.

17

정답 ①

- A사원 : 제6조를 보면 자동차운임은 철도를 이용할 수 없는 등 자동차 이용이 불가피한 경우에 지급한다고 명시되어 있다. 따라서 철도로 이동 가능한 거리를 자동차로 이동할 경우 교통비 지급 대상에서 제외된다.
- B사원 : 제2조에서 여비는 사전에 지급함을 원칙으로 한다고 명시하고 있다. 따라서 미리 필요한 예산을 신청하는 것은 옳은 내용이다.

오답분석

- C사원 : 제19조 제2항을 보면 상급자와의 동행에 필요한 최소한의 직급 또는 등급에 해당하는 금액을 지급한다고 되어 있다. 따라서 같은 금액을 지급하는 것은 아니다.
- D사원 : 제5조 제2항에 따르면 공사용 차량(업무용 차량 포함)을 이용할 시 교통비를 지급하지 않는다고 명시하고 있다.
- E사원 : 제7조 제4항에 따르면 업무협의를 위한 대외활동의 경우 일비를 지급받을 수 있다.

18

정답 ④

외국인이 마스크를 구매할 경우 외국인등록증뿐만 아니라 건강보험증도 함께 보여줘야 한다.

오답분석

① 4월 27일부터 마스크를 3장까지 구매할 수 있게 된 건 맞지만, 아직 마스크 5부제가 해제된 건 아니었다.
② 만 10살 이하의 동거인의 마스크를 구매하기 위해선 주민등록등본 혹은 가족관계증명서와 함께 대리구매자의 신분증을 제시해야 한다.
③ 지정된 날에만 마스크 구매가 가능하며, 별도의 추가 구매는 불가능하다.
⑤ 대리구매자의 신분증, 주민등록등본, 임신확인서 3개를 지참해야 대리구매가 가능하다.

19

정답 ④

시골개, 떠돌이개 등이 지속적으로 유입되었다는 내용으로 미루어 짐작할 수 있는 사실이다.

오답분석

① 2018년 이후부터의 수를 제시하고 있기 때문에 이전에도 그랬는지는 알 수가 없다.
② 지난해 경기 지역이 가장 많은 유기견 수를 기록했다는 내용만 알 수 있을 뿐, 항상 그랬는지는 알 수가 없다.
③ 2016년도부터 2019년도까지는 꾸준히 증가하는 추세였으나, 작년에는 12만 8,719마리로 감소했음을 알 수 있다.
⑤ 유기견 번식장에 대한 규제가 필요하다는 말을 미루어 봤을 때 적절한 규제가 이루어지지 않음을 짐작할 수 있다.

20

정답 ③

올해는 보조금 지급 기준을 낮춘다고 한 내용으로 미루어 짐작할 수 있다.

오답분석

① 대상자 선정은 4월 중에 이루어진다.
② 우수물류기업의 경우 예산의 50% 내에서 이루어지며 중소기업이 예산의 20% 내에서 우선 선정된다.
④ 전체가 아닌 증가 물량의 100%이다.
⑤ 2010년부터 시작된 사업으로 작년까지 감소한 탄소 배출량이 약 194만 톤이다.

02 서울교통공사

01	02	03	04	05	06	07	08	09	10
③	④	①	③	⑤	①	③	②	④	④
11	12	13	14	15					
⑤	④	④	⑤	③					

01
정답 ③

(가) 공리주의 : 최대 다수를 위한 최대 행복이 의사결정의 합리적 판단 기준이 된다.
(나) 권리 : 헌법과 법에 의해 보호되는 기본적인 권리를 의사 결정의 기준으로 삼는다.
(다) 공정성 : 이익과 비용에 대한 공평한 배분과 공정한 과정을 중시한다.

02
정답 ④

말하지 않아도 상대방이 이해할 것이라는 선입견과 고정관념이 의사소통의 저해 요인이 되고 있다.

03
정답 ①

철도차량을 소유하거나 운영하는 자가 철도차량 개조승인을 받으려면 철도안전법 시행규칙 제75조의3 제1항에 나타난 서류와 개조승인신청서를 제출하여야 한다. 개조신청이 접수되면 철도차량의 개조가 철도차량기술기준 등에 적합한지 여부에 대한 검토가 진행된다. 검토 결과 적합하다고 인정된 경우 국토교통부 장관의 개조승인을 받는다. 따라서 철도차량의 개조는 '개조신청 – 사전기술 검토 – 개조승인'의 순서로 진행된다.

04
정답 ③

개조승인 신청 이후 개조검사 계획서가 통지되는 기한은 알 수 있으나, 이후 실시되는 개조승인 검사가 얼마 동안 진행되는지는 알 수 없다.

오답분석

① 철도안전법 시행규칙 제75조의3 제1항
② 철도안전법 시행규칙 제75조의6 제1항
④ 철도안전법 시행규칙 제75조의3 제2항
⑤ 철도안전법 시행규칙 제75조의5

05
정답 ⑤

L씨는 기사문을 통해 자식들을 훌륭하게 키운 K씨의 교육 방법을 파악하고, 가족들과 함께 시간을 보낼 수 있는 '가족의 밤'을 진행하기로 하였으므로 문서에서 이해한 목적 달성을 위해 취해야 할 행동을 생각하고 결정하는 단계에 해당한다.

Plus

문서이해의 구체적인 절차

1. 문서의 목적을 이해하기
2. 이러한 문서가 작성 된 배경과 주제를 파악하기
3. 문서에 쓰인 정보를 밝혀내고, 문서가 제시하고 있는 현안을 파악하기
4. 문서를 통해 상대방의 욕구와 의도 및 내게 요구되는 행동에 관한 내용을 분석하기
5. 문서에서 이해한 목적 달성을 위해 취해야 할 행동을 생각하고 결정하기
6. 상대방의 의도를 도표나, 그림 등으로 메모하여 요약, 정리해보기

06
정답 ①

밑줄 친 '정보'는 신체검사를 통해 알 수 있는 부분으로, ①은 신체검사 항목에 해당되나, ②·③·④·⑤는 해당되지 않는다.

07
정답 ③

협상의 단계에 따라 보기를 배열하면 ⓒ 협상 시작 → ⓔ 상호 이해 → ⓛ 실질 이해 → ㉠ 해결 대안 → ⓜ 합의 문서의 순서임을 알 수 있다.

Plus

협상과정의 5단계

- 협상 시작
  - 협상 당사자들 사이에 상호 친근감을 쌓음
  - 간접적인 방법으로 협상의사를 전달
  - 상대방의 협상의지를 확인
  - 협상 진행을 위한 체제를 짬
- 상호 이해
  - 갈등 문제의 진행사항과 현재의 상황을 점검
  - 적극적으로 경청하고 자기주장을 제시
  - 협상을 위한 협상대상 안건을 결정
- 실질 이해
  - 겉으로 주장하는 것과 실제로 원하는 것을 구분하여 실제로 원하는 바를 찾아냄
  - 분할과 통합의 기법을 활용하여 이해관계를 분석
- 해결 대안
  - 협상 안건마다 대안들을 평가
  - 개발한 대안들을 평가
  - 최선의 대안에 대해서 합의하고 선택
  - 대안 이행을 위한 실행계획 수립
- 합의 문서
  - 합의문 작성
  - 합의문의 합의 내용, 용어 등을 재점검
  - 합의문에 서명

08

정답 ②

갑은 자신과 무관한 사건을 자신과 관련된 것으로 잘못 해석하고 있는 개인화의 오류를 범하고 있다.

오답분석

① 정신적 여과 : 상황의 주된 내용은 무시하고, 특정한 일부의 정보에만 주의를 기울여 전체의 의미를 해석하는 오류이다.
③ 과잉 일반화 : 한두 번의 사건에 근거하여 일반적 결론을 내리고, 무관한 상황에도 그 결론을 적용하는 오류이다.
④ 이분법적 사고 : 여러 가지 가능성이 있음에도 불구하고 두 가지 가능성에 한정하여 사고하는 오류이다.
⑤ 예언자적 사고 : 충분한 근거 없이 미래에 일어날 일을 단정하고 확신하는 오류이다.

09

정답 ④

- 적하(積荷) : 화물을 배나 차에 실음
- 조성(造成) : 분위기나 정세 따위를 만듦

오답분석

- 적하(積下) : 짐을 부림
- 조성(調聲) : 소리를 낼 때에 그 높낮이와 장단을 고름
- 조성(組成) : 여러 개의 요소나 성분으로 얽거나 짜서 만듦
- 책임(責任) : 맡아서 해야 할 임무나 의무

10

정답 ④

오직 한 사람만이 소년이 유죄라는 대다수의 의견에 동조하지 않고 소년의 무죄를 주장하였고, 마침내 소년은 무죄로 판결받는다. 다수의 의견을 따라 판결을 내렸다면 소년은 억울하게 살인죄의 판정을 받았을 것이다. 이를 통해 이 영화는 다수의 의견이 항상 옳지만은 않다는 것을 이야기하고 있다.

11

정답 ⑤

철도안전법 시행규칙 제12조 제2항 제5호에 따르면 한쪽 손 이상의 엄지손가락을 잃었거나 엄지손가락을 제외한 손가락을 3개 이상 잃은 사람의 경우 운전면허를 받을 수 없다. 따라서 한쪽 손의 새끼손가락을 잃은 사람은 이에 해당하지 않으므로, 철도 운전면허를 취득할 수 있다.

오답분석

① 철도안전법 제11조 제2호
② 철도안전법 제11조 제3호
③ 철도안전법 시행규칙 제12조 제2항 제2호・제3호
④ 철도안전법 제11조 제4호

12

정답 ④

철도운영자가 부정한 방법으로 안전관리체계에 대한 승인을 받은 경우 국토교통부장관은 그 승인을 취소해야 한다(철도안전법 제9조 제1항 제1호).

오답분석

① 철도안전법 제7조 제5항
② 철도안전법 제5조 제1항・제3항
③ 철도안전법 제7조 제3항
⑤ 철도안전법 제5조 제4항

13

정답 ④

열차의 탈선사고는 '사상자가 많은 사고 등 대통령령으로 정하는 철도사고 등'에 해당하는 사고로 이 경우에는 사고 발생 및 일시 및 장소, 사상자 등 피해사항, 사고 발생 경위 등을 국토교통부장관에게 즉시 보고하여야 한다(철도안전법 제61조 제1항, 철도안전법 시행령 제57조 제1호, 철도안전법 시행규칙 제86조 제1항).

오답분석

① 철도안전법 제7조 제1항
② 철도안전법 제7조 제3항
③ 철도안전법 제61조 제1항, 철도안전법 시행령 제57조 제3호, 철도안전법 시행규칙 제86조 제1항
⑤ 철도안전법 시행령 제5조 제1항

14

정답 ⑤

⑤는 ⓒ이 아닌 '막연한 의문이 있는 채로 그것을 뒤 절의 사실이나 판단과 관련시키는 데 쓰는 연결어미'인 '-ㄴ지'가 사용되었다.

15

정답 ③

오프라 윈프리는 상대방의 설득을 얻어 내기 위해서는 진솔한 자세로 상대방의 마음을 열고, 아픔을 함께 하는 자세로 상대방의 공감을 얻어야 한다고 하였으므로, 그녀의 설득 비결로 ③이 적절하다.

03 한국수자원공사

01	02	03	04	05	06	07	08	09	10
②	④	①	③	④	③	①	③	③	②

01

정답 ②

사구체의 혈압은 동맥의 혈압에 따라 변화가 있을 수 있지만, 생명 유지를 위해서 일정하게 유지된다고 하였으므로 혈액 속 성분에 따라 유동적으로 변화한다는 내용은 옳지 않다.

오답분석

① 내피세포에 있는 구멍보다 작은 단백질은 단백질과 같이 음전하를 띠는 당단백질에 의해 여과된다.
③ 사구체의 모세 혈관에는 다른 신체 기관의 모세 혈관보다 높은 혈압이 발생한다고 하였으므로 옳은 내용이다.
④ 혈액을 통해 운반된 노폐물이나 독소는 주로 콩팥의 사구체를 통해 일차적으로 여과된다고 하였으므로 사구체가 우리 몸의 여과를 전적으로 담당하는 것은 아니다.

02

정답 ④

종이 접는 횟수는 산술적으로 늘어나는 데 비해 이로 인해 생기는 반원의 호 길이의 합은 기하급수적으로 커지기 때문에, 종이의 길이가 한정되어 있다면 종이를 무한하게 접는 것은 불가능하다.

03

정답 ①

강제 부동산 경매는 채무자의 동의 과정 없이 채권자의 신청으로 시작된다. 다만 채무자에게 경매가 개시되었다는 사실을 알려야 한다는 내용만 언급되어 있다.

오답분석

② 강제 부동산 경매 절차에 경매개시결정 정본을 채무자에게 보내야 하는 과정이 있으므로 이 과정이 없다면, 제대로 진행되고 있다고 보기 어렵다.
③ 기일입찰방법은 매각 기일과 매각 장소가 모두 정해져있기 때문에 옳은 내용이다.
④ 매각 기일에 매수 신청인이 정해진 장소로 가야 하는 것은 기일입찰방법에 대한 설명이며, 기간입찰방법에서는 정해진 장소에 가 있지 않아도 된다고 하였으므로 옳은 내용이다.

04

정답 ③

(나)에서 물벗 나눔 장터 행사에 대한 소개와 취지를 언급한 뒤, (다)에서 행사의 구체적인 내용을 설명하고, 마지막으로 (가)에서 지난 물벗 나눔 장터 행사에 대해 설명하며 글을 마무리하는 순서가 가장 적절하다.

05

정답 ④

제시문의 필자는 시장 메커니즘의 부정적인 면을 강조하면서 인간과 자연이 어떠한 보호도 받지 못한 채 시장 메커니즘에 좌우된다면 사회가 견뎌낼 수 없을 것이라고 주장한다. 따라서 시장 메커니즘에 대한 적절한 제도적 보호 장치를 마련해야 한다는 내용의 ④가 필자의 주장으로 가장 적절하다.

오답분석

① 필자는 무분별한 환경 파괴보다는 인간과 자연이라는 사회의 실패를 막기 위한 보호가 필요하다고 주장한다.
② 필자는 구매력의 공급을 시장 기구의 관리에 맡기게 되면 영리 기업들은 주기적으로 파산하게 될 것이라고 주장하므로 적절하지 않다.
③ 필자는 시장 메커니즘이 인간의 존엄성을 파괴할 수 있다고 주장하지만, 한편으로는 시장 경제에 필수적인 존재임을 인정하므로 철폐되어야 한다는 주장은 적절하지 않다.

06

정답 ③

제시문은 국가보훈처가 국가유공자 상징체계의 도입을 결정하여 현재 상징체계 개발 과정에 있다는 내용이므로 글의 중심 내용으로는 ③이 적절하다.

오답분석

① 국가유공자 명패 달아드리기 사업은 이미 이달부터 진행되고 있으며 글의 중심 내용으로도 적절하지 않다.
② 국가유공자 단독의 상징체계가 처음 도입되는 것일 뿐, 국가보훈처가 처음으로 국가주도 상징체계를 적용하는 것인지는 알 수 없다.
④ 국가보훈처는 현재 독립유공자를 시범 대상으로 명패 달아드리기 사업을 진행하고 있으나, 이번에는 모든 국가유공자에 대한 예우와 존경, 감사의 뜻을 담은 상징체계를 도입하고자 한다.

07

정답 ①

제시문에서는 중소기업의 기술 보호를 위한 선제적 노력의 방법으로 특허등록과 기술 유출 방지, 기술 보호 역량에 대해 설명하고 있으므로 제목으로 ①이 가장 적절하다.

오답분석

② 기술분쟁 사례는 언급하고 있지 않다.
③ 비교분석에 관한 내용은 찾아 볼 수 없다.
④ 핵심기술에 대한 특허등록은 기술 보호를 위한 방법 중 하나이므로 글 전체 내용을 나타내는 제목으로 적절하지 않다.

08

정답 ③

제시문에서는 공동주택의 주거문화에서 중요성이 커지고 있는 이웃과의 관계에 대해 이야기하며, 올바른 공동주택 주거문화에 대해 함께 고민하고 이야기해야 한다고 언급하고 있으므로 글의 제목으로 가장 적절한 것은 ③이다.

오답분석

① 공동주택 주거문화의 문제점보다는 특성에 관해 이야기하고 있으므로 적절하지 않다.
② 공동주택의 현황보다는 공동주택의 고층화·고밀화에 따른 주거문화에 관하여 이야기하고 있으므로 적절하지 않다.
④ 이웃과의 관계 변화보다는 이웃과의 관계에 대한 중요성이 커지고 있음을 이야기하고 있으므로 적절하지 않다.

09

정답 ③

이오의 월식은 목성이 지구와 이오 사이에 있는 동안 이오가 보이지 않는 것을 의미한다. 즉, 이오가 지구와 목성 사이에 놓인 것이 아니라 목성이 지구와 이오 사이에 놓여 있을 때 발생한다.

오답분석

① 빛의 속도를 처음으로 측정하려 한 사람은 16세기에 태어난 갈릴레오이므로 빛의 속도를 측정하려는 시도는 16세기부터 시작되었음을 알 수 있다.
② 뢰머는 목성과 지구 사이의 거리에 관한 정확한 지식이 없어 실제보다 약 1/3 정도 적은 값을 얻었다.
④ 빛의 속도는 뢰머에 의해 처음으로 측정되었으므로 갈릴레이의 속도 측정 시험으로는 정확한 값을 얻어낼 수 없었다.

10

②

건물 외벽 등을 활용하여 독창적인 경관을 연출하는 등 광장과 맞닿아 있는 주변 건물도 광장의 일부분으로 활용하므로 주변의 건물을 제거한다는 것은 적절하지 않다.

오답분석

① 광화문광장의 지상은 '비움'의 공간으로 구성되지만, 지하는 이와 대조적으로 '채움'의 공간으로 구성된다.
③ 광화문광장의 공사는 당선자와 계약을 체결한 후 지역주민과 시민들의 의견을 수렴하여 계획을 구체화해 나갈 예정이다.
④ 지하에 자연광을 유도하는 선큰공간을 통해 지상광장과 지하가 연결되므로 선큰공간의 방문객들은 지하에서부터 북악산의 녹음과 광화문의 전경을 바라볼 수 있다.

의사소통능력

기출변형문제 정답 및 해설

01	02	03	04	05	06	07	08	09	10
③	③	④	②	②	②	④	③	③	⑤
11	12	13	14	15	16	17	18	19	20
④	⑤	①	③	④	③	⑤	⑤	③	③

01

정답 ③

제6조의3 제2항 제2호에 따르면 감사인이 감사대상업무의 의사결정과정에 직·간접적으로 관여한 경우 해당 감사에 관여할 수 없다.

오답분석

① 제4조 제3호
② 제4조의2 제1항
④ 제6조의3 제3항
⑤ 제6조의4 제1항

02

정답 ③

'말미'는 '일정한 직업이나 일 따위에 매인 사람이 다른 일로 말미암아 얻는 겨를'을 의미하므로 비슷한 의미의 ①·②·④·⑤와 바꾸어 쓸 수 있다.

- 알음
  1. 사람끼리 서로 아는 일
  2. 지식이나 지혜가 있음
  3. 신의 보호나 신이 보호하여 준 보람

오답분석

① 휴가(休暇) : 직장·학교·군대 따위의 단체에서, 일정한 기간 동안 쉬는 일. 또는 그런 겨를
② 여유(餘裕) : 물질적·공간적·시간적으로 넉넉하여 남음이 있는 상태
④ 겨를 : 어떤 일을 하다가 생각 따위를 다른 데로 돌릴 수 있는 시간적인 여유
⑤ 여가(餘暇) : 일이 없어 남는 시간

03

정답 ④

- 할당하다 : 몫을 갈라 나누다.
- 분류하다 : 종류에 따라서 가르다.

오답분석

① 배당하다 : 일정한 기준에 따라 나누어 주다.
② 배분하다 : 몫몫이 별러 나누다.
③ 분배하다 : 몫몫이 별러 나누다.
⑤ 벼르다 : 일정한 비례에 맞추어서 여러 몫으로 나누다.

04

정답 ②

제4조의2 제2항에 따르면 감사인은 감사업무의 수행을 위하여 수감부서 등의 업무와 관련된 정보에 대하여 자유롭게 접근할 수 있으나, 다른 법령에 특별한 규정이 있는 경우에는 그러할 수 없다.

오답분석

① 제4조 제5호
③ 제6조의3 제2항 제1호
④ 제6조의4 제1항
⑤ 제6조의4 제2항

05

정답 ②

제시문에서는 3R 원칙을 강조하며 가장 필수적이고 최소한의 동물실험은 필요악임을 수상하고 있다. 특히 '보다 안선한 결과를 도출해내기 위한 동물실험은 필요악이며, 이러한 필수적인 의약실험조차 금지하려 한다는 것은 기술 발전 속도를 늦춰 약이 필요한 누군가의 고통을 감수하자는 이기적인 주장'이라는 대목을 통해 약이 필요한 이들을 위한 의약실험에 초점을 맞추고 있음을 확인할 수 있다. 따라서 ②의 주장처럼 생명과 큰 관련이 없는 동물실험을 비판의 근거로 삼는 것은 적절하지 않다.

06

정답 ②

제9조 제2항에 따르면 철도종사자의 신체검사 판정서는 신체검사의료기관이 아닌 철도운영기관이 철도안전정보망에 입력한다.

오답분석

① 제9조 제1항 제1호
③ 제9조 제1항
④ 제9조 제3항
⑤ 제9조 제1항 제2호

07

정답 ④

'시간적인 사이를 두고서 가끔씩'이라는 의미의 부사는 '간간이'이다.

Plus

- 간간히[1] : 간질간질하고 재미있는 마음으로
- 간간히[2] : 입맛 당기게 약간 짠 듯이
- 간간히[3] : 꼿꼿하고 굳센 성품으로
- 간간히[4] : 기쁘고 즐거운 마음으로
- 간간히[5] : 매우 간절하게

08

정답 ③

먼저 철도가 등장하면서 시간의 통일이 필요해졌다는 (다)가 맨 앞에 와야 하며, 시간의 혼란 문제를 해결하기 위해 플레밍이 세계 표준시를 도입하고자 하였다는 (가)가 그다음에 와야 한다. 다음으로 플레밍의 제안이 미국 전역에 도입됨에 따라 국제자오선 회의가 열리게 되었다는 (마)가 와야 하며, 영국과 프랑스의 대결 끝에 그리니치가 세계 표준시로 채택되었다는 (라)가 그다음에 와야 한다. 마지막으로 우리나라의 세계 표준시는 일본에 의해 변경된 후 본래대로 돌아왔다가 다시 변경되었다는 (마)가 와야 한다.

09

정답 ③

ⓒ에는 나타나거나 또는 나타나서 보임을 의미하는 '출현(出現)'이 사용되어야 한다.

- 출연(出演) : 연기, 공연, 연설 따위를 하기 위하여 무대나 연단에 나감

오답분석

㉠ 공존(共存) : 두 가지 이상의 사물이나 현상이 함께 존재함
㉡ 환원(還元) : 본디의 상태로 다시 돌아감. 또는 그렇게 되게 함
㉣ 관철(貫徹) : 어려움을 뚫고 나아가 목적을 기어이 이룸
㉤ 창궐(猖獗) : 못된 세력이나 전염병 따위가 세차게 일어나 걷잡을 수 없이 퍼짐

10

정답 ⑤

견적 제출 및 계약방식에 따르면 국가종합전자조달시스템의 안전 입찰서비스를 이용하여 견적서를 제출해야 한다.

오답분석

① 견적서 제출기간에 따르면 견적서 제출확인은 국가종합전자조달 전자입찰시스템의 웹 송신함에서 확인할 수 있다.
② 개찰일시 및 장소에 따르면 개찰은 견적서 제출 마감일인 06월 14일 오전 11시에 진행되므로 마감 1시간 뒤에 바로 진행된다.
③ 견적서 제출기간에서는 마감 시간이 임박하여 제출할 경우 입력 도중 중단되는 경우가 있으므로 마감 시간 10분 전까지 입력을 완료하도록 안내한다. 따라서 마감 시간 이후로는 더 이상 견적서를 제출할 수 없음을 알 수 있다.
④ 견적 제출 참가 자격에 따르면 이번 입찰은 '지문인식 신원확인 입찰'이 적용되므로 입찰대리인은 미리 지문정보를 등록하여야 하나, 예외적으로 지문인식 신원확인이 곤란한 자에 한하여 개인인증서에 의한 제출이 가능하다. 따라서 둘 중 하나의 방법을 선택한다는 내용은 옳지 않다.

11

정답 ④

먼저 반딧불이는 번식과 관련하여 선호도에 따라 다양한 모습으로 빛을 내고, 이것이 동시에 이루어질 경우 장관을 이룬다는 (라)가 맨 앞에 와야 한다. 다음으로는 반딧불이 집단이 일렬로 불빛을 내며 장관을 이루는 모습을 언급하고 무리에서 빠져나와 단독으로 빛을 내는 반딧불이도 있음을 이야기하는 (나)가 와야 하며, 이처럼 혼자 행동하기를 좋아하는 뉴기니 지역의 반딧불이가 짝을 찾는 모습을 이야기하는 (마)가 그다음에 와야 한다. 마지막으로 대부분의 반딧불이와 달리 포투루스 반딧불이 암컷은 빛을 적대적 목적으로 사용한다는 내용의 (가)와 그러므로 수컷 반딧불이에게 하늘은 유혹의 무대인 동시에 위험한 장소이기도 하다는 내용의 (다)가 차례로 와야 한다.

12

정답 ⑤

'가름'은 '쪼개거나 나누어 따로따로 되게 하는 일' 또는 '승부나 등수 따위를 정하는 일'을 의미한다. ⑤에서는 '물건의 무게를 달 때에 저울눈이 바르지 아니한지를 보다.'의 의미를 지닌 관용구 '가늠을 보다'가 사용되어야 한다.

오답분석

① 가름 : 승부나 등수 따위를 정하는 일
② 가늠 : 사물을 어림잡아 헤아림
③ 갈음 : 다른 것으로 바꾸어 대신함
④ 가름 : 쪼개거나 나누어 따로따로 되게 하는 일

13

정답 ①

빈칸의 뒷부분에서는 수면장애가 다양한 합병증을 유발할 수 있다는 점을 언급하며 낮은 수면의 질이 문제가 되고 있음을 이야기한다. 따라서 빈칸에 들어갈 내용으로는 수면의 질과 관련된 ①이 가장 적절하다.

14

정답 ③

㉢ 사각(死角)지대에서의 '사각(死角)'은 관심이나 영향이 미치지 못하는 범위를 비유적으로 이르는 의미이다.

• 사각(死角)
  1. 어느 각도에서도 보이지 아니하는 범위
     예 감시자의 눈을 피해 보이지 않는 사각에 섰다.
  2. 관심이나 영향이 미치지 못하는 범위를 비유적으로 이르는 말

15

정답 ④

먼저 해외로 뻗어가고 있는 한국의 문화를 소개하는 (라) 문단이 오는 것이 적절하며, 이를 통해 선진국의 문화가 국제적인 것은 아니라는 내용의 (나) 문단이 오는 것이 자연스럽다. 다음으로는 에티오피아의 사례를 이야기하며 문화의 국제화 방향을 정의하는 (바) 문단이 오는 것이 어울리고, 그 뒤를 이어 남한과 북한의 문화적 차이를 언급하며 그 중 언어의 차이를 이야기하는 (마) 문단과 또 다른 교통 문화의 차이를 이야기하는 (다) 문단이 차례로 오는 것이 적절하다. 마지막으로는 남북한과 같이 문화적 차이가 나타나기도 하지만, 문화의 경계가 모호해지면서 또 다른 문화의 모습이 나타난다는 (가) 문단이 오는 것이 매끄럽다.

16

정답 ③

• 동화(同化) : 성질, 양식, 사상 따위가 다르던 것이 서로 같게 됨
• 교류(交流) : 문화나 사상 따위가 서로 통함

오답분석

• 이화(異化) : 성질, 양식, 사상 따위가 서로 달라짐
• 교체(交替) : 사람이나 사물을 다른 사람이나 사물로 대신함
• 교역(交易) : 주로 나라와 나라 사이에서 물건을 사고팔고 하여 서로 바꿈

17

정답 ⑤

①·②·③·④는 도구와 그 도구의 기능 관계이나, ⑤는 기능(양치)이 같은 도구의 관계이다.

18

정답 ⑤

맹사성은 여름이면 소나무 그늘 아래에 앉아 피리를 불고, 겨울이면 방 안 부들자리에 앉아 피리를 불었다.

오답분석

① 맹사성은 고려 시대 말 과거에 급제하여 조선이 세워진 후 조선 전기의 문화 발전에 큰 공을 세웠다.
② 맹사성의 행색을 야유한 고을 수령이 스스로 도망을 가다 관인을 인침연에 빠뜨렸다.
③ 『필원잡기』의 지자는 시거정으로, 맹사성의 평소 생활 모습이 담겨있다.
④ 사사로운 손님은 받지 않았으나, 꼭 만나야 할 손님이 오면 잠시 문을 열어 맞이하였다.

19

정답 ③

• 사사(私私)롭다 : 공적이 아닌 개인적인 범위나 관계의 성질이 있다.
• 사소(些少)하다 : 보잘것없이 작거나 적다.

20

정답 ③

보기의 '벨의 특허와 관련된 수많은 소송'은 (나) 바로 뒤의 문장에서 언급하는 '누가 먼저 전화를 발명했는지'에 대한 소송을 의미한다. (다)의 앞부분에서는 이러한 소송이 치열하게 이어졌음을 이야기하지만, (다)의 뒷부분에서는 벨이 무혐의 처분과 함께 최초 발명자라는 판결을 받았음을 이야기한다. 따라서 소송이 종료되었다는 보기의 문장은 (다)에 들어가는 것이 가장 적절하다.

PART

2

수리능력

정답 및 해설

수리능력

기출복원문제 정답 및 해설

01 한국철도공사

01	02	03	04	05	06	07	08	09	10	11	12	13	14	15	16	17	18	19	20
④	③	④	④	③	②	③	③	④	①	④	④	③	⑤	③	②	④	⑤	③	⑤

01

정답 ④

기존 사원증은 가로와 세로의 길이 비율이 1 : 2이므로 가로 길이를 $x$cm, 세로 길이를 $2x$cm라 하자. 기존 사원증 대비 새 사원증의 가로 길이 증가폭은 $(6-x)$cm, 세로 길이 증가폭은 $(9-2x)$cm이다. 문제에 주어진 디자인 변경 비용을 적용하여 식으로 정리하면 다음과 같다.

$2,800+(6-x)\times12\div0.1\text{cm}+(9-2x)\times22\div0.1\text{cm}=2,420$원

$2,800+720-120x+1,980-440x=2,420$원

$560x$원$=3,080$원 → $x=5.5$

따라서 기존 사원증의 가로 길이는 5.5cm, 세로 길이는 11cm이며, 둘레는 $(5.5\times2)+(11\times2)=33$cm이다.

02

정답 ③

A공장에서 45시간 동안 생산된 제품은 총 45,000개이고, B공장에서 20시간 동안 생산된 제품은 총 30,000개로 두 공장에서 생산된 제품은 총 75,000개이다. 또한, 두 공장에서 생산된 불량품은 총 $(45+20)\times45=2,925$개이다. 따라서 생산된 제품 중 불량품의 비율은 $2,925\div75,000\times100=3.9\%$이다.

03

정답 ④

실험실의 수를 x개라 하면, 학생의 수는 $20x+30$명이다. 실험실 한 곳에 25명씩 입실시킬 경우 $x-3$개의 실험실은 모두 채워지고 2개의 실험실에는 아무도 들어가지 않는다. 그리고 나머지 실험실 한 곳에는 최소 1명에서 최대 25명이 들어간다. 이를 표현하면 다음과 같다.

$25(x-3)+1\le20x+30\le25(x-2)$ → $16\le x\le20.8$

위의 식을 만족하는 범위 내에서 가장 작은 홀수는 17이므로 최소한의 실험실은 17개이다.

04

정답 ④

연속교육은 하루 안에 진행되어야 하므로 4시간 연속교육으로 진행되어야 하는 문제해결능력 수업은 하루 전체를 사용해야 한다. 따라서 5일 중 1일은 문제해결능력 수업만 진행되며, 나머지 4일에 걸쳐 나머지 3과목의 수업을 진행한다. 수리능력 수업은 3시간 연속교육, 자원관리능력 수업은 2시간 연속교육이며, 하루 수업은 총 4교시로 구성되므로 수리능력 수업과 자원관리능력 수업은 같은 날 진행되지 않는다. 수리능력 수업의 총 교육시간은 9시간으로, 최소 3일이 필요하므로 자원관리능력 수업은 하루에 몰아서 진행해야 한다. 그러므로 문제해결능력 수업과 수리능력 수업을 배정하는 경우의 수는 $5\times4=20$가지이다. 문제해결능력 수업과 자원관리능력 수업이 진행되는 이틀을 제외한 나머지 3일간은 매일 수리능력 수업 3시간과 의사소통능력 수업 1시간이 진행되며, 수리능력 수업 후에 의사소통능력 수업을 진행하는 경우와 의사소통능력 수업을 먼저 진행하고 수리능력 수업을 진행하는 경우로 나뉜다. 따라서 이에 대한 경우의 수는 $2^3=8$가지이다. 그러므로 주어진 조건을 만족하는 경우의 수는 모두 $5\times4\times2^3=160$가지이다.

05

정답 ③

오전 9시 B과를 진료하면 10시에 진료가 끝나며, 셔틀을 타고 이동하면 10시 30분이다. 이후 C과 진료를 이어보면 12시 30분이 되고, 점심시간 이후 바로 A과의 진료를 본다면 오후 2시에 진료를 다 받을 수 있다.

04

정답 ②

화면비율이 4 : 3일 때, 가로와 세로의 크기를 각각 a, b라고 하면 a=4z, b=3z이고(이때의 z는 비례상수), 대각선의 길이를 A로 두면 피타고라스 정리에 의해 $A^2=4^2z^2+3^2z^2$이고, 이를 정리하면 $z^2=\frac{A^2}{5^2}=\left(\frac{A}{5}\right)^2$, $z=\frac{A}{5}$이므로, 대각선의 길이가 40인치×2.5cm=100cm이므로 A=100cm이다. 따라서 $z=\frac{100\text{cm}}{5}$, z는 20cm이며, a는 80cm, b는 60cm이다.

따라서 가로와 세로 길이의 차이는 80cm−60cm=20cm이다.

07

정답 ③

신입사원일 사건을 A, 남자일 사건을 B라고 하면 $P(A)=0.80$, $P(A\cap B)=0.8\times0.4=0.32$

따라서 $P(B|A)=\frac{P(A\cap B)}{P(A)}=\frac{0.32}{0.80}=0.4$, 즉 40%이다.

08

정답 ③

총 6시간 30분 중 30분은 정상에서 휴식을 취했으므로, 오르막길과 내리막길의 실제 이동시간은 6시간이다.

총 14km의 길이 중 a는 오르막길에서 걸린 시간, b는 내리막길에서 걸린 시간을 두면 다음과 같은 식으로 나타낼 수 있다.

• a+b=6

• 1.5a+4b=14

두 식을 연립하면 a는 4시간, b는 2시간이 소요된다.

따라서 오르막길 A의 거리는 1.5km×4=6km이다.

09

정답 ④

K는 400mg의 카페인 중 200mg의 카페인을 섭취했으므로 200mg의 카페인을 추가적으로 섭취가 가능하다. 따라서 200mg를 넘지 않은 선에서 최소한 한 가지 종류의 커피만을 마시는 경우를 포함한 각 각의 경우의 수를 계산하면 총 9가지의 경우의 수가 존재한다.

인스턴트 커피	핸드드립 커피	총카페인
4회	0회	4×50mg+0×75mg=200mg
3회	0회	3×50mg+0×75mg=150mg
2회	1회	2×50mg+1×75mg=175mg
2회	0회	2×50mg+0×75mg=100mg
1회	2회	1×50mg+2×75mg=200mg
1회	1회	1×50mg+1×75mg=125mg
1회	0회	1×50mg+0×75mg=50mg
0회	2회	0×50mg+2×75mg=150mg
0회	1회	0×50mg+1×75mg=75mg

10

정답 ①

A, B, C팀이 사원수를 각각 a, b, c로 가정한다. 이때 A, B, C의 총 근무만족도 점수는 각각 80a, 90b, 40c이다. A팀과 B팀의 근무만족도, B팀과 C팀의 근무만족도에 대한 평균 점수가 제공되었으므로 해당 식을 이용하여 방정식을 세운다.

A팀과 B팀의 근무만족도 평균은 88점인 것을 이용하면 아래의 식을 얻는다.

$\frac{80a+90b}{a+b}=88$ → 80a+90b=88a+88b → 2b=8a → b=4a

B팀과 C팀의 근무만족도 평균은 70점인 것을 이용하면 아래의 식을 얻는다.

$\frac{90b+40c}{b+c}=70$ → 90b+40c=70b+70c → 20b=30c → 2b=3c

따라서 2b=3c이므로 식을 만족하기 위해서 c는 짝수여야 한다.

오답분석

② 근무만족도평균이 가장 낮은 팀은 C팀이다.

③ B팀의 사원수는 A팀의 사원수의 4배이다.

④ C팀은 A팀 사원의 수의 $\frac{8}{3}$배이다.

⑤ A, B, C의 근무만족도 점수는 80a+90b+40c이며, 총 사원의 수는 a+b+c이다. 이때, b와 c를 a로 정리하여 표현하면 세 팀의 총 근무만족도 점수 평균은 $\frac{80a+90b+40c}{a+b+c}=\frac{80a+360a+\frac{320}{3}c}{a+4a+\frac{8}{3}a}=\frac{240a+1,080a+320a}{3a+12a+8a}=\frac{1,640a}{23a}≒71.3$이다.

11

정답 ④

오전 8시에 좌회전 신호가 켜졌으므로 다음 좌회전 신호가 켜질 때까지 20초+100초+70초=190초가 걸린다. 1시간 후인 오전 9시 정각의 신호를 물었으므로 오전 8시부터 60×60=3,600초 후이다. 3,600초=190×18+180이므로 좌회전, 직진, 정지 신호가 순서대로 18번 반복되고 180초 후에는 정지 신호가 켜져 있을 것이다. 18번 반복 후 남아 있는 180초는 다음과 같다.

→ 180초(남은 시간)－20초(좌회전 신호)－100초(직진 신호)=60초(정지 신호 70초 켜져 있는 중)

12

정답 ④

전체 매출액의 비율은 다음의 표와 같이 정리할 수 있다.

매출구분	통계분류	통계분류	2021년
매출액	합계	소계	1,531,422(십억 원)
	방송사 매출액	소계	942,790(십억 원)
		판매수입	913,480
		라이선스 수입	7,577
		간접광고 수입	5,439
		협찬	5,726
		기타	10,568
	방송사 이외 매출액	소계	588,632
		판매수입	430,177
		기타	158,455

비중	합계	소계	100(%)
	방송사 매출액	소계	61.6
		판매수입	59.6
		라이선스 수입	0.5
		간접광고 수입	0.4
		협찬	0.4
		기타	0.7
	방송사 이외 매출액	소계	38.4
		판매수입	28.1
		기타	10.3

기타수입을 전체 방송사 매출액이 아닌 방송사 매출액에서의 비율을 요구하였기 때문에 $\frac{10,568}{1,531,422}\times 100 \fallingdotseq 0.7\%$이 아닌 $\frac{10,568}{942,790}\times 100 \fallingdotseq 1.1\%$이다.

오답분석

① 방송사 매출액은 전체 매출액의 $\frac{942,790}{1,531,422}100 \fallingdotseq 61.6\%$이다.

② 라이선스 수입은 전체 매출액의 $\frac{7,577}{1,531,422}\times 100 \fallingdotseq 0.5\%$이다.

③ 방송사 이외 매출액은 전체 매출액의 $\frac{588,632}{1,531,422}100 \fallingdotseq 38.4$이다.

⑤ 연도별 매출액 추이를 보면 2017년도가 가장 낮다.

13

정답 ③

(가), (나), (다), (라), (마) 중 계산이 가능한 매출을 주어진 정보를 이용하여 구한다. 먼저 (가)는 2020년 총매출액으로 방송사 매출액과 방송사 이외 매출액을 더해 1,143,498십억 원이다. (다)는 방송사 매출액을 모두 더하는 것으로 855,874십억 원임을 알 수 있으며, (나)는 2021년 총매출액으로 방송사 매출액과 방송사 이외 매출액을 더해 1,428,813십억 원이 된다. (마)는 방송사 이외 매출액의 소계 정보에서 판매수입을 제하여 212,341십억 원을 얻을 수 있다. 주어진 정보로는 (라)의 매출액을 알 수 없다.

오답분석

① (가)는 1,143,498십억 원으로 (나) 1,428,813십억 원보다 작다.
② (다)는 855,874십억 원으로 2020년 방송사 매출액의 차이는 100,000십억 원 이상이다.
④ (마)는 212,341십억 원으로 2022년 방송사 이외 판매수입보다 작다.
⑤ 2021년 방송사 매출액 판매수입은 819,351십억 원으로 212,341십억 원의 3배 이상이다.

14

정답 ⑤

모두 최소 1개 이상의 알파벳, 숫자, 특수문자로 구성이 되었기 때문에 다른 조건인 비밀번호로 사용된 숫자들이 소수인지를 확인하여야 한다. ①~⑤의 숫자는 2, 3, 5, 7, 17, 31, 41, 59, 73, 91이 있으며, 이 중 91은 7과 13으로 약분이 되어 소수가 아니다. 따라서 비밀번호로 사용이 될 수 없다.

15

정답 ③

ㄱ. 2020년도 3/4분기 전체 자동차 수출액은 1,200백만 달러로 2021년도 3/4분기 전체 자동차 수출액인 1,335백만 달러보다 작다.

ㄹ. E사의 자동차 수출액은 2020년 3/4분기 이후 계속 증가하였다.

오답분석

ㄴ. 차의 가격은 수출액/수출대수로 계산할 수 있다. C사가 가장 고가의 차를 판매하였다.

ㄷ. C사의 자동차 수출 대수는 계속 감소하다가 2021년 3/4분기에 증가하였다.

16

정답 ②

A : 532+904+153+963+2,201=4,753

B : 2×(342+452)=1,588

C : 2,201+2,365×2+2,707=9,638

A+B+C=4,753+1,588+9,638=15,979

17

정답 ④

4×6 사이즈는 x개, 5×7 사이즈는 y개, 8×10 사이즈는 z개라고 하자.

$150x+300y+1,000z=21,000$

모든 사이즈를 최소 1장씩은 인화하였으므로 $x+1=x'$, $y+1=y'$, $z+1=z'$라고 하면 $150x'+300y'+1,000z'=19,550$원

십 원 단위는 300원과 1,000원으로 나올 수 없는 금액이므로 4×6 사이즈 1장을 더 구매한 것으로 보고, 나머지 금액을 300원과 1,000원으로 구매할 수 있는지 확인한다. 19,400원에서 백 원 단위는 1,000원으로 구매할 수 없으므로 300원으로 구매해야 한다. 5×7 사이즈인 300×800=2,400원을 제외하면 19,400−2,400=17,000원이 남는데 나머지는 1,000원으로 구매할 수 있으나, 5×7 사이즈를 최대로 구매해야 하므로 300의 배수인 300×50=15,000원을 추가로 구매한다. 나머지 2,000원은 8×10 사이즈로 구매한다.

따라서 5×7 사이즈는 최대 1+8+50=59장을 구매할 수 있다.

18

정답 ⑤

한국의 자동차 1대당 인구수는 2.9로, 러시아와 스페인 전체 인구에서의 자동차 1대당 인구수인 2.8보다 크다.

오답분석

① 중국의 자동차 1대당 인구수는 28.3로, 멕시코의 자동차 1대당 인구수의 6.7배이다.

② 폴란드의 자동차 1대당 인구수는 2이다.

③ 러시아와 스페인 전체 인구에서의 자동차 1대당 인구수는 $\frac{14,190+4,582}{3,835+2,864}=\frac{18,772}{6,699}≒2.8$로 폴란드의 자동차 1대당 인구수인 2보다 크다.

④ 한국의 자동차 1대당 인구수는 2.9로, 미국과 일본의 자동차 1대당 인구수의 합인 1.2+1.7=2.9와 같다.

19

정답 ③

1시부터 12시까지 뻐꾸기가 낸 울음 소리는 총 $\frac{12\times(1+12)}{2}$=78회이므로 A씨가 회사에서 있은 시간은 12시간 미만이다. 12시간을 기준으로 A씨가 회사에 있지 않은 시간의 합은 78−54=24이므로 1부터 12까지의 숫자 중 연속하는 숫자의 합이 24임을 이용하여 풀이한다.

1부터 12까지의 숫자 중에 연속한 숫자의 합이 24가 되는 숫자는 7, 8, 9이다.

따라서 A씨는 10시부터 6시까지 뻐꾸기 소리를 들었으므로 6시에서 7시 사이에 퇴근했음을 알 수 있다.

20

정답 ⑤

- 7명이 조건에 따라서 앉는 경우의 수 : 운전석에 앉을 수 있는 사람은 3명이고 조수석에는 부장님이 앉지 않으므로 $3\times5\times5!=$ 1,800가지이다.
- A씨가 부장님 옆에 앉지 않을 경우의 수 : 전체 경우의 수에서 부장님과 옆에 앉는 경우를 빼면 A씨가 부장님 옆에 앉지 않을 경우의 수가 되므로 먼저 A씨가 부장님 옆에 앉는 경우의 수를 구하면 다음과 같다.

A씨가 운전석에 앉거나 조수석에 앉으면 부장님은 운전을 하지 못하고 조수석에 앉지 않으므로 부장님 옆에 앉지 않을 수 있다. 따라서 A씨가 부장님 옆에 앉을 수 있는 경우는 가운데 줄에서의 2가지 경우와 마지막 줄에서 1가지 경우가 있다. A씨가 부장님 옆에 앉는 경우는 총 3가지이고, 서로 자리를 바꿔서 앉는 경우까지 2×3가지이다. 운전석에는 A씨를 제외한 2명이 앉을 수 있고, 조수석을 포함한 나머지 4자리에 4명이 앉는 경우의 수는 4!가지이다. 그러므로 A씨가 부장님 옆에 앉는 경우의 수는 $2\times3\times2\times4!$가지이다.

따라서 A씨가 부장님 옆에 앉지 않을 경우의 수는 $1,800-2\times3\times2\times4!=1,512$가지이므로 A씨가 부장님의 옆자리에 앉지 않을 확률은 $\frac{1,512}{1,800}=0.84$이다.

02 서울교통공사

01	02	03	04	05	06	07	08	09	10	11	12	13	14	15	16	17	18	19	20
③	①	⑤	③	⑤	②	①	②	⑤	②	②	④	②	④	②	④	②	③	③	①

01

정답 ③

가중평균은 원값에 해당되는 가중치를 곱한 총합을 가중치 합으로 나눈 것을 말한다. A의 가격을 a만 원이라고 할 때, 식을 구하면 다음과 같다.

$$\frac{(a\times30)+(70\times20)+(60\times30)+(65\times20)}{30+20+30+20}=66 \rightarrow \frac{30a+4,500}{100}=66 \rightarrow 30a=6,600-4,500$$

$$\rightarrow a=\frac{2,100}{30} \rightarrow a=70$$

따라서 A의 가격은 70만 원이다.

02

정답 ①

작년과 올해 공제받은 금액 중 1,200만 원 초과금을 x, y만 원이라 하고 공제받은 총금액에 관한 방정식으로 x, y를 구하면 다음과 같다.

- 작년 : $(72+x)\times0.15=4,000\times0.05 \rightarrow 72+x=\frac{200}{0.15} \rightarrow x=\frac{200}{0.15}-72≒1,261$
- 올해 : $(72+y)\times0.15=4,000\times0.1 \rightarrow 72+y=\frac{400}{0.15} \rightarrow y=\frac{400}{0.15}-72≒2,594$

따라서 올해의 작년 대비 증가한 소비 금액은 (2,594+1,200)−(1,261+1,200)=1,333만 원이다.

03

정답 ⑤

A, B기차의 길이를 각각 a, bm라고 가정하고 터널을 지나는 시간에 대한 방정식을 세우면 다음과 같다.

- A기차 : $\frac{600+a}{36}=25 \rightarrow 600+a=900 \rightarrow a=300$
- B기차 : $\frac{600+b}{36}=20 \rightarrow 600+b=720 \rightarrow b=120$

따라서 A기차의 길이는 300m이며, B기차의 길이는 120m이다.

04

정답 ③

숫자 21을 2, 8, 16진수로 바꾸면 다음과 같다.

- 2진수

```
2 ) 21
2 ) 10 …1
2 )  5 …0
2 )  2 …1
     1 …0
```

아래부터 차례대로 적으면 10101이 21의 2진수 숫자이다.

- 8진수

```
8 ) 21
     2 …5
```

21의 8진수는 25이다.

• 16진수

16) 21

　　1 …5

21의 16진수는 15이다.

따라서 옳지 않은 대답을 한 사람은 C사원이다.

05

정답 ⑤

- 3가지 막대 중 1가지만 선택하는 경우 : 3cm, 4cm, 8cm
- 3가지 막대 중 2가지를 선택해 긴 막대를 만드는 경우 : 3+4=7cm, 3+8=11cm, 4+8=12cm
- 3가지 막대 중 2가지를 선택해 짧은 막대를 만드는 경우 : 4−3=1cm, 8−4=4cm, 8−3=5cm
- 3가지 막대 중 2가지를 선택해 더한 후 나머지 막대의 길이를 더하거나 빼서 만드는 경우 : 8−(3+4)=1cm, (8+3)−4=7cm, (8+4)−3=9cm
- 3가지 막대를 모두 사용해 긴 막대를 만드는 경우 : 3+4+8=15cm

따라서 구하는 경우의 수는 10가지이다(∵ 1cm, 4cm, 7cm는 두 번 나온다).

06

②

A ~ F소매점까지 어느 한 지점의 물류센터로부터 유통과정에서 최소의 비용이 들어가기 위해 같은 선상에 있는 소매점들의 교차점에 물류센터를 설립하는 것이 최소거리가 될 수 있다. 또한 A ~ F소매점 지점에서의 외부보다 내부에 설립해야하고, 같은 직선상에 있으면 가장 가까운 거리가 된다. 그러므로 B, C소매점 세로 선과 D, F소매점 가로 선의 교차점에 물류센터를 설립하면 다음과 같고, 다른 지점에 설립할 경우 이 지점보다 비용이 많이 들어가는 것을 알 수 있다.

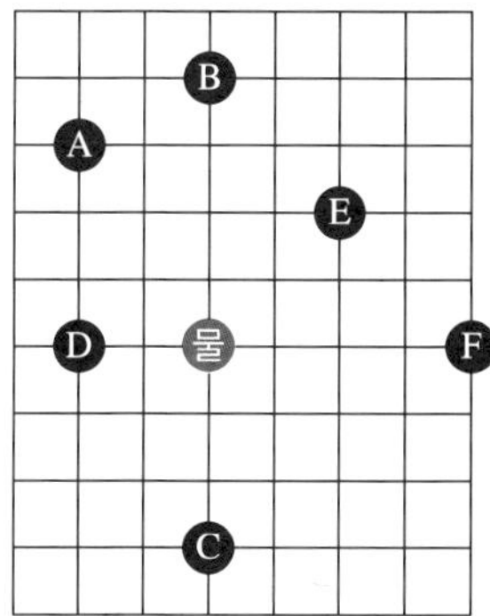

따라서 물류센터에서 A ~ F소매점까지 유통비용의 최솟값은 5+4+3+2+4+4=22이다.

07

정답 ①

D ~ F소매점까지는 한 칸당 비용이 2가 되더라도 물류센터는 비용이 1일 때와 같은 지점에 설립하는 것이 비용을 절약할 수 있다. D, F소매점 가로 선상에서 E소매점과 가까운 곳으로 물류센터 지점을 이동시키면 E소매점까지의 거리는 한 칸당 2씩 감소하지만 A ~ C소매점에서의 거리는 각각 1씩 증가한다. 즉, E소매점으로 한 칸 가까이 이동할 때 비용은 3−2=1이 증가하는 것을 알 수 있다. 따라서 B, C 세로선과, D, F 가로선의 교차점에 세운 물류센터 지점에서 유통비용이 최소가 되며, 그 비용은 5+4+3+2×(2+4+4)=12+20=32이다.

08

정답 ②

갑, 을, 병, 정, 무 5명의 직원들의 A ~ E장소에 대한 만족도 점수를 그래프에 올바르게 나타냈다.

오답분석

① 무 직원의 장소에 대한 만족도 점수가 없다.
③ B장소의 평균 점수가 3.9점이지만 4.0점 이상으로 나타냈다.
④ 병 직원의 A ~ E장소에 대한 만족도 평균이 없고, 직원 각각의 A ~ E장소에 대한 만족도 평균은 자료의 목적과 거리가 멀다.
⑤ A ~ E장소에 대한 만족도 평균에서 표와의 수치를 비교해 보면 3.6점인 A장소가 없고, 수치가 어느 장소의 평균을 나타내는지 알 수 없다.

09

정답 ⑤

조건에서 a, b, c의 나이를 식으로 표현하면 $a \times b \times c = 2{,}450$, $a + b + c = 46$이다. 세 명의 곱을 소인수분해하면 $a \times b \times c = 2{,}450 = 2 \times 5^2 \times 7^2$이다. 2,450의 약수 중에서 19 ~ 34세 나이를 구하면 25세이므로 갑의 동생 a는 25세가 된다. 그러므로 아들과 딸 나이의 합은 $b + c = 21$이다. 이때 갑과 을의 나이 합은 아들과 딸의 나이 합의 4배라고 하였으므로, 갑과 을 나이 합은 $21 \times 4 = 84$가 되며, 갑은 을보다 동갑이거나 연상이라고 했으므로 을의 나이는 42세 이하이다.

10

정답 ②

A1의 가로를 a, 세로를 b라고 하면 A1의 세로길이 b는 A2의 가로길이가 되고, A1의 가로 길이의 $\frac{1}{2}$은 A2의 세로길이가 된다. 이런 방식으로 A3부터 A5까지 각각의 가로와 세로길이를 구하면 다음과 같다.

구분	가로길이(mm)	세로길이(mm)
A1	a	b
A2	b	$\frac{a}{2}$
A3	$\frac{a}{2}$	$\frac{b}{2}$
A4	$\frac{b}{2}$	$\frac{a}{4}$
A5	$\frac{a}{4}$	$\frac{b}{4}$

가로와 세로가 같은 비율로 작아지므로 A4와 A5의 길이 축소율을 a와 b에 관한 식으로 나타내면

(가로길이 축소율)=(세로길이 축소율) → $\frac{a}{4} \div \frac{b}{2} = \frac{b}{4} \div \frac{a}{4}$ → $\frac{a^2}{16} = \frac{b^2}{8}$ → $a = \sqrt{2}\,b \cdots$ ㉠

따라서 ㉠을 A4에서 A5의 가로길이 축소율에 대입하면 $\frac{a}{4} \div \frac{b}{2} = \frac{a}{2b} = \frac{\sqrt{2}\,b}{2b} = \frac{1.4}{2} = 0.7$이므로 30% 축소됨을 알 수 있다.

11

정답 ②

3분기까지의 매출액은 평균 매출이 22억 원이므로 $22 \times 9 = 198$억 원이다. 연 매출액이 246억 원이라고 하였으므로, 4분기의 매출액은 $246 - 198 = 48$억 원이다. 따라서 4분기의 평균 매출은 $\frac{48}{3} = 16$억 원이다.

12

정답 ④

■, ▲, ♥의 무게를 각각 x, y, z[g]이라 하자. 제시된 무게를 식으로 나타내면

$2x=y+z$ … ㉠

$2x+2y=2z$ → $x=-y+z$ … ㉡

$y=200$ … ㉢

㉠-㉡을 하면 $x=2y$ … ㉣

㉣에 ㉢을 대입하면 $x=2\times200=400$

따라서 ■+▲의 무게는 $x+y=400+200=600$원이다.

13

정답 ②

	1열	2열	3열	4열	5열	6열	7열
1행	1	4	5	16	17	36	37
2행	2	3	6	15	18	35	38
3행	9	8	7	14	19	34	39
4행	10	11	12	13	20	33	40
5행	25	24	23	22	21	32	41
6행	26	27	28	29	30	31	42
7행	49	48	47	46	45	44	43

문제의 규칙에 따라 수를 나열하면 각 홀수 번째 행의 1열에 나열된 수는 해당 열의 숫자의 제곱수이다. 따라서 11행 1열에 오는 숫자는 $11^2=121$이고, 11행 3열에 오는 숫자는 $121-2=119$이다.

14

정답 ④

5월 교통비를 x원이라고 하면 1월부터 5월까지 평균 교통비는 $\frac{45,000+54,000+61,000+39,000+x}{5}=\frac{199,000+x}{5}$원이다.

1월부터 5월까지 평균 교통비의 범위는 49,000원 이상 50,000원 이하이므로

$49,000\le\frac{199,000+x}{5}\le50,000$ → $245,000\le199,000+x\le250,000$

$\therefore\ 46,000\le x\le51,000$

따라서 A씨가 5월에 최대로 사용할 수 있는 교통비는 51,000원이다.

15

정답 ②

- 18개 지역 날씨의 총합
  $(-3.4)+(-2.4)+(-2.0)+(0.6)+(7.9)+(4.1)+(0.6)+(-2.3)+(-1.2)+(2.5)+(1.1)+(-1.7)+(-3.2)+(0.6)$
  $+(-4.9)+(1.6)+(3.2)+(3.4)=4.5$℃
- 18개 지역 날씨의 평균 : $\frac{4.5}{18}=0.25$℃
- 18개 지역의 중앙값 : 0.6℃

따라서 평균값과 중앙값의 차는 $0.6-0.25=0.35$이다.

16

정답 ④

$S_1 = 10^{1-0.02 \times 5} = 10^{0.9}$

$S_2 = 10^{1-0.02 \times 35} = 10^{0.3}$

$\therefore\ S_1 \div S_2 = 10^{0.9} \div 10^{0.3} = 10^{0.9-0.3} = 10^{0.6}$

17

정답 ②

A～E의 평균은 모두 70점으로 같으며 분산은 다음과 같다.

- A : $\dfrac{(60-70)^2+(70-70)^2+(75-70)^2+(65-70)^2+(80-70)^2}{5}=50$
- B : $\dfrac{(50-70)^2+(90-70)^2+(80-70)^2+(60-70)^2+(70-70)^2}{5}=200$
- C : $\dfrac{(70-70)^2+(70-70)^2+(70-70)^2+(70-70)^2+(70-70)^2}{5}=0$
- D : $\dfrac{(70-70)^2+(50-70)^2+(90-70)^2+(100-70)^2+(40-70)^2}{5}=520$
- E : $\dfrac{(85-70)^2+(60-70)^2+(70-70)^2+(75-70)^2+(60-70)^2}{5}=90$

표준편차는 분산의 양의 제곱근이므로 표준편차를 큰 순서로 나열한 것과 분산을 큰 순서로 나열한 것은 같다.
따라서 표준편차가 큰 순서대로 나열하면 D>B>E>A>C이다.

18

정답 ③

섭씨온도가 0℃에서 100℃로 100℃－0℃＝100℃만큼 올라갈 때, 화씨온도는 32℉에서 212℉로 212℉－32℉＝180℉만큼 올라간다. 그러므로 화씨 92℉일 때 섭씨온도를 x℃라고 하면 섭씨온도가 x℃－0℃＝x℃만큼 올라갈 때, 화씨온도가 32℉에서 92℉로 92℉－32℉＝60℉만큼 올라간다.

$100 : 180 = x : 60 \rightarrow 180x = 6{,}000$

$\therefore\ x \fallingdotseq 33.3$℃

19

정답 ③

지완이는 90,000원어치의 연료를 주유했고 연료 가격은 리터당 1,000원이므로, 지완이가 주유한 연료의 양은 90,000÷1,000＝90L이다.

주유 전과 주유 후의 연료 게이지는 6칸이 차이가 나므로 연료 게이지 1칸에 해당하는 연료의 양은 90÷6＝15L이고, 주유 후 전체 연료의 양은 15+90＝105L이다. 이때, 연비가 7km/L이므로 350km를 가는 데 소모하는 연료의 양은 350÷7＝50L이다. 따라서 목적지에 도착 후 남은 연료의 양은 105－50＝55L이다.

20

정답 ①

①·⑤ 회화(영어·중국어) 중 한 과목을 수강하고, 지르박을 수강하면 2과목 수강이 가능하고, 지르박을 수강하지 않고 차차차와 자이브를 수강하면 최대 3과목 수강이 가능하다.

오답분석

② 자이브의 강좌시간이 3시간 30분으로 가장 길다.

③ 중국어 회화의 한 달 수강료는 60,000÷3＝20,000원이고, 차차차의 한 달 수강료는 150,000÷3＝50,000원이므로 한 달 수강료는 70,000원이다.

④ 차차차의 강좌시간은 12:30～14:30이고, 자이브의 강좌시간은 14:30～18:00이므로 둘 다 수강할 수 있다.

03 한국토지주택공사

01	02	03	04	05	06	07	08												
④	⑤	③	③	⑤	④	③	②												

01

정답 ④

토너먼트 경기에서는 1패를 하는 순간 경기일정이 종료된다는 점을 활용한다. 우승을 위해서는 대진표의 1, 2, 5번 자리에 배정된 팀은 2연승, 3, 4번 자리에 배정된 팀은 3연승을 해야 한다. 1경기라도 패한 B, C, E는 우승팀이 아니다. 따라서 우승팀은 A 또는 D이다.

1)과 2)에 따르면 C팀과 E팀은 각각 마지막 경기를 A팀, D팀과 가졌다. 3)과 4)에 따르면 B팀은 단 1개의 팀하고만 경기를 하였으며 그 상대는 C팀이 아니었다. 문제에 주어진 조건을 통해 첫 경기 결과를 알 수 있는 것은 B뿐이다. 다음의 세 가지 경우를 가정하여 대진표를 완성해본다.

• B가 1번(또는 2번) 자리에 배정된 경우

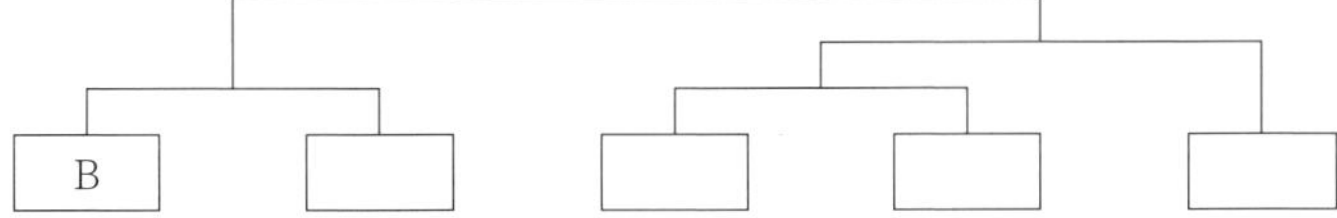

C팀은 반드시 3, 4, 5번 중 한 자리에서 경기를 시작해야 하며, A와 마지막 경기를 해야 한다.

• B가 1번, C가 3번(또는 4번) 자리에 배정된 경우

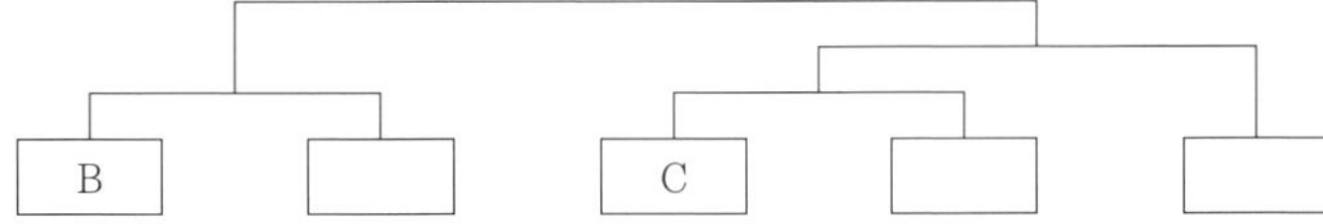

C팀이 1승을 거두고 2회전에서 A에 패하는 경우에는 D, E중 한 팀을 이기고 A팀을 만나게 되는데 이 경우 2)에서 언급한 D, E간 경기가 성사되지 않는다. 따라서 이런 대진표에서 C팀은 1회전에서 A팀과 대결하여 탈락하는 경우만 가능하다. 이 때 대진표 상 남는 2번, 5번 자리에 D, E가 자리하게 되므로 2)에서 언급한 D, E간 대결이 결승전이 되며, 우승팀은 D이다.

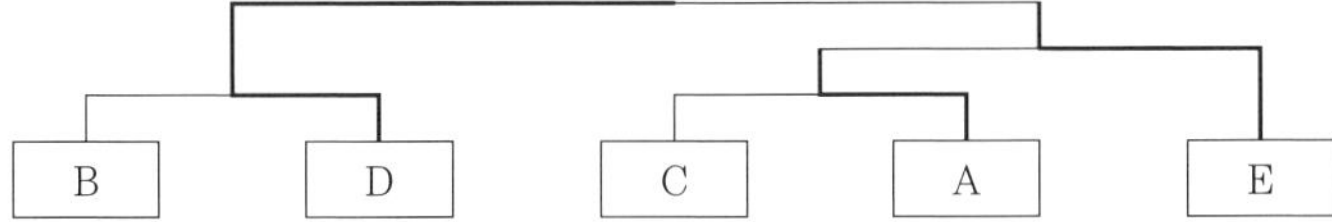

• B가 1번, C가 5번 자리에 배정된 경우

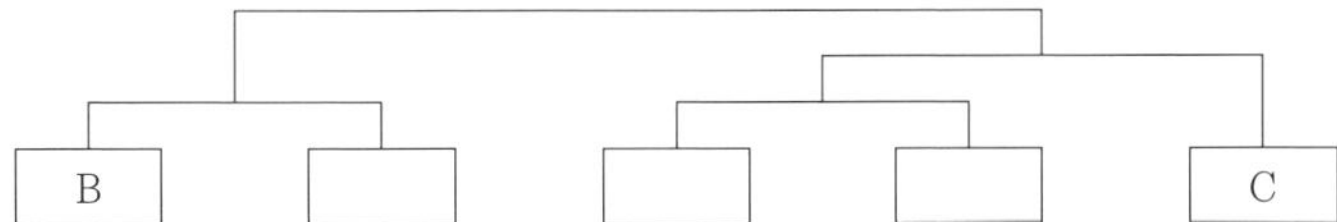

D팀과 E팀이 3, 4번 자리에 배정되어 1회전 경기를 할 경우, 조건 2)와 조건 5)가 상충되는 문제가 생기며 둘 중 한 팀이 1번 또는 2번 자리에 배정될 경우 조건 1)에 의해 D팀과 E팀간 대결이 이루어지지 못한다.

• B가 3번(또는 4번) 자리에 배정된 경우

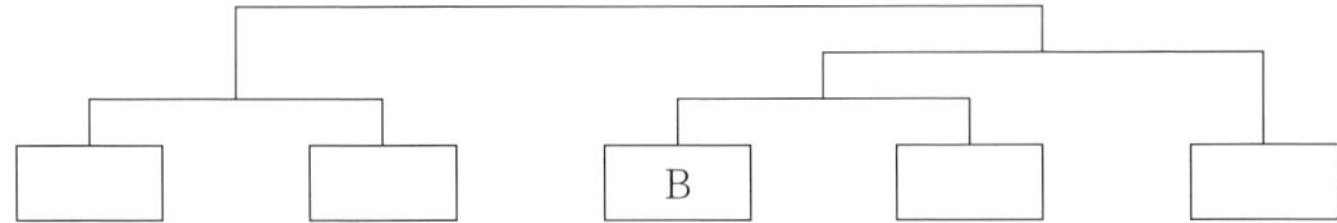

C팀은 반드시 1, 2, 5번 중 한 자리에서 경기를 시작해야 하며, A와 마지막 경기를 해야 한다.

• B가 3번, C가 1번(또는 2번) 자리에 배정된 경우

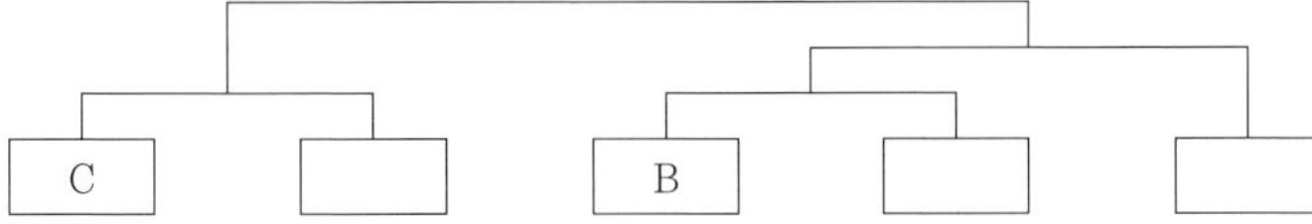

C팀이 1승을 거두고 결승전에서 패하는 경우에는 우승팀이 A가 되어야 한다. 그러나 그런 대진표에서는 D, E간 대결이 성사되지 않는다. 따라서 이 경우 C팀의 1회전 상대는 A팀이 되어야 하며, 이 경우 결승전은 A와 D의 대결이 되어 조건 4)에 위배된다.

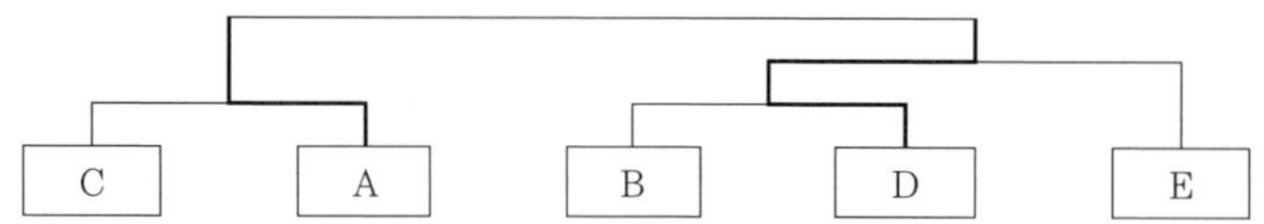

• B가 5번 자리에 배정된 경우

A－C, D－E 간 대결이 1회전이 아닌 경우 서로 간의 대결이 이루어지지 않는다. A-C, D-E 간 대결이 1회전에 이루어진 경우에는 결승전이 A팀과 D팀의 경기가 되어 조건 4)에 위배된다.

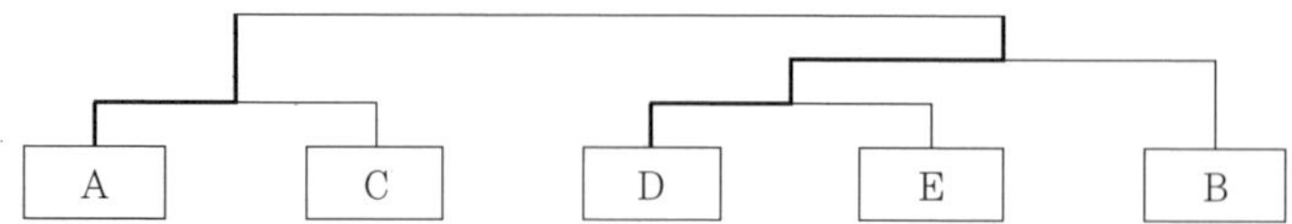

따라서 조건을 모두 만족하는 대진표는 B－D, (A－C, C－A), E순으로 배정되는 대진표이며, 우승팀은 D이다.

오답분석

① 조건에 따르면 패한 기록이 없는 팀은 A, D 두 팀인데, A팀은 D팀과 경기를 한 적이 없으므로 A팀이 우승팀이 되기 위해서는 결승전을 C팀과 치러야 한다. 조건 1)과 조건 5) 간 상충으로 D팀과 E팀은 1회전에서 대결할 수 없으므로 A팀과 C팀 간 결승전은 불가능하다.

②・③・⑤ 토너먼트는 전승한 팀이 우승하는 대회방식이므로 한 경기라도 패한 팀은 우승팀이 될 수 없다.

02

정답 ⑤

전체 꽃다발 중 25%를 폐기하였고 각 판매날짜별 꽃다발 판매 수량이 동일하다고 했으므로, 폐기량과 각 판매날짜별 꽃다발 판매 수량은 x개로 동일하여 다음과 같이 정리할 수 있다.

• 5월 2일 순이익 : $25,000\times0.8\times x=20,000x$
• 5월 3일 순이익 : $25,000\times0.6\times x=15,000x$
• 5월 4일 순이익 : $25,000\times0.4\times x=10,000x$
• 5월 2일～4일 순이익 : $45,000x$
• 폐기비용 : $(25,000+5,000)\times x=30,000x$
• 총 순이익 : $45,000x-30,000x=15,000x$

$15,000x>1,000,000,\ x>66.7$

따라서 지희가 꽃다발 판매를 통해 벌어들인 수익이 100만 원이 넘으려면 지희가 준비해야 할 꽃다발의 하루의 최소 수량은 67개이므로 준비해야 할 꽃다발은 $67\times4=268$개이다.

03

정답 ③

식사인원은 총 22명이며 각 식당에서 식사할 경우 1회의 식대는 다음과 같다.

• A식당 : $10,000\times22\times0.9=198,000$원
• B식당 : $(11,000-1,500)\times22=209,000$원
• C식당 : $12,000\times(22-5)=204,000$원(15인분 주문 시 5인분이 무료이므로 총 17인분을 주문)

비용을 최소화하면서 두 차례의 식사를 각기 다른 식당에서 하는 방법은 A식당과 C식당을 한 차례씩 이용하는 것이다. 따라서 지출하게 되는 식대는 $198,000+204,000=402,000$원이다.

04

정답 ③

기획팀이 부전승으로 올라가지 않는 경우의 수는 전체 경우의 수에서 기획팀이 부전승으로 올라가는 경우의 수를 빼서 구할 수 있다.

1) 전체 경우의 수 : $\frac{{}_5C_2\times{}_3C_2\times{}_1C_1}{2!}=15$가지

2) 기획팀이 부전승으로 올라가는 경우의 수 : $\frac{{}_4C_2 \times {}_2C_2}{2!}$=3가지

따라서 기획팀이 부전승으로 올라가지 않는 경우의 수는 15−3=12가지이다.

05

정답 ⑤

전체입사자 중 고등학교 졸업자 수와 대학원 졸업자 수를 정리하면 다음과 같다.

- 2018년 : 고등학교 10+28=38명, 대학원 36+2=38명
- 2019년 : 고등학교 2+32=34명, 대학원 55+8=63명
- 2020년 : 고등학교 35+10=45명, 대학원 14+2=16명
- 2021년 : 고등학교 45+5=50명, 대학원 5+4=9명
- 2022년 : 고등학교 60+2=62명, 대학원 4+1=5명

전체입사자 중 고등학교 졸업자 수는 2018년까지 감소하다가 그 이후 증가하였고, 대학원 졸업자 수는 2018년까지 증가하다가 그 이후 감소하였음을 알 수 있다. 따라서 두 수치는 서로 반비례하고 있다.

오답분석

① 2018년부터 2022년까지 연도별 여성 입사자 수는 각각 50명, 80명, 90명, 100명, 110명으로 매년 증가하고 있는 반면에, 남성 입사자 수는 150명, 140명, 160명, 160명, 170명으로 2019년(140명)에는 전년(150명) 대비 감소하였고, 2021년(160명)에는 전년(160명)과 동일하였다.

② 연도별 전체 입사자 수를 정리하면 다음과 같다.
- 2018년 : 150+50=200명
- 2019년 : 140+80=220명(전년 대비 20명 증가)
- 2020년 : 160+90=250명(전년 대비 30명 증가)
- 2021년 : 160+100=260명(전년 대비 10명 증가)
- 2022년 : 170+110=280명(전년 대비 20명 증가)

따라서 전년 대비 전체 입사자 수가 가장 많이 증가한 연도는 2020년이다.

③ 전체 입사자 중 여성이 차지하는 비율을 구하면 다음과 같다.
- 2018년 : $\frac{50}{150+50}\times100=25\%$
- 2019년 : $\frac{80}{140+80}\times100=36\%$
- 2020년 : $\frac{90}{160+90}\times100=36\%$
- 2021년 : $\frac{100}{160+100}\times100=38\%$
- 2022년 : $\frac{110}{170+110}\times100=39\%$

따라서 전체 입사자 중 여성이 차지하는 비율이 가장 높은 연도는 2022년이다.

④ 연도별 남성 입사자 수와 여성 입사자 수의 대학교 졸업자 수를 정리하면 다음과 같다.
- 2018년 : 남성 80명, 여성 5명
- 2019년 : 남성 75명, 여성 12명
- 2020년 : 남성 96명, 여성 64명
- 2021년 : 남성 100명, 여성 82명
- 2022년 : 남성 102명, 여성 100명

따라서 여성 입사자 중 대학교 졸업자 수는 매년 증가하고 있는 반면에, 남성 입사자 중 대학교 졸업자 수는 2019년까지는 전년 대비 감소하다가 이후 다시 증가하고 있음을 알 수 있다.

06

정답 ④

수도권 지역인 서울, 경기, 인천의 수요량은 '65세 이상' < '35세 이상 65세 미만' < '20세 이상 35세 미만' 순으로 많은 반면에, 수도권 외 지역은 그 반대인 '20세 이상 35세 미만' < '35세 이상 65세 미만' < '65세 이상' 순으로 많다.

오답분석

① 수도권 지역과 수도권 외 지역의 일반 공급량을 정리하면 다음과 같다.

- 수도권 지역 : 1,400+2,800+1,800=6,000채
- 수도권 외 지역 : 10,500−6,000=4,500채

따라서 수도권 지역의 일반 공급량은 수도권 외 지역의 일반 공급량의 $\frac{6,000}{4,500}$ ≒1.3배이다.

② 서울 지역의 청년층 경쟁률과 노년층 경쟁률을 구하면 다음과 같다.

- 청년층 경쟁률 : $\frac{8,400}{600}$ =14 : 1
- 노년층 경쟁률 : $\frac{1,000}{400}$ =2.5 : 1

따라서 청년층 경쟁률은 노년층 경쟁률의 $\frac{14}{2.5}$ =5.6배이다.

③ 수도권 지역의 공급량과 전체 공급량을 정리하면 다음과 같다.

- 수도권 지역의 공급량 : 600+1,400+400+1,500+2,800+800+800+1,800+400=10,500채
- 전체 공급량 : 5,100+10,500+4,400=20,000채

따라서 수도권 지역의 공급량은 전체의 $\frac{10,500}{20,000}\times100$=52.5%이다.

⑤ 광주와 제주의 전체 공급량 중 일반 공급량이 차지하는 비율을 구하면 다음과 같다.

- 광주 : $\frac{250}{100+250+150}\times100$=50%
- 제주 : $\frac{150}{100+150+150}\times100$=37.5%

따라서 광주가 제주보다 50−37.5=12.5%p 더 높다.

07

정답 ③

2021년과 2019년의 20・30대의 자차 보유자 수를 구하면 다음과 같다.

- 2021년 : 550+300+420+330=1,600천 명
- 2019년 : 320+180+300+200=1,000천 명

따라서 2021년 20・30대의 자차 보유자 수는 2019년의 $\frac{1,600}{1,000}$ =1.6배이다.

오답분석

① 연도별 20대 남성과 여성의 자차 보유자 수의 차이를 구하면 다음과 같다.

- 2018년 : 200−120=80천 명
- 2019년 : 320−180=140천 명
- 2020년 : 450−220=230천 명
- 2021년 : 550−300=250천 명
- 2022년 : 680−380=300천 명

따라서 20대 남성과 여성의 자차 보유자 수의 차이는 매년 증가하고 있음을 알 수 있다.

② 2018년과 2022년의 연령대별 남성의 자차 보유자 수를 표로 정리하면 다음과 같다.

구분	20세 이상 30세 미만	30세 이상 40세 미만	40세 이상 50세 미만	50세 이상 60세 미만	60세 이상
2018년	200	280	320	350	420
2022년	680	640	580	550	520

따라서 2018년에는 연령대가 증가할수록 자차 보유자 수가 높은 반면, 2022년에는 그 반대임을 알 수 있다.

④ 2019년 여성의 자차 보유자 수는 180+200+320+330+170=1,200천 명이다. 따라서 2019년 전체 자차 보유자 중 여성의 비율은 $\frac{1,200}{3,600}\times100≒33.3\%$이다.

⑤ 연도별 전체 자차 보유자 중 40대 여성이 차지하는 비율을 구하면 다음과 같다.

- 2018년 : $\frac{300}{3,000}\times100=10\%$
- 2019년 : $\frac{320}{3,600}\times100≒8.9\%$
- 2020년 : $\frac{450}{4,050}\times100≒11.1\%$
- 2021년 : $\frac{300}{4,000}\times100=7.5\%$
- 2022년 : $\frac{400}{4,500}\times100≒8.9\%$

따라서 그 비율이 가장 높은 연도와 가장 낮은 연도의 차이는 11.1−7.5=3.6%p이다.

PART 2

08

정답 ②

2021년과 2020년 휴직자 수를 구하면 다음과 같다.

- 2021년 : 550,000×0.2=110,000명
- 2020년 : 480,000×0.23=110,400명

따라서 2021년 휴직자 수는 2020년 휴직자 수보다 적다.

오답분석

① 2017년부터 2021년까지 연도별 전업자의 비율은 68%, 62%, 58%, 52%, 46%로 감소하는 반면에, 겸직자의 비율은 8%, 11%, 15%, 21%, 32%로 증가하고 있다.

③ 연도별 전업자 수를 구하면 다음과 같다.

- 2017년 : 300,000×0.68=204,000명
- 2018년 : 350,000×0.62=217,000명
- 2019년 : 420,000×0.58=243,600명
- 2020년 : 480,000×0.52=249,600명
- 2021년 : 550,000×0.46=253,000명

따라서 전업자 수가 가장 적은 연도는 2017년이다.

④ 2020년과 2017년의 겸직자 수를 구하면 다음과 같다.

- 2020년 : 480,000×0.21=100,800명
- 2017년 : 300,000×0.08=24,000명

따라서 2020년 겸직자 수는 2018년의 $\frac{100,800}{24,000}=4.2$배이다.

⑤ 2017년과 2021년의 휴직자 수를 구하면 다음과 같다.

- 2017년 : 300,000×0.06=18,000명
- 2021년 : 550,000×0.2=110,000명

따라서 2017년 휴직자 수는 2021년 휴직자 수의 $\frac{18,000}{110,000}\times100≒16\%$이다.

수리능력

기출변형문제 정답 및 해설

01	02	03	04	05	06	07	08	09	10	11	12	13	14	15	16	17	18	19	20
③	②	①	④	②	④	③	③	②	⑤	③	④	②	①	④	②	③	⑤	③	③

01

정답 ③

학생, 어른의 입장료를 각각 x, $1.5x$원이라고 하면 $5x+6\times1.5x=42,000$

$\therefore\ x=3,000$

따라서 어른의 입장료는 $1.5x=4,500$원이다.

02

정답 ②

- 부품 구매 시 : 280원×10,000개=2,800,000원
- 자가 생산 시 : 270원×10,000개+20만 원=2,900,000원

부품 구매 시 자가 생산과 대비하여 10만 원의 이익을 얻는다.

03

정답 ①

주어진 식을 다시 정리하면 영업이익$=\frac{\text{점포 수}^2}{a^2}+\text{점포 수}^b$이다.

점포 수가 1호일 때, 영업이익이 1.25억 원이므로, $\frac{1}{a^2}+1=1.25$억 원

$\therefore\ a^2=4$

점포 수가 8호일 때, 영업이익이 528억 원이므로, $\frac{8^2}{4}+8^b=528$억 원

$8^b=512$억 원 → $(2^3)^b=2^9$ → $2^{3b}=2^9$

$\therefore\ b=3$

따라서 식을 정리하면 영업이익$=\frac{\text{점포 수}^2}{4}+\text{점포 수}^3$이므로, 점포 수가 6호일 때의 영업이익은 225억 원이 된다.

04

정답 ④

새로 구입할 전체 모니터 대수를 a대라 가정하면 인사부서는 $\frac{2}{5}a$대, 총무부서에는 $\frac{1}{3}a$대의 모니터가 교체된다. 연구부서의 경우 인사부서에서 교체할 모니터 대수의 $\frac{1}{3}$이므로 $\left(\frac{2}{5}a\times\frac{1}{3}\right)$대이고, 마케팅 부서는 400대를 교체한다. 새로 구입할 전체 모니터 대수 a에 대한 방정식을 세우면 $\frac{2}{5}a+\frac{1}{3}a+\left(\frac{2}{5}a\times\frac{1}{3}\right)+400=a$ → $a\left(\frac{2}{5}+\frac{1}{3}+\frac{2}{15}\right)+400=a$ → $400=a\left(1-\frac{13}{15}\right)$

→ $a=400\times\frac{15}{2}=3,000$

따라서 L공사에서 새로 구입할 모니터 대수는 3,000대이다.

05

정답 ②

선택지에서 두 번째 조건을 만족하는 자연수는 36, 24, 48이다. 이 자연수들의 각 자릿수를 곱한 값과 각 자릿수를 더한 값의 2배는 다음과 같다.

두 자리 자연수	각 자릿수를 곱한 값	각 자릿수를 더한 값의 2배
36	3×6=18	(3+6)×2=18
24	2×4=8	(2+4)×2=12
48	4×8=32	(4+8)×2=24

따라서 조건에 맞는 두 자리 자연수는 '36'이다.

06

정답 ④

1년 동안 A회사원이 내는 월 임대료는 650,000×12=7,800,000원이고, 이 금액에서 최대 58%까지 보증금으로 전환이 가능하므로 7,800,000×0.58=4,524,000원을 보증금으로 전환할 수 있다. 보증금에 전환이율 6.24%를 적용하여 환산한 환산보증금은 4,524,000÷0.0624=72,500,000원이 된다. 즉, 월세를 최대로 낮췄을 때의 월세는 650,000×(1−0.58)=273,000원이며, 보증금은 현재보증금 70,000,000원과 환산보증금인 72,500,000원을 합한 1억 4,250만 원이 된다.

07

정답 ③

총무팀에서 테이프와 볼펜, 메모지를 각각 40개 이상을 총예산 15만 원 안에서 구입할 계획이다. 볼펜을 가장 많이 살 때, 구입 가능한 볼펜의 최소 개수를 구하기 위해 모든 품목을 한 개씩 묶음으로 구입할 수 있는 금액을 총예산에서 제외한 나머지 예산으로 경우의 수를 나열한다. 한 묶음의 가격은 1,100+500+1,300=2,900원이며, 총예산에서 150,000÷2,900≒51.72묶음, 즉 51개씩 구입할 수 있다. 따라서 나머지 금액인 150,000−2,900×51=2,100원으로 구입 가능한 경우는 다음과 같다.

- 테이프 1개, 볼펜 2개 구입 : 1,100+2×500=2,100원
- 메모지 1개, 볼펜 1개 구입 : 1,300+500=1,800원 (300원 남음)
- 볼펜 4개 구입 : 4×500=2,000원 (100원 남음)

따라서 구매물품 중 볼펜을 가장 많이 구입할 때, 구입 가능한 볼펜의 최소 개수는 첫 번째 경우로 51+2=53개이다.

08

정답 ③

㉠ 2018 ~ 2020년까지 전년 대비 세관물품 신고 수가 증가와 감소를 반복한 것은 '증가 – 감소 – 증가' B와 D이다. 따라서 가전류와 주류는 B와 D 중에 하나씩 해당한다.

㉡ A ~ D의 전년 대비 2021년 세관물품 신고 수의 증가량은 다음과 같다.

- A : 5,109−5,026=83만 건
- B : 3,568−3,410=158만 건
- C : 4,875−4,522=353만 건
- D : 2,647−2,135=512만 건

따라서 C가 두 번째로 증가량이 많으므로 담배류에 해당한다.

㉢ B, C, D를 제외하면 잡화류는 A임을 바로 알 수 있지만, 표의 수치를 보면 A가 2018 ~ 2021년 동안 매년 세관물품 신고 수가 가장 많음을 확인할 수 있다.

㉣ 2020년도 세관물품 신고 수의 전년 대비 증가율을 구하면 D의 증가율이 세 번째로 높으므로 주류에 해당하고 ㉠에 따라 B가 가전류가 된다.

- A : $\frac{5,026-4,388}{4,388}\times100 ≒ 14.5\%$
- B : $\frac{3,410-3,216}{3,216}\times100 ≒ 6.0\%$
- C : $\frac{4,522-4,037}{4,037}\times100 ≒ 12.0\%$
- D : $\frac{2,135-2,002}{2,002}\times100 ≒ 6.6\%$

따라서 A – 잡화류, B – 가전류, C – 담배류, D – 주류이다.

09

정답 ②

T씨가 태국에서 구입한 기념품 금액은 환율과 해외서비스 수수료까지 적용하여 구하면 15,000×38.1×1.002=572,643원이 나온다. 따라서 월말에 카드 비용으로 지불하는 기념품 금액은 572,640원이다.

10

정답 ⑤

각 홀수 번째 행의 1열에 나열된 수는 ×3이 적용되고, 1행과 3행에 나열된 열의 수는 +3인 수열이다. 따라서 9행 1열의 숫자가 18×3×3=162이므로 9행 2열의 숫자는 162+3=165이다.

11

정답 ③

월평균 매출액이 35억 원이므로 연매출액은 35×12=420억 원이며, 연매출액은 상반기와 하반기 매출액을 합한 금액이다. 상반기의 월평균 매출액은 26억 원이므로 상반기 총 매출액은 26×6=156억 원이고, 하반기 총 매출액은 420−156=264억 원이다. 따라서 하반기 평균 매출액은 264÷6=44억 원이며, 상반기 때보다 44−26=18억 원 증가하였다.

12

정답 ④

A1의 가로길이를 a, 세로길이를 b라고 하면 A1의 세로길이 b는 A2의 가로길이가 되고, A1의 가로길이의 $\frac{1}{2}$은 A2의 세로길이가 된다. 이런 방식으로 A3～A5까지 각각의 가로와 세로길이를 구하면 다음과 같다.

구분	가로길이	세로길이
A1	a	b
A2	b	$\frac{a}{2}$
A3	$\frac{a}{2}$	$\frac{b}{2}$
A4	$\frac{b}{2}$	$\frac{a}{4}$
A5	$\frac{a}{4}$	$\frac{b}{4}$

가로와 세로가 같은 비율로 작아지므로 A1과 A2의 길이 축소율을 a와 b에 관한 식으로 나타내면

(가로길이 축소율)=(세로길이 축소율) → $\frac{b}{a}=\frac{a}{2}\div b$ → $\frac{a^2}{2}=b^2$ → $a=\sqrt{2}b$ ⋯㉠

따라서 ㉠을 A3의 가로길이 대비 A5의 세로길이 비율에 대입하면 $\frac{b}{4}\div\frac{a}{2}=\frac{2b}{4a}=\frac{b}{2\sqrt{2}b}=\frac{1}{2\sqrt{2}}$ 임을 알 수 있다.

13

정답 ②

작년과 올해 공제받은 금액의 1,200만 원 초과금을 각각 x, y만 원이라 하고 공제받은 총금액에 관한 방정식으로 x, y를 구하면 다음과 같다.

- 작년 : $72+0.15\times x=4,500\times0.06$ → $0.15\times x=270-72$ → $x=\frac{198}{0.15}=1,320$
- 올해 : $72+0.15\times y=4,500\times0.05$ → $0.15\times y=225-72$ → $y=\frac{153}{0.15}\fallingdotseq1,020$

따라서 작년 대비 올해 감소한 소비 금액은 (1,320+1,200)−(1,020+1,200)=300만 원이다.

14

정답 ①

농도가 14%인 A설탕물 300g과 18%인 B설탕물 200g을 합친 후 100g의 물을 더 넣으면 600g의 설탕물이 되고, 이 설탕물에 녹아있는 설탕의 양은 300×0.14+200×0.18=78g이다. 여기에 C설탕물을 합치면 600+150=750g의 설탕물이 되고, 이 설탕물에 녹아있는 설탕의 양은 78+150×0.12=96g이다. 따라서 합친 후 200g에 들어있는 설탕의 질량은 $200\times\frac{96}{750}=200\times0.128=25.6$g이다.

15

정답 ④

2021년 대비 2022년 월 평균 소득 증가율은 $\frac{788,000-765,000}{765,000}\times100≒3.0\%$이며, 평균 시급 증가율은 $\frac{8,590-8,350}{8,350}\times100≒2.9\%$로 월 평균 소득 증가율이 더 높다.

오답분석

① 2019 ~ 2022년 동안 전년 대비 주간 평균 근로시간은 2020년까지 증가하다가 2019년부터 감소하며, 월 평균 소득의 경우 지속적으로 증가한다.

② 전년 대비 2020년 평균 시급 증가액은 7,530−6,470=1,060원이며, 전년 대비 2021년 증가액은 8,350−7,530=820원이다. 따라서 전년 대비 2020년 평균 시급 증가액은 전년 대비 2021년 증가액의 $\frac{1,060}{820}≒1.3$배이므로 3배 미만이다.

③ 2020년은 전년 대비 평균시급은 높아졌고, 주간 평균 근로시간도 길어졌다.

⑤ 주간 평균 근로시간에 대한 월 평균 소득의 비율이 가장 높은 연도는 2022년이다.

구분	2018년	2019년	2020년	2021년	2022년
비율	$\frac{669,000}{21.8}≒30,688.1$	$\frac{728,000}{22.3}≒32,645.7$	$\frac{733,000}{22.4}≒32,723.2$	$\frac{765,000}{19.8}≒38,636.4$	$\frac{788,000}{18.9}≒41,693.1$

TIP 분모에 해당하는 주간 평균 근로시간이 가장 적고, 분자인 월 평균 소득이 가장 많은 2022년도의 비율이 가장 크다.

16

정답 ②

(A), (B), (C)에 들어갈 수는 다음과 같다.

- A : 299,876−179,743=A → A=120,133
- B : B−75,796=188,524 → B=188,524+75,796=264,320
- C : 312,208−C=224,644 → C=312,208−224,644=87,564

17

정답 ③

모든 국가의 65세 이상 경제활동 참가율 합은 29.4+17.4+4+5.9+15.2+32+21.8+8.6=134.3%이며, 우리나라 업종별 고령 근로자 비율의 총합은 20+7+10+4+7+12.5+11+20+35=126.5%이다. 두 비율의 차이는 134.3−126.5=7.8%p이다.

오답분석

① 아이슬란드의 조사 인구를 10,000명이라 하면, 네덜란드의 조사 인구는 20,000명이 된다. 65세 이상 경제활동 참가율에 따라 아이슬란드의 고령근로자 수는 10,000×0.152=1,520명, 네덜란드는 20,000×0.059=1,180명이다. 따라서 네덜란드의 조사 인구가 아이슬란드보다 2배 많아도 네덜란드의 고령근로자 수는 아이슬란드보다 적다.

② 농업과 제조업을 제외한 모든 업종의 전체 근로자 수에서 공공기관과 외국기업에 종사하는 전체 근로자 비율은 $\frac{92+12}{97+180+125+160+48+92+12}\times100=\frac{104}{714}\times100≒14.6\%$로 15% 미만이다.

④ 운수업 및 교육 서비스업에 종사하는 고령근로자 수는 180×0.04+48×0.11=12.48천 명이며, 제조업에 종사하는 고령근로자 수는 1,080×0.07=75.6천 명이다. 따라서 운수업 및 교육 서비스업에 종사하는 고령근로자는 제조업에 종사하는 고령근로자 수의 $\frac{12.48}{75.6}\times100≒16.5\%$로 15% 이상이다.

⑤ 건설업과 숙박 및 음식점, 과학 및 기술업에 종사하는 총 고령근로자 수는 97×0.1+125×0.07+160×0.125=38.45천 명이므로 제조업에 종사하는 고령근로자 수인 1,080×0.07=75.6천 명보다 75.6−38.45=37.15천 명 적다.

18

정답 ⑤

국가별 65세 이상 경제활동 참가율을 참고하여 독일의 조사 인구와 영국의 고령근로자 수를 구하면 다음과 같다.

- (A) : $a\times0.04=132 \rightarrow a=\frac{132}{0.04}=3,300$
- (B) : $3,540\times0.086=b \rightarrow b=304.44$

19

정답 ③

2019 ~ 2022년 가계대출과 기업대출의 전년 대비 증가액은 다음 표와 같다.

(단위 : 조 원)

구분	2019년	2020년	2021년	2022년
가계대출	583.6−535.7=47.9	620−583.6=36.4	647.6−620=27.6	655.7−647.6=8.1
기업대출	546.4−537.6=8.8	568.4−546.4=22	587.3−568.4=18.9	610.4−587.3=23.1

2022년도 기업대출의 전년 대비 증가액은 가계대출 증가액보다 높다.

오답분석

① 2018년 대비 2022년 부동산담보대출 증가율은 $\frac{341.2-232.8}{232.8}\times100 \fallingdotseq 46.6\%$이며, 가계대출 증가율은 $\frac{655.7-535.7}{535.7}\times100 \fallingdotseq 22.4\%$이므로 부동산담보대출 증가율이 가계대출 증가율보다 더 높다.

② 주택담보대출이 세 번째로 높은 연도는 2017년이며, 이때 부동산담보대출(284.4조 원)이 기업대출의 50%인 $\frac{568.4}{2}=284.2$조 원보다 많다.

④ 2016년도 은행대출은 459+462=921조 원이며, 2019년 은행대출은 583.6+546.4=1,130조 원이므로 2016년도의 은행대출은 2019년도 은행대출의 $\frac{921}{1,130}\times100 \fallingdotseq 81.5\%$를 차지한다.

⑤ 2015 ~ 2022년 동안 전년 대비 주택담보대출이 가장 많이 증가한 해는 2015년이다.

(단위 : 조 원)

구분	2015년	2016년	2017년	2018년
증가액	300.9−279.7=21.2	309.3−300.9=8.4	343.7−309.3=34.4	382.6−343.7=38.9
	2019년	2020년	2021년	2022년
	411.5−382.6=28.9	437.2−411.5=25.7	448−437.2=10.8	460.1−448=12.1

20

정답 ③

마지막 조건부터 차례대로 구해보면 면접시험 여성 합격자는 72명이므로 남성 합격자는 $72\times\frac{3}{4}=54$명이다. 필기시험과 면접시험 응시자 및 합격자 인원은 다음 표와 같다.

(단위 : 명)

구분	필기시험	면접시험
응시자	$\frac{315}{0.7}=450$	$\frac{126}{0.4}=315$
합격자	450×0.8=360	72+54=126

따라서 필기시험에 합격한 사람은 360명이다.

PART

3

문제해결능력

정답 및 해설

문제해결능력

기출복원문제 정답 및 해설

01 한국철도공사

01	02	03	04	05	06	07	08	09	10	11	12	13	14	15	16	17	18	19	20
①	④	③	②	④	④	③	④	⑤	④	⑤	②	④	②	④	⑤	④	②	⑤	①

01

정답 ①

- 정보 4에 따라 C는 참여하고, D는 참여하지 않는다.
- 정보 5에 따라 A는 참여한다.
- 정보 3에 따라 B 또는 D가 참여해야 하는데, D가 참여하지 않으므로 B가 참여한다.
- 정보 1에 따라 E는 참여하지 않는다.

따라서 참석자는 A, B, C이다.

02

정답 ④

주어진 조건을 정리하면 두 가지경우로 구분되며, 표로 정리하면 다음과 같다.

경우 1)

첫 번째 공휴일	두 번째 공휴일	세 번째 공휴일	네 번째 공휴일	다섯 번째 공휴일
A약국 D약국	D약국 E약국	A약국 C약국	B약국 C약국	B약국 E약국

경우 2)

첫 번째 공휴일	두 번째 공휴일	세 번째 공휴일	네 번째 공휴일	다섯 번째 공휴일
D약국 E약국	A약국 D약국	A약국 C약국	B약국 C약국	B약국 E약국

따라서 네 번째 공휴일에 영업하는 약국은 B와 C이다.

오답분석

① A약국은 이번 달에 공휴일에 연달아 영업할 수도 하지 않을 수도 있다.
② 다섯 번째 공휴일에는 B약국과 E약국이 같이 영업한다.
③ B약국은 네 번째, 다섯 번째 공휴일에 영업을 한다.
⑤ 경우 1에 따라 E약국은 두 번째 공휴일, 다섯 번째 공휴일에 영업을 할 수 있다.

03

정답 ③

보기의 정부 관계자들은 향후 청년의 공급이 줄어들게 되는 인구구조의 변화가 문제해결에 유리한 조건을 형성한다고 말하였다. 그러나 기사에 따르면 이러한 인구구조의 변화가 곧 문제해결이나 완화로 이어지지 않는다고 설명하고 있으므로, 정부 관계자의 태도로 ③이 가장 적절하다.

04

정답 ②

101호 A, F환자	102호 C환자	103호 E환자	104호
105호	106호 D환자	107호 B환자	108호

호실에 있는 환자와 회진 순서는 다음과 같다.
방 이동 시 소요되는 행동이 가장 적은 순서는 '101호–102호–103호–107호–106호' 순이다.
환자 회진 순서는 다음과 같다.
A(09:40 ~ 09:50) – F(09:50 ~ 10:00) – C(10:00 ~ 10:10) – E(10:30 ~ 10:40) – B(10:40 ~ 10:50) – D(11:00 ~ 11:10)
회진규칙에 따라 101호부터 회진을 시작하고, 같은 방에 있는 환자는 연속으로 회진하기 때문에 A와 F환자가 회진한다. 따라서 3번째 회진은 C환자이다.

05

정답 ④

회진 순서는 A – F – C – E – B – D 순이므로 E환자는 B환자보다 먼저 회진한다.

오답분석

① 마지막 회진환자는 D이다.
② 네 번째 회진환자는 E이다.
③ 회진은 11시 10분에 마칠 수 있다.
⑤ 10시부터 회진을 하여도 마지막에 회진 받는 환자는 바뀌지 않는다.

06

정답 

나. A지역에 사는 차상위계층으로 출장 진료와 진료비를 지원받을 수 있다.
라. A지역에 사는 기초생활 수급자로 진료비를 지원받을 수 있다.

오답분석

가. 지원사업은 A지역 대상자만 해당되므로 B지역에 거주하지 않아 지원받을 수 없다.
라. 지원내역 중 입원비는 제외되므로 지원받을 수 없다.

07

정답 ③

- 1일 평균임금=(4월+5월+6월 임금총액)÷(근무일수)
  → [(160만원+25만원)+{(160만원÷16일)×6일}+(160만원+160만원+25만원)]÷(22일+6일+22일)=118,000원
- 총 근무일수=31일+28일+31일+22일+6일+22일=140일
- 퇴직금=118,000원×30일×$\frac{140(\text{총 근무일수})}{360}$≒1,376,667
  → 1,376,000원(1,000원 미만 절사)

08

정답 ④

2번 이상 같은 지역을 신청할 수 없으므로, D는 1년 차와 2년 차 서울 지역에서 근무하였으므로 3년 차에는 지방으로 가야한다. 따라서 신청지로 배정받지 못 할 것이다.

오답분석

규정과 신청 내용에 따라 상황을 정리하면 다음과 같다.

직원	1년 차 근무지	2년 차 근무지	3년 차 근무지	이동지역	전년도 평가
A	대구	-	-	종로	-
B	여의도	광주	-	영등포	92
C	종로	대구	여의도	제주/광주	88
D	영등포	종로	-	광주/대구	91
E	광주	영등포	제주	여의도	89

- A는 1년 차 근무를 마친 직원이므로 우선 반영되어 자신이 신청한 종로로 이동하게 된다.
- B는 E와 함께 영등포를 신청하였으나, B의 전년도 평가점수가 더 높아 B가 영등포로 이동한다.
- 3년 차에 지방 지역인 제주에서 근무한 E는 A가 이동할 종로와 B가 이동할 영등포를 제외한 수도권 지역인 여의도로 이동하게 된다.
- D는 자신이 2년 연속 근무한 적 있는 수도권 지역으로 이동이 불가능하므로, 나머지 지방 지역인 광주, 대구 중 한 곳으로 이동하게 된다.
- 이때, C는 자신이 근무하였던 대구로 이동하지 못하므로, D가 광주로 이동한다면 C는 제주로, D가 대구로 이동한다면 C는 광주 혹은 제주로 이동한다.
- 1년 차 신입은 전년도 평가 점수를 100으로 보므로 신청한 근무지에서 근무할 수 있다. 따라서 1년 차에 대구에서 근무한 A는 입사 시 대구를 1년 차 근무지로 신청하였을 것임을 알 수 있다.

09

정답 ⑤

주어진 조건에 따라 시간대별 고객수의 변화 및 각 함께 온 일행들이 앉은 테이블을 정리하면 다음과 같다.

시간	새로운 고객	기존 고객	시간	새로운 고객	기존 고객
09:20	2(2인용)	0	15:10	5(6인용)	4(4인용)
10:10	1(4인용)	2(2인용)	16:45	2(2인용)	0
12:40	3(4인용)	0	17:50	5(6인용)	0
13:30	5(6인용)	3(4인용)	18:40	6(퇴장)	5(6인용)
14:20	4(4인용)	5(6인용)	19:50	1(2인용)	0

오후 3시 15분에는 오후 3시 10분에 입장하여 6인용 원탁에 앉은 5명 고객과 오후 2시 20분에 입장하여 4인용 원탁에 앉은 4명의 고객 등 총 9명의 고객이 있을 것이다.

10

정답 ④

주어진 조건에 따라 시간대별 고객수의 변화 및 각 함께 온 일행들이 앉은 테이블을 정리하면 다음과 같다.

시간	새로운 고객	기존 고객	시간	새로운 고객	기존 고객
09:20	2(2인용)	0	15:10	5(6인용)	4(4인용)
10:10	1(4인용)	2(2인용)	16:45	2(2인용)	0
12:40	3(4인용)	0	17:50	5(6인용)	0
13:30	5(6인용)	3(4인용)	18:40	6(즉시 퇴장)	5(6인용)
14:20	4(4인용)	5(6인용)	19:50	1(2인용)	0

ㄴ. 오후 6시 40분에 입장한 일행은 6인용 원탁에만 앉을 수 있으나, 5시 50분에 입장한 일행이 사용 중이어서 즉시 퇴장하였다.
ㄹ. 오후 2시 정각에는 6인용 원탁에만 고객이 앉아있다.

오답분석

ㄱ. 오후 6시에는 오후 5시 50분에 입장한 고객 5명이 있다.
ㄷ. 오전 9시 20분에 2명, 오전 10시 10분에 1명, 총 3명이 방문하였다.

11

정답 ⑤

회의장 세팅을 ㄱ, 회의록 작성을 ㄴ, 회의 자료 복사를 ㄷ, 자료 준비를 ㄹ이라고 하면 ㄱ → ~ ㄴ→ ~ ㄹ → ~ ㄷ이 성립한다. 따라서 항상 참이 되는 진술은 ⑤이다.

12

정답 ②

i) A의 진술이 참일 경우

구분	대전지점	강릉지점	군산지점
A		○	○
B		○	
C		○	○

세 사람 중 누구도 대전지점에 가지 않았으므로 세 사람이 각각 다른 지점에 출장을 다녀왔다는 조건에 부합하지 않는다. 따라서 A의 진술은 거짓이다.

ii) B의 진술이 참일 경우

구분	대전지점	강릉지점	군산지점
A	○		
B			○
C		○	

A는 대전지점에, B는 군산지점에, C는 강릉지점에 다녀온 것이 되므로 세 사람이 각각 다른 지점에 출장을 다녀왔다는 조건에 부합한다.

iii) C의 진술이 참일 경우

구분	대전지점	강릉지점	군산지점
A	○		
B		○	
C	○		

세 사람 중 누구도 군산지점에 가지 않았고 A와 C가 모두 대전지점에 갔으므로 세 사람이 각각 다른 지점에 출장을 다녀왔다는 조건에 부합하지 않는다. 따라서 C의 진술은 거짓이다.

따라서 B의 진술이 참이 되고 이를 바르게 나열한 것은 ②이다.

13

정답 ④

다영이가 입사한 3월 24일은 넷째 주 수요일이므로 가장 빠르게 이수할 수 있는 교육은 홀수달 셋째, 넷째 주 목요일에 열리는 'Excel 쉽게 활용하기'이다. 이후에 가장 빠른 것은 매월 첫째 주 목요일에 열리는 'One page 보고서 작성법'이지만 교육비가 각각 20만 원, 23만 원으로 지원금액인 40만 원을 초과하기 때문에 신청할 수 없다. 그다음으로 빠른 것은 짝수달 첫째 주 금요일에 열리는 '성희롱 예방교육'으로 교육비는 15만 원이다. 총 교육비는 35만 원으로 지원금액을 만족한다. 따라서 다영이가 지원금액 안에서 가장 빠르게 신청할 수 있는 강의는 ④이다.

14

정답 ②

일정표에 따라 겹치는 교육들을 정리해보면 먼저 '신입사원 사규 교육 – One page 보고서 작성법'은 2, 3월 첫째 주에 겹치지만 입사일이 3월 24일인 동수는 '신입사원 사규 교육'을 일정상 들을 수 없으므로 옳지 않다. '비즈니스 리더십 – 생활 속 재테크'의 경우엔 4, 8월 셋째 주 월요일로 겹치지만 같은 월요일에 진행되므로 같은 주에 두 개를 듣는다는 조건에 부합하지 않아 옳지 않다. 'One page 보고서 작성법'과 '성희롱 예방교육'은 2, 4, 6, 8, 10, 12월 첫째 주라는 점이 겹치며, 'One page 보고서 작성법'은 목요일, '성희롱 예방교육'은 금요일에 진행되므로 같은 주에 두 개를 듣는다는 조건에 부합한다. 따라서 동수가 신청하려고 했던 교육은 ②이다.

15

 ④

두 번째 조건에 의해 B가 2015년에 독일에서 가이드를 하였으므로 첫 번째 조건에 의해 2014년에는 네덜란드에서 가이드를 하였다. 세 번째 조건에서 C는 2014년에 프랑스 가이드를 하였고 네 번째 조건에 의해 2016년에 독일 가이드를 하지 않았으므로 C는 2015년에 네덜란드에서 가이드를 하지 않았다. 따라서 2015년에 C가 갈 수 있는 곳은 네덜란드를 제외한 영국, 프랑스, 독일이다. 하지만 첫 번째 조건과 마지막 조건에 의해 C는 독일과 프랑스를 갈 수 없으므로 2015년에 C는 영국에서 가이드를 하였다. 2016년에 C가 갈 수 있는 곳은 독일과 네덜란드이며 첫 번째 조건에 의해 독일은 제외되므로 2016년에 C는 네덜란드 가이드를 하였다. 다섯 번째 조건에서 2015년에 B와 2014년에 D는 같은 곳에서 가이드를 하였음을 알 수 있다. 따라서 2014년에 D는 독일에서 가이드를 하였다. 따라서 마지막 조건에 의해 A는 2014년에 영국 가이드를 하였다. 2015년에 A와 D가 갈 수 있는 곳은 네덜란드와 프랑스이다. D가 네덜란드를 갈 경우 2016년에 반드시 독일을 가야 한다. 그러면 같은 곳은 다시 가지 않는다는 마지막 조건에 부합하지 않으므로 2015년에 A는 네덜란드, D는 프랑스 가이드를 하였고, 이에 따라 2016년에 D는 영국 가이드를 하였다. 2016년에 A와 B가 갈 수 있는 곳은 독일과 프랑스이다. 마지막 조건에 의해 A는 독일, B는 프랑스 가이드를 하였다.

이를 표로 정리하면 다음과 같다.

구분	2014년	2015년	2016년
A	영국	네덜란드	독일
B	네덜란드	독일	프랑스
C	프랑스	영국	네덜란드
D	독일	프랑스	영국

따라서 2016년에 네덜란드 가이드를 한 C는 첫 번째 조건에 의해 2017년에 독일 가이드를 한다.

오답분석

① 2015년 A와 2014년에 B는 네덜란드에서 가이드를 하였으므로 옳지 않다.

② 2016년에 B는 프랑스에서 가이드를 하였다.

③ 2014 ~ 2016년 A는 영국, 네덜란드, 독일에서 가이드를 하였고, D는 독일, 프랑스, 영국에서 가이드를 하였으므로 옳지 않다.

⑤ D는 2015년에 프랑스에서 가이드를 하였다.

16

정답 ⑤

각 펀드의 총점을 통해 비교 결과를 유추하면 다음과 같다.

- A펀드 : 한 번은 우수(5점), 한 번은 우수 아님(2점)
- B펀드 : 한 번은 우수(5점), 한 번은 우수 아님(2점)
- C펀드 : 두 번 모두 우수 아님(2점+2점)
- D펀드 : 두 번 모두 우수(5점+5점)

각 펀드의 비교 대상은 다른 펀드 중 두 개이며, 총 4번의 비교를 했다고 하였으므로 다음과 같은 경우를 고려할 수 있다.

i)

A		B		C		D	
B	D	A	C	B	D	A	C
5	2	2	5	2	2	5	5

표의 결과를 정리하면 D>A>B, A>B>C, B·D>C, D>A·C이므로 D>A>B>C이다.

ii)

A		B		C		D	
B	C	A	D	A	D	C	B
2	5	5	2	2	2	5	5

표의 결과를 정리하면 B>A>C, D>B>A, A·D>C, D>C·B이므로 D>B>A>C이다.

iii)

A		B		C		D	
D	C	C	D	A	B	A	B
2	5	5	2	2	2	5	5

표의 결과를 정리하면 D>A>C, D>B>C, A·B>C, D>A·B이므로 D>A·B>C이다.

ㄱ. 세 가지 경우 모두 D펀드는 C펀드보다 우수하다.
ㄴ. 세 가지 경우 모두 B펀드보다 D펀드가 우수하다.
ㄷ. 마지막 경우에서 A펀드와 B펀드의 우열을 가릴 수 있으면 A～D까지 순위를 매길 수 있다.

17

정답 ④

다음과 같이 달력을 통해서 확인해보면 정확하게 파악할 수 있다.

일요일	월요일	화요일	수요일	목요일	금요일	토요일
	1	2	3	4	5	6
7	8	9	10	11	12	13
14	15	16	17	18	19	20
21	22	23	24	25	26	27
28	29	30				

1) 금연교육은 매주 화요일(2, 9, 16, 30)에만 가능하다.
2) 성교육은 첫 주 4, 5일에만 가능하다.
3) 금주교육은 위 일정을 제외한 3, (10, 11), (17, 18)일 중 3일을 선택한다.

18

정답 ②

4월은 30일까지 있으므로 조건에 따라 달력에 표시를 해보면 다음과 같다.

월요일	화요일	수요일	목요일	금요일	토요일	일요일
1	2 팀장	3 팀장	4 팀장	5	6	7
8	9	10 B과장	11 B과장	12 B과장	13	14
15 B과장	16 B과장	17 C과장	18 C과장	19	20	21
22	23	24	25	26 세미나	27	28
29	30					

따라서 5일 동안 연속으로 참석할 수 있는 날은 4월 5일부터 9일까지이므로 A대리의 연수 마지막 날짜는 9일이다.

19

정답 ⑤

규칙에 따라 사용할 수 있는 숫자는 1, 5, 6을 제외한 나머지 2, 3, 4, 7, 8, 9의 총 6개이다. (한 자리 수)×(두 자리 수)=156이 되는 수를 알기 위해서는 156을 소인수분해해야 한다. $156=2^2\times3\times13$이므로 여기서 156이 되는 수의 곱 중에 조건을 만족하는 것은 2×78과 4×39이다. 따라서 선택지 중에 A팀 또는 B팀에 들어갈 수 있는 암호배열은 39밖에 없으므로 답은 ⑤이다.

20

정답 ①

주어진 조건에 근거하여 가능한 경우를 표로 정리하면 다음과 같다.

부서	사원	팀장
A	?	윤 or 박
B	박 or 오	박 or 오
C	윤 or 박	윤 or 박

조건 중에 A부서 팀장의 성이 C부서의 사원과 같다고 하였으므로 두 가지 경우가 나올 수 있다.

i) C부서 사원의 성이 '박'씨인 경우

C부서 사원의 성이 '박'씨이므로 A부서의 팀장도 '박'씨이다. 같은 성씨인 사원과 팀장은 같은 부서에 근무하지 않으므로 C부서의 팀장은 '윤'씨가 된다. B부서의 사원 또는 B부서 팀장의 성은 '박'씨와 '오'씨 중에 하나가 되는데, '박'씨는 C부서의 사원과 A부서의 팀장의 성이므로 B부서의 사원과 B부서의 팀장은 '오'씨가 된다. 그러나 같은 성씨인 사원과 팀장은 같은 부서에서 근무할 수 없으므로 조건에 어긋나게 된다.

부서	사원	팀장
A	윤	박
B	오	오
C	박	윤

ii) C부서 사원의 성이 '윤'씨인 경우

C부서 사원의 성이 '윤'씨이므로 A부서의 팀장도 '윤'씨이다. 같은 성씨인 사원과 팀장은 같은 부서에 근무하지 않으므로 C부서의 팀장은 '박'씨가 된다. 같은 조건에 따라 B부서의 팀장은 '오'씨이고 B부서의 사원은 '박'씨이다. A부서의 사원은 '오'씨 성을 가진 사원이다.

부서	사원	팀장
A	오	윤
B	박	오
C	윤	박

따라서 같은 부서에 소속된 사원과 팀장의 성씨가 바르게 짝지어진 것은 ①이다.

02 서울교통공사

01	02	03	04	05	06	07	08	09	10	11	12	13	14	15					
④	④	③	①	③	②	②	②	⑤	⑤	②	①	②	①	①					

01

정답 ④

D가 산악회원인 경우와 산악회원이 아닌 경우로 나누어보면 다음과 같다.

1) D가 산악회원인 경우

네 번째 조건에 따라 D가 산악회원이면 B와 C도 산악회원이 되며, A는 두 번째 조건의 대우에 따라 산악회원이 될 수 없다. 따라서 B, C, D가 산악회원이다.

2) D가 산악회원이 아닌 경우

세 번째 조건에 따라 D가 산악회원이 아니면 B가 산악회원이 아니거나 C가 산악회원이어야 한다. 그러나 첫 번째 조건의 대우에 따라 C는 산악회원이 될 수 없으므로 B가 산악회원이 아님을 알 수 있다. 따라서 B, C, D 모두 산악회원이 아니다. 이때 최소 한 명 이상은 산악회원이어야 하므로 A는 산악회원이다.

따라서 항상 옳은 것은 ④이다.

02

정답 ④

역브레인스토밍

미국의 핫 포인트사에서 개발한 창의적 사고 개발 기법. 최대한 많은 양의 의견을 자유롭게 발상한다는 점에서 브레인스토밍과 유사하지만, 아이디어를 생성하는 브레인스토밍과 달리 역브레인스토밍은 이미 생성된 아이디어에 대해 최대한 많은 양의 비판을 생성한다. 주로 상품의 결점이나 문제점 발견에 사용된다.

03

정답 ③

선택지별 하나의 완제품을 만들 때 중요도에 따라 부품의 총 가격, 총 개수 및 총 소요시간을 정리하면 다음과 같다.

① A, B, C
- 총 가격 : 20×4+35×2+40×3=270원
- 총 개수 : 4+2+3=9개
- 총 소요시간 : 8×4+7×2+7.5×3=68.5분

② A, C, F
- 총 가격 : 20×4+40×3+120×1=320원
- 총 개수 : 4+3+1=8개
- 총 소요시간 : 8×4+7.5×3+12.5×1=67분

③ B, C, E
- 총 가격 : 35×2+40×3+90×2=370원
- 총 개수 : 2+3+2=7개
- 총소요시간 : 7×2+7.5×3+9.5×2=55.5분

④ A, D, F
- 총 가격 : 20×4+50×3+120×1=350원
- 총 개수 : 4+3+1=8개
- 총 소요시간 : 8×4+10×3+12.5×1=74.5분

⑤ B, D, E
- 총 가격 : 35×2+50×3+90×2=400원
- 총 개수 : 2+3+2=7개
- 총 소요시간 : 7×2+10×3+9.5×2=63분

총 가격이 가장 저렴한 구성은 ①번의 A, B, C부품이지만 이 구성의 총 가격과의 차액이 100원 이하인 구성은 ②, ③, ④이다. 다섯 번째 조건에 따라 이 중 총 개수가 가장 적은 구성은 7개인 ③번 구성이며, 총 소요시간도 55.5분으로 가장 짧다. 따라서 Q제품을 만들 시 조건에 부합하는 부품 구성은 'B, C, E'이다.

PART 3

04

정답 ①

사람들은 나무를 심는 일을 땅을 파는 일, 나무를 심는 일, 구멍을 메우는 일로 각각 나누어 진행하였다. 분업화는 이처럼 일을 각 업무별로 나누어 진행하는 것으로 업무의 효율성을 높여주지만, 각각의 일을 담당한 사람들은 본인 위주의 일밖에 할 수 없다는 단점이 있다. 따라서 글에 나타난 문제의 원인으로 ①이 가장 적절하다.

05

정답 ③

③은 페다고지(Pedagogy)에 대한 설명이다.

페다고지와 안드라고지의 비교

구분	페다고지(Pedagogy)	안드라고지(Andragogy)
학습자	의존적	자기주도적
교사(교수자)	권위적	동기부여자, 안내자
학습지향성	교과목 지향	생활 중심적, 성과지향적
교육방법	교사중심적 수업	학생중심적 수업
학습초점	개인의 초점	문제해결에 초점
학습책임	교사가 책임	학생이 책임
경험	중요하지 않음	매우 중요함

06

정답 ②

다섯 명 중 수인과 희재의 발언은 동시에 참이 될 수 없으므로 수인이의 발언이 거짓이거나 희재의 발언이 거짓이다.
수인이가 거짓을 말할 경우와 희재가 거짓을 말할 경우, 항상 참인 영희와 연미의 발언을 정리해보면 영업이익이 많이 오른 순서는 B사>D사>A사이다. 따라서 ②가 항상 참임을 알 수 있다.

오답분석

① 희재의 발언이 거짓일 때는 E사의 영업이익은 내렸다.
③ 수인이의 발언이 거짓일 때는 C사의 영업이익은 올랐다.
④ D사와 E사의 영업이익 비교는 제시된 발언만으로는 알 수 없는 사실이다.
⑤ B사와 E사의 영업이익 비교는 제시된 발언만으로는 알 수 없는 사실이다.

07

정답 ②

내쉬균형은 게임이론의 개념으로써 각 참여자가 상대방의 전략을 주어진 것으로 보고 자신에게 최적인 전략을 선택할 때, 그 결과가 균형을 이루는 최적 전략의 집합을 말한다. 상대방의 전략이 공개되었을 때 어느 누구도 자기 전략을 변화시키려고 하지 않는 전략의 집합이라고 말할 수 있다. A・B회사가 광고를 같이 하거나 하지 않을 때 둘 다 매출이 상승하고, 어느 한 회사만 광고를 할 경우 광고를 한 회사만 매출이 상승한다. 따라서 두 회사 모두 광고를 하는 것이 내쉬균형이 된다.

08

정답 ②

윤희를 거짓마을 사람이라고 가정하자. 그러면 윤희의 한 말은 거짓이므로, 두 사람 모두 진실마을 사람이어야 한다. 그러면 가정과 모순이 발생되므로 윤희는 거짓마을 사람이 아니다. 따라서 윤희의 말은 참으로 윤희는 진실마을 사림이고, 주형이는 거짓마을 사람이다.

09

정답 ⑤

5W1H의 Why에 해당하는 정보는 제품 시연회의 필요성과 관계있으므로, 공사의 환경안전정책 및 지하철 환경개선 노력 홍보, 시민고객과의 소통 등이 적절하다.

> **Plus**
>
> 5W1H
> - Who : 누가 적격인가?
> - Why : 왜 그것이 필요한가?
> - What : 그 목적은 무엇인가?
> - Where : 어디서 하는 것이 좋은가?
> - When : 언제 하는 것이 좋은가?
> - How : 어떤 방법이 좋은가?

10

정답 ⑤

두 번째 조건을 통해 김팀장의 오른쪽에 정차장이 앉고, 세 번째 조건을 통해 양사원은 한대리 왼쪽에 앉는다고 하면, 김팀장 – 한대리 – 양사원 – 오과장 – 정차장 순서로 앉거나, 김팀장 – 오과장 – 한대리 – 양사원 – 정차장 순서로 앉을 수 있다. 하지만 첫 번째 조건에서 정차장과 오과장은 나란히 앉지 않는다고 하였으므로, 김팀장 – 오과장 – 한대리 – 양사원 – 정차장 순서로 앉게 된다.

PART 3

11

정답 ②

월요일은 붙어있는 회의실 두 곳 501호와 502호를 사용했고, 화요일은 504호, 목요일은 505호를 사용하였다. 이때 전날에 사용한 회의실은 사용할 수 없다고 했으므로 화요일과 목요일에 사용한 504・505호는 수요일에 사용이 불가능하므로 월요일에 사용한 501・502호, 그리고 아직 사용하지 않은 503호가 가능하다. 하지만 수요일에 대여한 회의실은 두 곳이므로 세 회의실 중에 붙어있지 않은 501・503호만 사용 가능하다. 따라서 수요일에 대여한 회의실 호실은 501・503호임을 알 수 있다.

12

정답 ①

거래내역 방식은 각자 주문한 금액만 부담하므로 주문금액을 정리하면 다음과 같다.

구분	주문금액
병수	12,000+3,000=15,000원
다인	15,000+5,000+3,000+5,000=28,000원
한별	13,000+5,000+7,000=25,000원
미진	15,000+3,000+6,000+5,000=29,000원
건우	12,000+4,000+5,000+5,000=26,000원
합계	123,000원

전통적인 회식비 분담 방식으로 낼 경우, 모두 $\frac{123,000}{5}$=24,600원씩 부담한다.

따라서 거래내역 방식으로 회식비를 분담할 때 부담이 덜어지는 사람은 병수이다.

13

정답 ②

런던에서 A대리는 11월 1일 오전 9시부터 오후 10시까지 일을 하여 13시간이 걸렸다. 시애틀의 B대리는 11월 2일 오후 3시부터 서울 시간으로 11월 3일 오전 9시에 일을 끝마쳤다. 서울 시간을 시애틀 시간으로 바꾸면 시애틀이 서울보다 16시간 느리므로 B대리가 끝마친 시간은 11월 2일 오후 5시가 되고, B대리가 업무하는 데 걸린 시간은 2시간이다. 마지막으로 C대리는 11월 3일 오전 9시부터 자정까지 작업을 하고 최종 보고했으므로 15시간이 걸렸다. 따라서 세 명의 대리가 업무를 하는 데 걸린 시간은 총 13+2+15=30시간이다.

14

정답 ①

K씨 가족은 4명이므로 4인승 이상의 자동차를 택해야 한다. 2인승인 B자동차를 제외한 나머지 4종류 자동차의 주행거리에 따른 연료비용은 다음과 같다.

- A자동차 : $\frac{140}{25}\times 1,640 ≒ 9,180$원
- C자동차 : $\frac{140}{19}\times 1,870 ≒ 13,780$원
- D자동차 : $\frac{140}{20}\times 1,640 = 11,480$원
- E자동차 : $\frac{140}{22}\times 1,870 = 11,900$원

따라서 K씨 가족은 A자동차를 이용하는 것이 가장 비용이 적게 든다.

15

정답 ①

조건에 따라 9월 달력을 나타내면 다음과 같다.

월요일	화요일	수요일	목요일	금요일	토요일	일요일
				1	2	3
4	5	6	7	8	9	10
11	12	13 치과	14	15	16	17
18	19	20 치과	21	22	23	24
25	26	27	28 회의	29	30 추석연휴	

치과 진료는 수요일 연속 3주간 받는다고 하였으므로 셋째 주·넷째 주 수요일은 무조건 치과 진료가 있다. 또한, 8박 9일간 신혼여행을 간다고 하였으므로 적어도 9일은 쉴 수 있어야 한다. 제시된 달력에서 9일 동안 아무 일정이 없는 날은 1일부터 12일까지이다. 신혼여행으로 인한 휴가는 5일 동안이므로 이 조건을 고려하면 노민찬 대리의 신혼여행은 9월 2일부터 10일까지이다. 이때, 결혼식 다음 날 신혼여행을 간다고 하였으므로, 노민찬 대리의 결혼 날짜는 9월 1일이다.

03 한국수자원공사

01	02	03	04	05	06	07	08	09	10										
③	①	①	①	①	③	②	②	③	②										

01

정답 ③

'물을 녹색으로 만든다.'를 p, '냄새 물질을 배출한다.'를 q, '독소 물질을 배출한다.'를 r, '물을 황색으로 만든다.'를 s라고 하면 제시된 명제는 $p \rightarrow q$, $r \rightarrow \sim q$, $s \rightarrow \sim p$이며, 첫 번째 명제의 대우인 $\sim q \rightarrow \sim p$가 성립함에 따라 $r \rightarrow \sim q \rightarrow \sim p$가 성립한다. 따라서 명제 '독소 물질을 배출하는 조류는 물을 녹색으로 만들지 않는다.'는 반드시 참이 된다.

02

정답 ①

'A팀장이 이번 주 금요일에 월차를 쓴다.'를 A, 'B대리가 이번 주 금요일에 월차를 쓴다.'를 B, 'C사원의 프로젝트 마감일은 이번 주 금요일이다.'를 C라고 하면 제시된 명제는 A → ~B → C이므로 대우 ~C → B → ~A가 성립한다. 따라서 'C사원의 프로젝트 마감일이 이번 주 금요일이 아니라면 A팀장은 이번 주 금요일에 월차를 쓰지 않을 것이다.'는 반드시 참이 된다.

03

정답 ①

농업용수댐을 p, 15m 이상의 댐을 q, 홍수조절댐을 r, 다목적댐을 s, 콘크리트댐을 t라 하면 제시된 문장은 $p \rightarrow q$, $r \rightarrow s$, $t \rightarrow \sim s$, $\sim q \rightarrow t$로 나타낼 수 있다. 이때, 첫 번째 문장과 마지막 문장의 대우 $\sim t \rightarrow q$에 따라 농업용수댐이거나 콘크리트댐이 아닌 댐의 높이는 15m 이상임을 알 수 있지만, 높이가 15m 이상의 댐이 다목적댐이 아닌지는 알 수 없다.

오답분석

세 번째 문장과 네 번째 문장의 대우 $s \rightarrow \sim t$, $\sim t \rightarrow q$에 따라 $r \rightarrow s \rightarrow \sim t \rightarrow q$가 성립한다.

② $r \rightarrow q$

③ $s \rightarrow \sim t$

④ $r \rightarrow \sim t$의 대우 $t \rightarrow \sim r$

04

정답 ①

먼저 A ~ E의 저번 달 근무 부서를 보면 A와 C, B와 D는 각각 함께 근무했으므로 3명 이상 한 부서에서 일할 수 없다는 조건에 따라 E는 혼자 근무했음을 알 수 있다. 이번 달에는 B와 E가 같은 부서에서 함께 근무하고 C는 혼자 근무하므로 나머지 A와 D가 같은 부서에서 근무하는 것을 알 수 있다.

저번 달		
A, C	B, D	E

→

이번 달		
B, E	C	A, D

다음으로 부서의 위치를 보면 A와 E는 이번 달부터 한 층 아래에서 근무한다고 하였으므로 A와 E가 저번 달에 근무했던 두 개의 부서는 가장 아래층인 1층에 위치할 수 없다. 따라서 B와 D가 근무했던 부서가 1층에 위치하게 된다. 이때, D는 이번 달에 한 층 위에 있는 부서에서 근무하게 되므로 A와 D는 이번 달에 2층에서 함께 근무하는 것을 알 수 있다. 또한 A가 이번 달부터 한 층 아래인 2층에서 근무하게 되므로 저번 달에는 A와 C가 3층에서 함께 근무했던 것을 알 수 있다. C는 이번 달에 부서를 옮기지 않아 계속 3층에서 근무하므로 1층의 부서에는 나머지 B, E가 함께 근무하는 것을 알 수 있다.

구분	저번 달	이번 달
3층	A, C	C
2층	E	D, A
1층	B, D	B, E

B는 저번 달과 마찬가지로 이번 달에도 1층의 부서에서 근무하므로 이번 달에 부서를 옮겼다는 ①은 옳지 않다.

PART 3

05

정답 ①

사무실 배치 규칙에 따르면 인사팀은 4번 또는 5번 사무실에 배치되어야 하므로 홍보팀은 3번 또는 4번 사무실에 배치되어야 하며, 연구팀의 왼쪽 사무실은 빈 공간이어야 한다. 만약 인사팀이 5번 사무실에 배치된다면 다음과 같은 배치가 가능하다.

1	2	3	4	5
	×	연구팀	홍보팀	인사팀
		×		

선택지에서는 사무실 번호가 아닌 같은 사무실에 배치되는 팀과의 관계를 묻고 있으므로 결국 사무실 번호와 관계없이 나머지 영업, 경영, 채용팀이 다른 팀과 같은 사무실에 배치되는지를 확인해야 한다. 이때, 홍보팀은 반드시 다른 팀과 함께 사무실을 사용해야 하므로 영업, 경영, 채용팀이 홍보팀과 같은 사무실에 배치되는 각각의 경우로 나누어 볼 수 있다.

1) 홍보팀이 영업팀과 같은 사무실에 배치되는 경우

구분	1	2	3	4	5
경우 1	경영팀	×	연구팀	홍보팀	인사팀
				영업팀	채용팀
경우 2	채용팀			홍보팀	인사팀
				영업팀	경영팀
경우 3	채용팀			홍보팀	인사팀
	경영팀			영업팀	

2) 홍보팀이 경영팀과 같은 사무실에 배치되는 경우

구분	1	2	3	4	5
경우 4	영업팀	×	연구팀	홍보팀	인사팀
				경영팀	채용팀
경우 5	영업팀			홍보팀	인사팀
	채용팀			경영팀	

3) 홍보팀이 채용팀과 같은 사무실에 배치되는 경우

구분	1	2	3	4	5
경우 6	영업팀	×	연구팀	홍보팀	인사팀
				채용팀	경영팀

따라서 영업팀과 인사팀이 다른 팀과 같은 사무실에 배치되지 않는 경우는 발생하지 않는다.

오답분석

② 경우 2
③ 경우 1, 경우 3, 경우 5
④ 경우 2, 경우 4, 경우 6

06

정답 ③

기현이가 휴대폰 구매 시 고려하는 사항의 순위에 따라 제품의 평점을 정리하면 다음과 같다.

구분	A사	B사	L사	S사
디자인	4	3	4	4
카메라 해상도	4		4	4
가격	3		3	3
A/S 편리성	2		4	4
방수			5	3

먼저 디자인 항목에서 가장 낮은 평점의 B사 제품은 제외된다. 카메라 해상도와 가격 항목에서는 A사, L사, S사 제품의 평점이 모두 동일하지만, A/S편리성 항목에서 A사 제품의 평점이 L사와 S사에 비해 낮으므로 A사 제품이 제외된다. 다음으로 고려하는 방수 항목에서는 L사가 S사보다 평점이 높으므로 결국 기현이는 L사의 휴대폰을 구매할 것이다.

07

정답 ②

심사 · 평가 단계는 고용친화기업 지원사업의 대상 기업을 선정하는 기업 선정 이전의 단계로, 해당 사업에 지원한 기업을 선정기준에 따라 평가하는 단계로 볼 수 있다. 지원된 사업비가 임직원의 복지향상에 기여한 바가 있는지에 대한 분석은 해당 사업을 통한 지원이 이루어진 후에 진행되는 결과 분석 단계에서 진행되는 것이 적절하다.

08

정답 ②

평가 결과에 대해 만점 대비 '중'은 80%, '하'는 60%의 점수를 부여하므로 평가기준 점수에 각각 0.8과 0.6을 곱하여 계산하면 다음과 같다.

1) 현행 평가기준

(단위 : 점)

구분	A	B	C	D
고용창출(50)	50	50×0.8=40	50	50×0.6=30
근로환경(30)	30×0.8=24	30	30	30
사업성과(20)	20	20×0.8=16	20×0.6=12	20
합계	94	86	92	80

2) 개정된 평가기준

(단위 : 점)

구분	A	B	C	D
고용창출(40)	40	40×0.8=32	40	40×0.6=24
근로환경(50)	50×0.8=40	50	50	50
사업성과(10)	10	10×0.8=8	10×0.6=6	10
합계	90	90	96	84

따라서 현행 평가기준에 따르면 94점의 A기업이 선정되고, 개정된 평가기준에 따르면 96점의 C기업이 선정된다.

09

정답 ③

ㄱ. 자사를 잘 표현하는 자료를 선호하는 부장에게 적합하다.
ㄴ. 요약이 잘 된 적은 양의 발표 자료를 선호하는 이사에게 적합하다.
ㄷ. 무채색 계열의 발표 자료를 선호하는 상무에게 적합하다.
ㄹ. 분명하고 큰 폰트를 선호하는 상무에게 적합하다.
ㅁ. 내용이 분명한 자료를 선호하는 이사에게 적합하다.

따라서 부장은 ㄱ, 상무는 ㄷ · ㄹ, 이사는 ㄴ · ㅁ의 자료를 선호할 것이다.

10

정답 ②

조사 결과에 따르면 상무는 간단하고 깔끔한 디자인과 무채색 계열의 발표 자료를 선호하며, 분명하고 큰 폰트를 선호한다. 따라서 상무는 디자인이 화려하고 색감이 독특하면서 글씨가 작은 자료는 선호하지 않을 것이다.

오답분석

① 부장 : 자료의 디자인이나 커버 스타일에 만족한다면 발표 자료를 선호할 수 있다.
③ 이사 : 내용이 분명하고 요약이 잘 된 발표 자료를 선호하므로 해당 자료를 선호할 수 있다.

문제해결능력

기출변형문제 정답 및 해설

01	02	03	04	05	06	07	08	09	10	11	12	13	14	15	16	17	18	19	20
②	③	①	②	⑤	①	③	③	④	⑤	④	③	⑤	③	⑤	⑤	③	②	②	④

01

정답 ②

제시된 내용을 기호로 정리하면 다음과 같다.

- ~A → B
- A → ~C
- B → ~D
- ~D → E

E가 행사에 참여하지 않는 경우, 네 번째 조건의 대우인 ~E → D에 따라 D가 행사에 참여한다. D가 행사에 참여하면 세 번째 조건의 대우인 D → ~B에 따라 B는 행사에 참여하지 않는다. 또한 B가 행사에 참여하지 않으면 첫 번째 조건의 대우에 따라 A가 행사에 참여하고, A가 행사에 참여하면 두 번째 조건에 따라 C는 행사에 참여하지 않는다. 따라서 E가 행사에 참여하지 않을 경우 행사에 참여 가능한 사람은 A와 D 2명이다.

02

정답 ③

주어진 조건을 정리하면 다음과 같다.

구분	A	B	C	D	E
짱구		×		×	
철수				×	
유리			○		
훈이		×			
맹구		×		×	×

유리는 C를 제안하였으므로 D는 훈이가, B는 철수가 제안하였음을 알 수 있고, A는 맹구가, 나머지 E는 짱구가 제안하였음을 알 수 있다. 따라서 제안자와 그 제안이 바르게 연결된 것은 철수 B, 짱구 E이다.

03

정답 ①

첫 번째 조건에서 원탁 의자에 임의로 번호를 적고 회의 참석자들을 앉혀 본다.

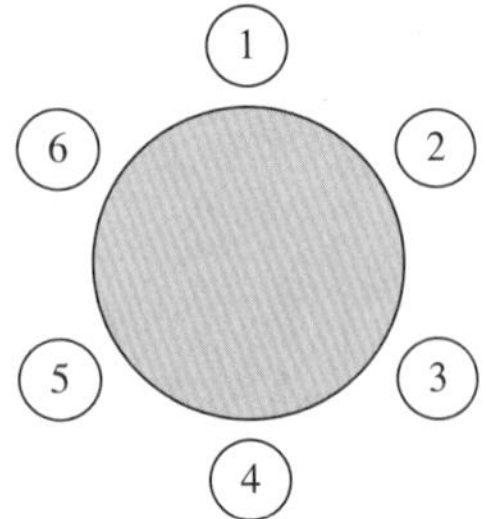

네 번째 조건에서 A와 B 사이에 2명이 앉으므로 임의로 1번 자리에 A가 앉으면 4번 자리에 B가 앉는다. 그리고 B자리 바로 왼쪽에 F가 앉기 때문에 F는 5번 자리에 앉는다. 만약 6번 자리에 C 또는 E가 앉게 되면 2번과 3번 자리에 D와 E 또는 D와 C가 나란히 앉게 되어 세 번째 조건에 부합하지 않는다. 따라서 6번 자리에 D가 앉아야 하고 두 번째 조건에서 C가 A 옆자리에 앉아야 하므로 2번 자리에 C가, 나머지 3번 자리에는 E가 앉게 된다.
따라서 나란히 앉게 되는 참석자들은 선택지 중 A와 D이다.

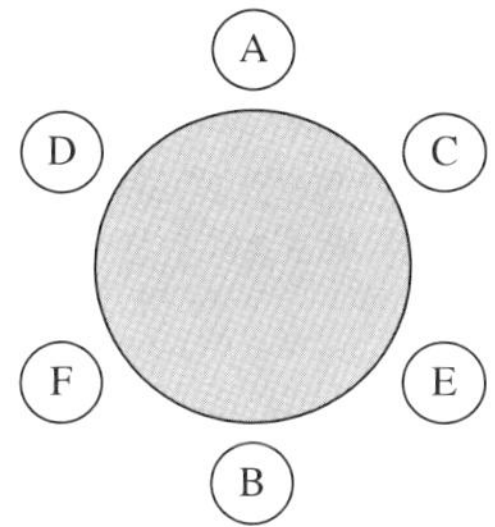

04

정답 ②

A와 E는 서로 다른 단계에서 실수가 일어났다고 진술하였으므로 A와 E 중 한 명은 반드시 거짓을 말한다.

1) E의 진술이 거짓인 경우
   세척 단계에서 실수가 일어났다는 A의 진술과 세척을 담당하는 자신의 단계에서 실수가 일어나지 않았다는 D의 진술이 서로 모순되므로 성립하지 않는다.
2) A의 진술이 거짓인 경우
   A의 진술은 거짓이므로 D의 진술과 모순되지 않으며, 참인 E의 진술에 따라 분류 단계에서 실수가 일어났다. 따라서 거짓을 말하는 직원은 A이며, 실수가 발생한 단계는 분류 단계이다.

05

정답 ⑤

A ~ E의 진술에 따르면 B와 D의 진술은 반드시 동시에 참 또는 거짓이 되어야 하며, B와 E의 진술은 동시에 참이나 거짓이 될 수 없다.

1) B와 D의 진술이 거짓인 경우
   참이어야 하는 A와 C의 진술이 서로 모순되므로 성립하지 않는다.
2) B와 D의 진술이 참인 경우
   A, C, E 중 1명의 진술만 참이며, 나머지 2명의 진술은 거짓이어야 한다. 이때, E의 진술이 참일 경우 B와 D의 진술이 거짓이 되므로 성립하지 않는다. 결국 E와 C의 진술이 거짓이며, A의 진술이 참이 된다.

따라서 A, B, D의 진술은 참이며, C와 E의 진술은 거짓이므로 A ~ E의 진술에 따라 신청 물품을 정리하면 다음과 같다.

구분	필기구	의자	복사용지	사무용 전자제품	스테이플러
신입사원	B, D	A, C		D	

복사용지를 신청한 사원의 수는 3명이므로 필기구와 사무용 전자제품을 신청한 D와 복사용지를 신청하지 않은 E를 제외한 A, B, C가 복사용지를 신청했음을 알 수 있다.

구분	필기구	의자	복사용지	사무용 전자제품	스테이플러
신입사원	B, D	A, C	A, B, C	D	

E사원을 제외한 A ~ D가 모두 2개 항목씩 신청하였으므로 남은 항목의 사무용 전자제품과 스테이플러는 E사원이 신청하였음을 알 수 있다. 따라서 신청 사원과 신청 물품이 바르게 연결된 것은 ⑤이다.

06

정답 ①

조건을 모두 기호로 표기하면 다음과 같다.

- ~B → E
- B and E → ~D
- ~A → ~B or ~D
- ~C → D
- ~C → ~A

C가 워크숍에 참석하지 않는 경우 A도 참석하지 않으며, D는 워크숍에 참석한다. A가 워크숍에 참석하지 않으면 B 또는 D 중 한 명도 함께 참석하지 않으므로 B가 A와 함께 참석하지 않는다. 또한 B가 워크숍에 참석하지 않으면 E는 워크숍에 참석하므로 결국 워크숍에 참석하지 않는 직원은 A, B, C이다.

07

정답 ③

주어진 조건에 따르면 가장 오랜 시간 동안 교육을 받는 A와 대리보다 많은 시간의 교육을 받는 B는 대리가 될 수 없으므로 C가 대리임을 알 수 있다. 이때, 다섯 번째 조건에 따라 C대리는 교육 시간이 가장 짧은 마케팅 교육을 받는 것을 알 수 있다. 따라서 바르게 연결된 것은 ③이다.

오답분석

①·②·④·⑤ A사원은 2시간, B사원은 1시간 30분 동안 교육을 받는 것을 알 수 있다. 그러나 문서작성과 직장예절 교육의 정확한 교육 시간을 알 수 없으므로 어느 교육을 받는지 알 수 없다.

08

정답 ③

1학년이 첫 번째 줄에 앉는다면 바로 옆줄인 두 번째 줄에는 1학년이 앉을 수 없고, 다섯 번째 조건과 두 번째 조건에 따라 3학년도 앉을 수 없다. 따라서 두 번째 줄에는 2학년이 앉아야 하고, 네 번째 조건에 따라 다섯 번째 줄에도 2학년이 앉아야 한다. 또한 네 번째 줄에는 다섯 번째 조건에 따라 1학년이 앉아야 하고, 마지막 줄에는 세 번째 조건에 따라 3학년이 앉아야 한다. 이를 정리하면 다음과 같다.

첫 번째 줄	두 번째 줄	세 번째 줄	네 번째 줄	다섯 번째 줄	여섯 번째 줄
1학년	2학년	3학년	1학년	2학년	3학년

따라서 항상 옳은 것은 ③이다.

09

정답 ④

주어진 조건에 따르면 김씨는 남매끼리 서로 인접하여 앉을 수 없으며, 박 씨와도 인접하여 앉을 수 없다. 따라서 김씨 여성은 왼쪽에서 첫 번째 자리에만 앉을 수 있다. 또한 박씨 남성 역시 김씨와 인접하여 앉을 수 없으므로 왼쪽에서 네 번째 자리에만 앉을 수 있다. 나머지 자리는 최씨 남매가 모두 앉을 수 있으므로 6명이 앉을 수 있는 경우는 다음과 같다.

1) 경우 1

김씨 여성	최씨 여성	박씨 여성	박씨 남성	최씨 남성	김씨 남성

2) 경우 2

김씨 여성	최씨 남성	박씨 여성	박씨 남성	최씨 여성	김씨 남성

경우 1과 경우 2 모두 왼쪽에서 네 번째 자리에는 박 씨 남성이 앉는다.

10

정답 ⑤

b과제는 c, e, f, g, h과제보다 먼저 수행하므로 K가 가장 첫 번째로 수행하는 과제는 b과제임을 알 수 있다. 또한 g과제를 네 번째로 수행한다면, e, h과제보다 먼저 수행하는 f과제는 g과제보다 먼저 수행해야 한다. 이때, f과제보다 c과제를 먼저 수행하므로 c과제가 두 번째, f과제가 세 번째 수행 과제임을 알 수 있다. 마지막으로 남은 h과제와 e과제의 수행 순서는 비교할 수 없으므로 신입사원 K가 수행할 교육 과제의 순서는 다음과 같다.

구분	첫 번째	두 번째	세 번째	네 번째	다섯 번째	여섯 번째
경우 1	b과제	c과제	f과제	g과제	h과제	e과제
경우 2	b과제	c과제	f과제	g과제	e과제	h과제

경우 1에서는 K사원이 e과제를 h과제보다 나중에 수행하므로 ⑤는 항상 참이라고 볼 수 없다.

11

정답 ④

A씨 부부는 2020년 7월에 결혼을 하고 바로 혼인신고를 했으므로 현재 2022년 9월 15일까지 2년이 초과된 신혼부부로 청약 조건 자격에 부합한다. A씨의 상황을 가점 기준에 적용하여 해당하는 항목의 점수를 정리하면 다음과 같다.

가점항목	내용	점수
미성년 자녀수	첫째 아들과 둘째 태아로 자녀 2명	2점
무주택기간	13개월(=1년 1개월)	2점
해당 시·도 연속 거주기간	5개월째 해당 시에 거주 중	1점
주택청약종합저축 납입인정 횟수	주택청약종합저축 38회 납부	3점

따라서 A씨의 청약 가점은 2+2+1+3=8점이다.

12

정답 ③

수정된 사항은 무주택기간과 거주기간이며, 무주택기간은 2년을 더하여 1년 1개월+2년=3년 1개월이 되고, 해당 시의 거주기간은 10개월로 1년 미만이므로 그 전 가점과 같다. A씨의 상황에 수정된 사항을 적용하여 가점을 정리하면 다음과 같다.

가점항목	내용	점수
미성년 자녀수	첫째 아들과 둘째 태아로 자녀 2명	2점
무주택기간	3년 1개월	3점
해당 시·도 연속 거주기간	10개월	1점
주택청약종합저축 납입인정 횟수	주택청약종합저축 38회 납부	3점

따라서 A씨의 청약 가점은 2+3+1+3=9점이다.

13

정답 ⑤

a는 'A가 외근을 나감', b는 'B가 외근을 나감', c는 'C가 외근을 나감', d는 'D가 외근을 나감', e는 'E가 외근을 나감'이라고 했을 때, 명제를 나열하면 $a \rightarrow b$, $a \rightarrow d$, $d \rightarrow e$, $\sim c \rightarrow \sim b$, $\sim d \rightarrow \sim c$이다. 이때 세 번째 명제의 대우인 $\sim e \rightarrow \sim d$는 성립하지만, 그 역인 $\sim d \rightarrow \sim e$가 성립하는지는 알 수 없다. 따라서 'D가 외근을 나가지 않으면 E도 외근을 나가지 않는다.'의 ⑤는 항상 참이라고 볼 수 없다.

14

정답 ③

이번 여름휴가에서 광주 지역으로는 C와 D만 여행을 갈 수 있으며, 대구 지역으로는 A와 B만 여행을 갈 수 있다. A는 서울 지역으로 여행을 가므로 대구 지역으로는 B가 여행을 가는 것을 알 수 있으므로 주어진 조건에 따라 A ~ D의 여름휴가 여행지를 정리하면 다음과 같다.

구분	서울	대구	부산	광주
경우 1	A	B	C	D
경우 2	A	B	D	C

따라서 항상 참이 되는 것은 ③이다.

오답분석

①·② 주어진 조건만으로 A와 B가 각각 부산과 서울로 여행을 다녀온 적이 있는지는 알 수 없다.

PART 3

15

정답 ⑤

플라잉 요가의 강좌 1회당 수강료는 플라잉 요가가 $\frac{330,000}{20}=16,500$원이고, 가방 공방은 $\frac{360,000}{12}=30,000$원이다. 따라서 플라잉 요가는 가방 공방보다 강좌 1회당 수강료가 30,000−16,500=13,500원 저렴하다.

오답분석

① 운동 프로그램인 세 강좌는 모두 오전 시간에 신청할 수 있으며, 공방 프로그램의 강좌시간은 모두 오후 1시 이후에 시작으로 가능하다.
② 가방 공방의 강좌시간은 2시간 30분이며, 액세서리 공방은 2시간이므로 가방 공방 강좌시간이 30분 더 길다.
③ 공방 중 하나를 수강할 경우 오후 1시 이전에 수강이 가능한 필라테스와 플라잉 요가를 모두 들을 수 있으므로 최대 두 프로그램을 들을 수 있다.
④ 프로그램을 최대로 수강할 경우는 필라테스와 플라잉 요가를 오전에 수강하고, 오후에는 액세서리 공방, 가방 공방, 복싱 중 한 강좌를 듣는 것이다. 따라서 세 강좌 중 가장 비싼 수강료는 가방 공방이므로 총 수강료가 가장 비쌀 경우는 가방 공방을 수강하는 것이다.

16

정답 ⑤

E사의 영업이익이 감소하였다는 수인과 E사의 영업이익이 증가하였다는 희재의 발언은 서로 모순되므로 수인과 희재의 발언 중 하나는 반드시 거짓임을 알 수 있다.

1) 수인이 거짓을 말하는 경우

A∼E사 모두 영업이익이 증가하였으며, 그중 A사, B사, D사는 'B사−D사−A사'의 순서로 영업이익이 증가하였다.

2) 희재가 거짓을 말하는 경우

A사, B사, D사만 'B사−D사−A사'의 순서로 영업이익이 증가하였으며, C사와 E사의 영업이익은 감소하였다.

따라서 D사가 A사보다 영업이 더 증가하였다는 ⑤가 항상 참이 된다.

오답분석

① 수인의 발언이 거짓인 경우 E사의 영업이익은 증가하였다.
② 희재의 발언이 거짓인 경우 C사의 영업이익은 감소하였다.
③·④ A사, B사, D사의 영업이익만 서로 비교할 수 있다.

17

정답 ③

다음 김대리의 일정을 10월 달력에 정리하면 다음과 같다.

〈10월 스케줄〉

일	월	화	수	목	금	토
				1 추석	2 추석연휴, 제주도 여행	3 개천절, 제주도 여행
4 제주도 여행	5 제주도 여행	6 제주도 여행, 휴가 마지막 날	7	8	9 한글날	10
11	12	13	14	15	16	17
18	19	20 외부출장	21 외부출장	22 외부출장	23 외부출장	24
25	26	27	28 프로젝트 발표	29 프로젝트 발표	30	31

12일 월요일부터 그 주에 스케줄이 없으므로 이틀간 연차를 쓰고 할머니댁 방문이 가능하다.

오답분석

① 제주도 여행 기간이며, 주말에는 할머니댁에 가지 않는다고 하였다.
② 6일은 제주도 여행에서 돌아오는 날로 휴가기간이다.
④ 20 ~ 23일까지 외부출장이 있다.
⑤ 28일 프로젝트 발표가 있다.

18

정답 ②

1순위부터 3순위 품목들을 20세트 구매 시 배송비를 제외한 총금액은 다음과 같다.

순위	품목	총금액
1	소고기	62,000×20×0.9=1,116,000원
2	참치	31,000×20×0.9=558,000원
3	돼지고기	37,000×20=740,000원

2순위 참치세트 총금액이 1순위 소고기세트보다 1,116,000−558,000=558,000원 저렴하므로 세 번째 조건에 따라 차순위인 참치세트를 준비한다. 마지막 조건에 따라 배송비를 제외한 총금액이 50만 원 이상이므로 6순위 김 세트는 준비하지 않는다. 따라서 K회사에서 추석선물로 준비하는 상품은 B업체의 참치이다.

19

정답 ②

어느 한 지점이 물류센터가 될 경우 나머지 소매점과의 거리를 계산하면 다음과 같다.

물류센터 / 소매점	A	B	C	D	E	F
A	–	3	8	3	5	9
B	3	–	7	6	4	8
C	8	7	–	5	7	7
D	3	6	5	–	6	6
E	5	4	7	6	–	4
F	9	8	7	6	4	–
계	28	28	34	26	26	34

따라서 A ~ F지점 중 D지점 또는 E지점에 물류센터를 설립할 경우 모든 소매점까지 유통비용이 가장 적으며, 그 값은 26이다.

20

정답 ④

D지점 또는 E지점이 물류센터일 때 유통비용이 26으로 최솟값을 갖고, C지점 또는 F지점을 물류센터로 정할 경우 최댓값은 34가 된다. 따라서 유통비용의 최솟값과 최댓값의 차이는 34−26=8이다.

PART

4

최종점검 모의고사

정답 및 해설

제1회 모의고사

제2회 모의고사

모의고사 정답 및 해설

01	02	03	04	05	06	07	08	09	10	11	12	13	14	15	16	17	18	19	20
②	③	②	③	⑤	③	④	④	②	②	④	③	③	⑤	③	②	①	⑤	①	⑤
21	22	23	24	25	26	27	28	29	30	31	32	33	34	35	36	37	38	39	40
④	③	⑤	②	①	④	⑤	②	④	②	④	⑤	⑤	③	⑤	②	④	①	②	②
41	42	43	44	45															
③	⑤	③	④	⑤															

01

정답 ②

제시문은 식물의 이름을 짓는 방식을 생김새, 쓰임새, 향기, 소리 등으로 분류하여 해당되는 예를 들고 있다. 따라서 ②가 서술 특징을 가장 잘 반영하고 있다.

02

정답 ③

• 마수걸이 : 맨 처음으로 물건을 파는 일 또는 거기서 얻은 소득
• 개시(開市) : 하루 중 처음으로, 또는 가게 문을 연 뒤 처음으로 이루어지는 거래

03

정답 ②

㉠의 앞 문장에서는 앞으로 변경되는 민원인 정보 처리 방안을 이야기하고, ㉠ 뒤의 문장에서는 민원인 정보와 관련되어 새롭게 조성되는 세부 처리지침을 이야기하므로 ㉠의 빈칸에는 '그 위에 더. 또는 거기에다 더'를 의미하는 '또한'이 알맞다.
㉡의 앞 문장을 보면 민원인 정보 유출로 인해 국민의 권익이 침해되는 사례가 지속적으로 발생하고 있었지만, ㉡ 뒤의 문장에서는 민원인 정보를 제3자에게 제공할 수 있는 범위와 한계에 관한 규정이 없었다고 이야기하므로 ㉡의 빈칸에는 역접의 접속어인 '그러나'가 적절하다.

04

정답 ③

(다)는 계약서를 설명하며, 계약서 작성의 중요성에 대해 언급한다. (라)와 (가), (마)는 계약서의 종류에 대한 설명으로, (라)는 임대차계약서를, (가)는 근로계약서를, (마)는 부동산 매매계약서를 각각 설명한다. 마지막으로 (나)는 이와 같은 계약서를 육하원칙에 따라 간결·명료하게 작성해야 한다는 계약서 작성법에 관해 이야기한다. 따라서 글의 순서는 (다) – (라) – (가) – (마) – (나)이며, 글의 구조로는 ③이 적절하다.

05

정답 ⑤

제시문의 '보다'는 '눈으로 대상의 존재나 형태적 특징을 알다.'는 의미로 쓰였으나, ⑤에서는 '음식 맛이나 간을 알기 위하여 시험삼아 조금 먹다.'는 의미로 사용되었다.

06

정답 ③

삼각지는 본래 지명 새벌(억새 벌판)의 경기 방언인 새뿔을 각각 석 삼(三)과 뿔 각(角)으로 잘못 해석하여 바꾼 것이므로 뿔 모양의 지형에서 유래되었다는 내용은 옳지 않다.

오답분석

① 우리나라의 지명 중 山(산), 谷(곡), 峴(현), 川(천) 등은 산악 지형이 대부분인 한반도의 산과 골짜기를 넘는 고개, 그 사이를 굽이치는 하천을 반영한 것이다.
② 평지나 큰 들이 있는 곳에는 坪(평), 平(평), 野(야), 原(원) 등의 한자가 많이 쓰였다.
④ 조선 시대에는 촌락의 특수한 기능이 지명에 반영되는 경우가 많았는데 하천 교통이 발달한 곳의 지명에는 ~도(渡), ~진(津), ~포(浦) 등의 한자가 들어간다.
⑤ 김포공항에서 유래된 공항동은 서울의 인구 증가로 인해 새롭게 만들어진 동이므로 공항동 지명의 역사는 일제에 의해 한자어 지명이 바뀐 고잔동 지명의 역사보다 짧다.

07

정답 ④

공문서의 전달과 관리의 내왕, 관물의 수송 등을 주로 담당했던 역과 관리나 일반 여행자에게 숙박 편의를 제공했던 원의 역원취락(驛院聚落)은 주요 역로를 따라 발달했다는 앞의 내용을 통해 역(驛)~, ~원(院) 등의 한자가 들어가는 지명은 과거에 육상 교통이 발달했던 곳임을 알 수 있다.

08

정답 ④

보기의 문장은 호주에서 카셰어링 서비스가 급격한 성장세를 보이는 이유를 비용 측면에서 바라보고 있다. 보기 문장의 '이처럼'은 호주의 카셰어링 서비스가 급격하게 성장하고 있다는 내용을 가리키므로 호주 카셰어링 시장의 성장을 구체적 수치로 보여주는 세 번째 문단에 위치하는 것이 적절하다. 이때, 세 번째 문단의 (라) 뒤에서는 차량을 소유할 경우 부담해야 하는 비용에 관하여 이야기하고 있으므로 결국 비용 측면을 언급하는 보기의 문장은 (라)에 들어가는 것이 가장 적절하다.

09

정답 ②

㉠ 부딪히다 : '무엇과 무엇이 힘 있게 마주 닿거나 마주 대다.'의 의미인 '부딪다'의 피동사
㉡ 부딪치다 : '부딪다'를 강조하여 이르는 말(능동사)
㉢ 곤욕(困辱) : 심한 모욕. 또는 참기 힘든 일
㉣ 곤혹(困惑) : 곤란한 일을 당하여 어찌할 바를 모름

10

정답 ②

제시문의 환자는 상대방의 잘못을 들추어 서로 낫고 못함이 없다고 주장하여 자신의 잘못을 정당화하는 피장파장의 오류를 범하고 있으므로 이와 동일한 오류를 보이는 것은 ②이다.

오답분석

① 사적 관계에 호소하는 오류
③ 무지에 호소하는 오류
④ 부적절한 권위에 호소하는 오류
⑤ 성급한 일반화의 오류

11

정답 ④

스마트팩토리의 주요 기술 중 하나인 에지 컴퓨팅은 중앙 데이터 센터와 직접 소통하는 클라우드 컴퓨팅과 달리 산업 현장에서 발생하는 데이터를 에지 데이터 센터에서 사전 처리한 후 선별하여 전송함으로써 데이터 처리 지연 시간을 줄일 수 있다.

12

정답 ③

보기의 '끌다'는 '남의 관심 따위를 쏠리게 하다.'의 의미로 쓰였으며, 이와 같은 의미로 사용된 것은 ③이다.

오답분석

① 바닥에 댄 채로 잡아당기다.
② 바퀴 달린 것을 움직이게 하다.
④ 시간이나 일을 늦추거나 미루다.
⑤ 목적하는 곳으로 바로 가도록 같이 가면서 따라오게 하다.

13

정답 ③

①·②·④·⑤는 유의 관계이나, ③은 반의 관계이다.

• 굴착(掘鑿) : 땅이나 암석 따위를 파고 뚫음
• 매립(埋立) : 우묵한 땅이나 하천, 바다 등을 돌이나 흙 따위로 채움

오답분석

① 당착(撞着) : 말이나 행동 따위의 앞뒤가 맞지 않음
 모순(撞着) : 어떤 사실의 앞뒤, 또는 두 사실이 이치상 어긋나서 서로 맞지 않음
② 용인(庸人)·범인(凡人) : 평범한 사람
④ 체류(滯留)·체재(滯在) : 객지에 가서 머물러 있음
⑤ 모범(模範) : 본받아 배울 만한 대상
 귀감(龜鑑) : 거울로 삼아 본받을 만한 모범

14

정답 ⑤

L사원이 작성해야 할 문서는 매뉴얼(Manual)로, 특정 제품이나 시스템을 이용하기 위한 절차 및 방법 등을 상세하게 밝혀 사용자에게 도움을 제공하는 문서이다. 문장이 길면 내용을 정확하게 전달하기 어려우므로 간결하게 작성하되, 가급적 전문용어의 사용을 삼가는 것이 좋다.

오답분석

① 보고서
②·③ 기획서
④ 공문서

15

정답 ③

추측에 대한 막연한 의문이 있는 채로 그것을 뒤 절의 사실이나 판단과 관련시키는 데 쓰는 연결 어미인 '-ㄹ지'가 사용된 문장이므로 '해야 할지'와 같이 어간 뒤에 붙여 적어야 한다.

오답분석

① 상반되는 사실을 서로 대조적으로 나타내는 연결 어미 '-지'는 어간 뒤에 붙여 쓴다.
② 움직임이나 상태를 부정하거나 금지하려 할 때 쓰이는 연결 어미 '-지'는 어간 뒤에 붙여 쓴다.
④ 어떤 일이 있었던 때로부터 지금까지의 동안을 나타내는 의존 명사 '지'는 띄어 쓴다.
⑤ 추측에 대한 막연한 의문이 있는 채로 그것을 뒤 절의 사실이나 판단과 관련시키는 데 쓰는 연결 어미인 '-ㄴ지'는 어간 뒤에 붙여 쓴다.

16

정답 ②

평균속력은 $\frac{(총\ 이동거리)}{(총\ 걸린시간)}$이며, B대리가 이동한 총거리를 구하면 $14+6.8+10=30.8$km이다. 이동하는 데 걸린 시간(모든 시간 단위는 시간으로 환산)은 $1.5+\frac{18}{60}+1=2.5+\frac{3}{10}=2.8$시간이다. 따라서 B대리가 출·퇴근하는 평균속력은 $\frac{30.8}{2.8}=11$km/h이다.

17

정답 ①

중식과 양식의 1인분 가격을 각각 x원, y원이라 가정하고, 조건에 따른 방정식은 두 가지가 나온다. 세 번째, 네 번째, 여섯 번째 조건을 종합하면 A는 중식, E는 양식을 주문했고 2명의 금액은 8,900원이다. 첫 번째 조건에서는 6명의 점심식사 총 금액이 25,800원이며, 중식 3명, 양식 2명, 한식 1명에 대한 방정식은 다음과 같다.

$x+y=8,900$ … ㉠

$3x+2y+4,200=25,800 \rightarrow 3x+2y=21,600$ … ㉡

㉠에 ×2를 하여 ㉡에서 빼주면 $x=3,800$, $y=5,100$이 나오므로 중식의 1인분 가격은 3,800원이다.

18

정답 ⑤

임원진 3명 중 남녀가 각 1명 이상씩은 선출되어야하므로 추천 받은 인원(20명)에서 3명을 뽑는 경우에서 남자 또는 여자로만 뽑힐 경우를 제외하는 여사건으로 구한다. 남녀 성비가 6 : 4이므로 남자는 $20\times\frac{6}{10}=12$명, 여자는 $20\times\frac{4}{10}=8$명이며, 남자 3명 또는 여자 3명이 선출되는 경우의 수는 ${}_{12}C_3+{}_{4}C_3=\frac{12\times11\times10}{3\times2}+\frac{4\times3\times2}{3\times2}=220+4=224$가지가 나온다.

따라서 남녀가 1명 이상씩 선출되는 경우의 수는 ${}_{20}C_3-({}_{12}C_3+{}_{4}C_3)=\frac{20\times19\times18}{3\times2}-224=1,140-224=916$가지이고, 3명 중에 1명은 운영위원장, 2명은 운영위원으로 임명하는 방법은 3가지이다.

따라서 올해 임원으로 선출할 수 있는 경우의 수는 $916\times3=2,748$가지이다.

19

정답 ①

신입사원의 총인원을 100명으로 가정하고 조건에 따라 성별과 경력직 유무에 해당하는 인원을 구하면 다음과 같다.

(단위 : 명)

구분	남성	여성	계
경력직	$100\times0.15=15$	x	$15+x$
신입	$40-15=25$	$60-x$	$25+(60-x)$
계	$100\times0.4=40$	60	100

조건에서 신입사원의 70%인 70명이 남성이거나 경력직이라고 했으므로 여성 경력직 x명에 대한 방정식은 $40+x=70 \rightarrow x=30$이 나온다. 따라서 여성 경력직은 30명이므로 신입사원 중 여자 한 명을 뽑았을 때, 경력직이 뽑힐 확률은 $\frac{30}{60}=\frac{1}{2}$이다.

20

정답 ⑤

ㄴ. 2022년 준중형 자동차 판매량은 전년 대비 $\frac{180.4-179.2}{179.2}\times100 \fallingdotseq 0.67\%$로 1% 미만 증가했다.

ㄷ. 2020 ~ 2021년까지 자동차 판매 순위는 'SUV – 중형 – 대형 – 준중형 – 소형' 순이지만, 2022년에는 'SUV – 중형 – 준중형 – 대형 – 소형' 순이다.

ㄹ. 'ㄱ'의 해설을 통해 준중형, 중형, 대형은 2020년 대비 2021년에 판매량이 감소했음을 알 수 있으며, 소형과 SUV는 판매량이 증가했다.

오답분석

ㄱ. 2020년 대비 2021년 판매량이 감소한 자동차 종류는 준중형, 중형, 대형으로 세 종류의 감소율을 구하면 다음과 같다.

구분	2020년 대비 2021년 판매량 감소율
준중형	$\frac{179.2-181.3}{181.3}\times100 \fallingdotseq -1.16\%$
중형	$\frac{202.5-209.3}{209.3}\times100 \fallingdotseq -3.25\%$
대형	$\frac{185-186.1}{186.1}\times100 \fallingdotseq -0.59\%$

따라서 2020년 대비 2021년 판매량 감소율이 가장 낮은 차종은 '대형'이다.

21

정답 ④

2π라디안은 360°이며, π라디안은 180°이므로 $\frac{\pi}{3}$라디안 $\frac{180°}{3}=60°$가 된다. 운반차는 6분에 60°를 회전하므로 한 바퀴 회전하는 데 필요한 시간은 $\frac{360}{60}\times6=36$분이 걸린다. 운반차는 3바퀴 회전하고 두 번째 공정으로 넘어가므로 운반차 1대가 첫 번째 공정을 끝내는 시간은 $36\times3=108$분이다. 따라서 8시간(=480분) 동안 두 번째 공정으로 가는 운반차 개수는 $\frac{480}{108}\fallingdotseq4.44$이므로 4대가 된다.

22

정답 ③

각 수와 수 사이의 증감을 비교하면 다음과 같다.

$+1,\ -2,\ +9,\ -4,\ +25,\ -6,\ +49$

이를 정리하면, $+(-1)^2,\ -(-2)^1,\ +(-3)^2,\ -(-4)^1,\ +(-5)^2,\ -(-6)^1,\ +(-7)^2$이고, 이는 '$(-a)^b$'의 형태로 a는 1부터 시작하여 자연수를 순서대로 대입하고, b는 a가 짝수일 경우 1, 홀수일 경우 2를 대입한다.

따라서 빈칸에 들어갈 알맞은 수는 $86+(-8)^1=78$이다.

23

정답 ⑤

집에서 편의점까지 1km이며 편의점에서 집으로 돌아오는 도중 0.3km 지점에서 다시 편의점으로 물통을 가지러 갔다고 하였다.

$(시간)=\frac{(거리)}{(속력)}$이므로 0.3km 지점에서 편의점으로 시속 3km로 가는 데 걸리는 시간은 $\frac{0.3}{3}$시간, 물통을 챙기고 집으로 시속 6km로 달려가는데 걸리는 시간은 $\frac{1}{6}$시간이다. 따라서 총 걸리는 시간은 $\frac{0.3}{3}+\frac{1}{6}=\frac{1.6}{6}$시간$=\frac{1.6}{6}\times60=16$분이므로 집에 도착한 시각은 오전 6시 21분이다.

24

정답 ②

8개 국가의 국방예산의 평균은 $\frac{692+637+487+461+411+368+559+557}{8}=\frac{4,172}{8}=521.5$억 원이다.

오답분석

① 러시아 국방예산은 한국 예산의 $\frac{692}{368}\fallingdotseq1.88$배이다.

③ 국방예산이 2번째로 적은 국가는 411억 원인 독일이며, 3번째로 많은 국가 예산은 인도로 559억 원이다. 따라서 독일 예산은 인도 예산의 $\frac{411}{559}\times100\fallingdotseq73.5\%$이므로 70% 이상이다.

④ 국방예산이 가장 많은 4개 국가(러시아, 사우디아라비아, 인도, 프랑스)의 총액은 692+637+559+557=2,445억 원, 가장 적은 4개 국가(영국, 일본, 독일, 한국)의 총액은 487+461+411+368=1,727억 원이다. 따라서 총예산의 차이는 2,445−1,727=718억 원이다.

⑤ 8개 국가 국방예산 총액은 692+637+487+461+411+368+559+557=4,172억 원이며, 총액에서 영국 국방예산이 차지하는 비중은 $\frac{487}{4,172}\times 100 \fallingdotseq 11.7\%$로 13% 미만이다.

25

정답 ①

같은 부서 사람이 옆자리로 함께 앉아야하므로 먼저 부서를 한 묶음으로 생각하고 세 부서를 원탁에 배치하는 경우는 2!=2가지이다. 각 부서 사람끼리 자리를 바꾸는 경우의 수는 2!×2!×3!=2×2×3×2=24가지가 나온다. 따라서 조건에 맞게 7명이 앉을 수 있는 경우의 수는 2×24=48가지이다.

26

정답 ④

과일 종류별 무게를 가중치로 적용한 네 과일의 가중평균은 42만 원이다. 라 과일의 가격을 a만 원이라 가정하고 가중평균에 대한 방정식을 구하면

$25\times0.4+40\times0.15+60\times0.25+a\times0.2=42 \rightarrow 10+6+15+0.2a=42 \rightarrow 0.2a=42-31=11 \rightarrow a=\frac{11}{0.2}=55$

따라서 라 과일의 가격은 55만 원이다.

27

정답 ⑤

세 번째 조건에서 k, m, n의 나이 곱이 1,540이므로 소인수분해로 나타내면 2×2×5×7×11=1,540이다. 다섯 번째 조건에서 m의 나이는 9세 이상 16세 이하이므로 가능한 나이를 나열하면 10세, 11세, 14세이다. 이 중 네 번째 조건에서 세 자녀의 나이 합은 35로 자녀들의 평균은 35÷3≒11.7세이면, m의 나이는 평균보다 많으므로 14세임을 알 수 있다. 따라서 k와 n의 나이 합은 $k+n=35-14=21$, 곱은 $k\times n=1,540\div14=110$이 된다. 이를 충족하는 나이는 (10, 11)이고, 은진이의 나이가 가장 적을 경우를 구해야하므로 n이 10세가 된다. 두 번째 조건을 보면 은진이 나이를 a세라 하면 은영이 나이는 $(a+4)$세가 되며, 마지막 조건에 따라 방정식을 세워 a를 구하면, $a+(a+4)=(m+n)\times4 \rightarrow 2a+4=(14+10)\times4=96 \rightarrow 2a=92 \rightarrow a=46$

따라서 은진이 나이가 가장 적은 경우의 나이는 46세이다.

28

정답 ②

제시된 조건을 표로 정리하면 다음과 같다.

첫 번째	두 번째	세 번째	네 번째	다섯 번째
잡지	수험서	에세이	소설	만화

- A는 수험서를 구매한 다음 바로 에세이를 구매했는데 만화와 소설보다 잡지를 먼저 구매했고 수험서는 가장 먼저 구매하지 않았다고 했으므로 잡지가 가장 첫 번째로 구매한 것이 되므로 순서는 잡지 → (만화, 소설) → 수험서 → 에세이 → (만화, 소설)이다.
- 에세이나 소설은 마지막에 구매하지 않았으므로 만화가 마지막으로 구매한 것이 되고, 에세이와 만화를 연달아 구매하지 않았으므로 소설이 네 번째로 구매한 책이 된다.

따라서 A가 구매한 순서는 잡지 → 수험서 → 에세이 → 소설 → 만화이므로 세 번째로 구매한 책은 에세이이다.

29

정답 ④

5개월 동안 평균 외식비가 12만 원 이상 13만 원 이하일 때, 총 외식비가 12×5=60만 원 이상 13×5=65만 원 이하가 된다. 1월부터 4월까지 지출한 외식비는 110,000+180,000+50,000+120,000=460,000원이다. 따라서 A씨가 5월에 최대로 사용할 수 있는 외식비는 650,000−460,000=190,000원이다.

30

정답 ②

거래내역 방식으로 회식비를 분담금은 각자 주문한 메뉴들의 금액의 합과 같다.

구분	메인요리	샐러드	디저트	계
우빈	10,000원	2,000원	8,000원	20,000원
다솔	15,000원	3,000원	4,000원	22,000원
한수	18,000원	6,000원	2,000원	26,000원
미주	16,000원	4,000원	5,000원	25,000원
건태	12,000원	2,000원	5,000원	19,000원

5명이 주문한 메뉴의 총 금액은 20,000+22,000+26,000+25,000+19,000=112,000원이며, 똑같이 분담한다면 1명당 $\frac{112,000}{5}$=22,400원이다. 따라서 회식비를 거래내역 방식 대신 전통적인 방식으로 분담할 때, 부담이 가장 많이 덜어지는 사람은 한수이며, 그 금액 차이는 26,000−22,400=3,600원이다.

31

정답 ④

'운동을 좋아한다.'를 p, '등산을 좋아한다.'를 q, '수영을 좋아한다.'를 r, '요가를 좋아한다.'를 s, '골프를 좋아한다.'를 t라 했을 때, 명제를 나열하면 $p \to q$, $\sim r \to \sim p$, $s \to \sim t$, $q \to s$이다. 이를 정리하면, $p \to q \to s \to \sim t$가 되며 두 번째 명제의 대우에 따라 $p \to r$이 성립함을 알 수 있다. 그러나 r과 t의 관계는 알 수 없으므로 '수영을 좋아하지 않으면 골프를 좋아하지 않는다.'가 성립하는지 알 수 없다.

오답분석

① 첫 번째 명제와 네 번째 명제를 통해 추론할 수 있다.
② 두 번째 명제의 대우를 통해 추론할 수 있다.
③ 세 번째 명제의 대우와 네 번째 명제의 대우를 통해 추론할 수 있다.
⑤ 첫 번째 명제의 대우를 통해 추론할 수 있다.

32

정답 ⑤

'도보로 걷다.'를 p, '자가용을 탄다.'를 q, '자전거를 탄다.'를 r, '버스를 탄다.'를 s라고 하면, $p \to \sim q$, $r \to q$, $\sim r \to s$이며, 두 번째 명제의 대우인 $\sim q \to \sim r$이 성립함에 따라 $p \to \sim q \to \sim r \to s$가 성립한다. 따라서 '자가용을 타지 않는 사람은 버스를 탄다.'의 명제는 반드시 참이 된다.

33

정답 ⑤

D가 산악회원인 경우와 산악회원이 아닌 경우로 나누어 보면 다음과 같다.

1) D가 산악회원인 경우
   네 번째 조건에 따라 B와 C도 산악회원이 되며, A는 두 번째 조건의 대우에 따라 산악회원이 될 수 없다. 따라서 산악회원은 B, C, D이다.
2) D가 산악회원이 아닌 경우
   세 번째 조건에 따라 B가 산악회원이 아니거나 C가 산악회원이어야 한다. 그러나 첫 번째 조건의 대우에 따라 C는 산악회원이 될 수 없으므로 B가 산악회원이 아님을 알 수 있다. 따라서 B, C, D 모두 산악회원이 될 수 없다. 이때 최소 한 명 이상은 산악회원이어야 하므로 A가 산악회원이 된다.

따라서 A 혼자 산악회원인 경우와 B, C, D가 산악회원인 경우에 따라 A ~ D 중 산악회원은 최소 1명이거나 최대 3명이 되므로 항상 참이 되는 것은 ⑤이다.

34

정답 ③

선택지별 부품 구성에 따른 총 가격 및 총소요시간을 계산하면 다음과 같으며, 총소요시간에서 30초는 0.5분으로 환산한다.

구분	부품	총 가격	총소요시간
①	A, B, E	(20×3)+(35×5)+(80×1)=315원	6+7+8.5=21.5분
②	A, C, D	(20×3)+(33×2)+(50×2)=226원	6+5.5+11.5=23분
③	B, C, E	(35×5)+(33×2)+(80×1)=321원	7+5.5+8.5=21분
④	A, D, F	(20×3)+(50×2)+(90×2)=340원	6+11.5+10=27.5분
⑤	B, D, F	(35×5)+(50×2)+(90×2)=455원	7+11.5+10=28.5분

세 번째 조건에 따라 ④, ⑤의 부품 구성은 총소요시간이 25분 이상이므로 제외된다. 마지막 조건에 따라 ①, ②, ③의 부품 구성의 총 가격 차액이 서로 100원 미만 차이가 나므로 총소요시간이 가장 짧은 것을 택한다.
따라서 총소요시간이 21분으로 가장 짧은 'B, C, E' 부품으로 마우스를 조립한다.

35

정답 ⑤

수원에서 134km 떨어진 강원도로 여행을 가는데 필요한 연료량과 연료비는 다음과 같다.

구분	필요 연료량	연료비
A자동차	$\frac{134}{7}$ ≒ 19kW	19×300=5,700원
B자동차	$\frac{134}{6}$ ≒ 22kW	22×300=6,600원
C자동차	$\frac{134}{18}$ ≒ 7L	7×1,780=12,460원
D자동차	$\frac{134}{20}$ ≒ 6L	6×1,520=9,120원

K씨의 가족 구성원은 8명이므로 B자동차를 이용할 경우 6인승 이상의 차를 렌트해야하지만 나머지 차는 4인승 또는 5인승이므로 같이 빌릴 수 없다. 따라서 B자동차를 제외한 A, C, D자동차 중 2대를 렌트해야하며, 대여비는 같으므로 세 자동차 중 연료비가 저렴한 A자동차와 D자동차를 렌트한다.

36

정답 ②

먼저 세 번째 조건에 따라 박대리와 이주임은 나란히 앉아야 한다. 이때, 박대리가 김팀장 왼쪽에 앉는다면 김팀장 오른쪽에는 최주임이 앉아야 하므로 문 대리가 최주임과 나란히 앉게 된다. 그러나 첫 번째 소건에서 최주임과 문대리는 나란히 앉지 않는다고 하였으므로 조건에 성립하지 않는다. 이주임이 김 팀장 오른쪽에 앉는 경우도 마찬가지이므로 결국 박대리와 이주임은 김 팀장 맞은편에 나란히 앉아야 한다. 따라서 김팀장의 옆자리는 최주임과 문대리가 각각 앉아야 하므로 개발팀 팀원들이 앉을 수 있는 경우는 다음과 같다.

경우 1)

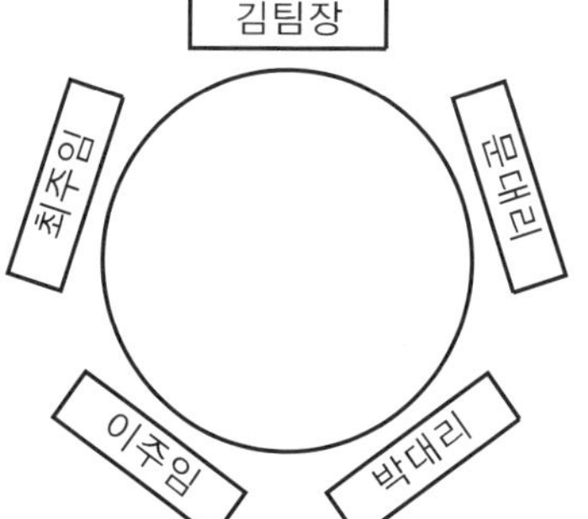

경우 2)

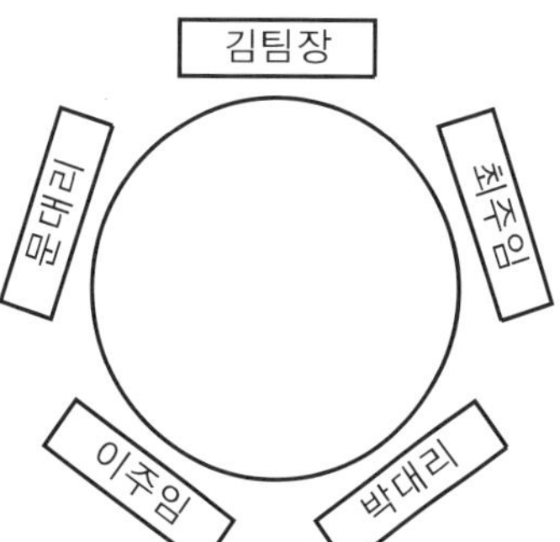

따라서 김팀장 왼쪽에 박대리가 앉지 않는다는 ②가 항상 참이 된다.

PART 4

37

정답 ④

대전역에서 하차하였다는 A와 대전역에서 하차하지 않았다는 C의 진술은 반드시 동시에 참이거나 거짓이어야 한다. 이때, 세 사람 중 한 사람의 진술만 참이므로 A와 C의 진술은 모두 거짓이 된다. 따라서 B의 진술만 참이 되며, A는 부산역, B는 대구역, C는 대전역에서 하차하였음을 알 수 있다.

38

정답 ①

A～E의 진술에 따르면 A와 B의 진술은 반드시 동시에 참이나 거짓이 되어야 하며, C와 E의 진술 역시 동시에 참이나 거짓이 되어야 한다. 먼저 A와 B의 진술이 모두 참일 경우 C와 E의 진술은 거짓이 되고, D의 진술은 참이 된다. 그러나 이때 D의 진술과 A, B의 진술이 서로 모순되므로 이는 성립하지 않는다. 따라서 A와 B의 진술은 모두 거짓이며, 진실을 말하고 있는 심리상담사는 C, D, E이다. 결국 진실을 말하고 있는 C, D, E의 진술에 따라 근무시간에 자리를 비운 사람은 A가 된다.

39

정답 ②

정보에서 에코백 색깔의 순위를 1위부터 나열하면 '베이지색 – 검정색 – 노란색 – 주황색 – 청록색'이다. 두 번째 정보에서 1위인 베이지색 에코백의 개수는 50개 중 40%이므로 $50\times0.4=20$개를 준비하고, 2위인 검정색은 전체 개수의 20% 이상 30% 이하이므로 10개 이상 15개 이하 준비가 가능하다. 마지막 정보에서 3위 이하로 노란색, 주황색, 청록색은 6개 이상씩 준비해야하기 때문에 검정색 에코백은 최대 $50-20-(6\times3)=12$개를 준비할 수 있다. 따라서 검정색 개수에 따라 노란색, 주황색, 청록색 에코백 개수를 정리하면 다음과 같다.

i) 검정색 에코백 10개 준비할 경우 방법은 6가지이다.

(단위 : 개)

노란색	주황색	청록색
6	7	7
7	6	7
7	7	6
6	6	8
6	8	6
8	6	6

ii) 검정색 에코백 11개 준비 방법은 3가지이다.

(단위 : 개)

노란색	주황색	청록색
6	6	7
6	7	6
7	6	6

iii) 검정색 에코백 12개 준비 방법은 1가지이다.

(단위 : 개)

노란색	주황색	청록색
6	6	6

오픈 행사로 색깔별로 준비하는 에코백의 경우의 수는 총 $6+3+1=10$가지가 나온다.

ㄴ. 검정색은 10개 이상 15개 이하 범위이지만 노란색, 주황색, 청록색을 각각 6개 이상씩 준비해야하므로 12개까지 가능하다. 따라서 베이지색은 20개, 검정색은 최대 12개로 이 두 가지 색의 최대 개수의 합은 $20+12=32$개이다.

ㄹ. 오픈 행사로 준비하는 에코백의 경우의 수는 총 10가지이다.

오답분석

ㄱ. 검정색 에코백을 10개 준비했을 경우 가능한 경우의 수는 6가지이다.

ㄷ. 3위부터 5위까지는 6개 이상씩 준비해야하므로 최소 $6\times3=18$개를 준비해야 한다.

40

정답 ②

각 회사별 판촉물 가격과 배송비를 계산하면 다음과 같다.

판촉물 회사	판촉물 가격	배송비	합계
A	$\frac{5,500}{100}\times 18,000=990,000$원	$\frac{5,500}{100\times 5}\times 3,000=33,000$원	1,023,000원
B	$\frac{5,500}{500}\times 60,000=660,000$원	660,000×0.1=66,000원	726,000원
C	$\frac{5,500}{500}\times 72,000=792,000$원	5,000원	797,000원
D	5,500×170=935,000원	무료	935,000원
E	$\frac{5,500}{550}\times 82,500=825,000$원	$\frac{5,500}{550}\times 1,000=10,000$원	835,000원

따라서 가장 저렴하게 구입할 수 있는 곳은 'B회사'이다.

41

정답 ③

먼저 한 달간 약국의 공휴일 영업일수는 서로 같으므로 5일 동안 5개의 약국 중 2곳씩 영업할 경우 각 약국은 모두 두 번씩 영업해야 한다.

세 번째 조건과 마지막 조건에 따르면 D약국은 첫 번째, 두 번째 공휴일에 이미 A약국, E약국과 함께 두 번의 영업을 하였다. E약국 역시 네 번째 조건에 따라 마지막 공휴일에 영업할 예정이므로 모두 두 번의 영업을 하게 되며, A약국도 세 번째 공휴일인 오늘 영업 중이므로 두 번의 영업일을 채우게 된다.

B약국이 두 번의 영업일을 채우기 위해서는 네 번째와 다섯 번째 공휴일에 반드시 영업을 해야 하므로 C약국은 남은 네 번째 공휴일에 영업을 하게 된다.

각 공휴일에 영업하는 약국을 정리하면 다음과 같다.

<table>
<tr><th>공휴일</th><th>첫 번째</th><th>두 번째</th><th>세 번째</th><th>네 번째</th><th>다섯 번째</th></tr>
<tr><td rowspan="2">약국(횟수)</td><td>A(1), D(1)</td><td>D(2), E(1)</td><td rowspan="2">A(2), C(1)</td><td rowspan="2">B(1), C(2)</td><td rowspan="2">B(2), E(2)</td></tr>
<tr><td>D(1), E(1)</td><td>A(1), D(2)</td></tr>
</table>

따라서 네 번째 공휴일에 영업하는 약국은 B와 C이다.

42

정답 ⑤

시·도별 총 전출자 수가 가장 적은 지역부터 나열하면 '세종 – 제주 – 울산 – 충북 – 강원'순이며, 2021년과 2022년 모두 동일하다.

오답분석

① 2021년도 전국 총 이동률이 가장 낮은 달은 12.1%로 10월이며, 2022년은 11%인 9월이다.
② 2022년도 시·도별 총 전출자 수가 전년 대비 감소한 지역은 '서울, 부산, 울산, 경남'지역으로 4곳이다.
③ 2022년 8월부터 11월까지 전월 대비 시·도 내와 시·도 간의 이동률 증감추이는 '증가 – 감소 – 증가 – 동일'로 같지만, 12월은 전월 대비 시·도 내 이동률은 감소했고, 시·도 간은 증가했다.
④ 2022년 전년 동월 대비 총 이동인구가 감소한 달은 전년 동월 비가 음수인 비율을 찾으면 2월, 8월, 9월이므로 3번이다.

43

정답 ③

총 전입과 총 전출의 차이는 순 이동의 절댓값으로 대소비교를 해야한다. 따라서 2018년도 순 이동의 절댓값이 가장 큰 지역은 경기(117천 명)이며, 가장 작은 지역은 0명인 인천이다. 각 지역의 2019년도 전년 대비 총 전출자 증감률은 다음과 같다.

• 경기(가장 큰 지역) : $\frac{1,872-1,772}{1,772}\times 100 \fallingdotseq 5.6\%$

• 인천(가장 작은 지역) : $\frac{435-410}{410}\times 100 \fallingdotseq 6.1\%$

44

정답 ④

'회의장 세팅'을 p, '회의록 작성'을 q, '회의 자료 복사'를 r, '자료 준비'를 s라고 하면, 두 번째 조건인 $r \rightarrow s$와 마지막 조건인 $s \rightarrow q$에 따라 $r \rightarrow s \rightarrow q$가 성립한다. 따라서 'D사원이 회의에 쓰일 자료를 복사하면 회의 중 회의록을 작성해야 한다.'는 항상 참이 된다.

45

정답 ⑤

두바이와 싱가포르는 서울보다 각각 5시간, 1시간이 느리므로 두바이와 싱가포르 시간을 서울 시간으로 바꾸면 '(두바이 현지시간)+5시간, (싱가포르 현지시간)+1시간'이다.

- 두바이 업무시간 → 서울 시간
  오전 8시~오후 5시 → 오후 1시~오후 10시
- 싱가포르 업무시간 → 서울 시간
  오전 8시~오후 5시 → 오전 9시~오후 6시

각 지사마다 회의 및 외근 시간을 서울 시간으로 나타내면 다음과 같다.

구분	업무 시간	회의 및 외근
서울	오전 8시~오후 5시	–
두바이	오후 1시~오후 10시	(현지시간 오전 10시~오전 11시 회의) 오후 3시~오후 4시
싱가포르	오전 9시~오후 6시	(현지시간 오후 2시~오후 5시 외근) 오후 3시~오후 6시

모든 지사에서 서울 시간으로 공통된 업무시간은 오후 1시부터 5시까지다. 그리고 오후 3시부터 두바이와 싱가포르 지사에서 스케줄이 있으므로 오후 3시 이전에 전체회의를 가져야한다. 따라서 회의가 가능한 시간은 오후 1시부터 오후 3시이다.

모의고사 정답 및 해설

01	02	03	04	05	06	07	08	09	10	11	12	13	14	15	16	17	18	19	20
①	④	③	①	⑤	③	③	④	⑤	③	③	④	①	③	③	⑤	①	③	①	①
21	22	23	24	25	26	27	28	29	30	31	32	33	34	35	36	37	38	39	40
④	③	③	①	④	①	③	⑤	④	③	②	①	④	②	③	⑤	③	②	①	⑤
41	42	43	44	45															
③	①	⑤	①	③															

01

정답 ①

(라)는 나무를 양육할 때 주로 저지르는 실수로 나무 간격을 촘촘하게 심는 것을 언급하고 있다. 따라서 그 이유를 설명하는 (다)가 다음으로 이어지는 것이 옳다. 또한 (나) 역시 또 다른 식재계획 시 주의점에 대해서 이야기하고 있으므로 (다) 뒤에 배열하는 것이 가장 올바른 순서이다.

02

정답 ④

미생물을 끓는 물에 노출하면 영양세포나 진핵포자를 죽일 수 있으나, 100℃의 끓는 물에서는 세균의 내생포자를 사멸시키지 못한다. 이때, 멸균은 포자, 박테리아, 바이러스 등을 완전히 파괴하거나 제거하는 것이므로 물을 끓여서 하는 열처리 방식으로는 멸균이 불가능함을 알 수 있다. 따라서 빈칸에 들어갈 내용으로는 소독은 가능하지만, 멸균은 불가능하다는 ④가 가장 적절하다.

03

정답 ③

㉠ 뒤의 문장에서는 국가의 통제하에 박물관이 설립된 유럽과 달리 미국은 민간 차원에서 박물관이 설립되었다고 이야기하므로 ㉠에는 '반면'이 적절하다. 다음으로 ㉡ 뒤의 문장에서는 19세기 중후반에 설립된 박물관들과 더불어 해당 시기에 전문 박물관이 급진적으로 증가하였음을 이야기하므로 ㉡에는 '또한'이 적절하다.

04

정답 ①

'가정(假定)'은 '사실이 아니거나 또는 사실인지 아닌지 분명하지 않은 것을 임시로 인정함'을 의미하므로, '어떤 정황을 가정적으로 생각하여 단정함'을 의미하는 제시문의 '상정'과 유사한 의미를 지닌다.

오답분석

② 사색(思索) : 어떤 것에 대하여 깊이 생각하고 이치를 따짐
③ 성현(聖賢) : 성인(聖人)과 현인(賢人)을 아울러 이르는 말
④ 고찰(考察) : 어떤 것을 깊이 생각하고 연구함
⑤ 인정(認定) : 확실히 그렇다고 여김

PART 4

05

정답 ⑤

㉠ 발효(發效) : 조약, 법, 공문서 따위의 효력이 나타남. 또는 그 효력을 나타냄
㉡ 발행(發行) : 화폐, 증권, 증명서 따위를 만들어 세상에 내놓아 널리 쓰도록 함
㉢ 발령(發令) : 명령을 내림. 또는 그 명령. 흔히 직책이나 직위와 관계된 경우를 이른다.

오답분석

- 발간(發刊) : 책, 신문, 잡지 따위를 만들어 냄
- 발표(發表) : 어떤 사실이나 결과, 작품 따위를 세상에 널리 드러내어 알림

06

정답 ③

제시문의 '다루다'는 '어떤 물건이나 일거리 따위를 어떤 성격을 가진 대상 혹은 어떤 방법으로 취급하다.'는 의미로 사용되었으므로 '취급하다'로 바꾸어 사용할 수 있다.

오답분석

① 사고팔다 : 물건 따위를 사기도 하고 팔기도 하다.
② 사용하다 : 일정한 목적이나 기능에 맞게 쓰다.
④ 상대하다 : 1. 서로 마주 대하다.
2. 서로 겨루다.
⑤ 부리다 : 기계나 기구 따위를 마음대로 조종하다.

07

정답 ③

대부분의 수입신고는 보세구역 반입 후에 행해지므로 수입신고와 보세반입 절차는 반드시 함께 이루어져야 한다. 따라서 ㉢에는 이끌려 지도된다는 의미의 '인도(引導)'보다 어떤 일과 더불어 생긴다는 의미의 '수반(隨伴)'이 적절하다.

오답분석

① 적하(積荷) : 화물을 배나 차에 실음. 또는 그 화물
② 반출(搬出) : 운반하여 냄
④ 적재(積載) : 물건이나 짐을 선박, 차량 따위의 운송 수단에 실음
⑤ 화주(貨主) : 화물의 임자

08

정답 ④

빈칸 앞의 문장에서는 과학자의 믿음과 종교인의 믿음이 서로 다르다고 이야기하고 있으나, 빈칸 뒤의 문장에서는 믿음이라는 말 외에 다른 단어로 대체하기 어렵다고 이야기하고 있으므로 빈칸에는 앞의 내용과 뒤의 내용이 상반될 때 쓰는 ④의 '그러나'가 옳다.

09

정답 ⑤

마지막 문단에서 글쓴이는 과학과 종교 두 영역이 서로 상생하기 위해서는 겸허함과 인내를 통해 편견에서 벗어나야 한다고 주장하며, 이를 위해서는 서로의 영역을 인정해주려는 노력이 우선시되어야 한다고 이야기하고 있다.

10

정답 ③

임차인은 임대인의 동의 없이 그 권리를 양도할 수 없으므로 제3자에게 마음대로 임대할 수 없다.

- 임대(賃貸) : 돈을 받고 자기의 물건을 남에게 빌려줌
- 임차(賃借) : 돈을 내고 남의 물건을 빌려 씀

11

정답 ③

㉠은 '안에 담기거나 그 일부를 이루다.'의 의미로 사용되었으며, ㉡은 '손에 가지다.'의 의미로 사용되었다. ③의 '들다'는 '어떤 범위나 기준, 또는 일정한 기간 안에 속하거나 포함되다.'의 의미로 사용되었다.

12

정답 ④

녹차와 홍차는 같은 식물의 찻잎으로 만들어지며 둘 다 L-테아닌과 폴리페놀 성분을 함유하고 있다는 점에서 공통점이 있으나, 발효 방법과 함유된 폴리페놀 성분의 종류가 다르다는 점에서 차이가 있다. 제시된 글은 녹차와 홍차를 비교하여 공통점과 차이점을 중심으로 내용을 전개하고 있다.

13

정답 ①

17세기 철학자인 데카르트는 '동물은 정신을 갖고 있지 않으며, 고통을 느끼지 못하므로 심한 취급을 해도 좋다.'라고 주장하였다.

오답분석

② 피타고라스는 윤회설에 입각하여 동물에게 경의를 표해야 함을 주장하였다.
③ 루소는 '인간불평등 기원론'을 통해 인간과 동물은 동등한 자연의 일부임을 주장하였다.
④ 동물 복지 축산농장 인증제는 공장식 축산 방식의 문제를 개선하기 위한 동물 복지 운동의 일환으로 등장하였다.
⑤ 미국의 신경과학자들은 '의식에 관한 케임브리지 선언'을 통해 동물에게도 의식이 있다고 선언했다.

14

정답 ③

㉠의 '떨어지다'는 '값, 기온, 수준, 형세 따위가 낮아지거나 내려가다.'의 의미로 사용되었으므로 이와 같은 의미로 사용된 것은 ③이다.

오답분석

① 이익이 남다.
② 입맛이 없어지다.
④ 병이나 습관 따위가 없어지다.
⑤ 뒤를 대지 못하여 남아 있는 것이 없게 되다.

15

정답 ③

㉠ 구별(區別) : 성질이나 종류에 따라 차이가 남. 또는 성질이나 종류에 따라 갈라놓음
㉡ 변별(辨別) : 사물의 옳고 그름이나 좋고 나쁨을 가림
㉢ 감별(鑑別) : 보고 식별함

오답분석

- 차별(差別) : 둘 이상의 대상을 각각 등급이나 수준 따위의 차이를 두어서 구별함
- 식별(識別) : 분별하여 알아봄
- 분별(分別) : 서로 다른 일이나 사물을 구별하여 가름

16

정답 ⑤

작년 사원수에서 줄어든 인원은 올해 진급한 사원(12%)과 퇴사한 사원(20%)을 합하면 $400\times(0.12+0.2)=128$명이며, 작년 사원에서 올해도 사원인 사람은 $400-128=272$명이다. 올해 사원수는 작년 사원수에서 6% 증가했으므로 $400\times1.06=424$명이 된다. 따라서 새로 채용한 신입사원은 $424-272=152$명임을 알 수 있다.

PART 4

17

정답 ①

A국가에서 100명 중 4명이 H병을 앓고 있으므로 4%가 H병에 걸려있다. H병을 검사했을 때, 오진일 확률은 40%, 정확한 진단을 받은 사람은 60%이다. 200명 중에서 H병에 걸린 사람과 걸리지 않은 사람으로 나누어 오진일 확률을 구하면 다음과 같다.

- 실제로 H병에 걸린 사람 : 200×0.4=80명
  - 오진(H병에 걸리지 않았다는 진단) : 80×0.4=32명
  - 정확한 진단(H병에 걸렸다는 진단) : 80×0.6=48명
- 실제로 H병에 걸리지 않은 사람 : 200×0.6=120명
  - 오진(H병에 걸렸다는 진단) : 120×0.4=48명
  - 정확한 진단(H병에 걸리지 않았다는 진단) : 120×0.6=72명

따라서 병에 걸렸다고 진단받은 사람은 48+48=96명이고, 이때 오진으로 진단을 받은 사람 48명이므로 L씨가 검사 결과 병에 걸렸다고 진단받았을 때 오진일 확률은 $\frac{48}{96}\times100=50\%$이다.

18

정답 ③

엘리베이터에는 68kg 사람, 2kg 물건, 70kg J택배원, 12kg 손수레 카트가 들어있다. 엘리베이터의 적재용량에 따라 가지고 탈 수 있는 택배 무게는 455−(68+2+70+12)=455−152=303kg이다. 따라서 가지고 탈 수 있는 4kg의 택배의 최대 개수는 $\frac{303}{4}$=75.75이므로 75박스이다.

19

정답 ①

각 파일 종류에 따라 필요한 용량을 구하면 다음 표와 같다.

저장파일 종류	용량	개수	용량 합계
한글	120KB	16개	1,920KB
	300KB	3개	900KB
엑셀	35KB	24개	840KB
PDF	2,500KB	10개	25,000KB
파워포인트	1,300KB	4개	5,200KB

따라서 총용량은 1,920+900+840+25,000+5,200=33,860KB이며, 총용량을 단위 MB로 환산하면 $\frac{33,860}{1,020}\fallingdotseq33.2$MB가 된다.

20

정답 ①

첫 번째 내용을 보면 올해 순이익이 작년 순이익의 2배가 되었다는 것으로 올해 순이익을 a만 원이라 가정하면, 작년 순이익은 $\frac{a}{2}$만 원이며, 마지막 내용에서 작년 원가는 작년 순이익과 같다고 했으므로 작년 원가도 $\frac{a}{2}$만 원이 된다. 올해 원가는 작년 원가보다 1천만 원 감소하여 $\left(\frac{a}{2}-1,000\right)$만 원이다. 순이익은 매출액에서 원가를 뺀 금액이므로 올해 순이익에 대해 방정식을 세우면

$a=29,000-\left(\frac{a}{2}-1,000\right) \rightarrow \frac{3}{2}a=30,000 \rightarrow a=20,000$이 된다.

따라서 올해 순이익은 2억 원임을 알 수 있다.

21

정답 ④

프로젝트를 끝내는 일의 양을 1이라고 가정한다. 혼자 할 경우 서주임은 하루에 할 수 있는 일의 양은 $\frac{1}{24}$이고, 김대리는 $\frac{1}{16}$이며, 함께 할 경우 $\frac{1}{24}+\frac{1}{16}=\frac{5}{48}$만큼 할 수 있다. 문제에서 함께 한 일수는 3일간이며, 김대리 혼자 한 날을 x일이라 하면 총 일의 양에 대한 방정식은 다음과 같다. $\frac{5}{48}\times3+\frac{1}{16}\times x=1 \rightarrow \frac{5}{16}+\frac{1}{16}\times x=1 \rightarrow \frac{1}{16}\times x=\frac{11}{16} \rightarrow x=11$

따라서 김대리가 혼자 일하는 기간은 11일이고, 보고서를 제출할 때까지 $3+11=14$일이 걸린다.

22

정답 ③

화합물 A와 B에 황과 철이 각각 들어있는 중량을 구하면 다음과 같다.

구분	황	철
①	150×0.6+200×0.2=130g	150×0.3+200×0.4=125g
②	200×0.6+120×0.2=144g	200×0.3+120×0.4=108g
③	200×0.6+150×0.2=150g	200×0.3+150×0.4=120g
④	120×0.6+200×0.2=112g	120×0.3+200×0.4=116g
⑤	140×0.6+250×0.2=134g	140×0.3+250×0.4=142g

따라서 조건에 맞는 화합물 A와 B의 가능한 중량은 각각 200g, 150g이다.

PART 4

23

정답 ③

이사원이 예약한 숙소 6인실의 개수는 x개, 10인실은 y개라고 가정하자. 조건에 따라 총 인원과 숙박비용에 대한 두 방정식을 구하면 다음과 같다.

$6x+10y=160$ … ㉠

$16x+20y=360$ … ㉡

㉠과 ㉡ 방정식을 연립하면 $x=10$, $y=10$이 나온다. 따라서 예약한 6인실의 개수는 10개이다.

24

정답 ①

7월은 31일까지 있으며 7월 1일이 수요일이므로, 마지막 수요일의 날짜는 $1+28=29$일이다. 7월 31일은 금요일이며, 보기에서 휴가 기간은 마지막 주 월요일(27일)부터 금요일(31일)까지임을 알 수 있다. 토요일과 일요일은 8일 동안이며, 평일에 추가근무를 할 수 있는 기간은 $31-(8+5)=18$일이다. A사원이 추가근무 3일을 모두 평일에 할 확률은 $\frac{{}_{18}C_3}{{}_{26}C_3}=\frac{18\times17\times16}{26\times25\times24}=\frac{102}{325}$이다.

문제에서 구하고자 하는 것은 적어도 하루는 특근을 할 확률로 여사건으로 풀면 $1-\frac{102}{325}=\frac{223}{325}$이다. 따라서 $p=223$, $q=325$로 $q-p=325-223=102$이다.

tip) $(q-p)$는 A사원이 추가근무 3일을 모두 평일에 할 확률의 분자와 같아 여사건을 알면 시간을 단축할 수 있다.

25

정답 ④

김대리가 예약한 숙소 방의 개수를 x개라고 가정하자. 결과에 따라 신입사원 총 인원에 대한 방정식을 세우면,

$5x+9=7(x-3) \rightarrow 5x+9=7x-21 \rightarrow 2x=30 \rightarrow x=15$

따라서 예약한 방의 개수는 15개이며, 해외 연수를 가는 신입사원의 총 인원은 $5\times15+9=84$명이다.

26

정답 ①

한 사람당 받는 상여금을 a만 원, 대상 직원 수가 x명이라고 가정하자. 〈정보〉에 따라 방정식을 세우면

$x\times2\times(a-50)=1.5\times ax \rightarrow 2ax-100x=1.5ax \rightarrow 0.5ax-100x=0 \rightarrow 0.5x(a-200)=0 \cdots$ ㉠

$(x-20)\times(a+100)=0.75\times ax \rightarrow ax-20a+100x-2,000=0.75ax \rightarrow a(0.25x-20)+100x-2,000=0 \cdots$ ㉡

㉠에서 직원 수 $x=0$이 될 수 없고, $a=200$임을 알았으므로 이를 ㉡에 대입하여 x를 구한다.

$a(0.25x-20)+100x-2,000=0 \rightarrow 200\times(0.25x-20)+100x-2,000=0 \rightarrow 50x-4,000+100x-2,000=0$

$\rightarrow 150x=6,000 \rightarrow x=40$

따라서 상여금을 받을 직원 수는 40명이고, 한 사람당 상여금은 200만 원이다.

27

정답 ③

A, B, C 세 사람이 화분에 물을 주는 주기(15일, 12일, 10일)의 최소공배수를 계산한다.

5) 15 12 10
3) 3 12 2
2) 1 4 2
1 2 1

최소공배수가 $5\times3\times2\times2=60$이므로 세 사람이 함께 물을 주는 주기는 60일이다. 6월은 30일, 7월은 31일까지 있으므로 6월 2일에 물을 주었다면 7월 2일은 30일 후이며, 8월 2일은 $30+31=61$일 후가 된다. 따라서 6월 2일 물을 주고 다음에 같은 날 물을 주는 날은 60일 후인 8월 1일이다.

28

정답 ⑤

시차는 런던을 중심으로 계산되어 있으며, 모스크바 시간을 중심으로 계산하면, 밴쿠버는 모스크바보다 11시간, 뉴욕은 8시간이 느리고, 밴쿠버는 뉴욕보다 3시간이 느리다. A대리가 모스크바에서 8월 19일 오후 2시에 보고서 작성을 시작하여 B대리에게 송부하였으며 B대리가 메일 도착시간을 확인한 결과 밴쿠버 시간으로 같은 날 오전 6시였다. 밴쿠버에서 오전 6시일 때, 모스크바에서는 6시+11시간=17시, 즉 8월 19일 오후 5시에 보낸 것으로 A대리의 보고서 작성시간은 3시간이다.

B대리는 오전 9시부터 보고서 작성을 시작하여 뉴욕에 있는 C대리에게 메일로 송부했으며, C대리가 메일을 받은 시간은 8월 19일 오후 4시이다. 따라서 B대리가 밴쿠버에서 보고서를 끝내고 메일을 보낸 시간은 뉴욕보다 3시간 느리므로 오후 1시가 된다. B대리는 오전 9시부터 오후 1시까지 보고서를 작성했으므로 4시간 동안 작성하였다.

따라서 C대리는 1시간 검토하고 제출했으므로 세 명이 프로젝트 보고서를 작성하는 데 걸린 시간은 총 $3+4+1=8$시간이다.

29

정답 ④

A기차가 동시에 빠져나갈 때까지 56초가 걸렸고, 같은 조건에서 기차 길이가 더 짧은 B기차는 소요시간이 160초이므로 A기차가 B기차보다 속력이 빠르다는 것을 알 수 있다. 두 기차가 터널 양 끝에서 출발하면 $\frac{1}{4}$ 지점에서 만나므로 A기차 속력이 B기차 속력의 3배가 된다. B기차 속력을 am/s, 길이를 bm라고 가정하면 A기차의 속력과 길이는 각각 $3a$m/s, $(b+40)$m가 된다. 두 기차가 터널을 완전히 빠져나갈 때까지 걸리는 시간$\left[=\frac{(\text{거리})}{(\text{속력})}\right]$에 대한 방정식을 세우면 다음과 같다.

- A기차 : $\frac{720+(b+40)}{3a}=56 \rightarrow b+760=168a \cdots$ ㉠
- B기차 : $\frac{720+b}{a}=160 \rightarrow b+720=160a \cdots$ ㉡

㉠과 ㉡을 연립하여 풀면 $a=5$, $b=80$임을 알 수 있다. 따라서 B기차의 길이는 80m, 속력은 5m이다.

30

정답 ③

장난감 A기차와 B기차가 터널을 완전히 지났을 때 이동거리는 각 기차의 길이를 더해야한다. A, B기차의 길이를 각각 $a$cm, $b$cm로 가정하고, 터널을 나오는데 걸리는 시간에 대한 방정식을 세우면,

- A기차 길이 : $12\times4=30+a$ → $48=30+a$ → $a=18$
- B기차 길이 : $15\times4=30+b$ → $60=30+b$ → $b=30$

따라서 A, B기차의 길이를 각각 18cm, 30cm이며, 합은 48cm이다.

31

정답 ②

주어진 조건을 통해 'A팀 – B팀 – D팀 – E팀 – C팀'의 순서로 장기자랑이 진행되는 것을 알 수 있다. 따라서 두 번째로 장기자랑을 진행하는 팀은 B팀이다.

32

정답 ①

먼저 첫 번째 조건과 일곱 번째 조건, 여덟 번째 조건에 따라 1층에는 인덱스 바인더와 지우개, 2층에는 북엔드, 3층에는 형광펜이 놓여 있다.

나머지 조건들에 따라 놓여 있는 사무용품을 높은 순서대로 나열하면 '보드마카와 접착 메모지 – 스테이플러와 볼펜 – 2공 펀치 – 서류정리함'의 순이므로 이를 정리하면 다음과 같다.

5층	보드마카, 접착 메모지
4층	스테이플러, 볼펜
3층	2공 펀치, 형광펜
2층	서류정리함, 북엔드
1층	인덱스 바인더, 지우개

스테이플러와 볼펜은 4층에 함께 놓여 있으므로 스테이플러가 볼펜보다 위에 놓여 있다는 ①의 추론은 옳지 않다.

33

정답 ④

상품별로 포스터, 다이어리, 팸플릿, 도서에 해당하는 가격을 구하면 다음과 같다.

상품	포스터	다이어리	팸플릿	도서
상품 A	$(70+40)\times20+\frac{20}{10}\times100$ =2,400원	$(60+15)\times50+\frac{50}{5}\times80$ =4,550원	$(35+30)\times20$ =1,300원	$(70+20)\times650$ =58,500원
상품 B	$(45+20)\times30+\frac{30}{10}\times60$ =2,130원	$(45+10)\times80+\frac{80}{5}\times60$ =5,360원	$(45+40)\times20$ =1,700원	$(70+20)\times1,000+\frac{1,000}{50}\times100$=92,000원
상품 C	$(90+40)\times50+\frac{50}{10}\times130$ =7,150원	$(35+5)\times50$ =2,000원	$(35+30)\times20$ =1,300원	$(60+10)\times1,200+\frac{1,200}{50}\times80$=85,920원
상품 D	$(120+50)\times30$ =5,100원	$(45+10)\times60+\frac{60}{5}\times60$ =4,020원	$(20+20)\times20+\frac{20}{10}\times40$ =880원	$(45+10)\times850+\frac{850}{50}\times60$ =47,770원
상품 E	$(60+40)\times20$ =2,000원	$(60+15)\times70$ =5,250원	$(35+30)\times20+\frac{20}{10}\times50$ =1,400원	$(45+10)\times900+\frac{900}{50}\times60$ =50,580원

상품의 항목별 가격을 보면 도서에서 가격차이가 많이 나는 것을 확인할 수 있다. 상품 B, C의 도서는 나머지 상품의 도서보다 약 3만 원 이상 비싸기 때문에 가격 합계를 비교할 필요가 없으므로 상품 A, D, E의 총 가격을 비교하면 다음과 같다.

- 상품 A : 2,400+4,550+1,300+58,500=66,750원
- 상품 D : 5,100+4,020+880+47,770=57,770원
- 상품 E : 2,000+5,250+1,400+50,580=59,230원

따라서 가장 저렴한 샘플 상품은 '상품 D'이다.

34

정답 ②

도서를 제외하고 팸플릿 매수를 2배(20×2=40장)로 늘려 상품마다 가격을 구하면 다음과 같다.

상품	포스터	다이어리	팸플릿	합계
상품 A	$(70+40)\times20+\frac{20}{10}\times100$ =2,400원	$(60+15)\times50+\frac{50}{5}\times80$ =4,550원	$(35+30)\times40$ =2,600원	9,550원
상품 B	$(45+20)\times30+\frac{30}{10}\times60$ =2,130원	$(45+10)\times80+\frac{80}{5}\times60$ =5,360원	$(45+40)\times40$ =3,400원	10,890원
상품 C	$(90+40)\times50+\frac{50}{10}\times130$ =7,150원	$(35+5)\times50$ =2,000원	$(35+30)\times40$ =2,600원	11,750원
상품 D	$(120+50)\times30$ =5,100원	$(45+10)\times60+\frac{60}{5}\times60$ =4,020원	$(20+20)\times40+\frac{40}{10}\times40$ =1,760원	10,880원
상품 E	$(60+40)\times20$ =2,000원	$(60+15)\times70$ =5,250원	$(35+30)\times40+\frac{40}{10}\times50$ =2,800원	10,050원

따라서 가장 저렴한 두 상품은 상품 A, E로 두 상품의 총 가격은 9,550+10,050=19,600원이다.

35

주어진 조건에 따르면 과장은 회색 코트를 입었고, 연구팀 직원은 갈색 코트를 입었으므로 가장 낮은 직급인 기획팀의 C사원은 검은색 코트를 입었음을 알 수 있다. 이때, 과장이 속한 팀은 디자인팀이며, 연구팀 직원의 직급은 대리임을 알 수 있지만, 각각 디자인팀의 과장과 연구팀의 대리가 A, B 중 누구인지는 알 수 없다. 따라서 옳지 않은 것은 ③이다.

오답분석

①·⑤ 연구팀 대리는 갈색 코트를 입었다.
② 디자인팀 과장은 회색 코트를 입었다.
④ C는 기획팀 사원으로 검은색 코트를 입었다.

36

다섯 명 중 단 한 명만이 거짓말을 하고 있으므로 C와 D 중 한 명은 반드시 거짓을 말하고 있다.

1) C의 진술이 거짓일 경우
   C와 B의 말이 모두 거짓이 되므로 한 명만 거짓말을 하고 있다는 조건이 성립하지 않는다.
2) D의 진술이 거짓일 경우
   B는 상암으로 출장을 가지 않는다는 A의 진술에 따라 상암으로 출장을 가는 사람은 E이므로 A～E의 출장지역을 정리하면 다음과 같다.

구분	A	B	C	D	E
출장지역	잠실	광화문	여의도	강남	상암

37

민대리와 회사 동료들은 경주공항에 오전 10시 20분에 도착하여 수하물을 찾고 20분 후인 10시 40분에 공항에서 출발하여 렌터카 회사로 간다. 첫 번째 정보에서 같은 회사의 전기차 2대를 렌트한다고 했으므로 D렌터카와 E렌터카에서 전기차를 빌릴 경우의 비용을 계산한다.

마지막 정보에서 출장 이튿날(11일) 오후 7시에 반납한다고 했으며, 처음 기본요금은 24시간이 적용되고 그 이후 시간에 따른 추가 요금을 알아야한다.

D렌터카까지 공항에서 10분 걸리므로 오전 10시 50분부터 대여가 가능하고, E렌터카는 20분이 걸리므로 오전 11시부터 대여가 가능하다. 세 번째 정보에서 전기 충전시간 1시간을 제외하는 것을 고려하여 대여 시간 및 대여비를 구하면,

구분	대여 시간	대여비(1대당)
D렌터카	10일 오전 10시 50분 ~ 11일 오후 7시 → (기본, 24시간)+(추가, 8시간 10분－1시간)	70,000+35,000=105,000원
E렌터카	10일 오전 11시 ~ 11일 오후 7시 → (기본, 24시간)+(추가, 8시간－1시간)	66,000+36,000=102,000원

전기차 1대당 연료비는 두 회사 모두 20×300=6,000원으로 같다.
따라서 1대당 대여비가 저렴한 곳은 E렌터카이며, 2대를 렌트할 때 지불해야하는 비용은 (102,000+6,000)×2=216,000원이다.

38

정답 ②

각 렌터카별 연비에 따른 민 대리가 출장기간 동안 필요한 연료량과 연료비를 구하면,

구분	필요한 연료량	연료	연료비
A렌터카	$\frac{200}{13}$ ≒ 15L	휘발유	15×1,240=18,600원
B렌터카	$\frac{200}{12}$ ≒ 17L	휘발유	17×1,240=21,080원
C렌터카	$\frac{200}{10}$ =20L	LPG	20×800=16,000원
D렌터카	$\frac{200}{6.5}$ ≒ 31kWh	전기	31×300=9,300원
E렌터카	$\frac{200}{6}$ ≒ 33kWh	전기	33×300=9,900원

따라서 B렌터카를 이용할 때 연료비가 21,080원으로 가장 비싸다.

39

정답 ①

첫 번째 정보에서 3종류의 과자를 2개 이상씩 구입했으며, 두 번째 정보를 보면 B과자를 A과자보다 많이 샀고, 세 번째 정보까지 적용하면 3종류 과자의 구입한 개수는 'A < B ≤ C'임을 알 수 있다. 따라서 가장 적게 산 A과자를 2개 또는 3개 구입했을 때 구입 방법을 정리하면 다음 표와 같다.

(단위 : 개)

구분	A과자	B과자	C과자
경우 1	2	4	9
경우 2	2	5	8
경우 3	2	6	7
경우 4	2	7	6
경우 5	3	6	6

경우 1은 두 번째, 세 번째 정보에 부합하지만 마지막 정보인 A과자와 B과자의 개수 합이 6개를 넘어야하므로 제외된다. 그리고 경우 4를 보면 C과자 개수보다 B과자가 더 많으므로 세 번째 정보에 맞지 않는다. 따라서 가능한 방법은 경우 2, 경우 3, 경우 5로 총 3가지이다.
ㄱ. 하경이가 B과자를 살 수 있는 개수는 5개 또는 6개이다.

오답분석

ㄴ. 경우 5에서 C과자는 6개 구입이 가능하다.
ㄷ. 경우 5에서 A과자는 3개 구입이 가능하다.

PART 4

40

정답 ⑤

크기에 따른 용지별 5개월 동안 사용한 양의 평균을 구하면

구분	A2	B4	A4
평균	$\frac{2+1+3+2+2}{5}$=2박스	$\frac{3+2+2+4+2}{5}$=2.6박스	$\frac{12+10+20+15+13}{5}$=14박스

B4는 평균이 2.6박스이므로 3박스 이상 주문하고, A2와 A4는 각각 2박스, 14박스 이상의 수량을 주문한다. 세 번째 정보에 따라 주문량은 크기의 반대로 'A2 < B4 < A4'순으로 많다. 마지막 정보에서 총 20박스에 맞춰 수량을 나누면 다음과 같다.

구분	A4 용지	B4 용지	A2 용지
경우 1	14박스	3박스	3박스
경우 2	14박스	4박스	2박스
경우 3	15박스	3박스	2박스

경우 1은 B4 용지와 A2 용지의 주문량이 같아 정보에 맞지 않고, 경우 2와 경우 3은 정보에 부합하므로 P사원은 2가지 방법으로 용지를 주문할 수 있다.

ㄴ. 경우 3에서 A4 용지는 15박스 구매도 가능하다.

ㄷ. 경우 3에서 A4 용지를 15박스 구매하면, B4 용지는 A2 용지보다 1박스 더 구매한다.

오답분석

ㄱ. P사원이 용지를 구입할 수 있는 방법은 총 2가지이다.

41

정답 ③

A~F부품 중 3가지 부품을 사용하고, C부품과 D부품을 기준으로 가능한 부품 조합을 구하면 다음과 같다.

i) C부품을 포함할 때

세 번째 조건에 따라 B부품이 함께 들어가고, 두 번째 조건에서 E부품 또는 F부품이 들어간다. 총소요시간에서 30초는 0.5분으로 환산한다.

부품구성	총 개수	총 가격	총소요시간
B, C, E	2+3+2=7개	(35×2)+(40×3)+(90×2)=370원	(2×2)+(1.5×3)+(2.5×2)=13.5분
B, C, F	2+3+1=6개	(35×2)+(40×3)+120=310원	(2×2)+(1.5×3)+3.5=12분

ii) D부품을 포함할 때

부품구성	총 개수	총 가격	총소요시간
A, D, E	4+3+2=9개	(20×4)+(50×3)+(90×2)=410원	(1×4)+(4×3)+(2.5×2)=21분
A, D, F	4+3+1=8개	(20×4)+(50×3)+120=350원	(1×4)+(4×3)+3.5=19.5분
B, D, E	2+3+2=7개	(35×2)+(50×3)+(90×2)=400원	(2×2)+(4×3)+(2.5×2)=21분
B, D, F	2+3+1=6개	(35×2)+(50×3)+120=340원	(2×2)+(4×3)+3.5=19.5분

마지막 조건에서 가격이 가장 중요하므로 완제품의 총 가격이 340원 이하인 부품구성은 (B, C, F), (B, D, F)가 있다. 두 번째로 중요도가 높은 부품 개수를 비교하면 6개로 동일하고, 총소요시간은 (B, C, F)가 더 짧다. 따라서 조건에 부합하는 부품구성은 'B, C, F'이다.

42

정답 ①

등수별 선호도가 가장 높은 상품은 1등은 무선 청소기, 2등은 에어프라이와 전기그릴, 3등은 백화점 상품권 2매이다. 2등은 선호도가 동일하므로 세 번째 조건에서 1등으로 선정된 상품의 총금액보다 저렴한 상품을 택해야 한다. 에어프라이와 전기 그릴을 구매할 경우 각각에 해당하는 비용을 계산하면 다음과 같다.

- 에어프라이(특가 상품으로 15% 할인) 2개 구매할 경우 : 300,000×0.85×2=510,000원
- 전기 그릴(온라인 구매로 8% 할인) 2개 구매할 경우 : 250,000×0.92×2=460,000원

2등 상품 두 가지 모두 1등 상품인 무선 청소기(80만 원)보다 더 저렴하므로 두 상품 중 가장 비싼 에어프라이를 구매한다. 따라서 모든 상품의 구매비용은 800,000+510,000+(50,000×2×3)=1,610,000원이다.

43

정답 ⑤

각 등수별 가장 낮은 선호도의 상품을 제외하고 상품의 구매비용을 구하면 다음과 같다.

등수	구매 개수	품목	할인 혜택 적용 후 구매금액
1등	1개	무선 청소기	800,000원
		호텔 숙박권	600,000×0.93=558,000원
2등	2개	에어프라이	300,000×0.85×2=510,000원
		전기 그릴	250,000×0.92×2=460,000원
3등	3개	백화점 상품권 2매	50,000×2×3=300,000원
		커피 쿠폰	50,000×3=150,000원

① (호텔숙박권)+(에어프라이)+(커피 쿠폰)=558,000+510,000+150,000=1,218,000원
② (호텔숙박권)+(전기 그릴)+(커피 쿠폰)=558,000+460,000+150,000=1,168,000원
③ (무선 청소기)+(전기 그릴)+(백화점 상품권)=800,000+460,000+300,000=1,560,000원
④ (무선 청소기)+(에어프라이)+(백화점 상품권)=800,000+510,000+300,000=1,610,000원
⑤ (무선 청소기)+(에어프라이)+(커피 쿠폰)=800,000+510,000+150,000=1,460,000원
따라서 최대한 예산에 가까운 상품 목록은 1등 무선 청소기, 2등 에어프라이, 3등 커피쿠폰이다.

44

정답 ①

장 과장이 여행 및 해외출장으로 적립한 마일리지를 정리하면 다음과 같다.

일정	구간	마일리지
5월 여행	부산 – 삿포로	854
	삿포로 – 인천	870
7월 해외출장	인천 – 오사카	525
	오사카 – 괌	1,577
	괌 – 부산	1,789
8월 가족 여행	김포 – 제주	110
	제주 – 김포	110

장 과장이 올해 적립한 마일리지는 854+870+525+1,577+1,789+110+110=5,835점이다.
따라서 장 과장이 현재 보유하고 있는 마일리지는 20,000+5,835=25,835점이다.

45

정답 ③

ㄱ. 앞 문제의 해설에서 6월 전까지 장 과장이 보유한 마일리지를 구하면 20,000+854+870=21,724점이다.
ㄷ. 소멸되는 마일리지로 에코백만 주문할 시 최대 21,724÷1,800≒12.07, 12개 구매가 가능하다.

오답분석

ㄴ. 장 과장이 베어 키링 1세트, 텀블러 2개와 여권 지갑 1개를 주문할 경우 필요한 마일리지는 5,500+4,500×2+1,800=16,300점이다. 소멸되는 마일리지가 21,724점으로 남는 마일리지는 21,724−16,300=5,424점이며, 여행용 파우치 3개를 구입하려면 2,000×3=6,000점이 필요하다. 따라서 여행용 파우치 3개를 구매할 수 없다.
ㄹ. 기내 담요 5개와 프리미엄 워터 2박스에 필요한 마일리지는 3,000×5+2,700×2=20,400점으로 소멸되는 마일리지만으로 주문이 가능하다.

학습플래너

Date 202 . . .	D-5	공부시간 3H50M

◎ 사람으로서 할 수 있는 최선을 다한 후에는 오직 하늘의 뜻을 기다린다.

◎

◎

과목	내용	체크
NCS	의사소통능력 학습	○

MEMO

〈절취선〉

학습플래너

Date . . . D- 공부시간 H M

◎
◎
◎

과목	내용	체크

MEMO

〈절취선〉

Date . . . D- 공부시간 H M

◎

◎

◎

과목	내용	체크

MEMO

〈절취선〉

학습플래너

Date . . . D- 공부시간 H M

◎

◎

◎

과목	내용	체크

MEMO

〈절취선〉

SOC 공기업 필기시험 답안카드

성 명

지원 분야

문제지 형별기재란	
( )형	Ⓐ Ⓑ

수 험 번 호						
⓪	⓪	⓪	⓪	⓪	⓪	⓪
①	①	①	①	①	①	①
②	②	②	②	②	②	②
③	③	③	③	③	③	③
④	④	④	④	④	④	④
⑤	⑤	⑤	⑤	⑤	⑤	⑤
⑥	⑥	⑥	⑥	⑥	⑥	⑥
⑦	⑦	⑦	⑦	⑦	⑦	⑦
⑧	⑧	⑧	⑧	⑧	⑧	⑧
⑨	⑨	⑨	⑨	⑨	⑨	⑨

감독위원 확인
㉟ 인

1	① ② ③ ④ ⑤	21	① ② ③ ④ ⑤	41	① ② ③ ④ ⑤
2	① ② ③ ④ ⑤	22	① ② ③ ④ ⑤	42	① ② ③ ④ ⑤
3	① ② ③ ④ ⑤	23	① ② ③ ④ ⑤	43	① ② ③ ④ ⑤
4	① ② ③ ④ ⑤	24	① ② ③ ④ ⑤	44	① ② ③ ④ ⑤
5	① ② ③ ④ ⑤	25	① ② ③ ④ ⑤	45	① ② ③ ④ ⑤
6	① ② ③ ④ ⑤	26	① ② ③ ④ ⑤		
7	① ② ③ ④ ⑤	27	① ② ③ ④ ⑤		
8	① ② ③ ④ ⑤	28	① ② ③ ④ ⑤		
9	① ② ③ ④ ⑤	29	① ② ③ ④ ⑤		
10	① ② ③ ④ ⑤	30	① ② ③ ④ ⑤		
11	① ② ③ ④ ⑤	31	① ② ③ ④ ⑤		
12	① ② ③ ④ ⑤	32	① ② ③ ④ ⑤		
13	① ② ③ ④ ⑤	33	① ② ③ ④ ⑤		
14	① ② ③ ④ ⑤	34	① ② ③ ④ ⑤		
15	① ② ③ ④ ⑤	35	① ② ③ ④ ⑤		
16	① ② ③ ④ ⑤	36	① ② ③ ④ ⑤		
17	① ② ③ ④ ⑤	37	① ② ③ ④ ⑤		
18	① ② ③ ④ ⑤	38	① ② ③ ④ ⑤		
19	① ② ③ ④ ⑤	39	① ② ③ ④ ⑤		
20	① ② ③ ④ ⑤	40	① ② ③ ④ ⑤		

※ 본 답안지는 마킹연습용 모의 답안지입니다.

〈절취선〉

SOC 공기업 필기시험 답안카드

성 명

지원 분야

문제지 형별기재란	
( )형	Ⓐ Ⓑ

수 험 번 호						
⓪	⓪	⓪	⓪	⓪	⓪	⓪
①	①	①	①	①	①	①
②	②	②	②	②	②	②
③	③	③	③	③	③	③
④	④	④	④	④	④	④
⑤	⑤	⑤	⑤	⑤	⑤	⑤
⑥	⑥	⑥	⑥	⑥	⑥	⑥
⑦	⑦	⑦	⑦	⑦	⑦	⑦
⑧	⑧	⑧	⑧	⑧	⑧	⑧
⑨	⑨	⑨	⑨	⑨	⑨	⑨

감독위원 확인
㊞ 인

번호	답	번호	답	번호	답
1	① ② ③ ④ ⑤	21	① ② ③ ④ ⑤	41	① ② ③ ④ ⑤
2	① ② ③ ④ ⑤	22	① ② ③ ④ ⑤	42	① ② ③ ④ ⑤
3	① ② ③ ④ ⑤	23	① ② ③ ④ ⑤	43	① ② ③ ④ ⑤
4	① ② ③ ④ ⑤	24	① ② ③ ④ ⑤	44	① ② ③ ④ ⑤
5	① ② ③ ④ ⑤	25	① ② ③ ④ ⑤	45	① ② ③ ④ ⑤
6	① ② ③ ④ ⑤	26	① ② ③ ④ ⑤		
7	① ② ③ ④ ⑤	27	① ② ③ ④ ⑤		
8	① ② ③ ④ ⑤	28	① ② ③ ④ ⑤		
9	① ② ③ ④ ⑤	29	① ② ③ ④ ⑤		
10	① ② ③ ④ ⑤	30	① ② ③ ④ ⑤		
11	① ② ③ ④ ⑤	31	① ② ③ ④ ⑤		
12	① ② ③ ④ ⑤	32	① ② ③ ④ ⑤		
13	① ② ③ ④ ⑤	33	① ② ③ ④ ⑤		
14	① ② ③ ④ ⑤	34	① ② ③ ④ ⑤		
15	① ② ③ ④ ⑤	35	① ② ③ ④ ⑤		
16	① ② ③ ④ ⑤	36	① ② ③ ④ ⑤		
17	① ② ③ ④ ⑤	37	① ② ③ ④ ⑤		
18	① ② ③ ④ ⑤	38	① ② ③ ④ ⑤		
19	① ② ③ ④ ⑤	39	① ② ③ ④ ⑤		
20	① ② ③ ④ ⑤	40	① ② ③ ④ ⑤		

※ 본 답안지는 마킹연습용 모의 답안지입니다.

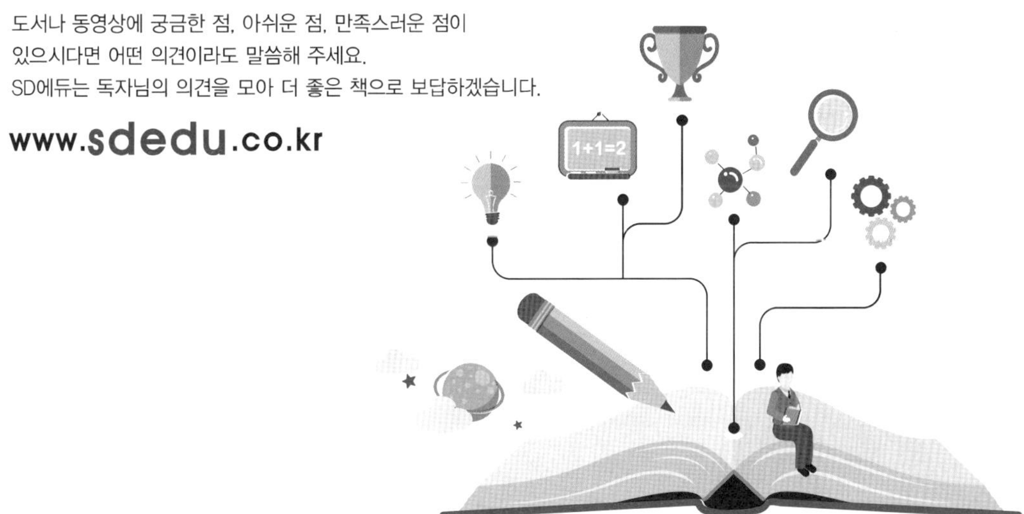

2023 최신판 SOC 공기업
NCS 직업기초능력평가 기출변형문제집 + 무료NCS특강

개정2판1쇄 발행	2023년 02월 10일 (인쇄 2022년 10월 13일)
초 판 발 행	2021년 02월 10일 (인쇄 2020년 10월 08일)
발 행 인	박영일
책 임 편 집	이해욱
편 저	NCS직무능력연구소
편 집 진 행	강승혜 · 구현정
표지디자인	조혜령
편집디자인	배선화 · 장성복
발 행 처	(주)시대고시기획
출 판 등 록	제10-1521호
주 소	서울시 마포구 큰우물로 75 [도화동 538 성지 B/D] 9F
전 화	1600-3600
팩 스	02-701-8823
홈 페 이 지	www.sdedu.co.kr
I S B N	979-11-383-3539-3 (13320)
정 가	22,000원

SOC
공기업
기출변형문제집

(주)시대고시기획 시대교육(주)	고득점 합격 노하우를 집약한 최고의 전략 수험서
	www.sidaegosi.com
시대에듀	자격증 · 공무원 · 취업까지 분야별 BEST 온라인 강의
	www.sdedu.co.kr
이슈&시사상식	한 달간의 주요 시사이슈 논술 · 면접 등 취업 필독서
	매달 25일 발간
	외국어 · IT · 취미 · 요리 생활 밀착형 교육 연구
	실용서 전문 브랜드

꿈을 지원하는 행복...

여러분이 구입해 주신 도서 판매수익금의 일부가
국군장병 1인 1자격 취득 및 학점취득 지원사업과
낙도 도서관 지원사업에 쓰이고 있습니다.

기업별 맞춤 학습 "기업별 NCS" 시리즈

공기업 취업의 기초부터 합격까지! 취업의 문을 여는 **Hidden Key!**

기업별 기출문제 "기출이 답이다" 시리즈

역대 기출문제와 주요 공기업 기출문제를 한 권에! 합격을 위한 **One Way!**

시험 직전 마무리 "봉투모의고사" 시리즈

실제 시험과 동일하게 마무리! 합격을 향한 **Last Spurt!**

※ **기업별 시리즈** : 부산교통공사/한국가스공사/LH 한국토지주택공사/한국공항공사/건강보험심사평가원/국민연금공단/인천국제공항공사/한국수력원자력/한국중부발전/한국환경공단/부산환경공단/한국국토정보공사/SR/신용보증기금&기술보증기금/도로교통공단/한국지역난방공사/한국마사회/한국도로공사/강원랜드/발전회사/항만공사 등

※도서의 이미지 및 구성은 변동될 수 있습니다.